Albert Benz, ein Leben für die Blasmusik

ALBERT BENZ
ein Leben für die Blasmusik

Herausgegeben von Sales Kleeb
unter Mitarbeit von Gustav Ineichen und
Bruno Leuthold

Atlantis Musikbuch-Verlag

Die Herausgabe dieses Buches wurde ermöglicht
durch Beiträge folgender Donatoren:

Eidgenössisches Militärdepartement
Pro Helvetia
Kanton Luzern
Stadt Luzern
Gemeinde Marbach
Eidgenössischer Musikverband
Luzerner Kantonal-Musikverband
Stadtmusik Luzern
Konservatorium Luzern
SUISA-Stiftung für Musik
Rhythmus-Verlag, Roman Hauri, Rothenburg LU
Musikverlag Emil Ruh, Adliswil
Gesellschaft Eintracht Luzern
Stiftung Alan C. Harris und Else Harris, Horw
Alois Odermatt-Stiftung, Zurzach

© 1990 by Atlantis Musikbuch-Verlag AG, Zürich

Schutzumschlag: Ueli Kleeb, Zug
Satz: Typobauer Filmsatz GmbH, Ostfildern
Druck und Bindung: Franz Spiegel Buch GmbH, Ulm
Printed in Germany

ISBN 3-254-00165-6

Inhalt

BRUNO LEUTHOLD
Zum Geleit   9

Vorwort der Herausgeber   12

SALES KLEEB
Zu einem dreifachen Jubiläum   14

SALES KLEEB
Freundesworte zum 1. Todestag   25

TRUDI INEICHEN-BENZ / MAX BUCHER
Heimat und Jugendzeit   39

GUSTAV INEICHEN
Hitzkirch: ein luzernisches Lehrerseminar   53

WILLY HOFMANN
Gemeinsame Seminarjahre   64

JOSEF GNOS
Albert Benz als Lehrer   82

BENNY HUTTER
Dirigent der Stadtmusik Luzern   110

JÜRG BLASER
Inspektor der schweizerischen Militärspiele   133

JÜRG BLASER
Dirigent des Schweizer Armeespiels   169

ARNOLD SPESCHA
Tätigkeit im Eidgenössischen Musikverband   180

HANS ZIHLMANN
Albert Benz als Komponist   193

ROMAN HAURI
Thematisches Werkverzeichnis   213

ALBERT BENZ
Zum Thema Blasmusik   322

ALBERT BENZ
Polarisierung in der schweizerischen Blasmusik   342

Transkriptionen von Orchesterwerken für Blasmusik –
ja oder nein?   355

WERNER PROBST / WOLFGANG SUPPAN / DAVID WHITWELL
Internationale Ausstrahlung   380

WALTER BIBER
Aus der Geschichte der Militärmusikkorps
in der Schweiz   388

HERBERT FREI
Schweizer Originalblasmusik –
ihre Geschichte und Entwicklung   427

HERMANN BIERI
Musikleben im Entlebuch – früher und heute   483

Biographische Daten   488

KURT BROGLI
Verzeichnis der Tonträger   495

Kurzbiographien der Autoren   507

Namenregister   514

Zum Geleit

Stans, im Frühjahr 1989

Lieber Albert,

«Wie gelähmt sitze ich hier und versuche, meine Gedanken zu ordnen. Ich möchte reagieren und weiss nicht wie. Verzweifelt ringe ich nach Worten und finde sie nicht. Ich spüre die ganze Ohnmacht, die mich befällt und ausserstande setzt, das auszudrücken, was mich bewegt.»

Diese Worte richtete ich am 22. März 1988 an Deine liebe Frau Claire, am Tage, als über die Medien die traurige Nachricht über Deinen so völlig unerwarteten Abschied vom Diesseits verbreitet wurde.

Und so wie ich empfanden damals wohl Hundertschaften, die Dir nahestanden und die sich nur schwer damit abgefunden haben, dass Du nicht mehr unter uns bist. Was an Dir vergänglich war, hat uns verlassen. Geblieben jedoch ist Dein immenses Werk, Deine ganze Erscheinung, das Bild einer überragenden Persönlichkeit und eines unvergesslichen Freundes. An dieses Bild reihen sich weitere. Es sind Bilder aus Deinem Leben, das wir zusammen mit Deiner Familie teilen durften. Ach, was haben wir doch alles miteinander erleben können an Schönem und Heiterem, aber auch Besinnlichem, ja Ernstem. Tränen füllen meine Augen, wenn ich an all das zurückdenke.

Der tragische Tod Deines Bruders Willy beispielsweise, der beim Ernstfalleinsatz als Feuerwehrkommandant sein Leben lassen musste. Die junge Familie verlor ihren Gatten und Vater, die elterliche

Schmiede in Marbach die führende Kraft. Es musste dringend und sofort eine Lösung für den Fortbestand des Betriebes gefunden werden. In rührender Weise hast Du Dich eingeschaltet, und ich durfte Dir – mit dem Schmiedehandwerk einigermassen vertraut – dabei behilflich sein.

Oder dann die sporadischen Zusammenkünfte bei mir zu Hause, um von Froherem zu berichten. Ich stand meistens in der Küche, derweil Du und Sales Kleeb – im Beisein unserer Frauen, wie es sich versteht, und allenfalls noch weiterer Gäste – Euch schon bald engagiert und leidenschaftlich über Machbares und Wünschbares im schweizerischen Blasmusikwesen unterhieltet. Diese Begegnungen – die letzte fand wenige Wochen vor Deinem Weggang statt – erhielten schon bald den Spitznamen «Stanser Verkommnis».

Menschen kommen und gehen. Das Leben ist ein dauerndes Wechselspiel von Freud und Leid. Ein jedes Wesen hinterlässt seine unvergänglichen Spuren. Wenn aber ein schöpferischer Geist von Deiner Ausstrahlungskraft von uns geht, so stellt dies eine Verpflichtung an all jene dar, die berufen sind, Dein Leben und Werk der Nachwelt zu erhalten.

Es ist insbesondere Dein Freund Sales Kleeb, der in seiner unverbrüchlichen Treue diesem Ruf gefolgt ist. Er, der Dir im Januar 1987 anlässlich des denkwürdigen Konzertes im Kunsthaus Luzern zu Deinem dreifachen Jubiläum eine von grossem Einfühlungsvermögen, tiefer Sachkenntnis und mit feinem Humor gespickte Laudatio geschenkt hat, er hat die Idee zu einer Gedenkschrift aufgenommen und mit äusserster Konsequenz vorangetrieben. Er konnte die wertvolle und kompetente Mitarbeit von Herrn Prof. Dr. Gustav Ineichen gewinnen. Ihnen zur Seite stehen weitere Autoren, die in gekonnter und zuständiger Art die einzelnen Kapitel bearbeitet haben. Nicht zuletzt wurde in der Person von Herrn Dr. Daniel Bodmer (Atlantis-Musikbuch-Verlag) jener ausgewiesene Verleger gefunden, der eine fachgerechte Realisation garantiert. Sie alle und mit ihnen noch weitere Kreise – ich denke da besonders auch an die grosszügigen Spender – haben die Herausgabe dieses Bandes ermöglicht. Ihnen allen sei ganz herzlich gedankt. Sie alle haben entscheidend mitgeholfen, Dir postum jene Ehre zukommen zu lassen, die Du wahrlich verdient hast. Dein geniales Wirken und Dein

Wesen wurden hier umfassend behandelt und damit für die Nachwelt sichergestellt. Das Werk sei Dir, Deiner Familie und Deinen Freunden gewidmet. Möge es einen grossen Kreis von Musikbegeisterten ansprechen.

Bruno Leuthold
Landammann des Kantons
Nidwalden

Vorwort der Herausgeber

Der plötzliche Hinschied von Albert Benz weckte bei den Herausgebern dieses Buches unmittelbar den Entschluss, dem Verstorbenen ein Denkmal zu setzen. Es sollte Leben und Werk von Albert Benz in geeigneter Weise dokumentieren. Dabei blieb nicht nur das musikalische Werk als solches zu berücksichtigen, sondern auch der soziokulturelle Rahmen, in den es sich eingliedert. Ausgangspunkt dazu und permanenter Bezug sind die Stadt und der Kanton Luzern, im Zuge sich weitender Kreise die Schweiz und schliesslich das Ausland, vor allem Amerika.

Das Schaffen von Albert Benz, im Grunde konzentrisch wie die Umstände seines Lebens, zeigt verschiedene Dimensionen. Dies spiegelt sich in der Anlage des Buches.

Einige Beiträge befassen sich zunächst mit der Würdigung der Persönlichkeit von Albert Benz. Ihre Autoren gehören zu denen, die mit ihm im Verlaufe seines Lebens zusammengetroffen sind: Albert Benz als Seminarist, Lehrer, Dirigent, Inspektor der Militärspiele, Komponist. Dazu kommt in demselben Rahmen das Interesse an der Kultur- und Verbandspolitik, nicht zuletzt aber auch das kulturhistorisch-philosophische Hinterfragen des Sinnes und das Nachdenken über den Standort des schweizerischen Blasmusikwesens.

Das letztere kommt vor allem in den von Albert Benz nachgelassenen Fachartikeln zum Ausdruck, die in seiner für ihn typischen kernigen Sprache den aktuellen Stand des schweizerischen Blasmusikwesens kritisch reflektieren. In diesen Teil gehört auch das Protokoll einer Radiodiskussion, in der Albert Benz zu der schier unerschöpflichen Problematik der Blasmusiktranskription zwischen zwei Antipoden eine differenzierende und verantwortbare Mittelstellung einzunehmen versuchte. Ganz besonders freut es uns, dass es gelungen ist, das ganze kompositorische Schaffen mit Particell-Auszügen zu den einzelnen Werken und mit minuziösen Angaben und Kurzbeschreibungen, die zum grossen Teil vom Komponisten persönlich stammen, zu belegen. Dieser Teil des Buches wird darum zu einem wichtigen Nachschlagewerk für alle jene Dirigenten und Musiker, die seine Musik lebendig erhalten.

Mit seiner Tätigkeit hat Albert Benz unwillkürlich auch die Geschichte der schweizerischen Blasmusik mitgestaltet. Wir ergänzen darum dieses Buch – Grosszügigkeit der Verfasser – mit einer erstmals veröffentlichten Arbeit über Geschichte und Entwicklung der schweizerischen Originalblasmusik. Man findet hier ausserdem den Erstabdruck einer umfassenden Geschichte der Militärmusik in der Schweiz.

Alle Beiträge dieses Buches sind Originalbeiträge, einige davon sehr umfangreich. Mit der Freude darüber verbindet sich der Dank der Herausgeber an die Beteiligten, deren unentgeltliche Mitarbeit es möglich machte, den Band in dieser Form zu verwirklichen.

Dabei hat es sich gezeigt, dass die schöpferische Kraft von Albert Benz die Vorstellung eines Denkmals im Rückblick weit übertrifft und sich wegweisend in die weitere Zukunft fortsetzt. Das zum Ausdruck zu bringen ist das eigentliche Anliegen dieses Buches.

Was ursprünglich als persönliches Erinnerungsbuch geplant war, ist dank der Mitwirkung kompetenter Fachleute zu einer aktuellen Bestandesaufnahme des schweizerischen Blasmusikwesens geworden. Mögen neue Impulse in der Folge nicht ausbleiben.

Der Dank der Herausgeber richtet sich schliesslich auch an die Sponsoren, die die Drucklegung unterstützt haben. Man findet sie auf der Rückseite des Titelblattes verzeichnet. Ihre Beiträge waren spontan, und sie stecken auf ihre Weise das ideelle Umfeld der Tätigkeit von Albert Benz ab.

SALES KLEEB

Zu einem dreifachen Jubiläum

Laudatio, gehalten anlässlich des Jubiläums- und Jahreskonzerts der Stadtmusik Luzern am 31. Januar 1987 im Kunsthaus Luzern

Wer die ehrenvolle Aufgabe hat, im Rahmen dieses festlichen Konzertes und zu diesem wichtigen Anlasse eine Würdigung von Albert Benz vorzunehmen, der müsste kompetent und objektiv sein. Ich gebe es gleich zu Beginn meiner Ausführungen zu: Ich bin beides nicht. Der Stadtmusik Luzern habe ich Persönlichkeiten vorgeschlagen, die für diese wichtige Aufgabe wirklich geeignet gewesen wären; trotzdem ist die Sache an mir hängen beziehungsweise «kleeben» geblieben. So will ich wenigstens versuchen, objektiv zu sein. Doch schon das hält schwer, habe ich doch zusammen mit Albert eine schöne gemeinsame Zeit in einer musikalisch und kulturell höchst anregenden Internatsschule mit ganz hervorragenden Lehrern, nämlich im kantonalen Lehrerseminar Hitzkirch der 40er Jahre, verbracht. Albert war ein fast nicht zu bezähmender Wildbach aus den Entlebucher Bergen: kraftvoll, temperamentvoll, scharfsinnig, intelligent, äusserst musikalisch, immer aktiv und bei allen Streichen als Rädelsführer beteiligt. Mit seiner vielseitigen Begabung wäre ihm jeder Weg offen gewesen: Naturwissenschafter, Geologe, Mathematiker, Historiker, Journalist, Politiker, Theologe, Philosoph oder eben Musiker. Wenn es in der Bibel heisst, Jublar, der Erfinder der Musik, sei der Bruder des ersten Schmiedes gewesen, so muss dieses biblische Brüderpaar in der Dorfschmiede zu Marbach ganz gewaltig eingewirkt haben. Denn Alberts musikalische Fähigkeiten zeigten sich schon früh in verschwenderischer Weise. Es gab fast kein Instrument, das er nicht spielte oder wenigstens ausprobierte: Klavier, Orgel, Violine, Trompete, Waldhorn, Posaune, Bariton, Klarinette, Saxophon, Fagott. Man hätte ihn einen musikalischen Zehnkämpfer

Dirigent der Stadtmusik Luzern 1962–1988

nennen können. Und wenn auch dabei die zielstrebige Spezialisierung und die Konzentration einer soliden Ausbildung fehlten, für seine spätere Laufbahn als Komponist, Instrumentator und Dirigent war seine Vielfalt eine grundlegende Erfahrung und Voraussetzung.

Es gab damals im Seminar kein Musikensemble, angefangen von der Choralgruppe, die den gregorianischen Choral pflegte, dem Seminarchor, dem Kirchenchor, dem Seminarorchester bis hin zum Salonorchester «Fix» und zur Ländlerkapelle oder zur Dixielandband, bei dem Albert nicht als Mitglied, Stimmführer, ja sogar als Initiant und Dirigent mitwirkte. Als er einmal – heute würde man sagen in alternativer Aufmachung – nämlich mit übergrossen Strohfinken zur Chorprobe erschien, da begrüsste ihn Musikprofessor Josef Pfenniger mit seinem trockenen Humor: «Ändlich eine, wos Schtrau ned im Chopf hed!» Oder ich erinnere mich, dass er in einer Aufführung von Hofmannsthals «Alkestis» den betrunkenen Herakles so überzeugend und wirklichkeitsnah spielte, dass ich heute noch nicht weiss, ob es Spiel oder Wirklichkeit war. In meinem Tagebuch aus der damaligen Zeit steht vermerkt, dass Albert mit seinem Gelächter eine Adventsfeier störte, die allzu rührselig werden wollte. Und ferner steht im gleichen Tagebuch geschrieben, dass mir der Mitseminarist Albert Benz – gratis natürlich – Trompetenunterricht gab. Als ich dann in jugendlichem Weltschmerz Tag für Tag das süsse Trio des Chopinschen Trauermarsches durch die Räume der Hitzkircher Deutschritterkommende erklingen liess, da trat Albert zu mir und sagte, dass ich mich mit dieser ständigen Wiederholung nur lächerlich mache; er hätte mir einen andern Stoff, und dann legte er mir einen Volkstanz aufs Notenpult. Für alle diese Ereignisse gibt es übrigens einen prominenten Kronzeugen hier im Saal, nämlich Regierungsrat Robert Bühler. Warum erzähle ich dies alles, nachdem ich doch objektiv sein sollte und möchte? Diese Anekdoten wie auch die Rolle des Herakles, der den Stall des Augias räumt, sind für das spätere Wirken von Albert Benz symptomatisch und wie eine zeitliche Vorausnahme: In seinem ganzen kompositorischen Schaffen für das bläserische Laienmusizieren, das immerhin – gerade in der Schweiz – ein bedeutender Sektor des Musizierens überhaupt ist, kämpfte Albert Benz gegen den musikalischen Kitsch an und versuchte einen Spielstoff zu schaffen, der ehrlich, unsentimental und musikantisch ist und den Bedürfnissen des bläserischen Laienmusizierens entgegenkommt. Und in vielen dieser Jugenderinnerungen – es gäbe noch viel mehr zu erzählen – werden bereits die starke Persönlichkeit mit ihrer vitalen Musikalität sowie die überzeugende Führernatur sichtbar.

Vielleicht lässt sich die Bedeutung und das Wirken von Albert Benz am ehesten mit drei Begriffen abdecken: der Dirigent, der Komponist, der Lehrer.

Es ist schwierig, diese drei Tätigkeitsgebiete genau zu umschreiben und abzugrenzen. Ich will es trotzdem versuchen.

Der Dirigent

Seit seiner Seminarzeit hat Albert Benz als Dirigent gewirkt
– mit kleinen und grossen Besetzungen
– mit guten und weniger leistungsfähigen Blasmusik-Ensembles
– mit Dorf- und Stadtvereinen
– mit Chören und Orchestern
– mit Brass Bands und Harmoniemusiken
– mit Militärspielen jeder Grösse: vom Bat-Spiel über das Rgt-Spiel bis zum repräsentativen Armeespiel.

1962 übernahm er – nach einer umfassenden musikalischen Berufsausbildung am Konservatorium Luzern – seine zentrale Dirigentenaufgabe: *die Stadtmusik Luzern*. Es sprengt den Rahmen dieser Würdigung, alle Erfolge aufzuzählen, die Albert Benz mit seiner Stadtmusik erreicht hat. Zweierlei muss hier aber doch gesagt werden: Den damaligen Vereinsmitgliedern, die ihren Vereinskameraden zum Dirigenten wählten, kann eine ganz gehörige Portion von Weitsicht und von musikalischem und psychologischem Gespür attestiert werden. Hier galt der «Prophet im Vaterlande» wirklich etwas. Und ein Zweites: Diese 25 Dirigentenjahre fallen in eine Zeit des gesellschaftlichen und kulturellen Umbruches. Für den musikalischen Bereich möchte ich folgende Stichworte in Erinnerung rufen: Beginn von Subkulturen und einer eigenen musikalischen Jugendkultur, völlig neues Freizeitverhalten, das Auftreten der Elektronik, Omnipräsenz der Medien und von Musik aller Art, zu jeder Zeit und an jedem Ort, grösseres Angebot professioneller Konzerte, bessere Ausbildung des musikalischen Nachwuchses in professionell betriebenen Musikschulen. Es ist ganz klar, dass diese Entwicklung auch das Blasmusikwesen und vor allem die Blasmusikvereine städtischer Agglomerationen, die weniger an sinnvolle örtliche Funktionen und Traditionen gebunden sind, in ein eigentliches Spannungsfeld brachte. Gerade in Städten führte dies je nach Publikum und Interessenrichtung der Spieler zu einer Spezialisierung des Blasmusikwesens: Paradeformationen, Marschmusikkorps, Showorchester, volkstümliche Blaskapellen, Brass Bands, aber auch eigentliche Blasorchester. Albert Benz wollte auf diese Entwicklung nicht bloss reagieren, sondern ihr mit einer neuen Konzeption mutig entgegentreten. Es ist leicht zu erraten, dass er bei seinem künstlerischen und geschmacklichen Anspruch und bei seinem grossen musikalischen Können die wohl schwierigste Variante wählte, nämlich das künstlerisch anspruchsvolle Blasorchester, und dies nicht etwa bloss als pompösen Symphonieorchester-Ersatz, nein vielmehr als eigenständige Formation mit arteigener und werthaltiger Literatur. Albert Benz umschreibt diese Konzeption mit Worten, die wie ein Programm anmuten:

«Die Stadtmusik Luzern hat sich entschlossen, in Zukunft noch konsequenter besetzungsgerecht zu musizieren. Das hat zur Folge, dass einerseits das Schwergewicht noch eindeutiger bei konzertanter und werthaltiger Musik liegen wird und andererseits die öffentliche Präsenz in der Stadt bei Spielgelegenheiten mit einem angemessenen äussern Rahmen erfolgen soll.»

Im Grunde genommen entspricht dieser Qualitätsanspruch der grossen und langen Tradition der Stadtmusik Luzern. Aber nicht nur Eingeweihte wissen es, dass die konsequente Durchführung dieser Konzeption für alle Beteiligten – für den Dirigenten, für die verschiedenen Präsidenten, für die Funktionäre, für die Aktiven, ja nicht zuletzt auch für das Publikum – eine grosse Herausforderung war, eine Herausforderung, die von allen Beteiligten gemeinsam bewältigt werden musste. Aber der Weg hat sich gelohnt: Das beweist nicht nur das alljährlich im Rahmen der Internationalen Musikfestwochen auf dem Rathausplatz in einzigartiger Ambiance stattfindende Konzert, das jeweils trotz anspruchsvollem und zumeist progressivem Programm eine sehr grosse

Anzahl interessierter und begeisterter Zuhörer anzieht; nein, auch der heutige Konzertabend macht es hör- und sichtbar: Die Stadtmusik Luzern im 25. Jahr der Dirigententätigkeit von Albert Benz ist jung und leistungsfähig geblieben.

Der Komponist

Im Jahre 1957 starb Stephan Jaeggi und hinterliess im schweizerischen Blasmusikwesen eine grosse Lücke. Genau in diese Zeit fällt der Beginn der Kompositionstätigkeit von Albert Benz. 1958 entstand «Preludio alla Scherzo» und 1959 «Larghetto pastorale». Diese Titel sagen es schon: Albert Benz ist nicht einfach, auch wenn das zeitlich übereinstimmt, der Nachfolger, Fortsetzer oder gar Epigone von Stephan Jaeggi. Einerseits stark beeinflusst von der Kirchenmusik, andererseits durch die Volksmusik, gehört er folgerichtig in den Kreis der bedeutenden Luzerner Komponisten wie J.B. Hilber, Albert Jenny, Guido Fässler. Am meisten geprägt ist der Komponist Albert Benz wohl von seinen hervorragendsten Lehrern, von Otto Zurmühle, dem Anreger, Praktiker und Instrumentator, vor allem aber von Albert Jenny, dem prominenten Kontrapunktiker und Beherrscher des Tonsatzes. Ein besonderes Merkmal sehe ich darin, dass seine Werke fast alles Auftragskompositionen sind. Albert Benz wartet nicht auf den berühmten Kuss der Muse. Konkreter Auftrag und intensives Arbeiten sind für ihn die sicherste Quelle der Inspiration. So sind in den vergangenen 30 Jahren gegen 90 Kompositionen entstanden, und zwar in beeindruckender Vielfalt:
- leichte und schwierige Stücke
- E- und U-Musik
- konzertante Musik, darunter symphonische Werke für grosses Blasorchester
- absolute Musik, aber auch suggestive musikalische Stimmungsbilder
- Volkstänze und Volksliedbearbeitungen

Albert Benz sieht eine wichtige Aufgabe darin, die Volksmusik zu aktualisieren und im Repertoire der Blasmusikvereine zu erhalten.

– Schliesslich Gebrauchsmusik aller Art: Stücke für festliche Anlässe, Märsche, Tänze, Solostücke

Obwohl Albert Benz im Komponieren eine erstaunliche Fähigkeit und Virtuosität besitzt, entsteht hier nicht einfach Konfektionsware. Er ist nicht einfach ein Vielschreiber; er braucht den Auftrag als Impuls, aus dem dann sehr gehaltvolle und auch sehr persönliche Werke entstehen können. Seine Kompositionen sind formal sauber, harmonisch apart und gekennzeichnet durch einen gekonnten Tonsatz und Kontrapunkt. Bei aller erfrischenden Modernität sind sie jedoch nicht für Snobisten oder für esoterische Kreise geschrieben und auch nicht, um einen Platz in der allgemeinen Musikgeschichte zu ergattern. Sie sind vielmehr aus einer reichen praktischen Erfahrung heraus erfunden und instrumentiert und für die Praxis des bläserischen Laienmusizierens bestimmt, vor allem aber zur Hebung des bläserischen Spielgutes. Aus vielen seiner Werke ist die Persönlichkeit des Komponisten direkt spürbar: gescheit, musikalisch, musikantisch, temperamentvoll, vital, humorvoll.

Zusammen mit Stephan Jaeggi und Paul Huber gehört Albert Benz heute zu den bedeutendsten Blasmusikkomponisten der Schweiz.

Der Lehrer

Ist schon sein Wirken als Dirigent wie auch als Komponist nicht nur eine künstlerische, sondern ganz gewollt eine pädagogische Aufgabe, so liegt es auf der Hand, dass bei solch fachlicher Kompetenz sich eine entsprechende Lehrtätigkeit geradezu aufdrängt. Sein zentrales musikpädagogisches Tätigkeitsgebiet hat Albert Benz als Leiter der Blasmusikdirigentenklasse am Konservatorium Luzern gefunden. Hier vorerst mit einem Lehrauftrag für Instrumentenkunde beschäftigt, ist es ihm gelungen, die Konservatoriumsleitung von der Einrichtung einer Blasmusikdirigentenklasse zu überzeugen. In der Folge hat Albert Benz eine professionell geführte Ausbildungsmöglichkeit für Blasmusikdirigenten geschaffen, die von Musikstudenten aus der ganzen Schweiz besucht wird. Viele ehemalige Schüler sind heute erfolgreich im ganzen Land und an der Spitze von renommierten Blasmusikkorps tätig. Und wenn Luzerner Musikvereine immer wieder die Spitzenplätze an eidgenössischen Musikfesten einnehmen, so ist sicher hier nicht nur die uralte und fast barock anmutende Spiel-, Fest- und Musizierfreude des Luzerners schuld daran, sondern auch die Auswirkungen der Blasmusikdirigentenausbildung am Luzerner Konservatorium. Von Albert Benz erscheint demnächst ein Werk über Blasmusikkunde und Probenmethodik. Ich bin sicher, dass er darin nicht nur die jahrzehntelangen eigenen Erfahrungen verwertet hat, sondern dass er bestrebt ist, die Leitsätze des von uns beiden hochgeschätzten Pädagogik- und Methodiklehrers Emil Achermann aus dem Seminar Hitzkirch auf dieses musikpädagogische Spezialgebiet zu übertragen.

Es würde zu weit führen, hier auch die 10jährige Tätigkeit als Inspektor der schweizerischen Militärspiele, die Mitarbeit in der Musikkommission des Eidgenössischen Musikvereins sowie das Expertieren an Musikfesten eingehender zu würdigen. Alle diese Tätigkeiten fallen in den Bereich des Lehrers. Auch hier sucht er seine Grundanliegen zu verwirklichen: Verbesserung der Blasmusikliteratur, Hebung des Ausbildungsstandes der Dirigenten und Musikanten und damit die bessere Anerkennung der Blasmusik als vollwertige und eigenständige künstlerische Musizierform.

Und schliesslich gehört im weitesten Sinne zu seiner Lehrer- und Erziehertätigkeit noch etwas, von dem noch nie in der Zeitung zu lesen war: Die Telefonnummer 36 06 31 hat sich fast rund um die Uhr zu einer Gratisauskunftsstelle entwickelt für solche, die Besetzungsprobleme, Literaturfragen, Instrumentierungsprobleme, Interpretationsfragen haben oder die einen jungen Dirigenten vermittelt haben wollen. Ich glaube, es sind nicht wenige in diesem Saale – ich zähle mich selber dazu –, die die kostbare Zeit und den uneigennützigen Rat dieses Lehrers und Meisters schon in Anspruch genommen und mit dem billigen Ratschlag verdankt haben, er solle sich doch gesundheitlich etwas mehr schonen.

- 60 Jahre Albert Benz
- 25 Jahre Dirigent der Stadtmusik Luzern
- 10 Jahre Inspektor der schweizerischen Militärmusik und Leiter des Armeespiels.

Diese Kumulation von so wichtigen Jubiläen wäre beinahe ein Grund, noch einmal ein Jahr der Musik auszurufen oder wenigstens ein Festwochenthema danach zu benennen. Spass beiseite, Albert Benz hat solche Ehrungen nicht nötig. Hierher passt, was Carl Orff einmal gesagt hat: «Das schönste Denkmal für einen Komponisten besteht darin, dass sein Name auf den Spielplänen steht.»

Der Name Albert Benz aber steht nicht nur auf dem Jubiläumsprogramm seiner Stadtmusik, er steht im Repertoire der Blasmusikvereine in der ganzen Schweiz; er ist auf den Spielplänen vieler europäischer Länder und sogar in Amerika anzutreffen.

Ein viertes Jubiläum blieb bis jetzt unerwähnt:
– 30 Jahre verheiratet mit Claire Benz-Scherer
   Das hat zwar vordergründig nichts mit Musik, aber doch sehr viel mit Harmonie zu tun.

Liebe Claire, wenn ich eingangs von einem Wildbach aus den Entlebucher Bergen gesprochen habe, so ist es Dir zwar nicht gelungen, diesen Wildbach zu zähmen, darin ist schlechthin jedermann überfordert – auch die verschiedenen Präsidenten der Stadtmusik waren es –, und es wäre auch schade um die Kraft dieses Wildbaches. Aber es ist Dir gelungen, den Wildbach so in Bahnen zu halten, dass er nicht Schaden anrichtete, sondern mit seiner herkulesartigen Kraft das Mühlrad des blasmusikalischen Fortschrittes grossartig in Bewegung setzte. Und noch etwas: Durch Deine Person haben sich die schroffen Kanten der Schrattenfluh gemildert und gleichsam mit den weichen Formen des luzernischen Mittellandes verbunden. Und in Deinem Hause haben viele – ich glaube, wenn man es jetzt konsultativ durch Handerheben anzeigen würde, es wäre die Mehrheit von uns – Deine unvergleichliche Gastfreundschaft erfahren, eine Gastfreundschaft, wie sie wohl heute nur noch hier in der Innerschweiz möglich ist.

Lieber Albert, zum Abschluss meiner inkompetenten und sehr subjektiven Laudatio darf ich Dir – im Auftrag Deiner Stadtmusik Luzern, im Auftrag Deiner Freunde und sicher auch im Namen aller hier Anwesenden – danken und Dir zu Deinen vier Jubiläen herzlich gratulieren. Wir alle wünschen Dir für Deine Gesundheit und für Deine weitere Tätigkeit nur das Allerbeste.

Nun aber wird es höchste Zeit, dass wir wieder die Stadtmusik und vor allem Albert Benz hören. Ein grosser Romantiker, der sich sowohl in der Sprache wie in der Musik gleichermassen auskannte, nämlich E. T. A. Hoffmann, formulierte den berühmten Satz:
«Wo die Sprache aufhört, fängt die Musik an.»

Gestatten Sie bitte, dass ich aus aktuellem Anlass und zum Abschluss diesen berühmten Satz zu einem Imperativ umformuliere, der für alle Festredner gelten sollte:
«Es fange die Musik an, damit der Sprechende endlich aufhört!»

Albert Benz: Förderung des bläserischen Amateurmusizierens

SALES KLEEB

Freundesworte zum 1. Todestag

Würdigung anlässlich der Gedenkfeier des Konservatoriums Luzern am 22. März 1989 in der Aula des Schulhauses Utenberg, Luzern

Von Paul Hindemith stammt die Forderung, dass das grosse Potential an Musikamateuren nicht alleine gelassen werden dürfe und dass es gerade auch die Pflicht bedeutender Komponisten sei, ihre pädagogisch-ethische Verantwortung wahrzunehmen und gehaltvolle Werke für Amateure zu schaffen. Als ich zum erstenmal von dieser Anregung Paul Hindemiths las, musste ich unweigerlich an Albert Benz denken. Sein ganzes Lebenswerk besteht in einem beeindruckenden Einsatz, in einer beispiellosen Hingabe für das bläserische Amateurmusizieren. 6000 blasende Amateure musizieren allein im Kanton Luzern, über 10000 sind es in der Innerschweiz, mehr als 80000 in der ganzen Schweiz, wobei ich das Wort Amateure nicht abwertend, sondern in seinem eigentlichen Wortsinn verstanden haben möchte: der Amateur als Liebhaber, der sein bläserisches Musizieren liebt, als Freizeitbeschäftigung, als Ausgleich zu seinem Beruf, als Mittel auch zu seiner menschlichen Entfaltung. Dieses Riesenpotential an blasenden Musikamateuren darf, so fordert es Paul Hindemith, nicht einfach allein gelassen werden. Wie kein zweiter hat sich Albert Benz diese Hindemithsche Forderung zur Aufgabe gestellt, eine Aufgabe, der er sowohl als Lehrer, als Dirigent, aber auch als Komponist nachgekommen ist.

Wenn man heute – ein Jahr nach seinem plötzlichen Tode – sein Leben und Werk zu überblicken versucht, so muss man feststellen, dass seine Jugend, seine Ausbildung, ja sein ganzer Werdegang auf die Lösung dieser Lebensaufgabe hinzielte. Seine Heimat, das Entlebuch, ist nicht etwa das Armenhaus der Schweiz, als das es vor ein paar Jahren in den

Medien beleidigend, weil einseitig aus materialistischer Sicht, nämlich aufgrund des Pro-Kopf-Einkommens, bezeichnet worden war. Es ist vielmehr ein reicher und dichter Kulturraum, ein Tal, in dem es singt und klingt. Denn wo gibt es, verglichen mit der Einwohnerzahl, so viele Sänger und Musikanten, so viele Chorgruppen, Chöre, Volksmusikkapellen und Blasmusiken? Ja in einigen Dörfern, so auch in seinem Geburtsort Marbach, wetteifern sogar zwei Blasmusiken, je eine «rote» und eine «schwarze», und dieser heiter-ernste, musikalisch-politische Wettstreit hat auch Albert Benz geformt. Immer wieder sind Musiker aus diesem voralpinen Bergtal über die regionale Bedeutung hinausgewachsen und haben schweizerisches Format bekommen. Alberts musikalische Erbanlagen stammten aus der Familie des Vaters. Sein Vater war Dorfschmied, Blasmusikdirigent und Pianist und Arrangeur im eigenen Familienensemble; sämtliche Tanten und Onkel musizierten auf einem Instrumentarium, das von Violine, Querflöte bis zu Trompete und Klavier reichte. Ein Onkel, der berühmte Pfarrer Benz von Romoos, stimmte jeweils bei Kapitelsversammlungen des Entlebucher Dekanates mit sonorer Stimme die Vesper oder die Litaneien an. Albert Benz selber erwähnte die Kirchenmusik, damit meinte er das grosse Repertoire an vierstimmig gesungenen lateinischen Messen, die Sonntag für Sonntag in den Gottesdiensten gesungen wurden, als seine erste eindrückliche Begegnung mit der ernsten Musik. Zudem gab es im Dorf einen reichen Volksliederschatz, ein kulturelles Allgemeingut, aus dem bei jeder passenden Gelegenheit, sei es bei der Arbeit oder auch nur beim geselligen Beisammensein, gesungen wurde. Zu seinen musikalischen Früherlebnissen zählte Albert Benz aber auch den Kopfhörer-Radio, aus dem eines Tages jene aufregende und elektrisierende Musik tönte, die dann vom Vater prompt verboten wurde, nämlich Dixieland-Jazz. Seine instrumentale Ausbildung nahm einen eher zufälligen Verlauf: Blockflöte, auf der er als Kind stundenlang das Feldmusik-Repertoire nachspielte, Klavierunterricht beim Lehrer und Dorforganisten, Trompetenspiel in einer vom Vater unterrichteten Jungbläsergruppe, dann Bläser in der Feldmusik und schliesslich – vom Vater nicht gern geduldet, weil nicht feldmusikkonform – Autodidakt auf der Klarinette. Scheinbar erahnte und fürchtete Alberts Mutter seine grosse musikalische Begabung. Als er sich im Jahre 1943 von ihr verabschiedete, um – aus dem Blickwinkel der Marbacherin gesehen – weit draussen in der Welt ins Seminar Hitzkirch einzutreten, da redete diese ihm eindringlich zu, er solle sich da draussen ja nicht dazu überreden lassen, Musiker oder sonst so was Dummes zu werden. Diese Äusserung entsprach durchaus der damaligen Vorstellung; man schätzte zwar den musizierenden Lehrer und Handwerker, der Berufsmusiker jedoch gehörte zur suspekten Gilde des fahrenden Volkes.

Die Jahre in der Internatsschule des kantonalen Lehrerseminars Hitzkirch prägten Albert Benz entscheidend. Er sprach denn auch von dieser Schule zeitlebens in grösster Hochachtung. Zwar besass dieses Internat eine strenge Hausordnung, doch innerhalb dieser strengen Ordnung bestand ein so grosser und anregender kreativer Freiraum, wie er heute wohl nirgends mehr denkbar ist. Strenge Schulordnungen sind zwar eliminiert, doch der Freiraum ist bis auf die letzte Minute verplant und organisiert und existiert wohl nur noch in der Vorstellung progressiver und idealistisch eingestellter Schulreformer. Drei grosse Lehrer prägten hier Albert Benz ganz besonders:
- der Methodik- und Geschichtslehrer Emil Achermann, der in ihm ein ausgesprochenes pädagogisches Berufsethos weckte, ihm ein ausgezeichnetes methodisches Rüstzeug mitgab und ihm zudem die Freude an geschichtlichen Zusammenhängen vermittelte,
- der Deutschlehrer und Kunsthistoriker Dr. Xaver von Moos, der grosse kulturelle Perspektiven auftat und lange vor der Zeit intertextuelle Vergleiche und Beziehungen zwischen den einzelnen Kunstformen anstellte und der zudem mit seiner Ästhetik für seine Schüler eine intensive geschmackliche Bildung anstrebte, etwas, das Albert Benz nachher für sein Spezialgebiet – die Blasmusik – übernommen hat,
- und schliesslich der vielseitig begabte Musiklehrer Josef Pfenniger, dessen ausgezeichnete Chorschulung nicht ohne Einfluss blieb auf das chorische bläserische Musizieren von Albert Benz.

In diesen Seminarjahren lernte ich den Mitseminaristen Albert persönlich kennen. Er kam mir vor wie ein Wildbach aus den Entlebucher Bergen: kraftvoll, temperamentvoll, klar, frisch, scharfsinnig, intelligent, aktiv, übermütig, mitreissend, hin und wieder über die Ufer tretend, d.h. die Grenzen der Hausordnung auslotend. Mit seiner vielseitigen Begabung wäre ihm jeder Weg offen gewesen: Naturwissenschaftler, Geologe, Mathematiker, Historiker, Journalist, Politiker, Theologe, Psychologe, Philosoph oder eben Musiker. Alberts musikalische Fähigkeiten zeigten sich in verschwenderischer Weise. Es gab fast kein Instrument, das er nicht spielte oder wenigstens ausprobierte: Klavier, Orgel, Violine, Trompete, Waldhorn, Posaune, Bariton, Klarinette, Saxophon, Fagott. Ja, seine Vorliebe für Blasinstrumente und seine Fähigkeit, auf jedem möglichen oder unmöglichen Rohre Töne zu «guggen», brachten ihm bei den Mitseminaristen den Studentennamen «Gügger» ein. Wenn auch bei dieser instrumentalen Aufsplitterung die zielstrebige Spezialisierung und die Konzentration einer soliden instrumentalen Ausbildung fehlten, für seine spätere Laufbahn als Komponist, Instrumentator und Dirigent war diese Vielfalt eine grundlegende Erfahrung und Voraussetzung. Es gab damals im Seminar kein Musikensemble, angefangen von der Choralgruppe, die den gregorianischen Choral pflegte, dem Seminarchor, dem Kirchenchor, dem Seminarorchester bis hin zum Salonorchester «Fix» und zur Ländlerkapelle oder zur Dixielandband, bei dem Albert nicht als Mitglied, Stimmführer, ja sogar als Initiant oder Dirigent mitwirkte. Die musikalischen Möglichkeiten waren für ihn ein unbegrenztes Experimentierfeld, auf dem er sich unbekümmert, intensiv und mit grosser Leidenschaft betätigte. Dabei wurden Blasinstrumente und Blasmusik damals im Seminar – was man sich heute kaum mehr vorstellen kann – nur sehr ungern geduldet. Sie hatten darum fast den Reiz des Verbotenen.

Zum Erinnerungsbild dieses temperamentvollen und bei jeder Gelegenheit fröhlich musizierenden Seminaristen steht ein Erlebnis in argem Kontrast. Es war jener Morgen, an dem man Albert aus dem Studiersaal holte und ihm mitteilte, dass sein Vater unerwartet gestorben sei. Ich habe dieses Erlebnis nie vergessen. Es kam mir wieder deutlich in die Erinnerung zurück, als Du mir, liebe Claire, vor einem Jahr die Nachricht von Alberts Tod mitteiltest.

Der plötzliche Tod des Vaters hatte unter anderem für Albert zur Folge, dass die Mittel noch knapper wurden, als sie ohnehin schon waren. Eine Tante kam nun für sein Studium auf, und als Albert die

Seminarausbildung mit der Höchstnote abgeschlossen hatte, da musste er auf seinen ursprünglichen Wunsch, Psychologie und Philosophie zu studieren, verzichten. Er wollte als Primarlehrer vorerst Geld verdienen, um die Studienkosten zurückzuzahlen. Als junger Primarlehrer begann Albert auch gleich seine Dirigiertätigkeit und bald einmal in den betreffenden militärischen Kursen seine Ausbildung zum Militärtrompeter und Spielführer. Hier formten und beeinflussten ihn der durch seine musikalische Präzision und methodische Konsequenz bekannte Musikinstruktor Fritz Siegfried, vor allem aber auch der damalige Inspektor der Militärspiele – ein Vorgänger von Albert – Professor Cherbuliez. Cherbuliez' faszinierende Referate und Einführungen in die Musik waren mitschuldig, dass Albert schliesslich am Konservatorium Luzern sein Musikstudium aufnahm. Ähnlich wie das Seminar Hitzkirch wurde diese musikalische Berufsausbildungsstätte auf Dreilinden entscheidend für sein Leben und Wirken. Seine hervorragendsten Lehrer waren hier Otto Zurmühle – als Instrumentator und erfahrener Blasorchesterpraktiker –, der Dirigent Max Sturzenegger, vor allem aber Albert Jenny, der prominente Tonsetzer und Kontrapunktiker. 1958 schloss Albert sein musikalisches Berufsstudium mit einem ausgezeichneten Theorielehrerdiplom ab. Inzwischen hatte er seinen Wohnsitz und seine Tätigkeit als Primarlehrer in die Stadt Luzern verlegt, die nun immer mehr zu seinem Wirkungsfeld werden sollte. Ich möchte dieses Wirkungsfeld mit den drei Worten umschreiben: Dirigent, Komponist, Lehrer.

Der Dirigent

Seit seiner Seminarzeit hatte Albert Benz als Dirigent gewirkt
– mit kleinen und grossen Besetzungen
– mit Dorf- und Stadtvereinen
– mit Chören und Orchestern
– mit Brass Bands und Harmoniemusiken
– mit Militärspielen jeder Grösse: vom Bat-Spiel über das Rgt-Spiel bis zum repräsentativen Armeespiel.

Albert Benz leitete jahrelang neben seiner hauptberuflichen Tätigkeit als Primarlehrer gleichzeitig drei Blasorchester. Halb im Spass hatte er einmal ausgerechnet, dass die gesamte Wegstrecke für die Fahrten zu den Musikproben nach Marbach und Entlebuch zweimal die ganze Erde umspannen würde.

1962 übernahm Albert Benz – als Nachfolger seines Lehrers Otto Zurmühle – seine zentrale Dirigentenaufgabe: die Stadtmusik Luzern. Es sprengt den Rahmen dieser Würdigung, die Erfolge einzeln aufzuzählen, die er mit seiner Stadtmusik erreichte. Die Leistung muss vielmehr mit Hinblick auf ihren kulturpolitischen Hintergrund gewürdigt werden. Denn diese 26 Dirigentenjahre fielen in eine Zeit des gesellschaftlichen und kulturellen Umbruches, und dieser Umbruch führte auch das Blasmusikwesen und vor allem die Blasmusikvereine städtischer Agglomerationen, die weniger an sinnvolle örtliche Funktionen und Traditionen gebunden sind, in ein eigentliches Spannungsfeld. Es entstanden neue Schwerpunkte und Spezialisierungen: Korps mit mehr funktionalen und repräsentativen Aufgaben, solche, die Show und Unterhaltung pflegen, und schliesslich solche, die sich konzertanten Aufgaben widmen. Es ist leicht zu erraten, dass Albert Benz bei seinem künstlerischen und geschmacklichen Anspruch und bei seinem grossen musikalischen Können die wohl schwierigste Variante wählte, nämlich das künstlerisch anspruchsvolle Blasorchester, und dies nicht etwa bloss als pompösen Symphonieorchesterersatz, nein vielmehr als eigenständige Formation mit arteigener und werthaltiger Literatur. Albert Benz umschrieb diese Konzeption mit Worten, die wie ein Programm anmuten: «Die Stadtmusik Luzern hat sich entschlossen, in Zukunft noch konsequenter besetzungsgerecht zu musizieren. Das hat zur Folge, dass einerseits das Schwergewicht noch eindeutiger bei konzertanter und werthaltiger Musik liegen wird und anderseits die öffentliche Präsenz in der Stadt bei Spielgelegenheiten mit einem angemessenen äussern Rahmen erfolgen soll.»

Nicht nur Eingeweihte wissen, dass die konsequente Durchführung dieser neuen Konzeption für alle Beteiligten und vor allem für Albert Benz selber eine grosse Herausforderung war, die gerade auch von ihm viel Kraft kostete. Nicht umsonst gab er einem seiner viel beachteten und leidenschaftlich gehaltenen Vorträge den Titel «Polarisation in der Blasmusik». Das Resultat dieser Anstrengung jedoch war ein modern konzipiertes Blasorchester, das seit 1979 sogar im Programm der Internationalen Musikfestwochen Luzern mitwirkt. Herr Rudolf Baumgartner, der frühere Direktor des Konservatoriums und ehemaliger künstlerischer Leiter der Musikfestwochen, bescheinigt diesen IMF-Konzerten interessante Programme mit werthaltiger originaler Blasmusik. Er sagte, Albert Benz hätte es verstanden, sich dem jeweiligen Motto der Festwochen anzupassen, was in Anbetracht der doch schwierig zu findenden Literatur für Blasorchester jeweils ein kleines Kunststück gewesen sei und bei ihm eine grosse Sucharbeit vorausgesetzt habe. Tatsächlich hat Albert Benz die originale Blasorchesterliteratur mit wertvollen Trouvaillen grosser Meister erweitert. Wenn uns heute doch eine imponierende Liste von Blasorchesterwerken von Komponisten von Weltrang bekannt ist, so ist das weitgehend seiner Schatzgräberarbeit und seinem Qualitätsanspruch zu verdanken. Das Resultat dieser lebenslangen Such- und Forscherarbeit hat sich übrigens in seiner 1987 erschienenen Repertoirekunde niedergeschlagen.

Noch etwas muss hier erwähnt werden, nämlich der besondere Klang des Benzschen Blasorchesters: Während ein modernes Blasorchester heute – nicht zuletzt durch die entsprechende Instrumentation zeitgenössischer Komponisten und durch die moderne Aufnahmetechnik – fast sec, ja skelettartig und dadurch besonders durchsichtig und intellektuell tönt, liebte Albert Benz bei voller Wahrung der Transparenz die glutvoll musizierenden Tenor- und Bassstimmen, die massierten Registerchöre und die Wärme des romantischen Bläserklanges. Das entsprach seinem innersten Gemüt und kam auch seiner emotionellen und kraftvollen Dirigierweise entgegen.

Der Komponist

Um Albert Benz als Komponist richtig einzuordnen, ist eine knappe Rekapitulation der Geschichte des Blasorchesters notwendig. Das Blasorchester ist ein Kind der Französischen Revolution. Bedeutende Komponisten schrieben um 1800 für diese neue, vorerst professionelle Formation Auftragswerke, die sogenannte «Revolutionsmusik». In der Folge entdeckte der Amateur das vereinsmässige bläserische Musizieren. Amateurblasmusiken schossen im 19. Jahrhundert wie Pilze aus dem Boden. Aber diesen Formationen fehlten die geeigneten Werke. Die symphonische Orchesterliteratur wurde darum zum Tummelfeld der Blasmusiktranskripteure. Leistungsfähige Kapellen spielten transkribierte Orchesterliteratur; kleine, schlecht ausgebildete Blasmusiken jedoch einfache Charakterstücke von geringem Wert – Albert Benz nannte sie Stücke ohne Charakter. Was um 1800, nämlich bei den Revolutionsmusikern, so eigenständig und vielversprechend begonnen hatte, inflationierte in der Folge einerseits zu problematischen Fremdanleihen, andrerseits zu trivialer Gebrauchsliteratur. Aber nach dieser mehr als 100 Jahre dauernden Durststrecke setzte ein Umdenken ein. Man begann sich – vor allem auch in der Schweiz – auf die Eigenständigkeit zu besinnen. Gut geschulte und kompetente Komponisten schrieben einfache, wertvolle Stücke für Amateure. Ein erster Höhepunkt dieser Entwicklung war sicher der Komponist Stephan Jaeggi. Als dieser 1957 unerwartet und erst 54jährig starb, hinterliess er im schweizerischen Blasmusikwesen und vor allem für die Literaturbeschaffung eine grosse Lücke. Genau in dieser Zeit begann nun die Kompositionstätigkeit von Albert Benz. Es entstanden 1958 «Preludio alla Scherzo» und 1959 «Larghetto pastorale». Diese Titel sagen es schon: Albert Benz war nicht einfach, auch wenn das zeitlich übereinstimmt, der Nachfolger, Fortsetzer oder gar Epigone von Stephan Jaeggi. Einerseits beeinflusst von der Kirchenmusik, andrerseits durch die Volksmusik, die er zu aktualisieren versuchte, fand er sofort seinen ganz persönlichen und unverkennbaren Stil. Seine Kompositionen sind denn auch formal sauber, harmonisch apart und gekennzeichnet durch einen gekonnten Tonsatz und Kontrapunkt. Bei aller erfrischenden Modernität sind es jedoch nicht avantgardistische Werke, auch nicht für Snobisten oder gar für esoterische Kreise geschrieben und auch nicht, um einen Platz in der allgemeinen Musikgeschichte zu ergattern. Sie sind aus einer reichen praktischen Erfahrung heraus erfunden und instrumentiert und für die Praxis des bläserischen Laienmusizierens bestimmt, vor allem aber zur Hebung des bläserischen Spielgutes.

Die meisten seiner Kompositionen sind Auftragswerke. Denn Albert Benz wartete nicht einfach auf den berühmten Kuss der Muse. Konkreter Auftrag und intensives Arbeiten waren für ihn die sicherste Quelle der Inspiration. So entstanden ab 1958 gegen 100 Kompositionen in beeindruckender Vielfalt:

- leichte und schwierige Stücke
- E- und U-Musik
- konzertante Musik, darunter symphonische Werke für grosses Blasorchester
- absolute Musik, aber auch suggestive musikalische Stimmungsbilder
- Volkstänze und Volksliedbearbeitungen
- schliesslich Gebrauchsmusik aller Art: Stücke für festliche Anlässe, Märsche, Tänze, Solostücke

Diese verschiedenartigen Formen waren aber nicht an bestimmte Schaffensperioden gebunden. Albert Benz war imstande, in moderner Tonsprache konzertante Grossformen mit symphonischem Inhalt zu schreiben und in unmittelbarer zeitlicher Nähe wieder volksnahe Miniaturen, kleine Gebrauchsstücke, Gebrauchsmusik. Dazu verwendete er bewusst kein Pseudonym, wie es heute recht oft bei Komponisten der Fall ist, die für ihr Ansehen E-Musik, für grössere Autoreneinnahmen jedoch U-Musik schreiben. Albert Benz konnte und wollte zu allen seinen Kompositionen – auch zu den kleinen und scheinbar unbedeutenden – stehen, weil sie gekonnt und geschmackvoll geschrieben waren. Denn obwohl er im Komponieren eine erstaunliche Fertigkeit und Virtuosität besass, entstand hier nicht einfach Konfektionsware. Er war nicht einfach der Vielschreiber.

Wegen der grossen beruflichen Inanspruchnahme als Lehrer und Dirigent blieben fürs Komponieren nur die Freizeit, der Feierabend, das Wochenende, die Ferien, oder aber die Nacht übrig. Albert Benz nannte sich selber – und dies schmunzelnd – einen Freizeitkomponisten. Um so mehr beeindruckte immer wieder, wie grosszügig Albert seine Werke verschenkte, bald erfüllte er einer Dorfmusik, dann wieder einem Jugendblasorchester oder einem Bataillonsspiel den Wunsch nach einer eigenen Komposition. Dabei konnte auch sein köstlicher Humor aufblitzen, so wenn er einem Stück den Titel gab «D'Buremuusig Rickebach hed Durscht» oder wenn er dann nach erfolgreicher Uraufführung ein Fortsetzungsopus versprach: «D'Buremuusig Rickebach hed Hunger». Albert Benz behielt eben den Kontakt zur Basis und kannte genau den Duktus des Blasmusikanten, aber auch die Grenzen des Amateurkönnens und die Grenzen der Hörfähigkeit des Blasmusikpublikums. Er holte den Amateur dort ab, wo er mit seiner Literatur stand, und führte ihn behutsam und in kleinen Schritten in eine neue Zeit und vor allem – im Sinne Xaver von Moosscher Ästhetik – zu einem besseren Geschmack. Dabei scheute er sich nicht, auch retrospektiv zu schreiben; denn es ging ja darum, für die Blasmusikamateure die historisch bedingte Literaturlücke zu füllen. Trotz dieser pädagogischen Selbstbeschränkung ist aus vielen seiner Werke die faszinierende Persönlichkeit des Komponisten direkt spürbar: gescheit, musikalisch, musikantisch, temperamentvoll, vital, humorvoll. Zusammen mit Stephan Jaeggi und Paul Huber gehört Albert Benz zu den bedeutendsten Blasmusikkomponisten der Schweiz.

Der Lehrer

Das Wirken von Albert Benz als Dirigent und Komponist war nicht nur eine künstlerische, sondern vor allem auch und ganz gewollt eine pädagogische Aufgabe. Er selber schrieb in einem Vorwort: «Der Dirigent eines Blasorchesters ist vielmehr Lehrer als Dirigent. Das Dirigieren ist nur Endpunkt seiner Tätigkeit.» Albert Benz war leidenschaftlich gern Lehrer, zuerst – und das vergisst man oft – 30 Jahre lang als vollamtlicher Lehrer der 5./6. Primarschulklasse. Bei seiner grossen fachlichen Kompetenz im Spezialgebiet Blasmusik drängte sich jedoch eine entsprechende musikalische Lehrtätigkeit geradezu auf. Wie wir von Herrn Dr. Kaspar Lang vernommen haben, fand Albert Benz als Leiter der Blasmusikdirigentenklasse am Konservatorium Luzern nach und nach sein zentrales musikpädagogisches Tätigkeitsfeld, ja er war der eigentliche Gründer und Initiant dieser Dirigierausbildung. Wurde die Blasmusikdirigentenausbildung in der Innerschweiz bis zu diesem Zeitpunkt in einer Art Selbsthilfe von den Verbänden und Vereinen betrieben, so bekam sie jetzt einen professionellen Anspruch. Als Fachexperte bei Diplomprüfungen spürte ich immer wieder, wie kompetent und wie faszinierend Albert Benz als Lehrer war. Von einem seiner Schüler weiss ich, dass Albert seine aufbauende Kritik in Form von Vorschlägen abgab. Er erteilte seine Lehre nicht als Doktrin, sondern liess jedem Schüler die Freiheit, sich nach seinen eigenen Ideen und nach seinen individuellen Fähigkeiten zu entfalten. Ich glaube, das machte letztlich die Faszination dieser Lehrerpersönlichkeit aus, die für viele Schüler zu einer eigentlichen Vaterfigur wurde.

In seiner 1987 erschienenen «Blasmusikkunde und Probenmethodik» hat Albert Benz nicht nur die Leitsätze des von uns beiden hochverehrten Methodiklehrers Emil Achermann aus dem Hitzkircher Seminar und nicht nur sein in einem permanenten Selbststudium sich angeeignetes lernpsychologisches Wissen auf sein musikpädagogisches Spezialgebiet übertragen, dieses Unterrichtswerk ist die zusammenfassende Darstellung seiner jahrzehntelangen Erfahrungen mit dem Phänomen Blasmusik. Es ist – weil so kurz vor seinem Tode geschrieben – sozusagen sein geistiges Testament.

Hier muss nun auch jener Beruf erwähnt werden, der seine Arbeitszeit in den letzten 11 Jahren zu drei Vierteln ausfüllte: Inspektor der schweizerischen Militärspiele. Albert Benz war zwar kein Militarist, und er sah sich darum nicht in erster Linie als kontrollierender Inspektor und Oberinstruktor, sondern auch hier als Anreger und Musikpädagoge. Er verfasste Ausbildungsreglemente, Ausbildungsunterlagen, Lehrgänge, Unterrichtsstoff und ein adäquates Spielgut. Die historischen Märsche und Volkslieder aus allen vier Sprachregionen, die er für die Militärspiele setzte und instrumentierte, sozusagen aktualisierte, sind allein für sich schon eine kulturelle Leistung. Beeindruckend war auch, wie kraftvoll er sich für die Erhaltung der Militärspiele einsetzte. Diese Tätigkeit als Inspektor, aber auch seine langjährige Mitarbeit in der Musikkommission des Eidgenössischen Musikvereins sowie das viele Expertieren an Musikfesten fallen im Grunde genommen ebenfalls in den Bereich des Lehrers. Sowohl hier wie bei seiner wichtigen Tätigkeit am Luzerner Konservatorium suchte er seine Grundanliegen zu verwirklichen: Verbesserung der Blasmusikliteratur, Hebung des Ausbildungsstandes der Dirigenten und Musikanten und damit die bessere Anerkennung der Blasmusik als vollwertige und eigenständige künstlerische Musizierform.

Ich habe vom Dirigenten, Komponisten und Lehrer gesprochen, eigentlich müsste ich – wenn die mir zur Verfügung stehende Zeit nicht schon überschritten wäre – noch ganz persönlich und ausführlich vom Menschen Albert Benz reden, von seiner Geselligkeit, von seinem Humor, von seiner Lebensfreude, aber auch von seinem schier überschäumenden Temperament und der permanent vorhandenen Aktivität, die bei solcher Intensität oft auch zu Stresssituationen führen konnte. Ich müsste erwähnen, dass dieses Temperament sich hin und wieder cholerisch entladen wollte, dann nämlich, wenn Albert mangelnden Einsatz, Dilettantismus oder Unverständnis spürte. Ich müsste von seinem Mut reden und seiner Art, hart zu kämpfen, wenn es um Ungerechtigkeit oder um die Durchsetzung berechtigter Reformen ging. Ich müsste von seiner Intelligenz sprechen, die es ihm erlaubte, Situationen, Zusammenhänge und Probleme scharf zu analysieren, ich denke zum Beispiel, wie differenziert er das für die Blasmusik so heikle Problem der Transkription und Bearbeitung anging. Seine hohe Intelligenz schützte ihn auch davor, sentimental, ein nostalgischer Romantiker oder gar ein Fanatiker seines Spezialgebietes zu werden. Obwohl er sozusagen für die Blasmusik lebte, so wusste er doch, sie richtig einzuordnen. Er verstand sie als verhältnismässig kleines Teilgebiet einer grossen musikalischen Gesamtkultur. Er versuchte bei seinen blasmusikbegeisterten Schülern den Sinn für solche Proportionen zu wecken. Die grosse Versuchung der Blasmusik zum Pathetisch-Triumphalen störte ihn, und es störte ihn auch, dass sich der schweizerische Verband – als hätte er einen musikalischen Monopolanspruch – «Eidgenössischer Musikverband» und nicht schlicht und einfach «Blasmusikverband» nannte. Ich müsste in diesem Zusammenhang ausführlich erwähnen, dass seine geistigen Interessen weit über sein Spezialgebiet hinausgingen. Man konnte mit ihm auch stundenlang diskutieren, ohne von Musik zu reden. Bei solchen Zusammenkünften kam dann der tiefgründige, geistreiche und gemütvolle Albert Benz zum Vorschein, dessen Gastfreundschaft von eindrücklicher Herzlichkeit war. Diese

Herzlichkeit zeigte sich auch in seiner Freundestreue und in seiner schier grenzenlosen Hilfsbereitschaft. In grosszügiger Weise konnte er nicht nur Bücher, Musikalien oder Schallplatten, sondern auch fachliche Auskünfte, Ideen und Anregungen ausleihen und weitergeben. Uneigennützig verstand er, zu fördern, anzuregen und Musikanten, Schüler und Freunde an seinem Erfolg teilhaben zu lassen. Man müsste ausführlich auch von seiner Familie und von seinen intensiv musizierenden Töchtern reden; denn man kann den vom äussern Eindruck her so aktiv und extrovertiert erscheinenden Albert Benz nicht losgelöst von seiner Familie und seinem häuslichen Umfeld betrachten. Ja, er brauchte für seine reiche Tätigkeit geradezu diese familiäre Geborgenheit, und Du, liebe Claire, hast sie ihm in vorbildlicher Weise geschenkt. Du versuchtest in Bahnen zu halten, was temperamentsmässig zu überborden drohte, und Du versuchtest auch abzudämmen und zu schlichten, wenn Fronten entstehen wollten. Aber Du tatest dies, ohne seine Kreativität zu brechen, und Du schenktest dem freiheitsliebenden Bergler jenes Mass von Freiheit, ohne das sein imponierendes Lebenswerk nicht möglich geworden wäre. Du warst seine Begleiterin, Du standest ihm bei, Du halfest ihm, und dies nicht nur im Leben, sondern auch – auf beispielhafte Weise und aus Deinem Glauben heraus – in den frühen Morgenstunden des 22. März – also heute vor einem Jahr – in der Einsamkeit seines plötzlichen Sterbens.

Die Nachricht von diesem Tode war unglaublich, und vielen Freunden und Bekannten erging es gleich: Die Gefühle wechselten von Konsternation zu tiefer Traurigkeit, von versuchter Verdrängung zu Verzweiflung, ja zu Wut –
- Wut über das eigene Unvermögen und Verschulden,
- Wut darüber, dass es im reichsten Land der Welt nicht möglich gewesen war, eine Persönlichkeit mit so grosser kreativer Potenz beruflich rechtzeitig für ihr schöpferisches Schaffen freizustellen – inzwischen hat man Alberts Arbeit auf mindestens ein halbes Dutzend Leute aufteilen müssen; der Komponist jedoch, in dieser ganz spezifischen Art, ist nicht zu ersetzen –,
- Wut auch, dass die zuständigen Gremien – aus welchen Gründen auch immer – die längst fällige Verleihung einer öffentlichen Aner-

kennung – der 60. Geburtstag wäre eine gute Gelegenheit gewesen – endgültig verpasst haben.

Jede und jeder von uns hatte diesen Tod zu bewältigen, auch diese Würdigung meines Freundes ist ein Teil meiner persönlichen Trauerarbeit.

Aber mit dieser Würdigung und mit dieser Gedenkfeier ist es nicht getan. Es gilt, das Werk von Albert Benz fortzusetzen, die anspruchsvolle Ausbildung von Instrumentalisten und Dirigenten fortzuführen. Das Konservatorium Luzern hat darum imponierende Anstrengungen unternommen, die entstandene Lücke durch ausgezeichnete junge Fachleute zu schliessen. Es gilt aber auch, das kompositorische Erbe von Albert Benz intensiv zu pflegen und am Leben zu erhalten und gleichzeitig in seinem Sinne nach neuer wertvoller Literatur zu suchen. Und für die vielen ehemaligen Schüler von Albert Benz besteht die Verpflichtung, jederzeit um geschmackvolle, einwandfreie Programme zu ringen, auf dass man sie als Meisterschüler erkenne. Mit vereinten Kräften gilt anzustreben, was Albert Benz gewollt hat, nämlich die Hebung des Ansehens für die geblasene Musik. Denn jetzt nach seinem folgenschweren Tode – und damit sind wir wieder beim eingangs erwähnten Zitat von Paul Hindemith – kann das grosse Potential an Musikamateuren erst recht nicht allein gelassen werden.

TRUDI INEICHEN-BENZ / MAX BUCHER

Heimat und Jugendzeit

Erinnerungen der Schwester

Unser Grossvater – Albert Benz, aus Neftenbach ZH stammend – war ungefähr 1880 in der Schmiede in Entlebuch tätig. Der Marbacher Dorfschmied Hofstetter hatte zu dieser Zeit alters- oder krankheitshalber Hilfe nötig. So holte er sich den jungen Handwerksburschen in seine Huf- und Wagenschmiede. Man erzählte, dass Albert Benz nicht nur ein tüchtiger, sondern auch ein lebensfroher und unterhaltsamer Mensch gewesen sei. Jedenfalls lachte er sich die Wirtstochter Julia Koch vom Gasthof Kreuz in Marbach an und gründete mit ihr 1885 eine Familie. Albert trat – was zu dieser Zeit für die Heirat mit einer Entlebucherin wohl Voraussetzung war – zum katholischen Glauben über. Sicher wurde es auch durch die Hilfe der jungen Frau möglich, die Dorfschmiede in Marbach zu erwerben. Sie führte dort zusätzlich eine Handlung mit Eisenwaren und Stoff. Vor der Motorisierung musste das Geschäft im abgelegenen Bergdorf recht floriert haben. Die Familie gedieh. Vater Robert, geboren 1886, war das älteste von neun Kindern. Es gab in Marbach zu dieser Zeit noch keine Sekundarschule. So kamen die Töchter in Internate, die Söhne zum Teil in Kollegien. Vater Robert hielt sich einige Zeit im Kollegium Schwyz auf. Sicher brachte er von dort ein musikalisches Rüstzeug, das etwas über dem damaligen Durchschnitt im Dorfe lag. Robert kam zurück und wurde Schmied. Ob aus Freude zu Vaters Beruf oder ob der Vater bereits leidend war und er helfen musste, für die grosse Familie zu sorgen, vermag ich nicht zu sagen. Jedenfalls gingen ein Priester und ein Arzt aus der Familie hervor. Die Eltern Albert und Julia Benz starben kurz nacheinander im Jahre 1925.

Erst jetzt, mit beinahe 40 Jahren, heiratete unser Vater die Bauerntochter Marie Stadelmann vom Schärlig. Ihr ältester Sohn Albert wurde am 10. September 1927 geboren. Ein Bruder und eine Schwester rundeten die kleine Familie ab. Wir hatten ein schönes, geborgenes Zuhause. Unsere Eltern waren kein junges Paar. Die Schmiede, die vorher im Erdgeschoss des Hauses war, wurde nun in die danebenstehende Scheune gebaut. Wir Kinder wurden in die Zeit der Wirtschaftskrise der dreissiger Jahre hineingeboren. Diese musste für das Handwerk besonders schlimm gewesen sein. Oft hätte man bloss etwa 30% des Rechnungsbetrages einkassieren können. Dies bedingte ein recht einfaches Leben, das aber deswegen nicht ein freudloses gewesen sein musste.

Sehr oft musizierte der Vater mit seinen Brüdern und Cousins. Diese Freizeitbeschäftigung wurde damals überall mehr praktiziert als heute, wo man sich bloss mit einem Knopfdruck musikalisch berieseln lassen kann. Vater Robert konnte Klavier spielen. Mit seinen grossen, schwieligen Schmiedehänden war das eine Attraktion. Einige Jahre lag auch die Leitung der Feldmusik Marbach in seinen Händen. Hier leistete er viel Kleinarbeit zur Ausbildung von Jungbläsern, und auch seine beiden Buben machten hier die ersten musikalischen Gehversuche, was den Vater natürlich freute.

Im Erdgeschoss führten die Tanten immer noch den Eisen- und Stoffladen. In ihrer Wohnung stand das Klavier. «Alberti» war der Liebling, er durfte spielen und üben, was von den jüngern Kindern nicht so erwünscht war. Ehrlichkeitshalber muss ich sagen, dass sich sicher schon dort seine Ausdauer und Durchschlagskraft bemerkbar machten. Es musste sich schon früh gezeigt haben, dass der jüngere Bruder Wilhelm den Hammer geschickter in die Hände nahm. Aus seinem Kindermund stammt darum der Ausspruch: «Ich werde Schmied, Albert soll Pfarrer werden, und Götti-Pfarrer kann ihm ja dann die Kirche geben.» Albert spielte Blockflöte und später Klarinette. Der Vater grub schöne, alte Volksmusik aus und spielte mit den Söhnen und deren Kollegen Max zum Tanze auf. Als Student brachte er dann jedesmal ein anderes Instrument nach Hause, und er hatte nicht Ruhe,

Marbach im Entlebuch (Luzern)

Dorfschmiede in Marbach (Luzern)

Robert und Marie Benz-Stadelmann

Erste Primarklasse 1934 in Marbach: Albert Benz links aussen

bis er wusste, wie es zu handhaben war. Gut, dass wir in einem grossen Hause wohnten. Im damals noch spärlichen Heimaturlaub gab es schöne Feste, zu denen die Schwester auch etwa mitgenommen wurde. Darum kenne ich ihn eigentlich am besten am Klavier, und zwar als Jazz-, Swing- und Boogie-Woogie-Spieler.

Die Mutter hatte wohl die Krisenzeit am meisten zu spüren bekommen. Sie war es, die Albert animierte, ins Seminar zu gehen. Zu Vaters Freude war das nicht, denn die Finanzierung war sicher ein Problem! Er wurde dann auch bald nach Alberts Eintritt ins Seminar kränklich und starb im Frühjahr 1946. Bruder Wilhelm war nun als 17jähriger allein in der Schmiede. Unsere Mutter musste sich sehr lange bemühen, einen Arbeiter zu finden. Es war keine leichte Zeit für uns alle. Mutters Schwester half das Studium fertig finanzieren. Albert wurde Lehrer in Neudorf. Bevor er daran denken konnte, sich am Konservatorium weiterzubilden, musste er der Tante die Studienkosten zurückbezahlen. Also, es wurden ihm wohl Begabung, Gesundheit und Selbstvertrauen, aber sonst wirklich nicht alles in die Wiege gelegt. Eine bittere Pille hatte die Mutter noch zu schlucken, als Albert aus parteipolitischen Gründen – er verlor einen Wahlkampf – nicht als Lehrer nach Marbach gewählt wurde. Ihn mag gerade dieser Umstand erst recht zu mehr Leistung angespornt haben.

Es klingt etwas zynisch, was mir noch unter der Feder brennt. Unser Grossvater war ungefähr 1880 nach Marbach gekommen. 1955 waren wir aber immer noch Neftenbacher. Ob wohl die beiden Kriege, das fehlende Geld oder die Politik die Einbürgerung gebremst haben, wer vermag das heute noch richtig zu beurteilen? Wilhelm wurde dann das Bürgerrecht von Marbach geschenkt, Albert dasjenige der Stadt Luzern. Sicher halfen doch aber bereits zwei Marbacher Grossmütter und erst recht die Mutter, den Entlebucher zu prägen!

Erinnerungen des Jugendfreundes

Albert Benz verlebte seine Jugendjahre mitten im Dorfe Marbach in der väterlichen Schmiede. Sein Vater war ein tüchtiger und beliebter Handwerker und seine Mutter eine strenge, aber herzensgute Frau. Ausserdem lebte im gleichen Hause auch noch seine Tante, die in Alberts Jugendzeit eine ganz erhebliche Rolle spielte. Von dieser Umgebung war seine Jugend geprägt. Zusammen mit seinen beiden Geschwistern durfte Albert eine schöne Jugendzeit verbringen, die ihm sicher die Grundlage für sein späteres erfolgreiches Wirken gab.

Albert und ich lernten uns schon als ganz kleine Buben kennen. Er war etwas älter als ich, überragte mich auch körperlich um einiges, und das führte schon früh dazu, dass ich vor ihm einen grossen Respekt hatte. Mit ihm und seinem Bruder Wilhelm verband mich bald eine echte Freundschaft, die ein ganzes Leben lang andauern sollte.

Wir waren keine Einzelgänger, und es waren noch viele andere Kameraden im Dorf. Manch Lustiges wäre aus dieser Zeit zu berichten, und mancher Lausbubenstreich entsprang den Gedankengängen eines Albert Benz. Er wurde als Führungsperson schon damals anerkannt, war aber alles andere als ein Rädelsführer. Er war eher ein Denker. Er liess uns nie ganz freie Hand und war stets darauf bedacht, schwerwiegende Folgen zu verhindern. Irgend jemandem Schaden zuzufügen war nicht in seinem Sinn. Seinen Worten wurde Gehör geschenkt. Er wusste sich durchzusetzen, war aber niemals rechthaberisch. Tante Marie wachte mit Argusaugen über ihre beiden Neffen Albert und Wilhelm. Da sie sehr religiös war, konnte es vorkommen, dass die beiden «Bänze-Buebe» mehrmals am Tage zur Kirche gehen mussten, was diese nicht immer ohne Murren akzeptierten. Aber da gab es kein Pardon. Der berühmte Drohfinger der Tante liess keinen Zweifel darüber, dass sie eine diesbezügliche Weigerung sofort dem Onkel Pfarrer melden würde. (Alberts Onkel war Pfarrer in Romoos.) Selbstverständlich war es damals so, dass jeder rechte Bub im Dorf Ministrant war. Albert war uns auch in dieser Beziehung ein echtes Vorbild. Wir waren alle ein bisschen neidisch auf ihn, weil er der Lieblingsdiener des damaligen hochgeachteten Pfarrers Wilhelm Felder war.

In diesen Jahren war ich schier Stammgast bei Familie Benz; denn sie besass etwas, was mich unheimlich faszinierte – nämlich ein Klavier. Überhaupt war die Musik das Thema Nummer eins; denn Vater Benz war Dirigent der Feldmusik Marbach, und da in Marbach zwei Musikgesellschaften (eine rote und eine schwarze) um die Wette spielten, musste man unbedingt irgendwie dabei sein. Vater Benz unterrichtete uns im Notenlesen und allem, was zum Musikmachen gehört. Albert verriet mir eines Tages, dass er jetzt Klavierunterricht nehme, was mich sehr stolz machte – denn einen Freund zu besitzen, der Klavier und Orgel spielen konnte, war für mich schon etwas Grossartiges. Albert spielte dann bald unter der Anleitung seines Vaters Trompete und Klarinette. Sein Bruder Wilhelm entwickelte sich ebenfalls zu einem guten Bläser. Nachdem auch ich meine musikalischen Talente entdeckt hatte, war die «Tanzmusik» komplett. Vater Benz begleitete uns mit seinen grossen Schmiedehänden elegant auf dem Klavier. Wir waren damals zwischen 7 und 10 Jahren.

Ich bin überzeugt, dass Albert schon damals den Grundstein legte zu seiner späteren Laufbahn als Musiker. Musik bedeutete ihm in diesen Jahren sehr viel. Ich erinnere mich noch sehr gut, wie er mir bei einer verbotenen Zigarette einen «Vortrag» über die Sprache der Musik hielt und dabei nicht vergass zu erwähnen, dass es nichts auf der Welt gäbe, was die Menschen mehr verbinden könne als die Musik. So kam es dann bald dazu, dass Albert aus dem wilden Haufen «Dorfbuben von Marbach» eine Musik zusammenstellte, im Notenlesen unterrichtete und uns anspornte, täglich zu üben. Er war zugleich Leiter und Bläser. Es war eine schöne Zeit. Wir marschierten stolz durch das Dorf, brachten da und dort Ständchen und erfreuten die in unserem Dorf stationierten Truppen; denn es war ja Kriegszeit. Wohl das schönste Erlebnis dieser Zeit möchte ich noch kurz erwähnen. Das Spiel des damaligen Zürcher Schützenbataillons 6, das oft in unserem Dorf anwesend war, konzertierte auf dem Dorfplatz. Der Kompaniekommandant, der von der Existenz unserer «Bubenmusik» wusste, liess uns holen, und wir durften einen Marsch spielen und anschliessend mit dem Militärspiel «Rufst Du mein Vaterland!», die damalige Nationalhymne, intonieren. Wir waren ausser uns vor Stolz! Wie oft muss Albert sich an diese Stunde erinnert haben, als er Inspektor der Militärspiele war!

Trompeter in einer Jungmusikantengruppe in Marbach (Luzern)

Fastnachtsmusik in Marbach: Albert Benz, Klarinette; Max Bucher, Handorgel; Wilhelm Benz, Trompete

Die beiden Brüder Benz als Jungmusikanten in der Feldmusik Marbach

Albert und Wilhelm nach dem Sonntagsgottesdienst auf dem Friedhof in Marbach

Die Geschwister Benz mit «Muetti», v.l.n.r.: Albert, Wilhelm, Trudi

HEIMAT UND JUGENDZEIT

Die Zeit verging – wir wurden älter und waren damals schon eifrige Mitglieder unserer Feldmusik. Albert trat mit 13 Jahren inoffiziell dem Verein bei. Er besass inzwischen schon eine recht gute musikalische Ausbildung, spielte mehrere Instrumente und bereitete sich auf seinen Eintritt in das Lehrerseminar vor. Wir gingen nun unsere eigenen Wege, doch immer wieder führte uns die Musik zusammen. Die «Band» und die Feldmusik haben damals unsere Freizeit total ausgefüllt. Wir spielten nicht um Geld, wir spielten, weil uns die Musik begeisterte und uns das Gefühl der Zusammengehörigkeit gab. Albert sagte uns damals: «Es sind nicht die Töne, welche die Musik machen – es ist das Herz.»

Nach dem Studium wollte Albert in Marbach eine frei gewordene Lehrerstelle übernehmen, was ihm aber aus politischen Gründen verweigert wurde. Trotzdem – oder gerade deshalb – blieb er uns treu. Es war sein Bestreben, aus der Feldmusik Marbach eine «Musik» zu machen, die er nach seinen Vorstellungen formen und bilden wollte. Wenn ich an diese Zeit zurückdenke, erinnere ich mich an unzählige Gespräche und Diskussionen, in welchen uns Albert seine Vorstellungen darstellte. Er fand bei seinem Bruder und mir begeisterte Unterstützung. Meistens fanden diese Marathondiskussionen in der guten Stube der Familie Benz statt. Wir kamen jeweils mächtig ins «Praschauern[1]» und einmal setzte die gute Mutter Benz ihrem Albert einen Milchtrichter auf den Kopf, damit «der Rauch entweichen könne»!!

Im Jahre 1955 war es dann soweit. Wir hatten die Finanzen – und alles, was dazugehört – für eine Uniform beieinander. Die Feldmusikanten wurden mit der Tatsache überrascht. Die Tage der Einweihung waren das Grösste, was wir erleben durften. Zehn Musikkorps, darunter die Stadtmusik Luzern, waren in unser armseliges Bergdorf gekommen. Als wir drei Freunde von einem Fenster des Gasthofs Kreuz aus den Blick Richtung Steiglenbrücke richteten, sahen wir nur wogende Uniformen, die wie eine Welle die Gegend überfluteten. Wir lachten und weinten zugleich, und Albert konnte es nicht lassen, seinem Bruder und mir die Hände zu schütteln und mit seiner tiefen Stimme zu sagen:

---

[1] «Praschauern» = Entlebucher Dialektwort für übertreiben, prahlen, plagieren.

«Nun – hab ich's nicht immer gesagt?» Ich glaube, dass mit diesem Tag eine Jugendära zu Ende ging. Wir waren erwachsen geworden.

Albert leitete die Feldmusik Marbach noch viele Jahre, und ich finde die Worte des FM-Präsidenten im Nachruf von Albert Benz in der Feldmusik-Zeitung treffend, wenn er sagt: «Die Vielzahl der schönen und hochbejubelten Auftritte unter seiner Leitung verunmöglicht eine vollständige Aufzählung.»

Meine Freundschaft mit Albert Benz blieb auch nach dem tragischen Tode seines Bruders bestehen. An seinem 60. Geburtstag haben wir eine Abmachung getroffen. Wir wollten endlich einmal in aller Ruhe zusammensitzen und so viele Erinnerungen austauschen. Es sollte nicht mehr dazu kommen. Von meinen beiden Jugendfreunden bleibt mir nur noch die Erinnerung.

GUSTAV INEICHEN

Hitzkirch: ein luzernisches Lehrerseminar

Der Kanton Luzern unterhält für die Ausbildung der Lehrer an Volksschulen (Primarschulen) eine besondere Lehranstalt, ein sog. Lehrerseminar. Die Absolventen dieses Seminars erhalten zum Ausweis ihrer Lehrbefähigung ein Lehrdiplom. Mit einer Ergänzungsprüfung in Latein gilt dieses Diplom an schweizerischen Universitäten auch als Matura. Es handelt sich bei diesem Schultyp um eine Kombination von Gymnasium in seiner humanistisch-allgemeinbildenden Zielsetzung und berufsbezogener Lehrerausbildung. Der Studiengang ist deshalb auch etwas länger.

Das kantonale Lehrerseminar Hitzkirch erlebte nach dem Zweiten Weltkrieg bis zum Beginn der fünfziger Jahre eine besondere Blüte. Dies lag nicht nur am zufälligen Zusammenwirken einiger bedeutender Professoren, sondern auch an der Ausnahmesituation im studentischen Nachwuchs unmittelbar nach dem Krieg. Das Seminar war in einer ehemaligen Deutschritterkommende in Hitzkirch untergebracht, über einem ruhigen Tal mit zwei Seen, dem Seetal, rund 25 Kilometer vor Luzern. Es führte gleichzeitig ein Internat – für Mädchen damals noch nicht zugänglich – und betreute in straffen und anspruchsvollen Kursen über fünf Jahre insgesamt nicht mehr als hundert Kandidaten.

Zu der hier angesprochenen Generation gehörten junge Männer, die heute wichtige Stellungen vor allem im Erziehungswesen, zum Teil aber auch in der Wissenschaft und in der Politik einnehmen. Dazu gehörte auch Albert Benz. Eher kritisch in religiös-politischen Fragen, wurde er in der Auseinandersetzung mit seinen Lehrern in seinen fachlichen Auffassungen massgeblich geprägt.

Vielleicht kam die in diesem Seminar vertretene globale Bildungsidee, wie schon angedeutet, dadurch zustande, dass sich der Lehrkörper aus sehr individuellen und trotzdem harmonierenden Talenten zusammensetzte, die die Kraft besassen, der Provinzialität zu entgehen. Es gab schon damals in einem anderen Sinn fachübergreifende Veranstaltungen. Man erinnert sich z.B. gern an eine Exkursion des ganzen Seminars 1947 nach Rom. Anlass dazu bot die Heiligsprechung des innerschweizerischen Mystikers Bruder Klaus vom Ranft, gleichzeitig aber einfach Rom: Antike, frühes Christentum, Renaissance und Barock. Diese Zentrierung ist wichtig, weil heutige Dimensionen, Asien oder Südamerika z.B., damals noch nicht relevant waren.

Offensichtlich war damals der Stellenwert der Naturwissenschaften geringer als derjenige der Kunst- und Kulturwissenschaften. Es sei jedoch angemerkt, dass der einzige Vertreter dieser Fachrichtung, Prof. Alfred Bögli (geb. 1912), als versierter Speläologe – übrigens lange Zeit in Nebentätigkeit – an der Universität Frankfurt am Main und ab 1971 als Titularprofessor an der Universität Zürich mit grossem Erfolg tätig war. Er ist mittlerweile Träger der Goldenen Ehrenmedaille der Geologischen Gesellschaft Belgiens.

Als langjähriger Direktor dieses Seminars amtierte ein erfahrener Schulmann und Erzieher, Dr. h.c. Lorenz Rogger (1878–1954), ein leicht autoritärer, sehr gebildeter und manchmal etwas eitler Monsignore, dessen Wirken in einer tiefgläubig begriffenen katholischen Theologie begründet war. Nach seinem Rücktritt wurde er Propst des Stifts zu Beromünster.

Rogger war der Auffassung, dass das ewige Glück des Menschen mit denselben Mitteln erreicht werde wie das irdische. Dazu, zu einem «schönen Erdenglück» als zuverlässigen «Führer zum Himmel» – mit einer derartigen Interpretation also des Satzes von der analogia entis –, wollte er mit seinem Werk beitragen. Das notwendige Wissen sollte von den Schülern im Sinne der Arbeitsmethode, wie er sie nannte, unter Anleitung ihres Lehrers durch eigene Leistung erarbeitet werden. Zu dieser Art Ausbildung gehörte auch der Sport, der in Hitzkirch durch den Turnlehrer Willi Furrer entschieden gefördert wurde.

In diesen Rahmen gehört das Hauptwerk von Lorenz Rogger, die immer wieder neu durchdachten Bücher über Pädagogik und Reli-

Die Deutschritterkommende Hitzkirch, erbaut von Giovanni Bagnato (ab 1744/renoviert 1986–1990)

Seminarlehrer in Hitzkirch, v.l.n.r.: Emil Achermann, Lorenz Rogger, Xaver von Moos

gion. Seine Konzeption findet man in den jeweiligen Fassungen der Untertitel, die übrigens auch für andere Veröffentlichungen aus Hitzkirch charakteristisch sind und die wir in der nachfolgenden Bibliographie deshalb ausführlich zitieren.[1]

Seiner Überzeugung entsprechend griff Rogger publizistisch auch in die Debatte religiös-politischer Fragen ein. Als Seminarist war man damit nicht eigentlich befasst. Zu bibliographieren und durchzuarbeiten wären trotzdem gut fünf Dutzend Aufsätze, die vorwiegend in der «Schweizer Schule» und in der «Schweizer Rundschau» erschienen sind.[2] Es ging Rogger dabei offensichtlich um die Erziehung seiner Leser «zum guten Christen und senkrechten Eidgenossen». Dabei tastete er selbstverständlich auch das ihm irgendwie verwandte Umfeld ab. Eine Persönlichkeit, mit der er sich oft auseinandersetzte, war Heinrich Pestalozzi.[3]

Zu seinem 70. Geburtstag erhielt Rogger eine Festschrift: mit 17 Beiträgen ein schönes Zeichen der Dankbarkeit.[4] Sein Nachfolger war ebenfalls ein Geistlicher, Leo Dormann (1905–1960), von seiner Ausbildung her mehr Heimleiter als Gelehrter. Es versteht sich, dass die Nachfolge Roggers nicht einfach war.[5]

Die Seele des Seminars war trotz allem der Präfekt des Internats, Emil Achermann (1906–1983), der als Professor das volle Deputat in den Fächern Geschichte und Methodik betreute. Achermann war ein hervorragender Lehrer mit grosser Begabung, lebte als Junggeselle allein für das Seminar, und es war ihm – um an Beda Venerabilis zu erinnern – stets eine Freude, zu lernen, zu lehren und zu schreiben. Er nahm sich auch die Zeit, seinen Lehrstoff, den er auf hektographierten Blättern verteilte, eigenhändig aufzuarbeiten.

Als Methodiklehrer trug Emil Achermann die Verantwortung für die Berufsausbildung im eigentlichen Sinn. Er war zunächst eher ein Praktiker und als Volksschullehrer selbst erfahren. An der Universität Freiburg im Üechtland studierte er bei dem seinerzeit bekannten Historiker Gustav Schnürer und erwarb – ohne akademischen Abschluss – das Sekundarlehrdiplom. Mit diesem Rüstzeug und nochmals kurzen Jahren der Praxis im luzernischen Äsch wurde er 1937 an das Seminar in Hitzkirch übernommen. Es war dies ein kühner, im Rückblick jedoch gelungener Griff. Die Konstellation, die sich auf diese Weise anbahnte, ermöglichte es, im Luzernischen teilweise auch die parteipolitischen Gegensätze zwischen Konservativen und Liberalen (Freisinnigen) zu überbrücken.

Im Zuge dieser eigenartigen Lebensgeschichte staute sich bei Achermann im Verlaufe der Jahre ein gewaltiges Sachwissen auf. Es kam zu einem Aufbruch, dem eine Menge schöner Publikationen folgte, die alle um sein Tätigkeitsgebiet kreisen und davon stark geprägt sind. Ein überregionaler Anspruch bestand dabei nicht; aber Prof. Achermann fand seine Leser.

Die Reihe beginnt zunächst zögernd mit den direkten Fragen des Berufs.[6] Darauf folgten Arbeiten zur Geschichte[7] und solche speziell zur Geschichte des Seminars.[8] Emil Achermann liebte sein Tal, und er trieb Heimatkunde (in einem Sinne, wie er nie anrüchig war).[9]

Als inspirierende Kraft des Seminars wirkte auch Xaver von Moos (geb. 1902), von Haus Doktor der Rechte. Fundiert und faszinierend in seiner weltmännischen Art, ist er heute noch weit herum geschätzt – auch auf Reisen – als Vortragender für Kunst- und Architekturgeschichte. Sein Lehrdeputat umfasste im wesentlichen deutsche Literatur und Französisch. Dazu kam im Laufe der Zeit das Angebot für Kunstgeschichte. Das war für die damalige Zeit ein Novum. Am Anfang nannte von Moos seinen Ansatz Ästhetik. Sein besonderes Anliegen bestand nämlich darin, zu zeigen, wie sich in der Kunst das Schöne manifestiert. Das Wort Kunst konnte auch die Dichtung umfassen. So kam es für den Seminaristen zunächst darauf an, richtig sehen zu lernen und seinen Kunstverstand zu schulen. Dazu gehörte auch die Fähigkeit, Kunst von falscher Kunst bzw. Kitsch zu unterscheiden. Auf diesen Punkt insistierte von Moos in seinem Unterricht sehr. Um sich mit dem Material vertraut zu machen, wurden Sammlungen angelegt, private, persönliche, und in der Folge auch solche von Schülern in den Schulen; Sammlungen von Reproduktionen bis hin zum Original. Zu diesem Erfahrungsbereich gehört auch die Vorbereitung von Ausstellungen. In diesem Zusammenhang besonders zu erwähnen ist die Aktion «Kunst & Schule» in den Schulhäusern des Kantons Luzern ab 1950. Dieser Aktion sind zahlreiche lokale Ausstellungen vorausgegangen, bei deren Aufbereitung die Schüler sozusagen das Metier lernten. Eine grosse Ausstellung in Luzern war «Künstlerisch Wohnen» (1952).[10]

Unter diesen Umständen entstand für das Angebot der deutschen Literatur eine neue Dimension: das Theater. Im Rittersaal der Kommende in Hitzkirch fanden drei grosse Aufführungen statt, die «Alkestis» von Hofmannsthal, «Julius Caesar» von Shakespeare und «Maria Stuart» von Schiller. Es zeigt sich auch hier mit der Hinwendung zur Kunst als fundamentalem Erlebnis, wie wichtig und fördernd dabei die eigene Erfahrung – «Arbeitsmethode» wie oben bei Rogger und Achermann, Stellenwert des Handelns (in heutiger Terminologie) – bei der Ausbildung allemal ist. Dazu gehört, wie wir noch zeigen werden, in besonderem Masse auch das Musizieren.

Mit der Kunst einher ging in Hitzkirch das Zeichnen. Man lernte zuerst bei Erich Müller, einer Art Freigeist, der sehr beliebt war und in der Folge als Graphiker gesamtschweizerisch bekannt wurde. In diese Zeit fiel, wie oben schon angedeutet, die Entdeckung der Kinderzeichnung in ihrer bildenden Funktion. (Vgl. im Zusammenhang mit Erich Müller auch von Moos [1945] in Anmerkung 10.)

In der Folge gab es als Zeichenlehrer Joseph Elias (geb. 1923), heute vor allem bekannt als Regisseur im schweizerischen Volkstheater und als Autor. Als Schüler der Kunstgewerbeschule (Kunstakademie) Luzern hatte er in den vierziger Jahren amateurhaft als Kabarettist begonnen. Von dort kam er auch zum Schultheater. So gab es in Hitzkirch während einiger Zeit Theaterkurse, und es ergaben sich Verbindungen zum Schultheater in Deutschland (Bamberg 1953).

Instrumentalmusik, Chorgesang und Musiktheorie unterstanden im Seminar Hitzkirch während langer Jahre einem Musikdirektor. Dieser Direktor war Joseph Pfenniger (geb. 1904). Er hatte sich in Regensburg – die schönste seiner Erinnerungen – ausgebildet, erschien innerlich eher ruhig, und wenige merkten, wie sehr er mit seinem absoluten Gehör physisch litt, wenn er falsche Töne hören musste.

Prof. Pfenniger war trotz seiner grossen Begabung als Musiker in seiner Art ein bescheidener Mann mit einem feinen Humor. Mit seinem pädagogischen Talent brachte er seine Seminaristen mit der genannten Arbeitsmethode, d.h. hier mit selbständigem Üben unter kluger Beratung, genau dorthin, wo man sie etwa bringen konnte, einige – wie man nun weiss – auch bis zu den Besten. Eine wichtige Rolle spielte dabei für die Begabteren die Ausbildung in Kirchenmusik. Gemeint sind damit Chorwerke und die Orgel. Das Seminarorchester, das um Ostern jeweils den Jahresabschluss zu feiern hatte, erbrachte demgegenüber eine erfreuliche Übung ad hoc.

In der Erinnerung ist Direktor Pfenniger ein eigenartiger Dirigent. Er holte nie zu fülligen Bewegungen aus und brachte grosse Ensembles mit minimster Hand zum Klingen. Als Ehemaliger beobachtet man noch heute in europäischen Konzertsälen die Techniken des Dirigierens dann und wann im Gedanken an Pfenniger. Vielleicht hat er das seinen direkten Schülern vererbt. Oft wurde er nach gewonnenem Sängerwettbewerb als Dirigent seines Kirchenchors mit bespannter Kutsche von der Bahnstation nach Hitzkirch gefahren.

Mag sein, dass diese Zeilen nur gute Zeiten des luzernischen Lehrerseminars ins Gedächtnis rufen, für diejenigen zumal, die mit jugendlichem Schwung dabeisein konnten. Für Albert Benz war das Seminar wie gesagt prägend, und zwar genau im Bereich der Musik, der Kunst und der Methodik. Diese Zeiten waren nicht übertrieben kopflastig, in ihrem Ausblick auf die Welt zuversichtlich und – vor allem – noch gesichert. Für den späteren Betrachter sind alle Zeiten trotzdem nur dargestellt, im Grunde aber undurchdringlich wie alle individuellen Erfahrungen des Lebens.

Literaturhinweise

Wir verwenden im folgenden das traditionelle Verfahren mit Anmerkungen, innerhalb der einzelnen Punkte bibliographisch die amerikanische Zitierweise.

1. Gemeint sind hier die folgenden Veröffentlichungen:

Rogger, Lorenz (1919): Pädagogische Psychologie für Lehrer- und Lehrerinnenseminare. Stans. – Massgebliche Fassung: Pädagogische Psychologie für Lehrerseminare und zum Selbststudium. 3., völlig umgearb. Aufl. Hochdorf 1948.
– – (1923): Lehrbuch der katholischen Religion für Gymnasien und Realschulen, Lehrer- und Lehrerinnenseminare. Hochdorf, Gander. – 3. Aufl. 1937. – Massgebliche Fassung: Lehrbuch der katholischen Religion für die mittleren und oberen Klassen von Gymnasien und Realschulen und für

Lehrerseminare. 4., methodisch verb. Aufl. Hochdorf, Martinusverlag 1945.
– 6., unveränderte Aufl. 1950.
– – (1926): Grundriss der Pädagogik für Lehrerseminare und für Erzieher und für Schulleute überhaupt. Hochdorf, Gander. – Pädagogik als Erziehungslehre. 2., erw. und verb. Aufl. des «Grundrisses der Pädagogik», Hochdorf 1939. – Pädagogik als Erziehungslehre. Neu bearb. und hrsg. v. Leo Dormann. 3. Aufl. von Roggers «Grundriss der Pädagogik». Hochdorf, Martinusverlag 1956.
– – (1950): Geschichte der Pädagogik für Lehrerseminare und zum Selbststudium. Hochdorf.

2. Wir geben als Beispiele einige Beiträge, die als selbständige Publikationen zumindest für den katholischen Bereich der Schweiz gedacht waren:

Rogger, Lorenz (1915): Rufst du, mein Vaterland. Ein Mahnwort an die Schweizersoldaten, im Auftrage des Schweizer Katholischen Volksvereins verfasst. Stans.
– – (1921): Von einem grossen Unbekannten. Eine schulpolitische Gewissenserforschung mit dem Schweizervolk. Im Auftrage des Katholischen Lehrvereins der Schweiz verfasst. Einsiedeln.
– – (1926): Vererbung und Erziehung. Olten, Otto Walter.
– – (1934): Vergib uns unsere Schulden. Freimütige Gedanken für eine religiös-politische Gewissenserforschung. Sempach-Station.
– – (1947): Religiös-politisches ABC oder: Was der Bürger über die Beziehung von Religion und Politik wissen muss. Luzern, Rex-Verlag.
– – (1948): Von unserm lieben Rosenkranz. Eine Anleitung, mit Hilfe des Rosenkranzes in kurzer Zeit auf vergnügliche Weise heiliger zu werden. Hochdorf.

3. Die Welt der Aufklärung war Rogger eher fremd, und der Zugang dazu war damals auch nicht so leicht. Die Würdigung Pestalozzis ist deshalb kritisch:

Rogger, Lorenz (1927): Pestalozzi und wir. Sonderabdruck aus der «Schweizer Schule». Olten, Otto Walter.
– – (1946): Heinrich Pestalozzi. 12. Januar 1746–17. Februar 1827. Versuch einer Würdigung in katholischer Schau. Luzern.

4. Die Festschrift für Lorenz Rogger ist mehr lokal konzipiert. Angeregt wurde sie von seinem Kollegen und Schüler Emil Achermann.

Achermann, Emil; Burger, Albert (Hrsg.) (1948): Katholische Erziehungsaufgaben. Festschrift für Msgr. Lorenz Rogger zum 70. Geburtstag, überreicht von Freunden und Schülern. Hochdorf. 211 S.

5. Man vergleiche dazu:

Dormann, Leo (1950): Autorität und Freiheit im Erziehungsheim, pp. 43–56, in: Zum pädagogischen Akt im Erziehungsheim. Luzern, Caritasverlag (Formen und Führen: Kleine Schriften zur Erziehung, Sondererziehung und Heimgestaltung. Hrsg. vom Institut für Heilpädagogik Luzern, H. 9). Gleichzeitig versuchte Dormann, das Werk seines Vorgängers zu bewahren. Vgl. Rogger (1926) in Anm. 1.

6. Nämlich mit

Achermann, Emil (1940): Generalbericht über die Tätigkeit der Konferenzen im Schuljahr 1938/39. Mit Textabbildungen und 1 Tabelle. Luzern, Schill. (Meyer, Anton: Lebendiger Sprachunterricht. Schriftenreihe des Lehrervereins des Kantons Luzern, H. 1.)

Effektiv zur Sache:

Achermann, Emil (1950): Methodik des Volksschulunterrichtes. Für Lehrerseminare und Schulbehörden. Mit Skizzen, Zeichnungen, Tabellen und Tafeln. Hochdorf. 2. teilw. umgearb. Aufl., 3. teilw. umgearb. Aufl., ebda. 1966.
– – (1963): Kleine Geschichte der abendländischen Erziehung. Hochdorf, Martinusverlag. 2. erw. Aufl. 1973. – Widmung an Lorenz Rogger (vgl. Rogger 1950, Anm. 1).

7. Die folgenden Titel entsprechen den Räumen, in denen das Weltbild des Historikers Achermann angesiedelt war.

Achermann, Emil (1952): Kleine Ur- und Frühgeschichte der Schweiz. Für Lehrerseminare, Mittelschulen und zum Selbststudium. Mit Figuren und Kartenskizzen im Text. Hochdorf, Martinusverlag. 2. umgearb. Aufl. Mit Textabbildungen, farbigen Tafeln, Kartenskizzen, Plänen und Tabellen. Ebda. 1964.
– – (1954): Kleine Geschichte des Altertums. Ein Arbeits-, Lern- und Lese-

büchlein besonders für Lehrerseminare und Realschulen. Mit Karten. Hochdorf, Martinusverlag. 2. Aufl. 1961.
- - (1956): Kleine Schweizergeschichte. Hochdorf, Martinusverlag.
- - (1968): Geschichte des Abendlandes in Längs- und Querschnitten. Mit Textabbildungen, Tabellen, Karten und Stammtafeln. Hochdorf, Martinusverlag.

8. Im einzelnen:

Achermann, Emil (1955): Msgr. Dr. phil. h.c. Lorenz Rogger. Seminardirektor von Hitzkirch 1911–1946. Propst von Beromünster. Apostolischer Prokurator. Hochdorf, Buchdruckerei Hochdorf. (Separatabdruck aus dem Jahresbericht des Luzerner Lehrerseminars Hitzkirch 1954/55.)
- - (1964): Geschichte der Marianischen Kongregation am Lehrerseminar Hitzkirch 1814/64. Mit Tafeln. Hochdorf, Buchdruckerei Hochdorf.
- - (1969): Hundert Jahre Lehrerseminar Hitzkirch, 1868–1968. Ein Beitrag zur Luzerner Schulgeschichte. Mit Tafeln und Tabellen. Luzern, Kantonaler Lehrmittelverlag.
- - (1978): 150 Jahre Männerchor Hitzkirch, 1829–1979. Ein Beitrag zur Kulturgeschichte des Hitzkirchertales. Hrsg. vom Männerchor Hitzkirch, Druckerei Otto Schnarwiler-Hochl.

9. Das Autorenexemplar der letzten Publikation der folgenden Reihe erreichte Achermann auf dem Totenbett. Es ist mit lapidaren Zügen signiert.

Achermann, Emil (1974): Die Leutpriester und die «Staatspfarrer»-Pfarrer von Hitzkirch. In: Heimatkunde aus dem Seetal, Jahrgang 47.
- - (1976): Mein Tal. Jugenderinnerungen, Heimatkundliches und Kulturgeschichtliches aus dem Hitzkirchertal. Hochdorf, Martinusverlag.
- - (1980): Wie soll das Kind heissen? Namenstage im Jahreslauf. Hochdorf, Martinusverlag.
- - (1983): Zit vergohd – Ewigkeit bestohd. Betrachtungen über die Zeit und über Zeitbegriffe. Hochdorf, Martinusverlag.

10. Wir können hier nicht auf die publizistische Tätigkeit von Prof. von Moos in der luzernischen Presse eingehen. Die nachstehende Bibliographie zeigt ihn in einer eher tentativen Haltung im grossen Spektrum seiner Interessen. In einer umfassenden Schriftlichkeit würde sich von Moos persönlich wohl zu stark festgelegt gefühlt haben.

von Moos, Xaver (1927): Maurice Denis und die religiöse Malerei der Gegenwart. Freiburg (Sonderabdruck aus dem Renaissancejahrbuch 1927):

– – (1945): Luzern. Ein kleiner Kunstführer. Mit 23 Zeichnungen sowie einem Stadtplan von Erich Müller und 79 Photographien. Luzern, Stocker.

– – (1946): Die Kunstdenkmäler des Kantons Luzern: Die Ämter Entlebuch und Luzern-Land. In: Die Kunstdenkmäler der Schweiz, Bd. 1, Basel, Birckhäuser.

– – (1948). Kunst und Schule. In: Festschrift Rogger, pp. 143–64 [Vgl. Achermann (1948) in Anm. 4; auch als Sonderdruck].

– – (1954): Katholischer Kirchenbau in der Schweiz. In: Kulturpolitik in der Schweiz. Förderung der Kultur durch Kantone und Gemeinden, hrsg. v. der Stiftung Pro Helvetia. Zürich, Schweizer Spiegel Verlag, pp. 136–79.

WILLY HOFMANN

Gemeinsame Seminarjahre

Im Frühjahr 1943, als an den Grenzen unseres Landes noch immer der schreckliche Weltkrieg tobte, traten Albert Benz und der Schreibende ins Lehrerseminar Hitzkirch ein und harrten hier mit viel Bangen und Hoffen der Dinge, die auf sie zukamen. Wir bildeten eine kleine Klasse, bestehend aus 11 internen Seminaristen und 5 Gästen, wovon drei nur 1 Jahr mit uns zusammen waren; denn es herrschte damals wegen des Lehrerüberflusses ein strenger Numerus clausus.

Das Seminar Hitzkirch war ein Internat mit sehr starren Regeln. So durften wir beispielsweise nur drei- bis viermal im Jahr nach Hause gehen, nämlich an Ostern, im Sommer, an Weihnachten und meistens auch in der Fastnachtswoche. Ein normaler Tag verlief nach einer genau vorgeschriebenen Tagesordnung, die wie folgt aussah:

5.15 Uhr	(Winter: 5.30 Uhr) Aufstehen
5.30 Uhr	Gemeinsames Morgengebet, nachher Studium
6.30 Uhr	Gottesdienst (am Montag, Mittwoch, Freitag und natürlich auch sonntags obligatorisch, sonst freiwillig)
7.00 Uhr	Morgenessen
7.30–11.30 Uhr	Unterricht
11.30 Uhr	Mittagessen; nachher Freizeit
13.00–14.00 Uhr	Studium
14.00–16.00 Uhr	Unterricht
16.00 Uhr	Zobig; nachher Freizeit
17.00–19.00 Uhr	Studium

Die Tanzkapelle «Hohubein»: Albert Benz, Klarinette; Willy Hofmann, Violine (z.Z. Leiter der Musikschule Kriens); Alfred Ineichen, Akkordeon (Organist und Chordirektor in Willisau); Franz Hurni, Flügelhorn (Rektor der Kantonsschule Schüpfheim)

Auf dem Denkmal für den Dichter des Rütliliedes (Johann Georg Krauer 1792–1845)

Herakles in der Alkestis-Aufführung im Seminar Hitzkirch

Klassenfoto 1948 im Lehrerseminar Hitzkirch; Albert Benz: zweiter von rechts, sitzend

19.00 Uhr   Nachtessen; nachher Freizeit
20.00–21.00 Uhr Studium; nachher gemeinsames Nachtgebet
21.30 Uhr   Lichterlöschen und Nachtruhe

Wir schliefen in Schlafsälen zu 10 Betten, studierten in einem geräumigen Studiersaal gemeinsam; assen (zusammen mit dem Direktor) in einem Speisesaal und erhielten unseren Unterricht in den übrigen Räumen des Seminars, einer ehemaligen Deutschritterkommende.

Uns Neulinge weihten die bereits «Etablierten» in die Geheimnisse der Seminarordnung ein, allerdings auf ihre Art. So war es uns z.B. untersagt, während der Woche ins Dorf zu gehen. Einzige Ausnahme bildete der Besuch des Coiffeurs. Im Dorf gab es deren zwei, wovon der eine allerdings diesen Beruf wohl nie richtig erlernt hatte.

Albert war von uns der erste, dem die langen Haare zu lästig wurden, und so schickte man ihn zum besagten «Coiffeur» in dessen Trödlerladen. Wie der Arme aber, eher gerupft als geschoren und vollgeschmiert mit einer Pomade, die verdächtig nach Himbeersirup roch, zurück zu uns kam, waren Gespött und Schadenfreude endgültig der Beweis dafür, dass der gutmütige Entlebucher den böswilligen Spassvögeln auf den Leim gekrochen war!

Bald aber bekamen die «älteren Semester» vor Albert Respekt, als sie ihn zum erstenmal auf seiner Klarinette oder am Klavier spielen hörten. Die Musik hat auch uns beide zu engen Freunden zusammengeschmiedet. Während Albert beinahe jedes Blasinstrument zu spielen verstand und wir ihm deshalb liebevoll den Übernamen *Güügger* gaben, habe ich ihn mit meiner Geige beeindrucken können. Es gab mit der Zeit fast kein Seminarfest, ohne dass wir zusammen, oft auch mit zwei anderen Kameraden aus unserer Klasse, die Feier musikalisch zu umrahmen hatten. Durch das viele Zusammenspiel, wobei die volkstümliche und v.a. die Tanzmusik im Vordergrund standen, bildeten wir bald eine hörenswerte Kapelle, in der ich dann später neben der Geige auch den Kontrabass spielte. So kam es, dass wir uns auch in den Ferien trafen und in der Luzerner Landschaft als Tanzmusikanten unser Sackgeld aufzubessern verstanden. Einmal gab es ausnahmsweise sogar in der Fastnachtszeit einige freie Tage. Sofort organisierte Albert für uns ein Engagement. Wir spielten während dreier aufeinanderfolgender Nächte, einmal in Marbach, dann in Schüpfheim und schliesslich noch in Entlebuch, und Alberts Bruder Wilhelm, ein begnadeter Trompeter, gesellte sich zu uns. Das wurde dann allerdings für uns doch des Guten zuviel; denn am Aschermittwoch mussten wir wieder am Nachmittag zum Unterricht im Seminar erscheinen! Man erzählte uns anderntags, dass wir alle vier, kaum seien wir im warmen Schulzimmer gesessen, sofort laut und kräftig ein Schnarchkonzert gegeben hätten, worauf der sonst so gestrenge Dr. Bögli uns von den Kameraden ins Bett bringen liess, wo wir bis zum andern Morgen durchgeschlafen hätten...

Freien Ausgang bekamen wir nur an Sonntagen: Während der ersten drei Jahre von 14.00–17.00 Uhr, in der 4. und 5. Klasse von 13.00–19.00 Uhr. Innerhalb der Kirchgemeinde Hitzkirch war Wirtschaftsverbot, so dass wir in alle Himmelsrichtungen mindestens 1 Stunde zu marschieren hatten, bis wir unsern Durst löschen durften... Wenn wir uns nun mal ganz mutig vorkamen, wagten wir den Schritt auch hin und wieder in eine verbotene «Beiz». Wohlweislich suchten wir solche Lokale auf, von welchen wir nicht annehmen mussten, dass etwa einer unserer Lehrer dort einkehrte. An einem heissen Sonntagnachmittag im Vorsommer traten Albert und ich in eine solche Pinte ein, und nachdem wir den grossen Durst mit einem Bier gelöscht hatten, blieb uns noch schön Zeit für einen Halben Roten. Auf einmal eröffnete mir Albert, er habe kein Geld bei sich, und meine eigene Börse reichte knapp für die beiden Gläser Bier! Da erblickten wir auf der Strasse unsern Kollegen Franz Müller, einen für unsere Begriffe wohlhabenden Bauernbuben. Schnell lud ihn Albert zu einem Glas zu uns ein, Franz kam... und bezahlte schliesslich nach unserem Geständnis die ganze Zeche. Er kam uns wie ein Engel vor!

Noch am selben Abend schrieb Albert seiner Mutter, einem stillen, lieben Müetti, den Hilferuf: «Willst Du Deinen Sohn noch retten, schicke Geld und Zigaretten...» Nach drei Tagen lag für den «Dichter» ein Paket bereit!

An den Werktagen hatten wir unsere spärliche Freizeit mit Musizieren (wie konnte es anders sein!) und Jassen verbracht. Als einer der wenigen Vereine wurde das «Pädagogische Kränzchen» geduldet. Die Aufgabe dieses Vereins bestand darin, Vorträge zu organisieren, und einmal im Winter durften wir nach Luzern ins Stadttheater.

Politisch gesehen hatten jene, die nicht der konservativen Volkspartei (heute CVP) angehörten, keinen leichten Stand. Unsere Klasse beherbergte drei solche «Ketzer», die sich als Liberale (FDP) ausgaben, worunter Albert und ich figurierten. Noch in der 4. Klasse gab mir ein von zu Hause geprägter «erzkonservativer» Klassenkamerad zu verstehen, dass ein Liberaler in seinen Augen weniger wert sei als ein Konservativer, ja er würde nie ein eigenes Kind einem liberalen Lehrer anvertrauen... So mussten wir «anderen» sehr auf der Hut sein, dass uns keine ungeschickten Bemerkungen entfielen. Einmal gerieten Albert und ich bei unserem Direktor, einem katholischen Priester, sehr in Ungnade. Wir hatten die «geniale» Idee, während der Werktagsgottesdienste, wo meistens eine stille Messe stattfand, anstelle des Missales (Messbuches) je ein Goethe-Gedichtbändchen mit in die Kirche zu nehmen. Nachdem wir die Bücher mit schwarzem Papier eingefasst hatten, wagten wir es, diese in den Gottesdienst mitzunehmen. Doch bald hiess es, Albert und ich sollten zum Direktor gehen. Das war nie ein gutes Omen! Wir wurden denn auch gehörig gerügt wegen unseres Goethe-Studiums. Hatte uns jemand verraten? Nein, der schlaue Gottesmann hatte uns vom Beichtstuhl aus beobachtet!

Die Sonntagsgottesdienste waren hingegen meistens sehr erhebend und wurden oft vom Kirchenchor musikalisch umrahmt. In der 4. und 5. Klasse nahm uns (d. h. es handelte sich wieder um die vier Musiker aus unserer Klasse) unser Musiklehrer mit in den Kirchenchor, den er selber leitete. Für uns bedeutete dies nebst den musikalischen Erlebnissen auch ein bisschen Freiheit, durften wir doch immerhin während der Woche ins Dorf zur Probe. Und sogar das weibliche Geschlecht war ja da vertreten, so dass der Anreiz, hier mitmachen zu dürfen, um so grösser wurde. Im Seminar waren die einzigen fraulichen Wesen Klosterfrauen, die in aller Bescheidenheit und mit viel Fleiss für uns kochten, putzten und sonst noch etliche Handreichungen darboten. Unsere Klasse stellte verschiedene Regeln auf. Eine davon war die folgende: Alle 2–3 Monate einmal durfte, nach einem bestimmten Turnus, einer von uns auf eine Prüfung hin «krank» sein. Jener, der an der Reihe war, blieb einfach im Bett... Wenn dann die Schwestern unsere Zimmer besorgen wollten, reichten sie dem «Opfer» einen Fiebermesser. In der kurzen Abwesenheit der Schwestern wurde dieser mit Hilfe des Leintuches auf knappe 38 Grad hinaufgetrieben, und schon wurde der «Patient» mit Tee und Zwieback verwöhnt. Ob die Schwestern den Schwindel bemerkten und dazu einfach schwiegen? Zum Lohn erhielten sie «für die aufmerksame Pflege» vom Betreffenden jeweils eine Schokolade. Es gab aber in unserer Klasse auch vernünftigere Regeln. So waren diejenigen Kameraden, die eine Aufgabe richtig zu lösen verstanden, verpflichtet, den andern so lange zu helfen, bis auch sie das Problem erfasst hatten. Wer bei einer Prüfung weniger als die Note 4 erhielt, wurde von den andern gemassregelt. Dies konnte sogar bis zu Schlägen mit dem Lederriemen reichen! Es war deshalb wohl kaum verwunderlich, dass unsere Klasse stets einen hohen Notendurchschnitt erreichte.

Während unseres ersten Studienjahres wurde die ganze Seminarfamilie von einer heimtückischen, ansteckenden Krankheit heimgesucht: Die Diphterie brach aus! Sofort wurden wir unter Quarantäne gestellt. Natürlich traf es auch unsere Lehrkräfte. Jede Woche mussten wir uns vom Arzt Abstriche gefallen lassen, und jedesmal erwischte es wieder einige Schüler. Da wir so nahe beisammen lebten, schien diese Seuche nicht mehr enden zu wollen. Anfang Herbst wurden die ersten Fälle entdeckt, und im Vorfrühling erst hörte dieses ungewöhnliche Internatsleben auf. Am schlimmsten wurden für alle Kranken und Bazillenträger die Weihnachtsferien, die sie zum erstenmal nicht bei ihren Familien verbringen durften. Es gab Klassen, die es stark erwischte, so auch die unsrige. Eine Zeitlang blieben nur noch Albert und ich verschont. Wir mussten zu zweit den Unterricht besuchen; denn unsere Lehrer waren ja da. Alles, was wir aufnotiert hatten, schrieben die kranken Kameraden ab; denn meistens waren sie guter Dinge und litten wenig unter Schmerzen. Die Schlafsäle mit den Kranken wurden im Gang durch hingestellte Bänke abgetrennt, so dass ein Korrespondieren auf Distanz möglich war. Ein externer Schüler unserer Klasse versorgte uns mit Süssigkeiten und Rauchwaren, während wir ihn mit geistiger Seminarkost beglückten. Damit wir «Gesunden» uns etwas Bewegung verschaffen konnten, durften wir zu gewissen Zeiten, wohlbehütet von einigen Professoren, auf schmalen Fusswegen in Richtung Schloss Heidegg wandern. Uns fiel bald auf, dass die Dorfbevölkerung darüber orientiert wurde; denn wir bekamen nie jemanden zu Gesicht. Da kamen wir uns wie Aussätzige vor.

Die Krankheit hatte für uns auch positive Seiten. Wir lernten z.B. unsere Lehrer von einer anderen, menschlicheren Seite kennen. Professor Bögli z.B. begann mit Albert und mir zu musizieren; er am Klavier, Albert auf seiner Klarinette und ich am Kontrabass. Da erklang so mancher Dixieland, Boogie-Woogie etc., sehr zum Ärger unseres etwas konservativen, ausschliesslich klassisch ausgerichteten Musikprofessors.

Unser Direktor war wie bereits erwähnt ein katholischer Priester mit dem hohen Rang eines Prälaten. Er selbst unterrichtete die Fächer Religion, Psychologie und Pädagogik. Auch verfasste er eigene Lehrbücher. Von ihm wurden wir insofern verwöhnt, als er nie, auch in heiklen Fragen, eine Antwort schuldig blieb. Albert, ein sehr kritischer Denker, versuchte den «Papa» – so nannten wir diese strenge Respektsperson – oft und gerne aufs Glatteis zu führen, doch der weise Mann gab sich nie geschlagen. Ja, der kritische und liberale Albert wurde irgendwie sein Lieblingsschüler.

Eine besondere Stellung unter unsern Lehrern hatte Prof. Achermann inne. Er war so etwas wie ein Mutterersatz. Bei ihm (und nicht etwa beim «Papa») konnten wir unsere Nöte und Sorgen vorbringen, und stets erhielten wir einen guten Rat. Als dieser hervorragende Psychologe einst bemerkte, dass Albert und ich zuviel rauchten, versprach er uns ein wertvolles Buch, wenn wir mit diesem Laster bis zu einer gesetzten Frist aufhörten. Wir hielten durch, bekamen das Buch, aber leider blieben die guten Vorsätze bald wieder auf der Strecke: Man wollte doch ein «richtiger Mann» werden!

Immer am ersten Abend nach den Ferien – wir rückten jeweils am Sonntag ein – versüsste uns Herr Professor Emil Achermann den Abschiedsschmerz und das Heimweh mit einem Film. Es waren meistens Stummfilme aus der «guten alten Zeit» mit Charlie Chaplin, Buster Keaton etc. Aber auch Cowboy-Filme gab es. Einmal stand sogar ein Liebesfilm – eine österreichische «Ganghofer-Schnulze» – auf dem Programm. Immer wenn darin etwas für unsere damaligen Begriffe «Pikantes» geschah, liess der brave Professor – er wollte uns ja nicht verderben – den Film mit grosser Geschwindigkeit laufen ...

Herr Professor Achermann war ein ganz ausgezeichneter Geschichts- und Methodiklehrer. Er leitete die Übungsschule, und die methodischen Exkursionen verstand er sehr abwechslungsreich zu gestalten. Wenn wir einmal, was zwar selten vorkam, einen Tagesausflug unternahmen, z. B. nach Trogen ins Pestalozzidorf, nach Basel oder Zürich etc., dann war der Junggeselle Emil Achermann auch immer recht spendefreudig.

Eine faszinierende Person war unser Deutsch- und Kunstgeschichteprofessor Dr. Xaver von Moos. Er war für uns der Inbegriff des zerstreuten Professors. Wenn er eine Prüfung ansagte, beschlossen wir, je nach Belastung in den übrigen Fächern, uns darauf vorzubereiten oder eben nicht. Im zweiten Fall schickten wir den Klassenchef – dieser wechselte in einem bestimmten Turnus – mit einem Bild, das zeitlich etwas schwierig einzuordnen war, vor die Türe, um es dem Professor zu zeigen. Schon hatte dieser die Klausurarbeit vergessen und dozierte eine Stunde lang über dieses Bild, dessen Maler und seine Zeit... Seinen Unterricht gestaltete er jedoch derart interessant, dass seine Schulstunden für uns die kurzweiligsten wurden. Im Oberseminar durften wir mit ihm ein klassisch-griechisches Schauspiel, das Hugo von Hofmannsthal ins Deutsche übertragen hatte, aufführen. Das Stück hiess «Alkestis» und verherrlichte die antike Gastfreundschaft. Der von mir dargestellte König Admet beklagte den Tod seiner Frau Alkestis. Da trat der von Albert gespielte Herkules als Besucher auf, wurde fürstlich bewirtet und erfuhr erst spät am Abend durch einen Sklaven von der Trauer im Hause. Sogleich machte er sich auf und brachte dem erstaunten und beglückten König seine Gattin aus dem Hades zurück (man vergleiche die Sage von Orpheus). Diese Aufführungen fanden einen derart guten Anklang, dass wir im Seetal an verschiedenen Orten noch Gastspiele geben durften.

Ganz das Gegenteil von Dr. von Moos war unser Mathematikprofessor. Wir nannten ihn «Dr. Stampfli», weil er bei jeder Gelegenheit mit seinen Füssen auf den Pultboden stampfte und dazu brüllte: «Vorwärts jetzt einmal!» Wahrscheinlich hatten wir mit unserer etwas bedächtigen Mathematikgangart seine Geduld zu sehr auf die Probe gestellt. In seinem Schulzimmer gab es Dreier-Bänke. Direkt vor dem Lehrerpult – man konnte sich dort am besten verstecken – sassen rechts

Albert, in der Mitte Franz Müller und links ich. Durch seinen langweiligen Unterricht verleitete uns der Lehrer dazu, mit unserem Kameraden hin und wieder einen etwas sadistischen Schabernack zu treiben. Während der Lehrer sich abmühte, uns eine komplizierte Definition an der Wandtafel zu erklären, brachten wir den guten Franz mit Kneifen in die Beine zum Heulen. Die Rüge erhielt dann natürlich Franz, aber nie hätte er uns verraten. Dank der Tatsache, dass Franz der intelligenteste Mitschüler war, erhielt er für seine «Ungezogenheit» wenigstens nie eine Strafe.

Eine klägliche Figur war unser Turnlehrer (ausgerechnet!). Seine zynische Art, mit uns umzugehen, brachte ihm den Spitznamen «Gift» ein. Wir erlebten diesen Lehrer als abschreckendes Beispiel. Er zeigte nie etwas vor, stand nur stets in der Mitte der Halle oder des Turnplatzes und erteilte seine Befehle. Als Albert ganz am Anfang unserer Seminarzeit zu spät zum Unterricht erschien – daheim in Marbach ging halt alles etwas gemütlicher vonstatten –, musste er zur Strafe zweimal um den grossen Turnplatz herum »froschhüpfen»; wer diese «Übung» kennt, weiss, wie anstrengend dies war. Im Sommer durften wir hin und wieder in Gelfingen am Ufer des Baldeggersees in der Badeanstalt zum Schwimmunterricht antreten. In der 1. Klasse konnten nur zwei Schüler aus unserer Klasse schwimmen. In der 4. Klasse waren es noch immer so wenige. In der 5. Klasse kam dann endlich ein neuer Turnlehrer, der diese Berufsbezeichnung auch verdiente. Am Ende dieser Sommersaison konnte die ganze Klasse schwimmen! Ähnlich erging es uns im Winter. Albert und ich waren die besten Skifahrer der Klasse, und deshalb durften wir unsere Mitschüler unterrichten, während sich der Lehrer unter einem Baum seine Füsse vertrat. Mit dem neuen Turnlehrer aber durften wir sogar in ein einwöchiges Skilager ins schöne Bündnerland.

Dr. Alfred Bögli war unser Lehrer für die naturwissenschaftlichen Fächer. In der Botanik bestand er darauf, dass jeder von uns innert zweier Jahre mindestens 300 Pflanzen sammeln, bestimmen, pressen, beschriften und ins Herbarium einreihen müsse. Nun sass in unserer Klasse ein «angefressener» Botaniker, der die meisten Pflanzen kannte, sogar die lateinischen Namen waren ihm geläufig, und dank eines phänomenalen Gedächtnisses konnte er im Bestimmungsbuch erst noch die richtige Seitenzahl sagen. Albert, wie jeder andere von uns, liebte die Pflanzen sicher, doch soviel Zeit zum Bestimmen etc. wollte er nicht opfern. Er kam als erster auf die Idee, wir würden wild drauflos Pflanzen suchen – wir nannten dies «grasen» –, diese pressen und einkleben. Für das Beschriften aber war unser Pflanzenkenner Josef Fischer besorgt. Für ein paar Zigaretten schrieb er dann schliesslich der ganzen Klasse die aufgeklebten Etiketten an. So mussten wir fest auf die Zähne beissen, um nicht in schallendes Gelächter auszubrechen, als am Ende dieser Botanisierübung unser Professor erklärte: «Man merkt den Einfluss der Hulliger-Schrift bei euch. Es schreiben fast alle gleich...»

Das Lieblingsfach des Höllochforschers Dr. Bögli war zweifelsohne die Geologie. Deshalb unternahmen wir mit ihm etliche Exkursionen, wobei auch Höhlenbesuche dazugehörten. Leider berechnete dieser Wissenschaftler den Hunger nach Erkenntnissen mehr als jenen nach gewöhnlicher Kost. Wir mussten oft Strapazen ertragen mit leerem Magen, so dass der Bibelspruch: «Viel Steine gab's und wenig Brot» im wahrsten Sinne des Wortes auf uns zutraf.

Während der Sommerferien durfte einmal unser Albert mit dem Geologen längere Zeit die Schrattenfluh, eine geologische Besonderheit, erforschen helfen. Dadurch wurde er Böglis Lieblingsschüler, was uns andere vielleicht unbewusst etwas eifersüchtig machte. Vor dem Unterrichtszimmer Dr. Böglis standen zwei grosse Aquarien mit zum Teil wunderschönen Zierfischen. Vor dem Aktivdienst wurden natürlich auch unsere diensttauglichen Professoren nicht verschont. Als einmal Dr. Bögli einzurücken hatte, beauftragte er Albert, ihm die Fische zu füttern. Albert aber hatte diese Fische bald vergessen, und wir schlechten Kerle konnten mit Schadenfreude konstatieren, wie in den Aquarien ein Fischlein ums andere regungslos an die Oberfläche zu liegen kam. Lange dauerte es, bis ich mich doch noch dazu entschliessen konnte, den Sünder auf die Missetat aufmerksam zu machen, und ehrlich gesagt, taten mir eigentlich die Fische mehr leid als Albert. Aber dadurch konnte ich wenigstens das Allerschlimmste verhüten, so dass bei Dr. Böglis Rückkehr doch noch etwas Leben in den Aquarien anzutreffen war.

Da für uns das Fach Musik neben den kopflastigen Schulfächern eine

Sonderstellung einnahm, muss natürlich auch unser Musiklehrer erwähnt werden: Zu unserer Zeit beherbergte das Seminar ca. 50 Schüler. Herr Professor Josef Pfenniger war der einzige Musiklehrer an unserer Schule. Wir konnten nur unter zwei Instrumenten wählen. Entweder man versuchte es auf der Geige oder am Klavier. Kirchenorgel war als Zweitinstrument erlaubt. Die Hausorgel musste noch selbst «gepumpt» werden, d. h., wenn ein Schüler darauf übte, musste stets noch ein Kamerad den Blasebalg treten. Wer zu Hause ein Klavier besass und wohl auch bereits dieses Instrument etwas beherrschte, blieb meistens auch hier dabei. Eine grosse Zahl aber, ob begabt oder nicht, versuchte es auf der Geige. Herr Pfenniger war ein sehr guter Pianist und Organist. Auch verfügte er über eine wundervolle Baritonstimme. Vom Geigen aber verstand er viel weniger, so dass er mir gleich von Anfang an nichts Neues beibringen konnte. Er beschränkte sich deshalb darauf, mich auf dem Klavier zu begleiten. Dass ich in dieser Zeit technisch eher Rückschritte machte, liegt auf der Hand. Nun aber blieb dem armen Mann der grosse Haufen jener «Violinkünstler», bei denen auch mit gutem Willen oft nur sehr spärliche Resultate herausschauten. Und die liebevollen Bemerkungen unseres Musikprofessors wie etwa: «Chonnsch weder mit dim Chlepfschyt!» halfen auch wenig mit zu überzeugenden Leistungen. Gegen Ende der Seminarzeit brachte es Albert dann fertig, die Seminarleitung – ein neuer Direktor hatte inzwischen unsern alten «Papa» abgelöst – dazuzubringen, dass ein Bläserlehrer angestellt wurde. Mir gelang nachher dasselbe, so dass wir eine diplomierte Geigenlehrerin erhielten.

Der Theorieunterricht bei unserem Musiklehrer interessierte uns damals noch wenig. Wir wollten lieber Musik direkt machen. Eines Tages wollte Herr Pfenniger eine Aufgabe im Heft durchsehen, was höchst selten vorkam. Weder Albert noch ich hatten diese geschrieben. In unserer Klasse sass aber ein sehr fleissiger Mitschüler, der fast immer am Lernen war, sogar sonntags, wenn wir unsere «Wirtschaftskenntnisse» zu erweitern versuchten! Dieser hatte natürlich die Aufgabe gelöst. Er sass vor Albert. Als der Professor sein Heft angesehen hatte, bat ihn Albert darum. Und ich sass hinter Albert. Nachdem bei meinem Freund alles gut abgelaufen war, erhielt auch ich jenes Heft. Bei mir entdeckte der Herr Professor dann zwei Fehler... So musste es nicht verwundern, wenn wir keine grossen Theoretiker waren. Da Geld bei Albert und mir immer ein mehr oder weniger grosses Problem bedeutete, kam Albert auf die Idee, wir könnten es doch einmal mit Komponieren versuchen. Ich schrieb eine Melodie, welche Albert zu harmonisieren wagte. Der gute Wille war wohl gross, und wir schickten das «Werk» an den Verlag Walter Wild. Schon nach drei Wochen erhielten wir vom Verleger eine Antwort: Unsere Komposition sei zu kompliziert..., und so versiegte diese Geldquelle, ehe sie überhaupt zu fliessen begonnen hatte.

Nachdem in Zürich ein musizierender Onkel verstorben war, konnte Albert eine grosse Notensammlung mit zum Teil kompletten Orchesterstimmen erben. Es handelte sich hauptsächlich um Salonmusik, die damals grosse Mode war, etwa im Stile von «Leuchtkäferchens Stelldichein» oder «Heinzelmännchens Wachtparade». Unser Musiklehrer bildete für bestimmte Anlässe mit den fortgeschrittenen Instrumentalisten jeweils ein Ad-hoc-Orchester. Daraus wollten wir einen Klangkörper formen, welcher das ganze Jahr über probte. Wir gründeten das «Orchester Fix». Albert war der Dirigent und ich der Konzertmeister. Nach unserem Austritt aus dem Seminar war allerdings dieses Orchester bald «fix und fertig»!

Während der Seminarzeit verstarb leider Alberts Vater. Ein weiterer Onkel, nämlich der volksverbundene Pfarrer von Romoos, übrigens Alberts Pate, segnete das Zeitliche auch sehr früh, noch als aktiver Seelsorger, allerdings einige Jahre nach unserer Seminarzeit. Da sagte mir mein Freund: «Auch mit mir wird es wohl einmal ein rasches Ende nehmen, ich werde bestimmt nicht alt.»...

Vom Krieg bekamen wir im Seminar wenig zu spüren. Einzig die Bekanntschaft mit internierten Soldaten, meistens Polen, bereicherte unser Seminarleben. Einige Zeit waren zwei hervorragende Musiker in Hitzkirch einquartiert, ein Geiger und ein Pianist. Diese beglückten uns hin und wieder mit einem Konzert. Da der Geiger nicht einmal ein Instrument besass, durfte ich ihm meine Geige ausleihen. So schön hatte ich mein eigenes Instrument noch nie gehört! Dieser Mann hatte mir eine ungeheure Motivation gegeben, wusste ich doch, dass der arme Teufel seit langem nicht mehr üben konnte und trotzdem noch so schön zu spielen imstande war. Aber auch sein Begleiter war Klasse. Er glich L. v. Beethoven sehr fest und bevorzugte auch dessen Werke.

Gegen Ende des Krieges hatten wir im Seminar ein Erlebnis besonderer Art. Zwei amerikanische Bomber verirrten sich in unser Hoheitsgebiet. Sofort wurden sie von unserer Luftwaffe unter Beschuss genommen. Der Luftkampf spielte sich direkt über unserer Wohngemeinde ab. Der eine Bomber landete im Baldeggersee, während der andere gerade auf unsere Kommende zusteuerte. Wir beobachteten das traurige Schauspiel von unsern Schlafsälen aus. Albert war damals unser Feuerwehrkommandant, denn es gab auch eine Seminarfeuerwehr. Mit lauter Stimme befahl er uns: «Auf den Boden liegen!» Zum Glück für uns stürzte die Maschine ca. 100 m höher am Lindenberg in der Nachbarsgemeinde Müswangen auf ein offenes Feld ab. Die beiden Piloten erlitten den Tod, während sich die Insassen jenes Flugzeuges, das im Baldeggersee versank, durch Fallschirmabsprung retten konnten.

Bald danach kapitulierten die Nazis, und am 8. Mai 1945 wurde der ersehnte Friedenstag gefeiert. Auch wir erhielten am Nachmittag schulfrei und durften mit unsern Lehrern – sogar der Direktor fuhr mit einer Kutsche vor! – auf den Horben, einem herrlichen Ausflugsort auf dem Lindenberg, wandern, wo wir in der Gartenwirtschaft des gleichnamigen Restaurants ein Zobig erhielten. Jeder von uns bekam anderthalbe Wurst und Kartoffelsalat. Für zwei ganze Würste reichten wahrscheinlich die Mahlzeiten-Coupons nicht; denn das Essen war halt immer noch rationiert. Wir genossen diesen Tag in vollen Zügen, wussten wir doch, dass auch unsere Väter wieder für immer daheim bleiben durften.

Im Jahre 1947 wurde in Rom unser Landesvater Bruder Klaus heiliggesprochen. Das war bestimmt mit ein Grund, dass die Seminarleitung unsern Lehrern grünes Licht gab, mit den zwei obersten Klassen eine 10tägige Studienreise nach Rom zu unternehmen. Wir wurden von unseren ausgezeichneten Lehrkräften für Geschichte, Kunstgeschichte und Zeichnen geführt und betreut. Wohnsitz hatten wir in einem Massenlager im Vatikan. Nebst den vielen Kunsterlebnissen, dem Besuch des antiken Rom, einem Badeabstecher nach Ostia und eben der eindrücklichen Heiligsprechung in der monumentalen Peterskirche blieb uns zwar wenig Zeit zur Musse, doch für kleine, sehr günstige

Einkäufe und Vergnügungen reichte es immer noch. Gerne verweilten wir auf dem Petersplatz, wo meistens viel los war. Einmal umsäumten wir einen Gelati-Verkäufer, der einem kleinen, herrenlosen Hündchen ein Stücklein Bisquit hinstreckte. Plötzlich, wie vom Teufel besessen, packte er das arme Tier, warf es hoch in die Luft und liess es aufs Pflaster fallen. Auf unsere Proteste hin zückte der Täter behende ein Stellmesser. Albert, der in seiner Nähe stand, umfasste plötzlich dessen Handgelenk und drückte so lange mit seiner «Schmiedepranke», bis das Messer zu Boden fiel, worauf der Verkäufer seinen Wagen stehenliess, heulend das Weite suchte und nicht mehr gesehen ward.

Am letzten Abend in Rom durften wir mit unseren Professoren einmal ein kleines Studentenfest feiern. Die Getränke waren so billig – eine Flasche Frascati z. B. kostete 60 Rappen! –, dass wir mit Zuprosten nicht mehr enden wollten. Albert galt bei uns als besonders trinkfest. Als er aber seinen Lieblingslehrer, Prof. Emil Achermann, zu duzen anfing und ihm gute Ratschläge erteilte, wurde die Feier diskret abgebrochen, und bald fielen wir in den Schlaf der Gerechten. – Dass wir auch auf unserer Heimreise die lange Fahrzeit und das unbequeme Sitzen – damals gab es noch 3.-Klasse-Wagen ohne richtige Fenster, und durch die Luftlöcher wurden wir dank einer Dampflokomotive schmutzig, fast wie Kaminfeger – mit den mitgebrachten herrlichen Tropfen aus dem warmen Süden zu verkürzen und zu versüssen versuchten, lag auf der Hand. In Chiasso konnten wir in Waggons der SBB umsteigen. Welch ein Unterschied! So wurde der Rest unserer Heimfahrt noch zu einer richtigen Wohltat.

Gegen Ende der 4. Seminarklasse musste ich mich für das Militär stellen. Ich fragte Albert – für ihn hatte die Aushebung ein Jahr früher stattgefunden –, was er mir anrate. «Melde dich zum Spiel wie ich», war die Antwort. Auf mein Erstaunen hin sagte er: «Du hast doch von deinem Vater noch eine Klarinette. Bring die mit. Ich werde dich noch schnell lehren!» Tatsächlich übte ich wie verrückt; denn es blieben gerade noch zwei Wochen bis zu meinem Vorspiel. Schliesslich brachte ich es fertig, einen flotten Marsch hinzulegen, und auch die Tonarten blies ich schon recht brav. Von sechs Klarinettenanwärtern wäre ich in den 3. Rang gekommen. Zwei konnte man berücksichtigen, und diese beiden studierten schon seit geraumer Zeit am Konservatorium. So blieb der Militärtrompeter halt nur noch eine Illusion. Es musste wohl so sein.

Mein plötzliches Üben auf der Klarinette brachte noch eine Überraschung. Zur selben Zeit bekam unser «Botaniker» Josef den Mumps. Ich mag mich erinnern, dass ich diese Krankheit als Kind hatte. Durch mein vieles Blasen kriegte ich einen aufgeschwollenen Hals, und prompt war dies unserem besorgten Professor Achermann aufgefallen. «Du hast den Mumps!» stellte er fest. Meine Einwände nützten alle nichts, und auch der Hausarzt befahl, mich zusammen mit Josef ins Krankenzimmer zu schicken. Während der arme Josef wirklich unter der Krankheit zu leiden hatte, konnte ich drei volle Wochen üben, diesmal aber wieder auf meiner Geige, und Albert versorgte uns mit geistiger (Schulwissen) und leiblicher Nahrung.

Die Fünftklässler erhielten u.a. das Privileg, am St.-Nikolaus-Tag den Samichlaus und zwei Schmutzlis zu bestimmen. Als unsere Klasse an der Reihe war, fiel die Wahl des Samichlauses auf Albert. Franz Hurni, der heutige Rektor der Kantonsschule Schüpfheim, und ich durften die «gfürchigen» Schmutzlis mimen. Zuerst beschenkten wir die Kameraden, und anschliessend verliessen wir das Seminar, um die Kinder jener Professoren zu besuchen, die in Hitzkirch wohnten. Zu unserer Zeit beschränkte sich die Runde auf ganze drei Familien. Während Albert den Kindern das Sündenregister las, um sie dann anschliessend doch zu loben, mussten Franz und ich zu Beginn mit der Rute drohen; nach dem Lob jedoch verteilten wir die Geschenke: Jedes Kind erhielt einen Lebkuchenchlaus, Äpfel, Mandarinen und Nüsse. Nach dieser Arbeit aber durfte der Samichlaus mit seinem «grossen» Gefolge in einer Dorfwirtschaft sich zu einem feinen Abendessen begeben. Wir fühlten uns wie Krösusse, und als uns nachher erst noch ein wohlhabender Geschäftsmann zu sich heim einlud, war das Glück vollkommen. Da wir keinen Hausschlüssel besassen – um 22.00 Uhr wurde unser «Heim» geschlossen –, telefonierten wir einem Klassenkameraden, er möge uns ein Toilettenfenster offenlassen. Inzwischen bemühte sich unser Gastgeber um unser leibliches Wohl, indem er den feinsten Rebensaft in grossbauchige Gläser goss und mit uns bis in die frühen Morgenstunden ein für unsere Begriffe verschwenderisches Gelage veranstaltete. Morgens um 3.00 Uhr standen wir mit wackligen Beinen und schweren Köpfen vor dem Toilettenfenster, welches jedoch geschlossen war. Als wir schon bald am Verzweifeln waren, bemerkte ich im 2. Stock ein offenes Fenster. Eine Leiter war bald zur Stelle, und unser Feuerwehrkommandant Albert opferte sich, um mit seinem langen Kleid das gefährliche Unterfangen auf sich zu nehmen. Er schaffte den Einstieg und öffnete uns anschliessend das Fenster zu ebener Erde. Dem «lieben Kameraden», der uns wohl aus Eifersucht so hereinlegte, machten dann wir Schmutzlis das Bett derart schwarz, dass er anderntags den hilfsbereiten Nonnen eine grosse Schokolade spenden musste!

Unsere Prüfungen für das Lehrerpatent absolvierten wir in zwei Etappen. Die mathematisch-naturwissenschaftlichen Fächer konnten wir am Ende der 4. Klasse absegnen, so dass in der 5. Klasse noch unsere eigentlichen Lieblingsfächer zu absolvieren waren. Vor dem Musikpatent fragten wir unsern Musiklehrer, ob er uns ein Rezept gegen das Lampenfieber verraten könnte; denn wir mussten vor Experten u.a. auch vorspielen. Herr Professor Pfenniger riet uns, ein Gläschen Weissen zu genehmigen. Sogleich eilten wir zu dritt in die nächste Dorfbeiz und bestellten einen Halben. Die übrigen Gäste im Restaurant glaubten, wir hätten unsere Prüfungen bereits hinter uns, und so kam bald wieder ein halber Liter Weisswein auf unsern Tisch und noch einer ... Laut singend erschienen wir mit fünfminütiger Verspätung in unserem schönen Singsaal, es war der ehemalige Rittersaal der Kommende. Unser Professor erwartete uns mit Ungeduld und fragte nach dem Grund unseres kecken Auftretens. Als er ihn erfahren hatte, sagte er resigniert: «Das kann ja schön herauskommen!» Wir rissen uns aber zusammen und machten offenbar, weil wir alle auch auswendig spielten und die theoretischen Fragen wie aus einem Kanonenrohr richtig beantworteten, einen derart guten Eindruck, dass wir alle drei einen blanken Sechser bekamen.

Nach der so herrlichen Seminarzeit haben wir nur noch ein einziges Mal, nämlich an der Hochzeitsfeier unseres Klassenkameraden Franz Müller, zum Tanze aufgespielt. Nachher entschlossen wir uns, ernsthaft

Musik zu betreiben. Und so sind wir uns dann gelegentlich wieder im Konservatorium Luzern begegnet. Albert trieb es Richtung Blasmusik, was ja längst vorgezeichnet war, während ich mit meiner Geige nicht denselben Weg einschlagen konnte. Freunde aber sind wir zeitlebens geblieben. Und wenn wir uns zu Klassenzusammenkünften trafen, fehlte es uns nie an reichlichem Gesprächsstoffe, und wir schwelgten jeweils schon bald in herrlichen Seminarerinnerungen. Doch nie kehrst du wieder, goldne Zeit!

Anlässlich einer solchen Klassenzusammenkunft im Spätherbst 1987 drängte Albert darauf, vorher noch im Bergdorf Romoos das frische Grab unseres früh verstorbenen Klassenkameraden Franz Müller zu besuchen. Als Albert, Hans Schmid und ich in Gedanken versunken am Grab standen, brach Albert plötzlich das Schweigen und sprach: «Wer von uns dreien wird wohl der nächste sein?» Es war dies unser letztes Beisammensein. Wenige Monate später war Albert tot.

JOSEF GNOS

Albert Benz als Lehrer

Die Bedeutung von Albert Benz als Leiter der Blasmusikabteilung am Konservatorium Luzern und als Dirigentenausbildner

Die Persönlichkeit von Albert Benz in ihrer Vielseitigkeit und ihren unzähligen Schattierungen in Worte zu fassen muss immer wieder ein Versuch bleiben. Dieser renaissancehafte Mensch mit seiner unerhörten Vitalität und seinem scharfen Verstand verblüffte stets auch durch seine ungeheure Arbeitskraft. Von den vielen Eigenschaften, die diesem Menschen innewohnten, will ich einen wichtigen Grundpfeiler beleuchten: *den Lehrer.*

Albert Benz erhielt seine Ausbildung zum Primarlehrer in den Jahren 1943–48 am Lehrerseminar in Hitzkirch. Von diesem Zeitpunkt an war Albert Benz bis zu seiner Amtsübernahme als Inspektor der Schweizer Militärspiele 1977, also volle 29 Jahre, als Primarlehrer tätig. Er übte diese Unterrichtstätigkeit, davon die meisten Jahre in der 6. Primarklasse, leidenschaftlich gerne aus. Aber auch bei seinen Tätigkeiten als Musiker, die er nie zum Selbstzweck ausführte, war er immer gleichzeitig Lehrer und Lernender. Sein ganzes Fachwissen, seine ungeheure Beschlagenheit in geschichtlichen Zusammenhängen, seinen kulturgeschichtlichen Überblick stellte er stets in den Dienst seiner pädagogischen Arbeit. Er liess zeitlebens alle seine Schüler teilhaben an seiner Kompetenz, die er sich über Jahre hinweg angeeignet hatte, und er blieb dabei neugierig für alles, was ihm wichtig schien. Sein fundiertes Wissen, gepaart mit pädagogischem Geschick, sein steter Wille nach positiver Motivation und seine unbeschreibliche Ausstrahlung machten ihn zum überragenden Pädagogen und Lehrer. Albert Benz war fähig, Studenten im wahrsten Sinne des Wortes über sich hinauswachsen zu

Primarlehrer in Neudorf (Luzern)

Das Konservatorium auf Dreilinden in Luzern

Lehrer am Konservatorium Luzern

Dirigentenprüfung 1977 in Emmetten (Nidwalden), v.l.n.r.: Josef Gnos, Sales Kleeb und Albert Benz als Experten

lassen, so dass sie Leistungen erbringen konnten, zu denen sie ohne seine Führung und seine aufmunternden Worte wohl nie fähig gewesen wären.

Albert Benz' stärkste Triebfeder war der Kampf um die Anerkennung der Blasorchestermusik als vollwertige Kunstmusik. Alle seine Tätigkeiten stellte er in den Dienst seiner Idee. So erkannte er früh, dass das wichtigste Mittel zum Erreichen dieses Zieles eine fundierte Ausbildung von Bläsern, Schlagzeugern, vor allem aber die Ausbildung von Dirigenten sei.

Nachdem er im Jahre 1963 von Otto Zurmühle den Lehrauftrag für das Fach Instrumentenkunde an der Berufsschule des Luzerner Konservatoriums übernommen hatte, entwarf er 1966 das Programm eines Ausbildungskurses für Blasmusikdirigenten im Nebenamt. Den Zweck dieses geplanten Kurses umschrieb Albert Benz wie folgt:

Ermöglichung einer Fortbildung für jene Blasmusikdirigenten, welche aus finanziellen oder Zeitgründen nicht in der Lage sind, das Dirigentendiplom eines Konservatoriums zu erwerben. Die Durchführung müsste ohne wesentlichen Arbeitsausfall (Abende, Samstagnachmittage) geschehen können.

Der Inhalt des Kursprogrammes richtete sich nach dem damals geltenden Kursreglement des Eidgenössischen Musikvereins. Anstelle von je 40 Minuten Klavier- und Bläserunterricht wöchentlich schlug er jedoch 40 Minuten Klavier- und Bläserunterricht vierzehntäglich alternierend vor. Die dadurch frei werdende Wochenstunde wollte er für Formenlehre und Analyse verwenden und zudem die Harmonielehre mit etwas Kontrapunktunterricht bereichern. Schon hier, bei der Modifizierung des EMV-Kursprogrammes, zeigte sich, dass es Albert Benz darum ging, das theoretische, aber auch musikkulturelle Grundwissen der angehenden Blasmusikdirigenten zu erweitern.

Dirigentenkurs F 1966–68 des Konservatoriums Luzern

Noch im selben Jahr wurde dieser Kurs ausgeschrieben. Die Nachfrage war wie erwartet sehr gross. Es meldeten sich auf Anhieb 19 Interessenten. Bei diesem Ausbildungskurs handelte es sich um einen Dirigentenkurs F des Eidgenössischen Musikvereins (EMV), der aber erstmals über das Konservatorium Luzern durchgeführt wurde. Der Unterricht in Instrumentieren, Harmonielehre, Musikgeschichte, Solfège, Literaturkunde und Dirigieren fand an Samstagnachmittagen von 14–18 Uhr statt und wurde durch Albert Benz erteilt. In den Instrumentalunterricht (Blasinstrument und Klavier) teilten sich die Instrumentallehrer des Konservatoriums Luzern. Auch ich war Absolvent dieses F-Kurses, der zwei Jahre dauerte. Ich will versuchen darzustellen, wie ich diese Ausbildung persönlich erlebte.

Nach Absolvierung der Unteroffiziersschule und dem Abverdienen als Trompeterkorporal in der Kaserne Zürich meldete ich mich, meiner Ausbildungslücken bewusst, bei Albert Benz an. Zur Abklärung der Eignung folgte ein Gespräch bei ihm zu Hause. Da ich noch keinen Dirigentenkurs des EMV absolviert hatte, der als Vorbildung eigentlich Bedingung gewesen wäre, wollte ich zuerst von Albert Benz wissen, ob ich überhaupt eine Chance hätte, den Anforderungen des Kurses folgen zu können. Mit aufmunternden Worten motivierte mich Albert Benz zu autodidaktischer Vorbildung und empfahl mir Fachliteratur in Gehörbildung und Harmonielehre. Nach den Sommerferien stieg ich in den Kurs ein und stellte mit einigem Erstaunen fest, dass ich der Jüngste war und dass die meisten der Teilnehmer im Lehrerberuf tätig waren. Diese waren mir ausbildungsmässig natürlich überlegen. Ich war damals Tiefbauzeichner. Nun begann für mich eine Aufholjagd, um den Anforderungen und dem hohen Kursniveau gewachsen zu sein. Ich wollte diese Ausbildung unbedingt mit Erfolg beenden, weil ich damals in meiner persönlichen Selbsteinschätzung auf musikalischem Gebiet auf einem Tiefpunkt angelangt war. Was ich in den folgenden zwei Jahren erleben durfte, grenzt für mich heute noch beinahe an ein Wunder. Albert Benz gelang es, mich durch seine Unterrichtsweise zu Leistungen anzuspornen, derer ich mich nie für fähig gehalten hätte. Sein Lob über eine erbrachte Leistung beflügelte mich derart, dass ich über mich selbst hinauswuchs. Der Unterricht beeindruckte mich so sehr, dass es für mich kaum ein anderes Gesprächsthema mehr gab als Albert Benz und seinen F-Kurs. Wie viele Freunde habe ich wohl damit genervt? Der Dirigentenkurs F nahm mit der Abschlussprüfung im Juni 1968 sein Ende. Er war ein voller Erfolg für die Absolventen, für das

Konservatorium Luzern (Dir. Rudolf Baumgartner) und vor allem für den Mentor Albert Benz. Die Schlussprüfung erfolgte in einem von Albert Benz minuziös festgelegten Programm, nämlich in den Fächern Solfège, Harmonielehre, Musikgeschichte, Literaturkunde, Formenlehre und Instrumentation. Zudem mussten sowohl auf einem Blasinstrument wie auch auf dem Klavier dem Können der Kandidaten angepasste Prüfungsstücke gespielt werden. Die Hauptprüfung jedoch fand im Fach Dirigieren statt, das man bei einem Blasmusikverein in der Umgebung von Luzern absolvieren musste.

Dieser Kurs behielt seine Ausstrahlung über Jahre hinaus. Die Absolventen, von denen einige noch heute erfolgreiche Blasmusikdirigenten sind, trafen sich noch oft bei Dirigentenseminaren mit Vorträgen und anschliessenden Diskussionen.

Einführung der Blasmusikdirigentenklasse am Konservatorium Luzern

Der F-Kurs war aber zugleich Grundstein zu Albert Benz' Dirigentenklasse am Konservatorium Luzern. Noch im selben Jahr unterbreitete er dem damaligen Direktor Rudolf Baumgartner «sein Modell» für die Gestaltung der künftigen Blasmusikdirigentenausbildung. Dieses Modell basiert auf zwei Typen von Lehrgängen, dem Typus A mit Berufsdiplom und dem Typus B im Nebenamt. Diese Form wurde bis heute beibehalten und ist wohl auch mustergültig für die ganze Schweiz. Folgendes Dokument von Albert Benz (ohne Datum, aber wahrscheinlich 1968 entstanden) gibt Auskunft darüber:

Entwurf zur Gestaltung der Blasmusikdirigentenausbildung

Vorbemerkungen

Diese Studie resultiert aus dem Studium der Lehrpläne für Organisten und Chorleiter an der Kirchenmusikschule Luzern und für Blasmusikdirigenten an der Musikakademie Zürich sowie aus eigener Erfahrung mit der Materie.

Die Wichtigkeit der Ausbildung genügender Blasmusikdirigenten ist offensichtlich. Bei den jungen Dirigenten und Dirigentenanwärtern ist eine grosse

Bereitschaft zur Erweiterung der musikalischen Bildung feststellbar. Die soziale Stellung ist aber meistens so, dass ein volles oder halbtageweises Studium finanziell und zeitmässig nicht möglich ist. Insbesondere ist es schwierig, mehrere Werktagnachmittage zum Besuch des Konservatoriums freizustellen. Ein volles Berufsstudium kommt nur in wenigen Fällen in Frage. Deshalb wäre ein sehr flexibler Betrieb wünschenswert. In den Kursen des EMV zeigt es sich, dass die Verpflichtung zum Klavierspiel sehr grosse Nachteile mit sich bringt (zu später Beginn, Zeitfrage). Insbesondere hat sie zur Folge, dass die Schüler in vielen Fällen weder auf dem Blasinstrument noch auf dem Klavier Oberstufenqualität erreichen. Eine Konzentration auf *ein* Instrument (evtl. Gesang) wäre im Interesse der höhern Elementarschulung wünschenswert. Der mögliche Zeitaufwand ist unterschiedlich. Deshalb sind möglichst bewegliche Vorschriften hinsichtlich Studiendauer wünschenswert.

Ich schlage deshalb zwei Typen von Lehrgängen für die Blasmusikdirigenten vor:

Typ A für Blasmusikdirigenten im Hauptamt (Diplom)
Typ B für Blasmusikdirigenten im Nebenamt (Ausweis,
analog Kirchenmusikschule)

1. Typ A

auf dem Niveau des Lehrdiploms
a) Pflichtfächer wie Berufsschüler
b) Hauptfach: Dirigieren, Instrumentieren, Literaturkunde der Blasmusik und Programmgestaltung, Probenmethodik und -pädagogik
c) neben dem Klavierobligatorium 1 obligatorisches Blasinstrument
d) Hauptfach mindestens 1 Jahr. Abschluss gleichzeitig mit den Pflichtfächern oder anschliessend.
e) Absolventen anderer Musikschulen werden in den Pflichtfächern geprüft und haben evtl. ergänzenden Unterricht zu belegen.

2. Typ B

a) Eignungsprüfung
b) 1–3 Jahre Tonsatz, Gehörbildung und höhere Elementarbildung (Rhythmik, Verzierungen, Fachausdrücke, Formenlehre) in Klassen von 2–4 Schülern
c) gleichzeitig oder anschliessend im Einzelunterricht
Hauptfach: Dirigieren, Instrumentieren, Literaturkunde der Blasmusik und Programmgestaltung, Probenmethodik und -pädagogik.

d) Wahlweise ein Blas- oder Streichinstrument oder Klavier oder Gesang (gute Oberstufe), Unterricht evtl. auch ausserhalb des Konservatoriums Luzern bei geeignetem Lehrer möglich. Kein Klavierobligatorium.
e) Verpflichtung, mindestens 1 Jahr in einem guten Chor oder einem guten Blasorchester mitzuwirken.
f) Der Lehrer entscheidet über den Zeitpunkt der Zulassung zur Prüfung.
g) Musikgeschichte: nach Möglichkeit Kurse besuchen, Lektüre vorgeschriebener Bücher und Studium der Literatur nach Schallplatten.

Dieser erste Entwurf eines Ausbildungsreglementes wurde noch ergänzt durch einen provisorischen Vorschlag über eine mögliche Gestaltung der Abschlussprüfungen.

Das Postulat von Albert Benz stiess bei der Konservatoriumsdirektion auf offene Ohren. Denn wie in der Kirchenmusik war Luzern auch auf dem Sektor Blasmusik geradezu prädestiniert für die Schaffung eines Zentrums der Blasmusikdirigentenausbildung. Der Kanton Luzern ist ein eigentlicher Blasmusikkanton mit über 120 Blasmusikgesellschaften in 107 Gemeinden, dazu kommt das grosse Kontingent von Blasmusikanten in der übrigen Innerschweiz. Es ist das eigentliche Verdienst von Albert Benz, dieses Bedürfnis rechtzeitig erkannt und sich mit seiner Kompetenz, Überzeugungs- und Willenskraft für die Realisation dieses Anliegens eingesetzt zu haben.

Im Jahre 1969 wurde bereits dem ersten Absolventen der Blasmusikdirektion Typ A, Giambattista Sisini, das Diplom verliehen. Im Jahre darauf wurde durch Albert Benz der Unterricht für Blasmusikdirektion Typ B aufgenommen. Von 1971 bis 1981 leitete Albert Benz auch die von ihm, analog zur Streicherschulung, ins Leben gerufene Bläserschule für Berufsschüler des Konservatoriums, deren primäres Ziel die Routine im Ensemblespiel und die Intonationskontrolle ist.

In den folgenden Jahren nahm das Interesse an der Dirigentenausbildung am Konservatorium Luzern ständig zu, so dass sich Albert Benz 1972 gezwungen sah, einen Assistenten beizuziehen. In einem Schreiben vom 12. Juni 1972 schlug er dem Direktor des Konservatoriums, Herrn Rudolf Baumgartner, meinen Namen vor. Obwohl ich inzwischen ein Berufsstudium absolviert und 1973 das Lehrdiplom für Klarinette erworben hatte, war ich über das grosse Vertrauen, das mir mein einstiger Lehrer schenkte, sehr überrascht und erfreut. Die nun folgende Zusammenarbeit, die bis zu seinem Tode, nämlich 15 Jahre dauerte, war in jeder Beziehung äusserst fruchtbar. Sie war getragen von grossem Vertrauen und gegenseitiger Wertschätzung. Bis zu Alberts plötzlichem Tod absolvierten insgesamt über 200 Studenten (41 Typ A und über 160 Typ B) die Blasmusikdirigentenausbildung am Luzerner Konservatorium. Diese Ausbildungsmöglichkeit war dank der Ausstrahlung von Albert Benz über den Kanton Luzern und die Innerschweiz hinaus zu einem Anziehungspunkt von Studenten aus allen Kantonen der deutschen Schweiz und aus dem Kanton Tessin geworden.

In all diesen Jahren wurden immer wieder Verbesserungen am Ausbildungsreglement vorgenommen, was im Jahr 1983 zu einer Neufassung führte. Auf dieser von Albert Benz entworfenen und von ihm inspirierten Ausgabe fusst auch das neue Reglement aus dem Jahre 1989, das ich im Anhang meiner Ausführungen als Beispiel des Luzerner Modells der Blasmusikdirigentenausbildung im vollen Wortlaut wiedergeben möchte.

Noch zwei Wochen vor Alberts Tod wurden mit dem neuen Direktor des Konservatoriums Luzern, Thüring Bräm, in einer intensiven Sitzung mögliche Verbesserungen des Ausbildungskonzeptes diskutiert. Ein deutliches Zeichen, wie sehr Albert Benz immer wieder um die Qualität der ihm so am Herzen liegenden Blasmusikdirigentenausbildung rang. In dieser Sitzung wurde auch der Grundstein gelegt für die Reformen in der Blasmusikdirigentenausbildung, wie ich sie dann als Nachfolger von Albert Benz einführen konnte (s. Ausbildungsreglement im Anhang dieses Artikels).

Lehrmittel

Bei neu ins Leben gerufenen Lehrinstituten fehlen verständlicherweise die geeigneten Lehrmittel. Albert Benz begann schon früh damit, diese Lücken zu füllen. Schon während des F-Kurses belieferte er uns ständig mit selbst angefertigten, über Matrizen vervielfältigten Unterrichtsunterlagen. Eine brauchbare, auf schweizerische Verhältnisse zutreffende

Blasmusikgeschichte und Literaturkunde war damals nicht vorhanden. Über Jahre hinweg schuf Albert Benz zusammen mit weiteren Mitarbeitern eine *kurzgefasste Literaturkunde und Blasmusikgeschichte* (Verlag EMV). Die letzte Fassung erschien noch kurz vor seinem Tode. Sie enthält folgende Kapitel:

Übersicht
Antike Hochkulturen
Mittelalter
Kammermusik für Bläser
Renaissance bis Moderne
Musik für Blasorchester und Wind Ensembles

Ein besonderes Anliegen war ihm stets die sogenannte Renommierliste über Komponisten mit Weltgeltung, die Blasorchesterwerke schufen. Diese Haltung ist leichter zu verstehen, wenn man berücksichtigt, dass bis vor kurzem nicht bekannt war, dass berühmte Komponisten Werke für Blasorchester schrieben. Dem Blasorchester lastet bis in die heutigen Tage noch immer etwas Minderwertiges an. Albert Benz war ein grosser Kämpfer gegen dieses Vorurteil. Dies kommt auch in seinen Schriften immer wieder klar zum Ausdruck.

Zusammen mit Musikinstruktor Hans Jörg Spieler schuf er auch ein *Übungsheft zum Dirigieren* (Selbstverlag) mit vierstimmigen Übungsbeispielen und war Initiator des *Arbeitsheftes zur Instrumentation für Blasmusik* (Selbstverlag) von H.J. Spieler. Josef Krummenacher schuf unter seiner Anleitung ein *Harmonielehre-Lehrgang für Blasmusikdirigenten* (Rhythmus-Verlag).

Sein wichtigstes Unterrichtswerk ist die 1987 erschienene *Blasmusikkunde – Probenmethodik* (Rhythmus-Verlag), sozusagen eine Zusammenfassung seiner 40jährigen Praxis als Blasmusikdirigent, Erzieher, Pädagoge und Methodiker. Im Vorwort formuliert Albert Benz klar seine Absichten. Die geäusserten Gedanken scheinen mir so wichtig, dass ich daraus wörtlich zitiere:

Das vorliegende Buch müsste eigentlich den vollständigen Titel «Blasmusikkunde und Probenmethodik für die deutsche Schweiz 1986» tragen, denn es beschränkt sich bewusst auf die Situation, wie ich sie als Dirigent, Experte und Lehrer, der sich mit der Ausbildung von Blasmusikdirigenten befasst, antreffe.

Vor allem muss auffallen, dass viele Blasmusiker – Dirigenten und Vorstände eingeschlossen – die Bedeutung ihrer Tätigkeit im musikalischen Gesamtleben nicht wahrnehmen. Warum heisst der schweizerische Dachverband auch heute noch «Musikverband» und nicht «Blasmusikverband»? Weiter ist immer wieder deutlich erkennbar, dass viele Blasmusiken vor sich hintreiben und kaum konkrete Zielsetzungen haben. Was soll aber ein Führer tun – und ein solcher ist der Dirigent –, der nicht so recht weiss, wohin er führen soll? Oft auch steht der Dirigent zwischen den Fronten: den Aktiven mit ihren Interessen, dem Vorstand mit seinen Sorgen und der Öffentlichkeit mit ihren Ansprüchen. Wenn er die Entscheidungsmechanismen und -wege nicht durchblicken kann, wird er leicht das Opfer von Konfliktsituationen. Das sind die langjährigen Erfahrungen des Autors. So kam es denn, dass der zuerst geplanten Probenmethodik ein ausführlicher Teil vorangestellt wurde, den ich Blasmusikkunde nenne.

Der Dirigent eines Blasorchesters ist vielleicht mehr Lehrer als Dirigent. Das Dirigieren ist nur Endpunkt seiner Tätigkeit. Als «Trainer» muss er geschickt vorgehen, eine gute Methode des Unterrichtens entwickeln, also ein gewiegter Methodiker sein. Dazu gehört unendlich viel. Der Schreibende gibt gerne zu, dass er nach 40 Jahren Praxis immer noch dazulernen kann und muss. Sicher kann man vieles darüber lesen und sich merken. Wichtiger ist jedoch, dass man sein eigenes Verhalten ändern kann und muss. Vor allem soll der Unterrichtende lernen, mit den Augen seiner Anvertrauten zu sehen, mit ihren Ohren zu hören, ihre seelischen Vorgänge zu spüren und vorauszusehen. Das geht nur durch Verhaltenstraining. Dies wiederum ist am leichtesten, wenn man es nicht allein versucht, sondern zu zweit, in kleinen oder grossen Gruppen, in Klassen, als Kommission oder Vorstand.

Sie haben also nicht ein Buch zum Lesen vor sich. Es stellt mehr Fragen, als es Antworten anbietet. Es enthält mehr Aufgaben als fertige Lösungen. Verschiedene mir wichtig scheinende Fragenkreise sind mehrmals von unterschiedlicher Warte aus behandelt. Auch im methodischen Teil war die praktische Erfahrung federführend. Die Auswahl der Themen ist diktiert durch die Fehler, die ich bei meinen Schülern sehe und bei mir selber feststelle.

Die Erarbeitung des vorliegenden Lehrmittels setzt gut funktionierende Gruppen voraus. Das heisst, nicht eine dominierende Person darf rasch alle Antworten anbieten, möglichst viele und unterschiedliche Meinungen sollten aus der Gruppe herausgeholt werden. In der Gruppenarbeit ist es wichtig, dass jedermann geduldig hinhören und auf andere eingehen, sich aber auch mutig blossstellen kann. Jedes Ding hat mindestens seine zwei Seiten.

Die Absicht ist klar: Das psychologische, methodische, pädagogische und zielgerichtete Denken anzuregen und durch Übung sich psychologisches, methodisches und pädagogisches Verhalten anzueignen, zur eigenen Natur werden zu lassen.

Ich will in der Folge auf die einzelnen Kapitel dieses testamentarisch wirkenden Buches eingehen:

1. Einige Begriffsbestimmungen

Im ersten Kapitel will der Autor Klarheit verschaffen über Begriffe wie: Methodik, Didaktik, Motivation, Kultur, Abgrenzung der Musiksparten, Folklore, Folklorismus, Volkstümliche Musik, Kitsch, Trivialmusik, Transkriptionen, Bearbeitung, Arrangement usw. In einer gut verständlichen, klaren Sprache definiert er diese Begriffe, die gerade von Blasmusikdirigenten im Alltag immer wieder unkorrekt angewendet werden. Ein besonderes Anliegen war dem Lehrer Albert Benz seit eh und je die Pflege der eigenständigen schweizerischen Volksmusik. Die durch die Unterhaltungsindustrie aufkommende Verschlagerung und Verkitschung dieser Musikgattung waren ihm ein Greuel. Die Erziehung der Studenten zu gutem Geschmack auf dem Gebiet der Musik schien ihm in der heutigen Zeit etwas vom Wichtigsten. Er ärgerte sich über Konzertprogramme ehemaliger Studenten, die Stücke enthielten, welche sozusagen «unter der Gürtellinie» lagen.

2. Blasmusikkunde

Hier äussert sich der Autor über die Avantgarde, über das Verhältnis Komponist – Publikum, über das Verhältnis der Komponisten zu ihren Werken und zum Verkauf derselben sowie über den Unsinn der Einteilung in E- und U-Musik. Der zweite Teil dieses Abschnittes befasst sich mit der Blasmusik im besonderen. Das Buch ist so angelegt, dass es als Arbeitsbuch für Dirigentenkurse verwendet werden kann. Der Leser wird mit didaktischen Anweisungen zur eigenständigen Mitarbeit aufgefordert.

3. Das Vereinsleben

Albert Benz' lebenslange Arbeit und Erfahrung mit Vereinen, Blasmusiken, Orchestern verschiedener Spielklassen kamen ihm für die Aufarbeitung dieses Themas sehr entgegen. Im besonderen wird auch auf die administrative Vereinsführung und auf die Aufgabe des Dirigenten, auf die Anforderungen, die an ihn gestellt werden, und auf seine pädagogische Arbeit eingegangen. Es werden die charakterlichen Eigenschaften des Dirigenten analysiert und Ratschläge erteilt gegen Fehlverhalten. Es wird aufgefordert zu ständiger Selbstkontrolle, Selbstkritik und Weiterbildung.

4. Zielsetzung

Hier geht der Autor vorerst gründlich auf die mannigfaltigen Besetzungstypen des schweizerischen Blasmusikwesens ein. Aktionsformen von Vereinen, Stilrichtungen der Literatur sowie Nachwuchs und Mitgliederwerbung sind weitere Themenkreise dieses Kapitels. Weiter macht er sich Gedanken über das Publikum in ländlichen Gegenden und in der Stadt.

5. Methodik

Albert Benz hat sich in den letzten Jahren seines Lebens sehr intensiv mit psychologischen Fragen beschäftigt. Damit erfüllte er sich wohl einen Jugendtraum, nämlich Psychologie zu studieren.

Motivation, Gruppendynamik und allgemeine Unterrichts- und Probengrundsätze sind die Unterkapitel dieses Abschnittes. Auf knappem Raum wird der Lernende in die Grundbegriffe der Psychologie eingeführt. Es werden Ratschläge erteilt, wie er sich in einzelnen Fällen verhalten kann. Daneben werden viele Anregungen vermittelt, z.B. der Unterschied zwischen einem typischen Gewinner- und Verlierertyp. Im weiteren wird auf die Frage eingegangen, wie eine Probe optimal vorzubereiten sei. Probleme der Intonation, Rhythmik, Dynamik, Technik sowie der Interpretation werden erörtert und mit vielen guten Ratschlägen versehen.

ALBERT BENZ ALS LEHRER

Albert Benz hat sich während Jahren mit der Niederschrift dieses Buches befasst. Kapitel für Kapitel hat er mit der Blasmusikklasse am Konservatorium durchgearbeitet und über die einzelnen Themen im Plenum diskutiert. Dieses Buch ist nun zum Vermächtnis einer lebenslangen Auseinandersetzung mit den Problemen der Menschenführung geworden. Erfolgserlebnisse sowie Misserfolge, eigenes Fehlverhalten in schwierigen Situationen sind hier eingeflossen, aber auch sein Stil als Pädagoge leuchtet heraus. Albert Benz hasste es, wenn man ihm fertige Meinungen servierte. Er duldete immer viele Versionen. Er forderte die Studenten geradezu zu Auseinandersetzungen heraus, weil er wusste, dass es nie nur eine Lösung geben kann. Probenmethodik und Programmgestaltung waren nebst Psychologie und geschichtlichen Zusammenhängen zu seinen wichtigsten Gesprächsthemen geworden. Die Erziehung der Studenten zur Gestaltung von guten Konzertprogrammen, die sich geschmacklich und inhaltlich vertreten lassen, war für ihn zu einer Art Dogma geworden. Er ärgerte sich sehr über Programme mit billigen Showeffekten, die sich mit dem Publikum anbiedern. Hier war er zu keinen Kompromissen bereit. Er sagte oft, das Leben sei zu kurz, um schlechte Musik zu spielen oder um gute Musik schlecht zu spielen. Wie recht er hatte. Wir sind dankbar, dass sein Leben trotz allem lang genug war, uns dieses Buch als Vermächtnis zu schenken.

Prüfungsatmosphäre

Eine ganz besondere Gabe hatte Albert Benz im Schaffen einer angenehmen Prüfungsatmosphäre. Wie ein gütiger Vater hat er jeweils die Kandidaten durch ihre Prüfungen begleitet. In all diesen Jahren habe ich es nie erlebt, dass eine beklemmende oder einengende Stimmung aufkam, welche die Prüflinge sich verkrampfen liess. Bei der Notenbesprechung war er immer sehr zuvorkommend und nie hart oder vernichtend. Er wusste zu genau, dass die Prüfungen nur Etappenziele waren. Ob sich ein Dirigent «im Leben draussen» bewährt, hängt ohnehin von so vielen verschiedenen Faktoren ab, die man letztlich nicht prüfen kann. Ein besonderes Erlebnis war jeweils die Befragung der Kandidaten über Blasmusikgeschichte und Literaturkunde. Hier kam stets sein profundes Wissen über die kulturgeschichtlichen Zusammenhänge, über Musikgeschichte und Geschichte der Musikinstrumente zum Ausdruck. Mit seinem berühmten «Grinsen» quittierte er jeweils pointierte Antworten.

Der Stellenvermittler – Der Stratege

Seit Albert Benz in Blasmusikkreisen bekannt war, begannen in seinem Haus auch die Fäden zusammenzulaufen, die in den letzten zwanzig Jahren so vieles in dieser Szene verändert haben. Jedermann wusste, dass man bei Albert Benz jederzeit anrufen konnte, auch angehört wurde und gute Ratschläge bekam. Albert Benz war in diesen Jahren der «Weichensteller» im Besetzen von Blasmusikdirigentenposten. Wenn es ihm wichtig schien, dass dieser oder jener Dirigent die richtige Stelle oder dieser oder jener Verein den richtigen Dirigenten erhielt, setzte er sich mit allen Mitteln ein, um seinen Willen durchzusetzen. Wenn man das luzernische Konkurrenzdenken unter den Blasmusikvereinen kennt, das zwar nicht wenig zum hohen Niveau des Musizierens beiträgt, aber auch seine Schattenseiten hat, und wenn man weiss, dass Entlebucher schlau sind, so ist es wohl menschlich und allzumenschlich, wenn Albert bei Stellenvermittlungen hin und wieder auch als schlauer Stratege wirkte.

Den Abschluss meines Kapitels «Der Lehrer» möchte ich drei Schülern von Albert Benz überlassen – ohne jeden Kommentar: Die drei Zeugnisse sprechen für sich selber.

Ruedi Haller, Dirigent der Harmoniemusik Luzern:

Wenn ich es wage, ein paar persönliche Gedanken zum Tode von Albert Benz zu Papier zu bringen, dann muss ich bis in meine frühe Jugendzeit zurückblenden. Mein Onkel war ein Fussballfan und ein guter Blasmusikant. Er nahm mich als Schuljunge oft mit zu Fussballspielen und Blasmusikveranstaltungen. Die Fussballspiele haben keinen bleibenden Eindruck auf mich hinterlassen;

wohl aber die Blasmusik. Mein Onkel[1] kannte Albert Benz gut. Die beiden hatten zusammen die militärische Ausbildung zum Spielführer absolviert. An den Blasmusikveranstaltungen traf ich als 13jähriger Junge erstmals mit Albert Benz zusammen. Sein Auftreten und seine Freundlichkeit haben mich schon damals beeindruckt. Mein Onkel gab mir alsdann immer zu verstehen, dass dieser Mann eine grosse Persönlichkeit im Blasmusikwesen sei.

Das war vor 27 Jahren. Ein paar Jahre später durfte ich als Aargauer in Luzern den Dirigentenkurs des Luzerner Musikverbandes besuchen. Kursleiter war Albert Benz. Vielleicht hatte mein Onkel dabei etwas nachgeholfen. Von diesem Kurs blieb mir vor allem eines in Erinnerung. Der Kursleiter kannte sich auf allen Blasinstrumenten aus. Er wusste genau, wo bei welchem Instrument die heiklen Lagen zu suchen waren. Albert Benz hatte praktisch alle Blasinstrumente selbst schon gespielt. Dies nicht bis zur Meisterschaft. Meisterschaft erlangte er jedoch im Anwenden der Blasinstrumente in seinen vielen Kompositionen. Zudem konnte er meisterhaft als Dirigent mit seinen Bläsern umgehen. Albert Benz war kein Theoretiker. Zwar unterrichtete er die Blasmusikdirigentenklassen am Konservatorium auch in Theorie. Seine Arbeit war jedoch immer aufs Praktische ausgerichtet.

Als Dirigierschüler lernte ich nebst dem Musiker und Lehrer Albert Benz auch den Menschen Albert Benz näher kennen.

Die Dirigierlektionen fanden im Hause der Familie Benz statt. An der Tür wurde ich jeweils von der äusserst liebenswürdigen Frau Benz empfangen. Sie hatte unzählige Studenten im Verlaufe der Jahre empfangen. Jedesmal fand sie zur Begrüssung ein paar nette Worte. Im Wohnzimmer traf ich dann auf einen häuslich zufriedenen, sich in aufgeräumter Stimmung befindenden Albert Benz. Er schaffte sofort ein angenehmes Klima. Darin konnte eine aufbauende Lehrtätigkeit gedeihen. Seine Kritik gab er immer in Form eines Vorschlages ab. Man konnte dann diesen Vorschlag annehmen oder auch nicht. Er gab seine Lehren nicht als Doktrin ab, sondern liess jedem Schüler die Freiheit, sich nach seinen Ideen und nach seinen Fähigkeiten individuell zu entfalten. Dies scheint mir das bedeutendste Merkmal am Menschen und Lehrer Albert Benz zu sein. Er besass ungeheuer viel Wissen und noch mehr Ideen. Er bot sie jedem an, doch drängte er sie niemandem auf.

Wenn heute einer kommt und sagt von einem jungen Dirigenten «typisch Benz-Schüler», dann darf man das so nicht einfach stehenlassen. Albert Benz

---

[1] Beim Onkel handelt es sich um Walter Haller, Hallwil, selber ein erfolgreicher Blasmusikdirigent, der 1957 zusammen mit Albert Benz und Sales Kleeb in der Kaserne Zürich den Trompeterfeldweibel-Kurs absolvierte.

hat seine persönlichen Ansichten von Blasmusik während 26 Jahren als Dirigent mit der Stadtmusik Luzern verwirklicht. Alle seine vielen Schüler in der ganzen Schweiz tragen jedoch ihre eigenen Meinungen und Auffassungen in die Vereine hinaus. Albert Benz hat das Blasmusikwesen in der Schweiz dadurch besonders positiv beeinflusst, indem er seinen Dirigierschülern fachliche Kompetenz und menschliches Führungsverhalten vorgelebt hat.

Albert Benz war für mich ein wahrer Erzieher. Er war für mich zu Beginn meiner zweiten Lebensphase wie ein zweiter Vater. Dafür danke ich ihm. Das schweizerische Blasmusikwesen hat seinen bedeutendsten Mann verloren.

Isabelle Weber, Dirigentin der Feldmusik Neuenkirch:

Während meiner Dirigentenausbildung am Konservatorium hatte ich die Gelegenheit, Albert Benz als Musikpädagogen, Musiker und Menschen kennenzulernen. Albert Benz verstand es ausgezeichnet, seinen Lehrstoff interessant und fesselnd zu vermitteln. Dabei konnte er auf ein enormes musikalisches Wissen, das weit über den Blasmusikbereich hinausreichte, zurückgreifen. Immer spürte man auch seine langjährige Praxis als Primarlehrer und Dirigent verschiedener kleiner und grosser Blasmusikkorps. Sein Unterricht lebte von diesen praktischen Studien und Erfahrungen, wie er sie in seiner «Blasmusikkunde» vorbildlich zusammengefasst hat.

Das Dirigierhandwerk zu vermitteln war das eine Ziel seines Lehrens. Genausohoch stufte er jedoch das Wissen über organisatorische Angelegenheiten eines Vereins, wie z.B. Aufbau und Aufgaben eines Vorstandes und der Musikkommission, ein. Aus seiner reichen Erfahrung heraus stammte dabei die Einsicht, dass fundierte pädagogische und psychologische Kenntnisse im Umgang mit den Musikanten und Vereinsverantwortlichen unerhört hilfreich sein können. Er versuchte deshalb, sein durch die Lektüre unzähliger Bücher erworbenes Wissen an uns Studenten und Studentinnen als Lehrstoff weiterzugeben. Albert Benz war immer bestrebt, uns diese theoretischen Erkenntnisse in der Unterrichtspraxis wie im persönlichen Umgang vorzuleben.

Der Einzelunterricht wie auch die Klassenstunden waren stets vorbildlich vorbereitet und boten eine unheimliche Stoffdichte. Ausschweifende, komplizierte Erklärungen einzelner Schüler, die in seinen Augen den Unterrichtsverlauf unnötig verzögerten, machten ihn ungeduldig. Trotzdem fand er immer Zeit, auf echte musikalische Probleme und Anliegen von uns einzugehen. Charakteristisch war auch Alberts Hang zur Pünktlichkeit. Ich kann mich nicht erinnern, dass er je einmal eine seiner Lektionen verspätet begonnen hätte!

Zu besonders eindrücklichen Erlebnissen gestalteten sich die Dirigierstunden in der intimen Sphäre bei ihm zu Hause. Seine Frau sorgte dabei nach den Lektionen mit erfrischenden Getränken für unser leibliches Wohl.

Nebst seinem Unterricht gab es auch Gelegenheiten, bei einem guten Glas Wein mit ihm zusammenzusitzen. In der ungezwungenen Atmosphäre diskutierte Albert mit viel Engagement und Leidenschaft über die verschiedensten Themen. Dabei beeindruckte er uns immer wieder mit seinem breitgefächerten Allgemeinwissen. Er war ein angenehmer, unaufdringlicher Gesprächspartner, der auch die Gabe des Zuhörenkönnens in hohem Masse besass.

Obwohl Albert Benz eine weit über die Grenzen unseres Landes hinaus anerkannte Persönlichkeit war, wirkte er im beruflichen wie im persönlichen Umgang nie selbstherrlich oder arrogant. Stets fand er Zeit für die Anliegen der Studenten und bot seine Hilfe an. So entstand ein echtes Vertrauensverhältnis.

Für mich war er eine Art Vaterfigur, ein wundervoller Mensch mit all seinen Stärken und Schwächen. Ich werde ihn als ein grosses Vorbild in Erinnerung behalten.

Josef Birrer, Dirigent der Musikgesellschaft Romoos LU:

Die schönste und wertvollste Zeit als Schüler von Albert Benz war für mich der Einzelunterricht bei ihm zu Hause. Schon die Art und Weise, wie ich dort empfangen wurde, war etwas Besonderes: Ich nahm den Schlüssel aus dem «Versteck», öffnete die Tür und trat ein. In den wenigen Augenblicken bis zum Unterrichtsbeginn atmete ich die freundliche Atmosphäre ein, die nicht zuletzt ein Werk von Claire Benz war. Auf dem Tisch, an den ich mich setzen durfte, lag – je nach Jahreszeit – eine Frucht oder ein Gebäck oder eine andere Aufmerksamkeit zum Naschen da. Bald einmal ging dann im obern Stock eine Tür auf, und mein Vorgänger, gefolgt von unserem strahlenden Lehrmeister, näherte sich der Tür, wo er herzlich verabschiedet und ich ebenso empfangen wurde. Oben im Büro angekommen, stellte sich dann die besondere Lernsituation ein: Schüler und Lehrer sitzen gemeinsam an einem Pult! Ja, und dann wurde gearbeitet! Albert Benz stellte hohe Ansprüche an uns. Aber er hat uns trotzdem nicht überfordert. Wir konnten das Arbeitstempo mitbestimmen. Es ging nicht darum, ein bestimmtes Lernprogramm zu absolvieren. Vielmehr liess er sich hier ganz auf die Persönlichkeit des Schülers ein und versuchte, die individuellen Fähigkeiten zu fördern. Das war für mich auch das ganz grosse Erlebnis: zu spüren, wie man von einem Menschen in kurzer Zeit erkannt, ja sogar zuweilen durchschaut wird. Ich glaube, dass mein Lehrer ein sehr guter

Menschenkenner war. Entsprechend entwickelte sich auch das Lehrer-Schüler-Verhältnis quasi in Richtung Vater-Sohn-Beziehung.

Es liegt in der Natur der Sache, dass im Klassenunterricht eine etwas andere Atmosphäre herrschte. Da kam dann der Schulmeister zum Vorschein. Es war ein Genuss, ihn über irgendein Thema frei dozieren zu hören. Da kamen Quervergleiche, da flossen praktische Beispiele ein, an der Wandtafel entstanden übersichtliche Schemata – kurz: Da schöpfte einer so richtig aus dem vollen! Albert Benz wollte uns keine Rezepte, keine fertigen Antworten mitgeben, sondern uns vielmehr zum Nachdenken und Diskutieren anregen. Er wusste, wie wichtig für die Arbeit des Dirigenten auch das psychologische Geschick im Umgang mit Menschen ist. Wie gut, dass es ihm noch vergönnt war, uns mit der «Blasmusikkunde-Probenmethodik» sein pädagogisches Vermächtnis weiterzugeben.

Als kleine Anekdote möchte ich noch die Tatsache erwähnen, dass immer eine gewisse Spannung aufkam, wenn es darum ging, ein Musikbeispiel zu präsentieren: Möglichst unauffällig schützten die Empfindlicheren unter uns die Ohren, wenn er der Stereoanlage – auf Umwegen über seltsame Geräusche – Musik zu entlocken versuchte ...

Wie heisst es doch eingerahmt in seinem oben erwähnten Buch: «Mitreissende Dirigenten sind Gewinnertypen! Gewinnertyp sein ist lernbar!» – Albert Benz war ein Gewinnertyp. Ich glaube, die meisten von uns waren sich bewusst, wie wertvoll das ist, was uns dieser Mensch schenkte. Hoffentlich ist es einigen von uns gelungen, ihm unsere Dankbarkeit hie und da spüren zu lassen.

Konservatorium Luzern

AUSBILDUNG VON BLASMUSIKDIRIGENTEN

Typ A
Berufsstudium mit Diplom des Konservatoriums

Typ B
berufsbegleitende Ausbildung für Blasmusikdirigenten mit Fähigkeitsausweis des Konservatoriums

Juni 1989

Typ A

I Aufnahmebedingungen

A Allgemeines

Das Schuljahr beginnt Mitte September und umfasst 2 Semester mit je 18 Unterrichtswochen.
Wintersemester: September – Februar
Sommersemester: Februar – Juli
Die Lektionen dauern in der Regel 50 Minuten

B Aufnahme in die Berufsschule

Aufnahmeprüfungen werden jährlich im Mai/Juni durchgeführt. Ein Instrumentalvorspiel (freie Stückwahl), nach Möglichkeit auch Klavier, eine Theorieprüfung (schriftlich und mündlich) sowie ein Dirigiertest entscheiden über eine Aufnahme in die Berufsabteilung oder in den Vorkurs. Die Prüfungsanforderungen sind im Anhang (Beiblatt 2 «Beispiele für die Übertrittsprüfung in die Berufsschule») angegeben.

Voraussetzungen für die Anmeldung zur Aufnahmeprüfung sind:
- musikalische Begabung und charakterliche Eignung
- erfolgreiche Aufnahmeprüfung (s. o.)
- erfüllte Schulpflicht (nach Möglichkeit Mittelschulabschluss)
- Eintrittsalter 17–30 Jahre
- Verzeichnis des bisher gespielten Repertoires (ohne Orchester- und Blasorchesterstücke)
- handgeschriebener Lebenslauf mit Angabe des Berufszieles
- genaue Adresse und Telefonnummer
- 2 Passfotos

C   Spezielles

- die Abschlussprüfung des Vorkurses (schriftlich und mündlich) ist zugleich die Aufnahmeprüfung in die Berufsabteilung.
- ein prüfungsfreier Übertritt aus den Dirigentenkursen des EMV ist nicht möglich.
- Dauer des Studiums: in der Regel 4 Jahre (mit Vorkurs 5 Jahre)
                        1–2 Jahre für Studenten mit Lehrdiplom
- Kosten des Studiums: ca. 1500.- bis 1800.- pro Schuljahr je nach Herkunftskanton (Stand 89)

II Lehrplan

A   Pflichtfächer (analog Berufsschule)

Gehörbildung	Klasse	6	Semester	mit Berufsschülern
Tonsatz	Klasse	4–5	Semester	mit Berufsschülern
Formenlehre	Klasse	4	Semester	mit Berufsschülern
Musikgeschichte	Klasse	6	Semester	mit Berufsschülern
Literaturkunde	Gruppe	bis Schlussprüfung		im Hauptfach
Instrumentenkunde	Klasse	2	Semester	
Bläserschule/Orchester	Klasse	bis Schlussprüfung		
Chor	Klasse	3	Semester	
Klavier	Einzel	4–6		
Partiturspiel	Gruppe	2		

+ 1 Bewegungs-/Musikgeschichte-Seminar

Instrument
- Blasinstrument (evtl. auch Streichinstrument oder Klavier) bis gute Oberstufe, falls der Kandidat nicht bereits ein instrumentales Berufsdiplom besitzt
- 1 Std./Woche Einzelunterricht bis zur Prüfungsreife

B Hauptfach

1. *a) Dirigieren*
1 Std./Woche bis zur Prüfungsreife
Dirigiertechnik. Spezielle Probleme aus allen Bereichen der Literatur

b) Instrumentieren
- für Brass Band und Blasorchester, nach Klaviersatz, Chor- und Orchesterpartitur
- Abändern für andere Besetzungstypen
- Erstellen von Direktionsstimmen (Particells) in C und B und Erstellen von Klavierauszügen

c) Repertoirekunde
und Geschichte der Blasmusik: Entwicklung des bläserischen Zusammenspiels; Geschichte des modernen Blasorchesters; Programmgestaltung; Originalwerke und deren Komponisten

2. *Seminarien*
2 Std./Woche bis zur Prüfungsreife
- Probenmethodik
- Besetzungs- und Aufstellungsfragen
- Programmgestaltung
- praktische Dirigierarbeit bei Vereinen mit Video
- Vorträge von Gastreferenten

3. *Hospitationen*
Mindestens 1 Jahr in vorzüglichem Blasorchester, Chor oder Orchester mitwirken. Falls die Möglichkeit dazu nicht gegeben ist, müssen entsprechende Hospitationen ausgewiesen werden.
Im Verlaufe des Studiums sollte der Student mindestens 4 Semester einen Verein dirigieren.

4. *Schriftliche Arbeit*
über ein blasmusikalisches Thema, z. B. Instrumenten- und Besetzungsgeschichte, soziologische und politische Hintergründe, nationale Eigenarten, Entwicklungstendenzen, Bearbeitungen und Originalwerke, Wettbewerbe etc.

III Abschlußprüfungen

A Pflichtfächer

wie übrige Berufsschüler

B Hauptfach

1. *Dirigieren*
Der Kandidat probt mit einem leistungsfähigen Verein ein Repertoirestück, das er genügend studiert hat, sowie eine Komposition, die er 1 Tag vorher zum Studium erhält. Bewertung der Interpretation, der Dirigiertechnik und des methodischen Vorgehens.

2. *Vorspiel*
– Der Kandidat interpretiert 2–3 Stücke aus verschiedenen Epochen auf seinem Instrument. Falls er ein Instrumentaldiplom eines Konservatoriums besitzt, kann die Note übernommen werden.
– Das Klaviervorspiel umfasst 2 Stücke aus verschiedenen Epochen sowie nach Möglichkeit Partiturspiel.
– Die beiden Vorspiele finden am Tage der Dirigierprüfung statt und sind obligatorisch.

3. *Instrumentieren*
– Vorlegen von Partituren für verschiedene gebräuchliche Besetzungen
– Klausurarbeit (4 Std.)

4. *Literaturkunde der Blasmusik*
Mündliche Prüfung auf Grund eines selbst angefertigten Konzertprogrammes

Erreicht der Kandidat in einem Fach nicht die Note 4,0 (genügend), muss er die Prüfung wiederholen. Die bei der 2. Prüfung erreichte Note gilt als definitiv.

IV Notengebung

Hauptfach
- Instrumentieren, Instrument und Literaturkunde der Blasmusik je einfach
- Dirigieren 3fach
- Total: Durchschnitt aus 6 Noten

Pflichtfächer
Durchschnitt aus Gehörbildung, Tonsatz, Formenlehre, Musikgeschichte, Instrumentenkunde und Klavier

Typ B

I Aufnahmebedingungen

Vorausgesetzt werden theoretische Kenntnisse, die dem Dirigentenkurs Mittelstufe des EMV entsprechen: Intervallenlehre, Violin- und Bass-Schlüssel, einfache Akkordverbindungen. Auf dem Instrument (Blasinstrument, Streichinstrument, Klavier) wird Mittelstufe (SMPV Stufe 3) vorausgesetzt. Der Anwärter weist sich an einer schriftlichen Prüfung, in einem Vorspiel und einem Gehörtest über seine Befähigung aus.

II Lehrplan

A Pflichtfächer

1. *Gehörbildung*
3 Semester, 1 Klassenstunde/Woche
Blattsingen, Transponieren, rhythmisches ein- und zweistimmiges Diktat, harmonisches Diktat, Intonationsübungen, Erkennen der Kadenzierung, gehörsmässiges Erarbeiten der Harmonielehre

2. *Harmonielehre*
3 Semester, 1 Klassenstunde/Woche
- Dreiklänge und Septakkorde und deren Umkehrungen im vierstimmigen Satz, harmoniefremde Noten, lineare und akkordische Chromatik, alterierte Akkorde, Zwischenharmonien, Ausweichung, Modulation, Analyse neuer Zusammenklänge

- Das Studium erfolgt an Hand bezifferter Bässe und durch Analyse in Verbindung mit der Instrumentalpraxis am Klavier.

3. *Instrumentalpraxis am Klavier*
3 Semester, 1 Gruppenstunde/Woche

4. *Formenlehre*
3 Semester, 1 Klassenstunde/Woche
Liedformen, kontrapunktische und homophone Formen, Analyse

5. *Musikgeschichte*
- die musikgeschichtlichen Epochen, ihre wichtigsten Formen, Komponisten und Werke
- besondere Berücksichtigung der Bläser- und Blasorchestermusik

B Hauptfach

1. *Instrument*
1 Std./Woche bis zur Prüfungsreife
Der Schüler studiert ein Instrument (Blasinstrument, Streichinstrument, Klavier) bis gute Oberstufe (SMPV Stufe 4–5).

2. *Instrumentieren*
2/3 Std./Woche während 3 Semester, Gruppenunterricht
- Instrumentieren für Brass Band und Blasorchester, nach Klaviersatz, Direktionsstimme, Chor- und Orchesterpartitur
- Abändern bestehender Ausgaben für andere Besetzungstypen
- Erstellen von Direktionsstimmen (Particells) in C und B und Klavierauszügen
- Pflichtlektüre: Instrumentenkunde

3. *Dirigieren*
1 Gruppenstunde/Woche
Die Technik des Dirigierens
Repertoirekunde und Geschichte der Blasmusik: Entwicklung des bläserischen Zusammenspiels; Geschichte des modernen Blasorchesters; Programmgestaltung; Originalwerke und deren Komponisten

4. *Seminarien*
2 Std./Woche bis zur Prüfungsreife
- Behandlung verschiedener Themen wie Probenmethodik, Programmgestaltung, Literaturkunde und spezielle Themen
- praktische Dirigierarbeit bei Vereinen mit Video

Den Studenten wird empfohlen, während des Studiums in einem Verein unter einem guten Dirigenten mitzuwirken.

III Schlussprüfung

A Pflichtfächer

1. *Gehörbildung*
- Vom-Blatt-Singen einer Tonfolge
- Vom-Blatt-Transponieren einer leichten Melodie
- rhythmisches ein- und zweistimmiges Diktat sowie
- harmonisches Diktat

2. *Harmonielehre*
- Aussetzen eines bezifferten Basses lt. Lehrplan (Klausur)
- harmonische Analyse
- mündliche Prüfung: angewandte Harmonielehre am Klavier, spontan und vorbereitet

3. *Formenlehre*
- Analyse eines homophonen oder polyphonen Satzes (1 Std. Klausur)
- mündliche Darstellung des Ergebnisses

4. *Musikgeschichte*
- schriftliche Prüfung mittels Fragebogen, Erkennen von Tonbeispielen aller Epochen

B Hauptfach

1. *Dirigieren*
Der Kandidat probt ein Stück, das er genügend studiert hat, und ein Stück, das er 1 Tag vorher zum Studium erhält, mit einem leistungsfähigen Verein. Bewertung der Interpretation, der Dirigiertechnik und des methodischen Vorgehens.

2. *Instrument*
Der Kandidat interpretiert 2–3 Stücke aus verschiedenen Epochen, mindestens auf SMPV Stufe 4–5.

3. *Instrumentieren*
Klausurarbeit 4 Std.

4. *Literaturkunde*
mündliche Prüfung auf Grund eines selbst angefertigten Konzertprogrammes

Erreicht der Kandidat in einem Fach nicht die Note 4,0 (genügend), muss er die Prüfung wiederholen.

IV Notengebung

Der Fähigkeitsausweis enthält die Prädikate für das Hauptfach und für die Pflichtfächer

Hauptfach
– Instrument, Instrumentieren, Literaturkunde der Blasmusik je einfach
– Dirigieren dreifach
– Total: Durchschnitt aus 6 Noten

Pflichtfächer
Durchschnitt aus den Noten in Gehörbildung, Harmonielehre, Formenlehre und Musikgeschichte

Konservatorium Luzern
Ausbildung von Blasmusikdirigenten Typ B

Klasse/Gruppe	Fach Lektionen pro Woche						Einzelunterricht
1. Semester	Harmonielehre 1	Gehörbildung 1	Instrumentalpraxis am Klavier 1				
2. Semester	→	→	→				
3. Semester	→	→	→				Instrument 1 (Beginn und Abschluss individuell)
4. Semester	Formenlehre 1	Musikgeschichte 1	Seminar 2 (Literatur, Methodik, Dirigieren und spez. Themen)	Dirigieren 1			
5. Semester	→	→	→	→	Instrumentieren 2/3 Beginn frühestens 4. Semester		
6. Semester					→		

BENNY HUTTER

Dirigent der Stadtmusik Luzern

1962–1988: der lange Weg zu einer musikalischen Synthese

Orientierung in traditionsgebundenen Formen, 1962–1967

Gerne wird in der Stadtmusik und ihr nahestehenden Kreisen mit berechtigtem Stolz darauf hingewiesen, dass es seit ihrer Gründung im Jahre 1819 erst fünf Dirigenten waren, die die musikalische Leitung innehatten. Eine beneidenswerte Tatsache, deren Einmaligkeit noch höher zu werten ist, weil es immer wieder Aktivmitglieder waren, denen aufgrund besonderer musikalischer und pädagogischer Qualifikationen diese ehrenvolle Aufgabe übertragen worden ist.

Obschon die Stadtmusik in ihren Strukturen und Besetzungstypen verschiedene Wandlungen durchzumachen hatte, war sie in stets hochgehaltener Tradition einer volksnahen Kunstmusik und der Repräsentation verpflichtet. Darin erwarb sie sich mit Höchstleistungen den beispielhaften Ruf und das Prädikat eines Höchstklassvereins, eine erstrebenswerte Auszeichnung, die zu erhalten sie sich selbst zum Auftrage machte.

In diese von traditionsgebundenen Formen geprägte Zeit wählten und beriefen die Aktiven am 17. Juli 1962 aus ihren Reihen den fünfunddreissigjährigen Albert Benz als ihren musikalischen Leiter, den nun sechsten Dirigenten in der langen Geschichte der Stadtmusik Luzern. Diese Berufung löste überall grosse Freude aus.

Wer war denn eigentlich dieser Albert Benz?
Ein guter Vereinskamerad, wie viele andere? Ein musiktalentierter Fagottist oder gelegentlicher Hornist etwa, der es sich leisten konnte

oder durfte, nicht alle Musikproben besuchen zu müssen? – Ja, aber nicht nur!

Denn durfte man nämlich den natürlich und sehr bescheiden wirkenden Junglehrer näher kennenlernen, bestätigte sich sofort der ihm vorausgehende hervorragende Ruf eines mit ausserordentlichen Fähigkeiten ausgestatteten Menschen. Rein äusserlich war Albert Benz gross gewachsen und von kraftvoller Gestalt. Er besass sehr sympathische Wesenszüge, die, gepaart mit unaufdringlicher Kontaktfreudigkeit, ihm spontan den Zugang zu seinem menschlichen Umfeld öffneten. Kurz, man fühlte sich immer wohl in seiner Gesellschaft. Albert Benz hatte eine temperamentvolle, lebhafte Art, war sehr intelligent und musikalisch und von grosser Aktivität. Ihm wäre wohl jede anspruchsvolle Berufsrichtung offengestanden. Mit diesen Voraussetzungen studierte er am kantonalen Lehrerseminar Hitzkirch, einem Wunsche seiner Mutter folgend, wie er oft bemerkte. Schon während seiner Studienzeit nutzte er seine musikalische Vielseitigkeit und spielte mehrere Instrumente. Nach dem Seminarabschluss trat er seine erste Lehrerstelle an, wurde Regimentsspielführer, besuchte Privatunterricht in Harmonielehre und Instrumentation und dirigierte schon bald verschiedene Blasmusikvereine.

1954 war für ihn ein wohl entscheidendes und die Zukunft bestimmendes Jahr: Albert Benz wurde als Primarlehrer an die Stadtschulen von Luzern gewählt. Damit verband sich in kluger Voraussicht die Gelegenheit, am Konservatorium Luzern das Musikstudium aufzunehmen, das er 1958 mit dem Diplom als Theorielehrer abschloss. Aus dieser Zeit stammen auch seine ersten Blasmusikkompositionen.

Nun kehrte er wieder als Aktivmitglied in die Stadtmusik zurück, von deren Verpflichtungen er sich während der Zeit des Musikstudiums hatte dispensieren lassen. Gleichsam berufs- und studiumbegleitend dirigierte er schon jetzt mit grossem Erfolg ein Orchester und bisweilen zwei bis drei Musikvereine.

Albert Benz lernte auf diese intensive Weise und durch seinen Wissens-, Lern- und Arbeitsdrang viele Leute kennen, Menschen, die ihm Kameraden, liebe Freunde und treue Wegbegleiter wurden.

Seine starke Persönlichkeit, die reiche Fülle von Fähigkeiten, das grosse musikalische Können und die pädagogische Menschlichkeit waren die Attribute und die herausragenden Qualifikationen, die seine Berufung zum Dirigenten der Stadtmusik konkurrenzlos und einmalig machten. Chronikalisch wurde damals festgehalten: «Albert Benz hat mit der Übernahme der musikalischen Leitung der Stadtmusik ein grosses musikalisches Erbe übernommen.»

Worin bestand denn damals dieses grosse musikalische Erbe?

In der anspruchsvollen, traditionsreichen, ja idealisierten Erwartungshaltung aus dem Umfeld der Stadtmusik etwa, «das hohe Niveau zu halten und das Ansehen der Stadtmusik zu mehren», wie es hiess? Oder aus der immer noch wachen Erinnerung an den absoluten Erfolg der Stadtmusik am Eidgenössischen Musikfest 1948 in St. Gallen, oder in den unzähligen, stürmisch bejubelten Auftritten in der wohl einmalig präsentierenden historischen Uniform aus napoleonischer Zeit? Vielleicht auch aus den rund achtzig, eine sehr verschiedenartige musikalische Ausbildung und ein sehr unterschiedliches instrumentaltechnisches Können aufweisenden Musikanten mit ebenso auseinandergehenden Ansprüchen an und Meinungen über die spielbare Blasmusikliteratur? Zweifellos aber bestand das Erbe auch aus schwachen finanziellen Verhältnissen und einem akustisch kaum zumutbaren Probelokal. Mit dem Hintergrund dieser Gegebenheiten und dieser traditionsschweren Erbschaft stand er nun voller Erwartung vor einem mächtigen Klangkörper, bestehend aus Registern und vielen einzelnen Musikanten, der nun zu seinem grossen Instrument geworden war und auf dem er seine musikalische Zukunft und die der Stadtmusik aufbauen wollte.

Doch mit kluger Zurückhaltung versuchte er anfänglich, seine musikalischen Ziele der weiteren Entwicklung zu überlassen, weshalb seine Zielvorstellungen vorerst noch unausgesprochen blieben.

Ihm gegenüber stand nämlich ein starker Vorstand mit einem dominierenden Präsidenten, der wohl mehr den gesellschaftlichen Auftrag erfüllen, als dass er eine mögliche Veränderung in der musikalischen Entwicklung anstreben wollte. Wie fest die Geschicke in den Händen der Vereinsführung lagen, sagten die unmittelbar nach der Wahl des neuen Dirigenten verfassten Statuten aus, die im Zweckartikel lauteten: «Die Stadtmusik pflegt die gute Harmoniemusik und trägt bei zur Verschönerung von festlichen Veranstaltungen. Sie fördert die Gesellig-

Das Gesamtkorps der Stadtmusik Luzern auf dem Marsch durch die Stadt

Das Gesamtkorps der Stadtmusik Luzern in historischer Uniform: Präsentation in Châlon-sur-Saône

Jahreskonzert im Kunsthaus Luzern

Die Stadtmusik Luzern in Wien (1964): Bundespräsident Adolf Schärf begrüsst Erwin Cuoni und Albert Benz

keit und gute Kameradschaft unter den Mitgliedern.» Der Musikkommission waren lediglich die Überwachung der musikalischen Tätigkeit und das Antragsrecht an den Vorstand zugebilligt. Ausserdem war der Vereinspräsident zugleich auch Präsident der Musikkommission. Damit lag auf der Hand, dass dem musikalischen Leiter nur ein bescheidener Spielraum zur musikalischen Weiterentwicklung offenstand.

Immerhin wirkte sich die Schaffung der Gönnermitgliederkategorie und die Stiftung für die Uniformierung und Ausrüstung der Bieligruppe (Vortross der Marschformation) durch ein Ehrenmitglied sehr positiv aus. Sehr zur Freude von Albert Benz konnte alsdann unter den spendefreudigen Gönnern eine beträchtliche Geldsammlung für eine teilweise Neuinstrumentierung durchgeführt werden. Ein anderes wohlgesinntes Ehrenmitglied wiederum stiftete eine historische Schweizer Fahne. Solche und weitere ähnliche Zuwendungen trugen wohl ganz erheblich zur finanziellen Gesundung der Stadtmusik, aber auch zur Festigung der Tradition bei. Der so geschaffene finanzielle Rückhalt weckte einerseits persönliche Erwartungen und verpflichtete andererseits zu vermehrter Repräsentationstätigkeit. So waren zahllose Konzertreisen im In- und Ausland die Folge, die zweifelsfrei einen gesellschaftlich verbindenden Gehalt aufwiesen.

Dennoch verstand es Albert Benz mit viel Engagement und Fleiss, die Stadtmusik an den Luzerner Kantonal-Musiktag 1963 in Luzern, das Kantonal-Musikfest 1965 in Sursee und das Eidgenössische Musikfest 1966 in Aarau zu bringen und sie in der Höchstklasse zu den verdienten und anerkannten Ehren zu führen.

Es war also dem bereits seit fünf Jahren den Stab führenden Dirigenten Albert Benz gelungen, die in ihn gesetzten Erwartungen zu erfüllen und, wie es ehedem hiess, «das hohe Niveau zu halten und das Ansehen der Stadtmusik zu mehren».

Neuorientierung oder die Suche nach einer neuen Stilrichtung
1967–1972

«Wer im Leben kein Ziel hat, der wird sich verlaufen.» Dieser Satz könnte dem nun folgenden Abschnitt als Überschrift dienen. Wo immer sich eine Gelegenheit bot, sich neue Möglichkeiten öffneten, um für das Blasmusikwesen gemeinhin etwas zu tun, zu schreiben, zu lehren oder aufzubauen, überall dort brach der unbändige Tätigkeitsdrang von Albert Benz unwiderstehlich durch. Unentwegt war er verfügbar. Eine dieser für ihn herausragenden Gelegenheiten war der vielversprechende Aufbau der Blasmusikdirigentenklasse am Konservatorium Luzern. Sie entsprach in der Tat einem zukunftorientierten Bedürfnis. Hier konnte er nun endlich konzentriert und gezielt seine Vorstellungen für die Blasmusik in eine musikpädagogische Lehrtätigkeit umsetzen. Nun wurde man auch hierzulande in Fachkreisen allmählich auf den engagierten und hoffnungsvollen jungen Dirigenten der Stadtmusik aufmerksam.

Albert Benz war nun ganzheitlich von der Blasmusik eingenommen, und in ihr wollte er seinen Beitrag an die Öffentlichkeit leisten. Obschon die Stadtmusik zu ihrem Dirigenten in einem Verhältnis gegenseitigen Gebens und Nehmens stand und beide aneinander wuchsen, vermochte der Verein, dessen musikalische Weiterentwicklung Albert Benz immer mehr als seinen dirigentischen Auftrag verstand, seinen pionierhaften, leistungsorientierten Zielvorstellungen nicht immer begeisternd zu folgen. Nicht nur die Stadtmusik, auch andere Blasmusikvereine der Stadt Luzern suchten im allgemein stattfindenden gesellschaftlichen Wandel nach einer neuen und eigenen Identität. Der Umbruch in der Blasmusikszene war eingeleitet.

Anfänglich hin und her gerissen zwischen Bearbeitungen von sinfonischen Orchesterwerken für Blasmusik, den sogenannten Transkriptionen, sowie leichter, vornehmlich von Amerika und England geprägter Unterhaltungsmusik, was dem Wunsch vieler Vereinsmitglieder entsprochen hätte, und anspruchsvollen, im Aufkommen begriffenen originalen Blasorchesterwerken, wählte Albert Benz schliesslich für die Stadtmusik den schwereren, den für ihn, wie für die Musikanten, herausforderungsreicheren Weg, den in die originale Blasorchesterliteratur.

Unentwegt gestaltete er neue, in diese Stilrichtung weisende Konzertprogramme und begann die Stadtmusik auch instrumental zu einem Blasorchester um- und auszubauen. Mit ausgeprägter Willens- und Durchsetzungskraft, ausgestattet mit viel pädagogischem Geschick, forderte er seine Stadtmusik mehr und mehr zu Höchstleistungen. Die Jahreskonzerte, nun aufgeteilt in sinfonisch originale und unterhaltende Blasmusik, wurden zu unvergesslichen Erfolgen.

Als richtungweisende Zäsur fügte sich da 1969 die 150-Jahr-Feier der Stadtmusik Luzern ein. Sie wurde zum manifestierenden Forum der öffentlichen, politischen und vereinsinternen Meinungen über die Stadtmusik und die Blasmusik, was sie sind und sein sollen. Es war mehr eine Huldigung an die Vergangenheit denn eine brauchbare Orientierung für die Zukunft. Allein Albert Benz hob sich auch hier aus dem traditionsbesessenen Kreis ab und offenbarte erneut, dass er die Entwicklung der Blasmusik im allgemeinen und die der Stadtmusik im besonderen etwas anders sah und beurteilte. So schrieb er in einem seiner Essays: «Die Stadtmusik besass immer etwas wie Pioniergeist. Sie beschränkte sich nicht darauf, erfolgssichere Kompositionen wiederzugeben. Sie scheut auch heute das Experiment nicht und bemüht sich, an der Erweiterung und Bereicherung des Blasmusikrepertoires tatkräftig mitzuarbeiten.» Wer diesen Worten einen tieferen Sinn zu verleihen wusste und die ausgewählten Gedanken zu interpretieren verstand, der konnte erahnen, dass mit dieser Aussage der musikalische Weg in die Zukunft der Stadtmusik signalisiert war. Denn bereits ein Jahr später setzte er neben dem traditionellen Jahreskonzert gleich ein zweites Konzert an, das ausschliesslich sinfonischer Blasmusik gewidmet war. Mithin betrachtete er diese Konzerte sowohl für die Zuhörer wie für die Musikanten als kulturellen Beitrag und musikerzieherisches Element. Die Blasmusik war entwicklungfähig, eine Tatsache, die Albert Benz schon sehr früh erkannte. Die Kontakt und der Erfahrungsaustausch mit namhaften Blasmusikdirigenten und Komponisten im In- und Ausland liessen ihn in der Planung und Verwirklichung seiner Zielsetzungen bestärken. Doch Albert Benz, ein oft ungeduldiger, scharf differenzierender Analytiker, wusste nur zu gut um seinen Hang zu extremer Konsequenz, wenn es um die hartnäckige Verfolgung seiner Ziele ging.

Wende und Wandel mit einer musikalischen Neukonzeption
1972–1977

Es schien nun aber, als wollten sich die herrschenden Zeitumstände bedrohlich gegen die Pläne von Albert Benz stellen. Immer deutlichere Veränderungen in unserer Gesellschaft wie Wohlstand, Mobilität, Medienbeeinflussung, Vergnügungsangebot und zunehmender Stress am Arbeitsplatz begannen sich verhängnisvoll auf die Vereine und auch auf die Stadtmusik Luzern auszuwirken.

Eine ansteckende Lethargie unter den Mitgliedern machte sich breit. Schlechter Probenbesuch und wegen unvollständiger Register kaum noch durchführbare und deshalb musikalisch unbefriedigende Konzerte und Repräsentationseinsätze waren die Folge. Bei vielen Mitgliedern wich die einstige Vereinstreue dem Desinteresse und einer labilen Haltung. Heterogene Auffassungen über das Repertoire oder das vorgeschlagene Konzertprogramm beherrschten die Szene. Beinah schicksalhaft musste unweigerlich der Schatten dieser verheerenden Problematik auf den Glanz des Dirigenten, auf Albert Benz, fallen.

War nun das Streben nach geistigem Wert und technischer Qualität zum Zielkonflikt geworden oder gar in Frage gestellt?

Es hätte nie dem Wesen eines Albert Benz entsprochen, hier und jetzt aufzugeben. Im Gegenteil, er wollte diese Bewährungsprobe als Herausforderung für sich und die Stadtmusik annehmen und bestehen.

In einem von ihm ausgearbeiteten Vorschlag für eine musikalische Arbeitskonzeption forderte er durchgreifende Massnahmen zur Beseitigung der musikalischen und personellen Probleme. Die Musikkommission unterstützte seine Vorschläge und suchte durch gezielte und umfangreiche Information die Mitglieder für diese überzeugend wirkende Idee zu gewinnen, um damit die Stadtmusik aus der Krise zu führen. Harte Auseinandersetzungen polarisierender Mitgliedergruppen kennzeichneten den eingeleiteten Reinigungsprozess. In diesem rivalisierenden Spannungsfeld standen sich Verunsicherte, Zweifler, besorgte Traditionalisten, Ablehnende, Progressive und Reformer gegenüber. Selbst Vorstandsmitglieder hatten Mühe, die vorgeschlagene Doktrin inhaltlich zu verstehen oder vielmehr verstehen zu wollen.

Man würde der Sache und der späteren Erkenntnis nicht gerecht, wollte man hier den kompromisslosen Ablauf der Ereignisse beschönigend darstellen. Diese heftigen, oft emotionsgeladenen Auseinandersetzungen gehörten zur starken und fachkompetenten Persönlichkeit von Albert Benz, aber ebenso zur nachgesagten pionierhaften Entwicklungsfähigkeit der Stadtmusik Luzern.

Am 15. März 1972 alsdann schrieb der Präsident an die Aktivmitglieder: «Im Anschluss an unsere gemeinsame Aussprache über die musikalische Zukunft hat der Vorstand als ganzes und in Arbeitsgruppen den in der Zukunft einzuschlagenden Weg nochmals erörtert und das Resultat in einer schriftlich formulierten ‹Musikalischen Arbeitskonzeption› niedergelegt.»

Damit bekamen der Vorstand seinen Vereinsführungsauftrag, die Musikkommission ihre Verbindlichkeiten in der Pflichtprogrammgestaltung sowie den Einfluss in die Personalentscheide und der Dirigent seine längst angestrebte künstlerische Gestaltungsfreiheit. Eine klare Rollenabgrenzung zwischen Präsident und Dirigent, zwischen Vorstand und Musikkommission, sollte so dem Leitbild der Stadtmusik in der Zukunft die gewünschte Wirkung verleihen.

Mit dieser musikalischen Arbeitskonzeption war Albert Benz endlich die Möglichkeit gegeben, neben der Gesamtformation unter anderem eine Wahlformation, ein nach seinen Vorstellungen zusammengesetztes Blasorchester, zu bilden. Ein Blasorchester zum zehnjährigen Dirigentenjubiläum, dies war selbst für den unlängst mit dem Stephan-Jaeggi-Preis gewürdigten Albert Benz ein Geschenk besonderer Prägung. Bereits im Dezember dirigierte er eine eigens für sein Jubiläumskonzert zusammengestellte Wahlformation aus hervorragenden Berufs- und Laienmusikern. Nicht dass nun damit das Blasorchester fest formiert gewesen wäre. Von Konzert zu Konzert musste die Formation immer wieder neu selektioniert werden.

Indes waren es gerade das hochgesteckte Anforderungsprofil und das differenzierende Auswahlverfahren, die bei den Nichtberücksichtigten, meist entwicklungsverschlossenen Mitgliedern, Animositäten und Aversionen auslösten. In dieser Zerreissprobe vollzog sich nach und nach die Ausgrenzung dieser mit der musikalischen Arbeitskonzeption unvereinbar gewordenen Gegnerschaft endgültig. Einige verliessen «ihre» Stadtmusik, darunter auch sehr verdiente Mitglieder. Aus der Distanz betrachtet, ein sehr schmerzlicher, aber doch konsequenter Vorgang, der nur auf diese Weise einen geläuterten Neuanfang möglich machen konnte. Nur ein langanhaltender, ausserordentlicher Kraftakt vermochte die Stadtmusik Luzern zu diesem Neubeginn aus der Talsohle zu heben. Dazu brauchte es eine herausragende Präsidentenpersönlichkeit, einen Mann der Wirtschaft, und ein teils erneuertes, von hoher Einsatzfreudigkeit beseeltes Team, um die schwere Aufbauarbeit angehen zu können.

Für Albert Benz schienen nun die besten Voraussetzungen für seine musikpädagogische Arbeit und den konsequenten, qualitätsbewussten Aufbau der Stadtmusik mit ihren verschiedenen Formationen gegeben zu sein. Um sich für dieses Ziel ganzheitlich einsetzen zu können, gab er alle seine Dirigentenverpflichtungen bei anderen Vereinen auf.

Ein neuer Stil erfasste die Stadtmusik, und ungewohnte Strategien stützten diese operative Phase. Erste Langspielplatten wurden aufgenommen, intensive Proben-Weekends durchgeführt, Fernsehauftritte und eine rege Konzerttätigkeit setzten ein. Albert Benz war mit seiner Stadtmusik in allen Sparten des bläserischen Musizierens präsent geworden.

Die Auswirkungen seiner dynamischen Neukonzeption weckten im näheren und weiteren Umfeld der Stadtmusik Aufmerksamkeit, Interesse, aber auch Neid, zumal das Luzerner Kantonalmusikfest in Sempach bevorstand. Im Vorfeld dieses Festes kam es alsdann zu unliebsamen, spannungsgeladenen Divergenzen. Ungeachtet dessen, setzte Albert Benz mit seiner Wahlformation neue Massstäbe, die in der mit offener Punktierung ausgetragenen Konkurrenz eine kaum überbietbare Demonstration blasmusikalischen Könnens darstellte. Dieser errungene Erfolg war denn auch der Ausgleich harter, zielstrebiger Arbeit und gleichzeitig die Basis einer tragfähigen Weiterentwicklung. Der erste Preis am Blasmusikwettbewerb in Interlaken bestätigte ebenso die Richtigkeit des eingeschlagenen Weges.

Albert Benz hatte nun die volle Unterstützung der Vereinsführung und der Aktiven gefunden. Mit immensem Fleiss und weiteren hervorragenden Konzerten, z.B. durch die Teilnahme am Hitzkircher Kon-

IMF – Konzert auf dem Kornmarkt Luzern: Blasorchester-Formation der Stadtmusik

Das Unterhaltungsorchester der Stadtmusik Luzern

zert-Zyklus, konzentrierten sich die Vorbereitungen ganz auf das Eidgenössische Musikfest in Biel. Mit einer alles überragenden musikalischen Höchstleistung, sowohl im Marschmusikwettbewerb mit der Gesamtformation als auch im Konzertwettspiel mit dem konzertanten Blasorchester, setzte sich die Stadtmusik Luzern souverän an die Spitze.

Biel wurde nicht nur für Albert Benz und seine Stadtmusik zum vieles und alles entscheidenden Ort der absoluten Bestätigung, es wurde auch zum künftigen Wegweiser im schweizerischen Blasmusikwesen überhaupt. Um dieser These den bestätigenden Gehalt zu verleihen, sei hier die Einleitung zum Bieler Expertenbericht im Wortlaut wiedergegeben:

> Die Stadtmusik Luzern hat sich mit der Wahl von Persichettis Sinfonie für Blasorchester die Aufgabe nicht leicht gemacht. Diese Komposition verlangt ein voll ausgebautes Blasorchester, das in allen Registern Bläser von bester Qualität besitzt. An allen Pulten müssen Solisten sitzen, die überdurchschnittliche Leistungen vollbringen können. Ein normal besetztes Blasorchester, wie wir es in unseren Städten vorzufinden gewöhnt sind, das also etwa 60–80 Bläser aufweist, Laienmusikanten alle insgesamt, ein solcherart besetztes Blasorchester wäre wohl kaum in der Lage, dieses Werk zu realisieren. Der Ehrlichkeit halber muss daher erwähnt werden, dass nicht die vollbesetzte Stadtmusik Luzern zum Wettspiel antrat, sondern die seit einiger Zeit bestehende Konzertformation, das Blasorchester der Stadtmusik Luzern. Die bedeutend kleinere Anzahl Bläser hat natürlich zur Folge, dass das Ensemble an Beweglichkeit und Präzision ungemein gewinnt. Nirgends treten Schwierigkeiten im Zusammenspiel, in der Intonation, in der klanglichen Balance auf, wie das sonst auch im besten Korps noch vorkommen kann.
>
> Ein Glücksfall also, wenn ein Dirigent eine solche Formation bilden kann? – Für das musikalische Ergebnis ganz gewiss ...
>
> Diese paar Gedanken der Beurteilung des Wettspiels der Stadtmusik Luzern vorauszuschicken schien notwendig, nachdem in Musikantenkreisen die Diskussion über dieses Problem im Gange ist. Es muss gelöst werden, wenn man am Weiterbestehen der Eidgenössischen Musikfeste interessiert ist.

Diese fachliche Aussage stellte gleichsam die Quintessenz dessen dar, was Albert Benz inhaltlich mit seinen blasmusikalischen Zielvorstellungen zum Ausdruck zu bringen suchte.

Für Albert Benz bedeutete dieser bemerkenswerte Erfolg noch mehr persönliche Hingabe und Verpflichtung zur allgemeinen Förderung der Blasmusik.

Ein anderes Mass in der Blasmusik
1977–1982

Fortschritt kann in vielen Fällen schmerzhafte Erscheinungen, aber auch impulsgebende Wirkungen aufweisen. So war es nicht verwunderlich, dass das Beispiel Stadtmusik Luzern, das ja weit ausserhalb der bisherigen Norm lag, vielerorts im schweizerischen Blasmusikwesen zum Umdenken anregte. Gesamtschweizerisch gesehen strömte ein mächtiges Potential gutausgebildeter Bläser aus Musikschulen und Konservatorien. Sie alle hatten den legitimen Anspruch, einem Musikverein, einem Orchester oder einer Spielgemeinschaft ihrer Wahl beizutreten. Einer Gemeinschaft, die ihnen in ihren musikalischen Vorstellungen etwas anzubieten hatte und in der sie sich gefordert sahen. Weitblickende Dirigenten wussten die Gunst der Zeit zu nutzen und stellten sich auf eine neue Generation ein.

Zu ihnen gehörte vor allem Albert Benz. Seine ganze Hoffnung lag in der Zukunft und dem Glauben an die nachkommende Jugend. Nicht umsonst musste sich Albert Benz bisweilen von missgunstbeherrschten Opponenten den Vorwurf gefallen lassen, dass er die Stadtmusik zum Exerzierfeld einer elitären Blasmusikgeneration mache. – Aus musikpädagogischer Sicht eine absurde Behauptung. – Wo solches nicht möglich gemacht werden konnte, hatten sich unter initiativen Blasmusikdirigenten längst regionale und überregionale Blasorchester, Brass-Bands und Kleinensembles gebildet mit dem alleinigen Ziel, gute Blasmusik zu spielen.

Mit dem Durchbruch am Eidgenössischen Musikfest öffneten sich für die Stadtmusik Luzern völlig neue Horizonte. Albert Benz wurde mit dem Blasorchester an die Festlichen Musiktage Uster eingeladen. Im Rahmen dieser bedeutenden Veranstaltung fanden das 10. Internationale Forum zeitgenössischer Blasmusik und die 2. Internationale Fachtagung der Gesellschaft zur Erforschung und Förderung der Blasmusik statt. Hier vor diesem internationalen Fachpublikum ein Konzert geben zu können war eine besondere Ehre.

War das Blasorchester der Stadtmusik Luzern nun zur schweizerischen Vorzeigeformation geworden? Wie dem auch sei, jedenfalls liessen sich auf dieser Plattform dauerhafte Kontakte zur internationalen Blasmusikfachwelt herstellen, eine Gelegenheit, die der Stadtmusik Luzern mit ihrem Exponenten Albert Benz eine neue Dimension verlieh.

Einer dieser Kontakte war die Bekanntschaft mit Dr. David Whitwell, einem der bedeutendsten Blasmusikfachleute der USA und Wissenschafter auf dem Gebiet der Erforschung der Blasmusikgeschichte. Als Gastdozent und Gastdirigent wirkt er an den bekanntesten nordamerikanischen Hochschulen, aber auch in Südamerika und Europa. David Whitwell befand sich auf einer Studienreise in Europa, und Albert Benz lud ihn nach Luzern ein, um mit dem Blasorchester ein intensives Proben-Weekend für die Vorbereitung einer Plattenaufnahme zu leiten.

Dieser Dirigent liess mich persönlich eine seltsame Erfahrung machen:

Über viele Jahre hinweg hatte ich in unzähligen Proben und Konzerten immer wieder den gleichen Dirigenten, den zum Freund gewordenen Albert Benz, vor mir. Ich erlebte ihn von den Anfängen bis in seine reifen Jahre. Bei all diesen Begegnungen lernten wir, uns aufeinander einzustellen. Jeder Bläser weiss ja, dass der Blick nach Möglichkeit immer auf den Dirigenten zu richten ist. Wenn dies nun aber jahrelang geschieht, entgeht einem kaum die kleinste Bewegung. Mit der Zeit kannte ich Albert so gut, dass ich beim Betreten des Probelokals schon wusste, wie die Probe ausfallen würde. Kam ich früh genug, lag eine Begrüssung beim vielbeschäftigten Albert drin, manchmal auch nur so im Vorbeigehen, oft aber gar nicht, was weiter nicht schlimm war. Denn spätestens beim ersten Augenkontakt während des Spielens holten wir das Versäumte mit einem Zwinkern, Kopfnicken oder sonst einer unauffälligen, freundschaftlichen Geste nach. Den Probenbeginn zeigte er gewöhnlich mit lautem, weitausholendem, dreimaligem, rhythmischem Händeklatschen an. Nur an Konzerten unterliess oder unterdrückte er es verständlicherweise. Die Proben begannen meist ruhig, einblasend und einstimmend. Dabei pflegte er den eigens für diesen

Zweck beschafften hochbeinigen Stuhl, nur halb sitzend, halb stehend, zu benützen. In der Regel dauerte diese ruhige Phase aber nur so lange, bis sich bei uns die ersten Zeichen von Konzentrationsschwäche einstellten. Spätestens dann schob Albert den Stuhl beiseite, entledigte sich mit eisernem Griff seiner ihn einengenden Krawatte, krempelte – immer nach innen – die Hemdärmel hoch und strich sich abschliessend mit der einen Hand durch die Haare. Nun wussten wir alle, dass es für zwei Stunden ernst galt. Erklärungen zu den Stücken gab er meist nur in der ersten Probe ab, nachher galt seine Aufmerksamkeit der Interpretation und der Hermeneutik. Die Probenarbeit war allgemein und unter dem Tempo von Albert eine harte Angelegenheit. Wenn Albert kritisierte, lobte, wiederholen liess, immer wieder die Intonation überprüfte und mathematisch an der Rhythmik feilte, waren dies Zeichen seines musikalischen Könnens und einer gründlichen Vorbereitung. Seine offene äussere Musikalität war es denn auch, die ihn so tüchtig und kompetent machte. Dennoch liesse sich seine vom Diktat und von der Autorität beherrschte Arbeitsweise als treffliche Illustration zum «Dirigenten» in Elias Canettis «Aspekte der Macht» vergleichen. Hin und wieder hatte aber doch ein gutplazierter Spruch seine auflockernde Wirkung. Albert, der unermüdliche Schaffer, stand in permanenter Zeitnot, so dass es jeweils nur zu einer kurzen Pause reichte. Nach den Proben, die gewohnheitsmässig über die volle Zeit hinaus dauerten, trafen wir uns meistens bei einem Bier. Hier sassen wir nun einem anderen Albert gegenüber, der sich locker, witzig und unterhaltend geben konnte.

Einen gewandelten Albert erlebte ich immer wieder an den Konzerten. Meist eilte er auf die Bühne, wandte sich dem Publikum zu, nahm den Taktstock zur Hand und wartete, indem er mit uns den stillschweigenden, vertrauten Kontakt aufnahm und den Zuhörern Gelegenheit bot, sich auf Ruhe zu besinnen. An der Spitze seines Taktstockes, der wie ein Seismometer seines Innenlebens wirkte, konnte seine Gespanntheit oder Gelassenheit abgelesen werden. Erst während des Dirigierens kam nun seine innere Musikalität, die er in den Proben so oft vermissen liess, zur vollen Entfaltung und gab ihm das Charisma eines bedeutenden Blasmusikdirigenten.

David Whitwell aber hatte schon beim Proben die Begabung der gleichzeitigen äusseren und inneren Musikalität. Dieses Phänomen war es denn auch, das mich kurz aus dem stabilen Gleichgewicht zu heben vermochte. Ich fand mich aber sehr bald wieder zu den Gewohnheiten von Albert zurück und merkte erst jetzt, wie lieb und teuer mir doch seine Marotten geworden waren.

Sehr zur Freude von Albert Benz erfuhr 1978 die musikalische Neukonzeption nach einer mehrjährigen Bewährungsprobe endlich die sinngemässe Aufnahme in die Vereinsstatuten, die mit der reifen Erkenntnis beginnen: «Wie im demokratischen Staat die Freiheit des Bürgers, so geht im Musikverein das musische Spiel allem andern voran.»

Albert Benz gab 1977 seinen angestammten Beruf als Primarlehrer auf und verschrieb sich ganz der Blasmusik. Er wirkte fortan als Inspektor der Militärspiele, als Leiter des Armeespiels, als Lehrer am Konservatorium Luzern, als Komponist und als Dirigent der Stadtmusik Luzern. Albert Benz entwickelte eine kaum vorstellbare Intensität in der Konzerttätigkeit mit seinen ihm zur Verfügung stehenden Blasmusikformationen.

Durch seine Beziehungen entstand 1979 eine künstlerische Verbindung nach Gstaad-Saanen, aus der ein sinfonisches Blasorchesterkonzert am 23. Menuhin-Festival möglich geworden war. Ein weiteres Ereignis stellte im gleichen Jahr der erstmalige Konzertauftritt im Rahmen der Internationalen Musikfestwochen Luzern dar, an denen sich als Novum ein nichtprofessionelles Blasorchester etablieren konnte. – War es damit der Blasmusik gelungen, aus dem eigenen Schatten zu treten und sich auch in der sogenannten gehobenen Kulturszene hoffähig zu machen? – Lange genug hatte Albert Benz auf dieses Ziel hingearbeitet.

Das andere und neue Mass in der Blasmusik sollte darin bestehen, dass es Albert Benz in seiner kompetenten, kämpferischen und überzeugenden Manier erreicht hatte, das bläserische Musizieren auf jenes absolute Qualitätsniveau zu heben, das der Akzeptanz höchster Ansprüche würdig war.

Und dann – das persönliche, das verlorene Eigenmass, jenes gesundheitsbedrohende Übermass, aus einem Gemisch hoher, schonungsloser Verausgabung, das Albert Benz, inmitten seiner schöpferischen Tätigkeit, zu einer längeren gesundheitlichen Zäsur zwang!

Von der Verwirklichung eines sinfonischen Blasorchesters 1982—1988

Die Albert Benz aus gesundheitlichen Gründen auferlegte Zwangspause verhalf ihm durch Ruhe und Erholung zur Wiederherstellung der Gesundheit. Doch das Karussell im breitgefächerten Spektrum seiner Arbeits- und Wirkungsbereiche hatte sich indessen unaufhaltsam weitergedreht. Dennoch schaffte er wieder den anschlussherstellenden Aufsprung mit dem therapeutischen Mittel der Musik und der neugefundenen Harmonie zur Gelassenheit. Viele hervorragende Konzerte bereicherten erneut die Fortsetzung seines von der Musik bestimmten Weges.

Für Albert Benz, durch seine Kompositionen auch in Blasmusikfachkreisen Amerikas bekannt geworden, öffneten sich neue internationale Kontakte und Beziehungen. An der ersten Weltkonferenz der WASBE (World Association for Symphonic Bands and Ensembles) 1983 in Skien, Norwegen, wurde das Gründungsmitglied Albert Benz in den Vorstand dieser bedeutenden, aus Dirigenten, Komponisten, Musikwissenschaftern und Verlegern bestehenden Weltvereinigung gewählt, einer Vereinigung, die sich die internationale Förderung der Blasmusik zum Ziel gesetzt hat. Der Stadtmusik gereichte dieser Bezugspunkt daneben zu unermesslichem Nutzen in der Programmgestaltung mit anspruchsvollen, originalen Blasmusikwerken.

Endlich, nach Jahren kaum zumutbarer Verhältnisse, durfte die Stadtmusik in ein neues, geräumigeres, akustisch akzeptables Probelokal umziehen. Dieser Umstand wirkte sich äusserst positiv auf den Probenbetrieb und den inneren Zusammenhalt der aktiven Musiker aus. Die Stadtmusik Luzern wurde zunehmend zum regionalen Anziehungsort und ihr Dirigent, Albert Benz, zur fördernden, oft auch unentbehrlichen Referenz für hervorragend ausgebildete, leistungswillige Jungmusiker. Dazu kam auch, dass nun zwei ansehnliche Stiftungen grosszügiger Ehrenmitglieder den finanziellen Rückhalt der Stadtmusik in der Zukunft zu sichern vermochten; denn ohne sichere Geldquellen ist jede noch so erstrebenswerte Zielvorstellung existentiell gefährdet.

Schon über zehn Jahre arbeitete Albert Benz mit der Stadtmusik nach der vertrauten Maxime der musikalischen Neukonzeption, die damals als logische Folge der Entwicklung eine Auffächerung in mehrere Sparten gebracht hatte, mit der Möglichkeit, für jeden Anlass die passende Formation zu wählen. Gerade diese bewährte und oft gepriesene Vielfalt verursachte auf einmal und allenthalben vereinsstrukturelle Ermüdungserscheinungen und musikalische Unzulänglichkeiten. Noch einmal hatte die Stadtmusik im Zeichen des blasmusikalischen Fortschritts einen Prozess durchzustehen. Doch setzte Albert Benz mit dem Beistand der hegemonisch waltenden Musikkommission seinen Willen zur absoluten Perfektionierung des Blasorchesters durch, dessen Merkmal das besetzungsgerechte Musizieren in der Zukunft darstellte. Konsequente und restriktive Anwendungsformen bildeten die Massnahme zur Erreichung des angestrebten Zieles. So wurde die bisherige, differenzierte Strukturfassung der Stadtmusik, das heisst die Aufteilung in mehrere Formationen, zu einer höheren Einheit, zum Blasorchester Stadtmusik Luzern, zusammengefügt. Die zentrale, paternalistische Persönlichkeit Albert Benz hatte damit zur Synthese in der Blasmusik gefunden. Denn nur wer während der Dauer einer Generation über herausragende Fähigkeiten verfügt, hat die Chance, den gesellschaftlichen Wandel entscheidend mit zu beeinflussen.

In einem persönlich verfassten Beitrag zu seinem Dirigentenjubiläum formuliert Albert Benz seine Gedanken so:

Die 25 Jahre, in denen ich der Stadtmusik vorstehen durfte, waren eine Zeit grosser Wandlungen.
  Das Angebot an professionellen Konzerten hat sich in unserer Stadt vervielfacht. Tonträger sind allgegenwärtig geworden. In den Städten läuft die Blasmusik Gefahr, von den konzertanten und repräsentativen Aufgaben immer tiefer in eine nur mehr dekorative Funktion abzusinken. Schweizerische Eigenart und die Musik unserer Nachbarländer werden immer mehr durch englische oder amerikanische Kompositionen verdrängt. Diesem Trend haben sich auch die Besetzungen angepasst. Die Schulung der nachrückenden Aktiven wird ständig besser.
  Immer wieder fanden sich aber in der Stadtmusik Luzern starke und einsichtige Persönlichkeiten, die bereit waren, notwendige Neuerungen durchzuste-

hen. Das hat oft Diskussionen ausgelöst, aber in manchen Fällen modellhaft gewirkt.

Beim Rückblick empfinde ich grosse Dankbarkeit für viel Unterstützung und auch Nachsicht von ehemaligen und gegenwärtigen Aktiven, Funktionären, Behörden, Gönnern und Passivmitgliedern.

Der eingeschlagene Weg, nämlich besetzungsgerechtes Musizieren des ausgebauten Blasorchesters, hat die Stadtmusik Luzern jung und leistungsfähig erhalten.

Dem Jahreskonzert im Januar 1987 versuchte die Stadtmusik einen besonders feierlichen und musikalischen Gehalt zu geben. Es war das Jubiläumskonzert für 25 sehr bewegte Dirigentenjahre von Albert Benz mit der Stadtmusik Luzern. Ein würdevoller Anlass, getragen von den Musikern, seinen persönlichen Freunden und den Freunden der Stadtmusik, den Behörden und weiten Teilen der Bevölkerung, zur Ehre eines grossen, herausragenden Blasmusikdirigenten, Komponisten, Pädagogen und eines wohl kämpferischen, aber immer mit zurückhaltender Bescheidenheit sich auszeichnenden Menschen.

Albert Benz ist tot.

So plötzlich, wie sein Tod eintrat, rücksichtslos, schmerzlich, unfassbar, so unvermittelt bricht hier dieses Kapitel ab.

ANHANG

Dirigenten der Stadtmusik Luzern
(seit der Gründung der Stadtmusik)

Joseph Stutz, von Schongau LU	1819–1848	29 Jahre
Gregor Lampart, von Fischbach LU	1849–1877	28 Jahre
Kaspar Zimmermann, von Luzern	1877–1911	34 Jahre
Albert Zimmermann, von Luzern	1911–1946	35 Jahre
Otto Zurmühle, von Luzern	1946–1962	16 Jahre
Albert Benz, von Marbach LU	1962–1988	26 Jahre
Franz Schaffner, von Luzern	seit 1988	

Präsidenten der Stadtmusik Luzern
(während der Dirigentenzeit von Albert Benz)

Erwin Cuoni	1961–1966
Hans Schraner	1966–1972
Hans Kneubühler	1972–1977
Kurt Bühlmann	1977–1983
Rudolf Ineichen	1983–1986
Max Tschopp	seit 1986

Präsidenten der Musikkommission
(während der Dirigentenzeit von Albert Benz)

Erwin Cuoni	1962–1966
Albert Scherer	1966–1972
Rudolf Ineichen	1972–1975
Eduard Zurmühle	1975–1977
Benny Hutter	1977–1979
Walter Faessler	1979–1984
Peter Feldmann	seit 1984

*Die Programme der Blasorchesterkonzerte an den
Internationalen Musikfestwochen Luzern 1979–1987
unter der Leitung von Albert Benz*

1979	Ottorino Respighi	Jagdturm-Ballade (1932)
	Werke von	
	François J. Gossec	
	Gioacchino Rossini	
	Amilcare Ponchielli	
	Norman Dello Joio	
1980	Anonymus	Tanz der polnischen Könige
	Charles Simon Catel	Ouverture C-Dur
	Stanislaw Moniuszko	Ouverture zur Oper «Halka»
	Albert Roussel	A Glorious Day
	Alexander Tscherepnin	Russische Weisen
	Camille Saint-Saëns	Occident et Orient, Marche
	Johann Adolf Hasse	Marsch der polnischen Könige
	Feliks Rybicki	Krakauer Fantasie
	Alfred Reed	Russian Christmas Music
	Fisher Tull	Credo
	Albert Benz	Fantasia Ticinese
	Percy Aldrige Grainger	Molly on the Shore
1981	G. F. Händel	Suite aus der «Wassermusik» (1715)
	Etienne-Henri Méhul	Ouverture in F (1794)
	Percy Aldrige Grainger	Irish Tune (1902)
	Elgar Howard	Fanfare Stadt Luzern (1978)
	William Schumann	Prelude for Band (1957)
		Chester, Ouverture for Band (1956)
	Hector Berlioz	Ungarischer Marsch aus «Fausts Verdammung» (1846)
1982	Ralph Vaughan Williams	Toccata marziale (1924)
	Gordon Jacob	William Byrd Suite (1923)
	Gustav Holst	Second Suite for Military Band (1922)
	Fisher Tull	Sketches on a Tudor Psalm (1971)
	Felix Mendelssohn	Ouverture für Blasorchester (1824)
	Norman Dello Joio	Satiric Dances (1975)

1983	Richard Wagner	Huldigungsmarsch (1864)
	Nikolai Rimsky-Korsakow	Variationen über ein Thema von Glinka für Oboe und Blasorchester (1878)
	Johannes Brahms	Akademische Festouverture op. 80 (1881)
	Frank Erickson	Symphonie Nr. 2 für Blasorchester (1958)
	Dimitri Schostakowitsch	Festliche Ouverture op. 96 (1954)
1984	Bedrich Smetana	Festliches Vorspiel (1868)
	Antonín Dvořák	Festmarsch op. 54 (1879)
	Percy Aldrige Grainger	Lincolnshire Posy (1937)
	Alexander Arutjunjan	Konzert für Trompete und Blasorchester As-dur (1949)
	Robert E. Jager	Third Suite (1964)
1985	Hector Berlioz	Trauer- und Triumph-Symphonie für grosses Blasorchester op. 15 (1840)
	Boris Blacher	Divertimento für Blasorchester (1937)
	Warren Benson	Recuerdo für Oboe/Englischhorn und Bläserensemble (1966)
	Norman Dello Joio	Variationen über eine mittelalterliche Weise (1963)
1986	Samuel Barber	Commando March (1943)
	Alfred Reed	A Symphonic Prelude (1963)
	John Barnes Chance	Symphony No. 2 for Winds and Percussion (1962–1972)
	Othmar Schoeck	Militärmarsch (1939)
	Richard Wagner	Trauermusik über Themen aus «Euryanthe» von Carl Maria von Weber (1844)
	Franz Liszt	Zweite ungarische Rhapsodie (1851)
1987	Albert Jenny	Struthan, Konzertmarsch (1940)
	Albert Benz	Die schwarze Spinne (1978)
		Concertino für Euphonium und Blasorchester (1987)
		Transformationen (1976)
	Aaron Copland	An Outdoor Overture (1938)
	Darius Milhaud	Suite Française op. 248 (1944)

JÜRG BLASER

Inspektor der schweizerischen Militärspiele

Ein Trompeterfeldweibel wird «Musikgeneral»

Die Schweiz erhält einen neuen «Musikgeneral».

So überschrieben im Juli 1977 schweizerische Tageszeitungen ihre Berichterstattungen zur Wahl von Albert Benz zum neuen Inspektor der Militärspiele und Leiter des Schweizer Armeespiels.

Dem neuen Chef der Schweizer Militärmusik wurde zwar kein Generalsrang zuerkannt; er musste sich mit der Beförderung vom Trompeterfeldweibel zum Adjutant-Unteroffizier begnügen. Aber immerhin, seine Ernennung per 1. August 1977 zum höchsten Militärmusiker der Schweiz fand in den Medien grosse Beachtung.

Mit Albert Benz fiel die Wahl auf einen anerkannten und kompetenten Blasmusiker, der die Militärmusik von der Pike auf kannte. Als Regimentsspielführer hatte Albert Benz sämtliche Militärmusikschulen absolviert, und als Trompeterfeldweibel bekleidete er den damals für Milizspielführer höchst möglichen Grad.

Zur Berufung von Albert Benz in das Eidgenössische Militärdepartement äusserten sich zivile und militärische Blasmusikinteressierte sehr befriedigt. Enttäuscht war man lediglich über den Entscheid, den neuen Inspektor nicht in einen Stabsoffiziersgrad zu befördern. Albert Benz kommentierte die seiner neuen Funktion und Aufgabe nicht gerecht werdende Gradeinstufung mit dem Hinweis, dass der militärische Grad nicht entscheidend sei, sondern vielmehr, was in der Funktion des Inspektors erreicht werden könne.

An seiner unbefriedigenden militärischen Gradeinstufung änderte auch die per 1. Januar 1980 vorgenommene Versetzung in eine Funktionsstufe der Hilfsdiensthierarchie nicht wesentlich. Diese Funktionsstufe hätte Albert Benz die Stellung eines Hauptmannes sichern sollen. Eine eigentliche Beförderung in einen Offiziersgrad erfolgte aber nicht. Militärische Ehren und Beförderungen werden Albert Benz sicher nicht zum Wechsel in das Eidgenössische Militärdepartement bewogen haben, und die mit seiner neuen Aufgabe verbundene Rolle des Fachvorgesetzten eines militärischen Dienstzweiges dürfte ihn sicher nicht sonderlich gereizt haben. Seine Verwurzelung in der Blasmusik, seine profunden Kenntnisse der Blas- und Volksmusik sowie seine Sorge um die zukünftige Entwicklung der Militärmusik und des Blasmusikrepertoires sind näherliegende Beweggründe des Eintrittes in den Bundesdienst gewesen. Für Albert Benz war Militärmusik nicht Kriegsmusik, sondern eine Kulturäusserung, die die musikalischen Eigenarten eines Landes widerspiegelten.

Er war sich der in der Schweiz durch das Milizsystem besonders stark ausgeprägten gegenseitigen Durchdringung von ziviler und militärischer Blasmusik bewusst und erkannte die Vorbildsfunktion der Militärmusik in Repertoire- und Besetzungsfragen.

Albert Benz verstand sich während seiner ganzen Amtszeit nie als militärischer Kommandant oder Inspizient. Er fühlte sich als musikpädagogischer Oberleiter der Militärspiele. Entsprechend finden wir seine nachhaltigsten und herausragendsten Verdienste für die Militärmusik im musikerzieherischen Bereich.

Vor Amtsantritt umschrieb Albert Benz seine Zielsetzungen als Inspektor der Militärspiele wie folgt (Zitat «Bündner Zeitung» vom 30. Juli 1977):

Im Rahmen der Spielführerkurse muss der Förderung des musikalischen Geschmacks grösste Beachtung geschenkt werden. Ein gewichtiges Wort will ich bei der Auslese und Ausbildung der Spielführer mitreden und mich auch sehr intensiv der Überwachung der Aushebung widmen. Verbessern will ich auch die Ausbildungsmethoden in den Rekrutenschulen, wo alte Zöpfe abgebaut werden sollen.

Auf Wunsch von Albert Benz erfolgte die Anstellung beim Eidgenössischen Militärdepartement beziehungsweise bei dem ihm vorgesetzten

Bundesamt für Infanterie nicht im Vollamt. Sein Arbeitsvertrag sah einen Beschäftigungsgrad von 75 Prozent vor. Diese Anstellungsregelung ermöglichte ihm, weiterhin die Blasmusikabteilung des Konservatoriums Luzern zu leiten. Damit wollte sich Albert Benz den ungebrochenen Kontakt zur zivilen Ausbildung von Berufs- und Laienmusikern sichern. Von der Lehrtätigkeit am Konservatorium Luzern konnte auch die Militärmusik profitieren, namentlich in den Unteroffiziers- und Spielführerschulen.

Die militärmusikalische Wirklichkeit beim Amtsantritt von Albert Benz

Dieser Abschnitt erfordert als Einleitung einige Angaben zur Organisation der Schweizer Militärmusik:

Die Schweiz hat eine Milizarmee, entsprechend organisiert sind die Militärspiele. Die Schweiz verfügt demnach über keine ständig im Dienst stehenden Militärkapellen. Die Militärmusiker werden in Rekrutenspielen ausgebildet. Nach Absolvierung dieser 17 Wochen dauernden Grundausbildung werden die Trompeter und Tambouren (so werden die Militärmusiker bezeichnet) in die Bataillons- und Regimentsspiele der Heeresklasse Auszug eingeteilt. Diese Spiele werden jährlich für einen Wiederholungskurs von drei Wochen aufgeboten. Nach Vollendung des 32. Altersjahres werden die Trompeter und Tambouren in die Spiele der Heeresklasse Landwehr umgeteilt. Den letzten Dienst leisten die Militärmusiker in den Spielen der Heeresklasse Landsturm. Die Spiele der Heeresklasse Landwehr und Landsturm absolvieren alle zwei Jahre einen zweiwöchigen Ergänzungskurs. Mit Ausnahme der Regimentsspiele des Landsturms unterstehen alle Militärspiele Infanterieverbänden.

Im Zusammenhang mit dem Armeeleitbild für die achtziger Jahre wurden von Planern im Militärdepartement organisatorische Änderungen und Unterstellungsfragen der Militärmusik geprüft und zum Teil in die Wege geleitet. Vorgesehen waren die Versetzung der Spiele von der Infanterie zu den Sanitätstruppen und eine erhebliche Reduktion der Mannschaftsbestände der Bataillons- und Regimentsspiele. Die Bestandesreduktion hätte die Herabsetzung der jährlichen Rekrutierungszahlen für die Militärmusik zur Folge gehabt.

Mit der Unterstellung der Spiele unter die Sanitätstruppen sollte die Bedeutung der sanitätsdienstlichen Aufgabe der Spiele hervorgehoben werden. Beabsichtigt war, die Spiele in Sanitätstransportkompagnien zu integrieren, wobei die eine Hälfte der Spielleute zu Hilfssanitätern und die andere Hälfte zu Motorfahrzeugführern ausgebildet werden sollten. Diskutiert wurde im Zusammenhang mit der neuen Unterstellung, die Führung der Spiele einem Sanitätsoffizier anzuvertrauen und für den musikalischen Dienst drei Musikunteroffiziere einzuteilen.

Im März 1977 verabschiedete die Generalversammlung des Verbandes Schweizerischer Spiel-Unteroffiziere (seit 1983 Schweizerischer Spielführerverband) eine Resolution zuhanden des Eidgenössischen Militärdepartementes und der Medien, welche die Reorganisation der Militärmusik forderte. Der in Militärmusikfragen stark engagierte Verband sah sich zu diesem Schritt an die Öffentlichkeit gezwungen, nachdem in den Vorjahren bei vielen Spielen die musikalische Tätigkeit während der drei- und zweiwöchigen Dienstleistungen zugunsten der militärischen und sanitätsdienstlichen Ausbildung eingeschränkt worden war.

Im Juni 1977 – zwei Monate vor Amtsantritt des Inspektors – doppelte der Verband mit einem Reorganisationsvorschlag nach. Dieses Arbeitspapier wurde den Mitgliedern der Militärkommission des Nationalrates (der schweizerischen Legislative) übergeben. Der Reorganisationsvorschlag beinhaltete zusammenfassend folgende Forderungen:

- Schaffung einer Dienstabteilung Militärmusik mit neuer Gradstruktur für Inspektor und Militärmusikinstruktoren
- Herausgabe eines Reglements «Militärmusik» mit Festlegung der Aufgaben der Spiele in Friedenszeiten und im Ernstfall
- Offiziersschule für Spielführer
- Beibehaltung der bisherigen Rekrutierungsbestände (200 Trompeter und 36 Tambouren pro Jahr)
- Neugestaltung der Aufnahmeprüfung (Fachprüfung) zur Militärmusik
- Besetzungsvorschriften für die Spiele

Trompeterkorporal Benz, Kaserne Allmend 1949

Regimentsspiel 20 unter Trompeter-Wachtmeister Bischof: Albert Benz (zweiter von rechts) und Sales Kleeb (ganz links) als Trompeter-Korporäle

Trompeter-Feldwebel Benz meldet das Regimentsspiel 20 dem Kommandanten des Füsilier-Bataillons 44, Major Dr. Hans Rudolf Meyer, dem späteren Luzerner Stadtpräsidenten.

Inspektor der schweizerischen Militärspiele und Dirigent des Schweizer Armeespiels

Ständchen zum 60. Geburtstag: das Aarauer Rekrutenspiel unter Leitung von Musikinstruktor Robert Grob

Im Juni 1977 bestätigte der Bundesrat (die schweizerische Exekutive) auf die Einfache Anfrage eines Parlamentariers, dass keine Abschaffung der Militärmusik, aber eine Umstrukturierung geplant sei.

Kämpfe und Reformen

In dieser bewegten Zeit der neueren Militärmusikgeschichte nahm Albert Benz seine Tätigkeit als Inspektor der Militärspiele beim Bundesamt für Infanterie auf. Bevor er sich seinen Hauptanliegen, den Ausbildungs- und Repertoirefragen, widmen konnte, musste er sich mit der harten militärmusikalischen Wirklichkeit auseinandersetzen. Bereits in den ersten zwei Wochen nach Amtsantritt äusserte er sich zuhanden politischer und militärischer Entscheidungorgane zu Fragen der zukünftigen Organisation und Unterstellung der Militärmusik. Bezug nehmend auf die bundesrätliche Antwort auf die parlamentarische Anfrage vom Juni 1977, forderte er, dem «bundesrätlichen A ein konsequentes und glaubwürdiges B» anzufügen. Entschieden lehnte er die Ausbildung der Militärmusiker zu Sanitätsmotorfahrern ab, da er befürchtete, dass bei Verwirklichung dieses Projektes die Spiele musikalisch nicht mehr einsatzfähig wären. Albert Benz war also gewillt, für die Sache der Militärmusik einzustehen.

Im Herbst 1977 unterbreitete er dem Waffenchef der Infanterie einen Entwurf von «Weisungen über den Einsatz und die musikalische, sanitätsdienstliche und soldatische Ausbildung der Spiele». Der Inspektor beantragte, den Ausbildungsstoff im Sanitätsdienst thematisch aufzugliedern und vollumfänglich im Verlaufe von drei Wiederholungs- und Ergänzungskursen zu behandeln und zu repetieren. Mit diesem Vorschlag wollte er der zeitlichen Überbeanspruchung der Spiele durch die Sanitätsausbildung entgegenwirken und die geregelte musikalische Tätigkeit sicherstellen.

Zu dem den Mitgliedern der Militärkommission des Nationalrates übergebenen Reorganisationsvorschlag des Verbandes Schweizerischer Spiel-Unteroffiziere konnte sich Albert Benz im Oktober 1977 äussern. Mit einem ausführlichen Schreiben gab er der Direktion der Eidgenössischen Militärverwaltung seinen Standpunkt bekannt.

Der Inspektor analysierte einleitend die damalige Situation der Militärmusik und bemängelte das Fehlen von konkreten Lernzielen und Stoffprogrammen für die Rekruten- und Kaderschulen. Verbindliche Vorschriften für die Ausbildung und den Einsatz der Bataillons- und Regimentsspiele seien ebenfalls nicht vorhanden. Als Sofortmassnahme beantragte Albert Benz die Schaffung eines Reglements «Militärmusik» mit entsprechenden Weisungen.

Er unterliess es nicht, auf die dringende Notwendigkeit der verbesserten und somit verlängerten Spielführerausbildung hinzuweisen, und unterstützte die Forderung des Spielunteroffiziersverbandes nach einer Offiziersschule für Spielführer.

Sehr besorgt äusserte sich Albert Benz zur geplanten Reduktion der Mannschaftsbestände der Spiele. Mit aussagekräftigen Zahlen belegte er, dass mit der vorgesehenen Herabsetzung der Rekrutierungsbestände und den daraus resultierenden rückläufigen Besetzungen die Spiele längerfristig nicht mehr als glaubwürdige Militärblasorchester eingesetzt werden könnten. Zur Verwendung der Spiele als Sanitätstransportzug schrieb Albert Benz:

... und als Krönung: an der Spitze des Spiels laut Planung ein Transportzugführer im Offiziersrang, gefolgt von drei Trompeter-Unteroffizieren. Die Dotierung an Fahrern und Fahrzeugen in den Sanitätskompagnien ist so gewählt, dass zwei Möglichkeiten offen bleiben:
a) Die Fahrzeuge bleiben unbenutzt stehen.
b) Das halbe Spiel leistet Fahrdienst, und die musikalische Tätigkeit wird eingestellt.

Gegen diesen Plan muss ich mich mit äusserstem Nachdruck zur Wehr setzen. An Bestimmungen, die einen geregelten Spielbetrieb garantieren könnten, vermag ich nicht zu glauben...

Albert Benz beantragte, dieses Vorhaben aufzugeben.

Die Eingaben des Inspektors und des Spielunteroffiziersverbandes wurden von massgebenden Instanzen beachtet. Am 15. Dezember 1977 beschloss die Kommission für militärische Landesverteidigung, ein hohes militärisches Entscheidungsorgan, Einsatz und Unterstellung der Militärspiele von Grund auf neu prüfen zu lassen. An dieser für die weitere Entwicklung der Militärmusik entscheidenden Sitzung war Albert Benz zusammen mit seinem direkten Vorgesetzten, dem Stellvertreter des Waffenchefs der Infanterie, anwesend. Albert Benz hatte in der Zwischenzeit bei seinen direkten Vorgesetzten Unterstützung für die Anliegen der Militärmusik gefunden.

Im April 1978 konnten der engagierte Inspektor und der Spielunteroffiziersverband die ersten Erfolge verbuchen. Die Militärspiele blieben der Infanterie unterstellt, wobei die Militärmusiker weiterhin als Hilfssanitäter ausgebildet werden sollten. Der Plan, die Spiele in Sanitätstransportkompanien zu integrieren, wurde fallengelassen. Die Kommission für militärische Landesverteidigung hatte zudem entschieden, die Ausbildungszeit für die Militärspiele mit sofortiger Wirkung zu reglementieren. Diese Ausbildungsvorschriften haben heute noch Gültigkeit:

Auf die soldatische und sanitätsdienstliche Ausbildung entfallen je 20 % der gesamten Dienstleistungszeit; die restlichen 60 % sind dem musikalischen Fachdienst vorbehalten.

Trotz dieser Zusagen waren Albert Benz und der Verband enttäuscht. An der Verminderung der Spielbestände wollten die Führungsorgane festhalten. Albert Benz war nicht gewillt, diesen die Existenz der Militärmusik gefährdenden Entscheid tatenlos hinzunehmen. Zusammen mit dem Eidgenössischen Musikverband und dem Spielunteroffiziersverband erwirkte er die erneute Prüfung des Anliegens durch die Verwaltung. Der Erfolg blieb nicht aus. Der jährliche Rekrutierungsbestand wurde vorerst gleich belassen und konnte zu Beginn der achtziger Jahre sogar auf 250 Trompeter und 45 Tambouren erhöht werden. Der Sollbestand des Auszugs-Regimentsspiels wurde auf 61 Mann, derjenige des Bataillonsspiels auf 32 Mann festgelegt.

Spielführerausbildung

Noch unbeantwortet blieb im April 1978 die Forderung nach verlängerter Ausbildungszeit für Spielführer.

Nach den beim Amtsantritt von Albert Benz gültigen Beförderungsbestimmungen konnten fähige Trompeter oder Tambouren nach der Rekrutenschule in eine vier Wochen dauernde Unteroffiziersschule einberufen werden. Der erlangte Korporalsgrad wurde während 17 Wochen bei einem Rekrutenspiel abverdient. Der junge Unteroffizier absolvierte anschliessend bei einem Bataillons- oder Regimentsspiel Wiederholungskurse. Auf Vorschlag der Truppenkommandanten konnten Korporale einen dreiwöchigen Spielführerkurs I bestehen, welcher mit der Beförderung zum Wachtmeister abgeschlossen wurde. Die Trompeterwachtmeister wurden in der Regel mit der musikalischen Leitung eines Bataillonsspiels betraut. Angehende Regimentsspielführer wurden in den vier Wochen dauernden Spielführerkurs II einberufen und zu Trompeterfeldweibeln befördert.

Gegen eine Verlängerung der Ausbildungszeit wurde mit den Hinweisen argumentiert, die Ausbildungskonzeption trage der Funktion des Spielführers genügend Rechnung und vom Spielführer könne eine zivile musikalische Ausbildung erwartet werden. Massgebend war für jene Kreise die sanitätsdienstliche Aufgabe des Spielführers, der musikalische Verantwortungsbereich wurde anfänglich nicht in die Beurteilung der Ausbildungssituation einbezogen.

Mehrere Eingaben und zähe Verhandlungen waren notwendig, bis eine Verlängerung der Ausbildungszeit erwirkt werden konnte. Am 17. August 1978 hatte die Kommission für militärische Landesverteidigung neue Beförderungsbestimmungen für Spielführer erlassen. Die nachstehend zitierte Regelung gilt heute noch:

An der Ausbildungskonzeption für Unteroffiziere wurde nichts geändert. Der angehende Spielführer besucht nun eine Spielführerschule von acht Wochen Dauer und wird zum Trompeterfeldweibel befördert. Während acht Wochen leistet der angehende Spielführer bei einem Rekrutenspiel Dienst. Eine spätere Beförderung zum Adjutant-Unteroffizier ist möglich.

Die Schaffung einer 17wöchigen Offiziersschule und ein Abverdienen des erworbenen Leutnantgrades von gleicher Dauer wurden abgelehnt. Albert Benz konnte sich nie damit abfinden, dass dem Spielführer die Offiziersausbildung nicht ermöglicht wurde. Er versäumte keine Gelegenheit, auf das Ausbildungsdefizit des Spielführers hinzuweisen, das im Vergleich mit anderen Zugführern der Armee im Offiziersrang immerhin 18 Wochen beträgt. Er unternahm darum mehrere Vorstösse zur Einführung einer Spieloffiziersschule. Ein während seiner Amtszeit sehr umfangreich gewordenes Dossier zur Spielführerausbildung belegt eindrücklich den engagierten Einsatz des Inspektors für die Neukonzeption. Nachstehend zitiere ich auszugsweise eine diesbezügliche Eingabe aus dem Jahre 1984:

> Der Spielführer steht einem grossen Zug vor. Dieser erfüllt eine musikalische Gegenwartsaufgabe und bereitet sich gleichzeitig auf eine wichtige Kriegsaufgabe vor. Für seine Friedensaufgabe ist er militärisch nicht genügend ausgebildet. Die doppelte, gegenwärtig-musikalische und vorbereitend-sanitätsdienstliche Aufgabe führt oft dazu, dass sich Spiel und Spielführer in einer frustrierenden Lage befinden. Nur ein starker, ausgebildeter Führer kann in dieser Situation eine mustergültige Disziplin durchsetzen.

Seine letzte Eingabe zur Spielführerausbildung übergab er im Dezember 1987 dem damaligen Waffenchef der Infanterie. Eine Antwort auf diese sehr gut dokumentierte Eingabe mit einleuchtender Argumentation hat Albert Benz nicht mehr erhalten. Sein grösster Wunsch als Inspektor, die Einführung einer Spieloffiziersschule, blieb unerfüllt.

Büro Militärmusik

Das Projekt des Verbandes Schweizerischer Spiel-Unteroffiziere, eine Dienstabteilung «Militärmusik» zu schaffen, konnte nicht verwirklicht werden. Hingegen wurde das dem Inspektor unterstellte Büro für Militärmusik aufgewertet und in das Bundesamt für Infanterie integriert. Anfänglich betreuten Musik- und Tambourinstruktoren diese militärmusikalische Verwaltungsstelle, seit 1. September 1982 wird das Büro durch einen ständigen Beamten geführt.

Reglement «Militärmusik»

Zeitaufwendige administrative Vorarbeiten und Verhandlungen mit unzähligen militärischen Kommando- und Verwaltungsstellen gingen der Inkraftsetzung des Reglements «Militärmusik» per 1. Januar 1983 voraus. Das neue Reglement ersetzte die überholte «Vorschrift für die Führung von Regiments- und Bataillonsspielen» aus dem Jahre 1954. Die Aufgabe der Militärspiele in Friedenszeiten wurde genau vorgeschrieben. Bestände und Besetzungen der Regiments- und Bataillonsspiele wurden verankert. Die Regimentsspiele bilden Harmoniemusiken, wobei die Besetzungsvorschrift das zahlenmässige Gleichgewicht von Holz- und Blechblasinstrumenten in der Sopranlage anstrebt. Dazu kommt ein Saxophonquartett. Die Regimentsspiele können mit Oboe, Fagott und Bassklarinette erweitert werden. Die Bataillonsspiele weisen aufgrund der kleineren Mannschaftsbestände mehrheitlich Blechbesetzungen auf.

Das Schweizer Armeespiel wurde institutionalisiert und zu einer Armeestabseinheit erklärt (bis 1980 eine Ad-hoc-Formation). Bestand und Besetzung dieses ausgebauten Harmonieblasorchesters wurden ebenfalls reglementiert.

Zu den Repertoirevorschriften des Reglements hat sich Albert Benz 1984 in der Schrift «50 Jahre Schweizerischer Spielführerverband» wie folgt geäussert:

Wir wollen mit der Zeit gehen und sollen uns nicht nach aussen abkapseln. Trotzdem dürfen wir auch Farbe bekennen und unsere Eigenart zum Ausdruck bringen. Insbesondere haben wir ein umfangreiches und qualitativ hochstehendes Erbe an Marschmusik zu verwalten. Die neuen Vorschriften über das Repertoire im Reglement wollen den Spielführer motivieren, ihm die Initiative überlassen und den Rahmen abstecken, in welchem sich die Programme zu bewegen haben. Einerseits wird der konventionellen und modernen Unterhaltungsmusik mit 40 Prozent ein bedeutender Teil innerhalb der Programme zugesprochen. Einen ebenso hohen Anteil beanspruchen anderseits die Märsche, von denen ein Teil schweizerischer Herkunft sein soll. Der gepflegte, straffe und mitreissende Marsch muss weiterhin das Gerüst der Militärmusik bilden und diese von den zivilen Blasmusiken abheben. Durch die Verpflichtung zu einem Anteil Volksmusik (10 Prozent) in den Programmen soll unsere Eigenart zum Ausdruck kommen. Die Pflege der konzertanten, ernsten oder sinfonischen Musik (10 Prozent) soll den kulturellen Auftrag der Militärmusik sichern und gleichzeitig zur Motivation der Spieler beitragen.

Die «Vorschrift für die Führung der Regiments- und Bataillonsspiele» aus dem Jahre 1954 hatte dem Spielführer lediglich die Verantwortung für die musikalische Ausbildung des Spiels übertragen. Mit dem neuen Reglement «Militärmusik» wurden die Kompetenzen des Spielführers erheblich erweitert. Als eigentlicher Zugführer des Spiels trägt er für die militärische und musikalische Ausbildung die Verantwortung. Die Auflistung seiner Pflichten und Rechte im Reglement festigt seine Stellung in der Einheit und erleichtert ihm die Vorbereitung und Durchführung eines Militärdienstes.

Das Reglement enthält die Zielsetzungen für die musikalische Ausbildung in den Rekruten-, Unteroffiziers- und Spielführerschulen. Der Fachkurs für Tambourenunteroffiziere, ein Weiterbildungskurs für amtierende Tambourengruppenleiter, wurde reglementiert, zudem wurden die Ausbildungsinhalte dieses Kurses formuliert.

Gestützt auf den Beschluss der Kommission für militärische Landesverteidigung wurde die musikalische Ausbildungszeit der Spiele auf 60 Prozent der gesamten Arbeitszeit festgelegt. Der prozentuale Anteil der sanitätsdienstlichen Ausbildungszeit wurde aber nicht in das Reglement aufgenommen. Das Fehlen dieser Vorschrift bekamen bereits im ersten Jahre des Inkrafttretens einige Bataillons- und Regimentsspiele zu spüren, deren Kommandanten dem Sanitätsdienst 40 Prozent einräumen wollten. Besorgte Spielführer suchten Hilfe beim Inspektor, der den Waffenchef der Infanterie auf die unerfreuliche Entwicklung hinwies. Nach Absprachen mit dem Ausbildungchef und dem Oberfeldarzt konnten per 1. Januar 1984 korrigierende Weisungen abgegeben werden. Diese Ausbildungsvorschriften räumen dem musikalischen Fachdienst 60 Prozent ein; je weitere 20 Prozent sind der soldatischen und sanitätsdienstlichen Ausbildung vorbehalten.

Bemerkenswert sind diese Vorschriften vor allem deshalb, weil mit deren Inkraftsetzung ein bereits 1977 von Albert Benz eingebrachtes Postulat verwirklicht werden konnte. Die sanitätsdienstliche Ausbildung der Spiele erfolgt nun in einem dreijährigen Zyklus; der umfangreiche Ausbildungsstoff wird, thematisch gegliedert, im Verlaufe von drei Kursen vermittelt.

Trompeter- und Tambour-Ordonnanzen

Trotz zeitraubendem und engagiertem Einsatz für die Besserstellung der Militärmusik nahm Albert Benz im April 1979 den Auftrag entgegen, die Trompeter-Ordonnanz zu überarbeiten. Die damals gültige Ordonnanz datierte aus dem Jahre 1954. Damals wiesen die schweizerischen Regiments- und Bataillonsspiele noch Blechbesetzungen auf, die mit Metallklarinetten erweitert werden konnten. Erst ab 1961 erfolgte der schrittweise Übergang zur Harmoniebesetzung. Die Anpassung der Ordonnanz an die aktuelle Instrumentation und deren Neufassung waren vordringliche Aufgaben, die der Inspektor sehr gerne in Angriff nahm.

Die neue Trompeter-Ordonnanz konnte per 1. Juni 1981 allen Trompetern abgegeben werden. Zusammen mit den Musikinstruktoren konzipierte Albert Benz die neue Ordonnanz als eigentliches Lehr- und Übungsmittel.

Der musiktheoretische Teil wurde wesentlich erweitert und kann von den Trompetern auch im Selbststudium zur Vorbereitung des Besuchs der Unteroffiziersschule verwendet werden. Die rhythmischen Übungen wurden ergänzt und mit Beispielen in unregelmässigen Taktarten bereichert. Die Aufnahme von Jazz- und Unterhaltungsrhythmen in dieses Lehrmittel bezeugt die Aufgeschlossenheit von Albert Benz gegenüber Neuem. Ideale Hilfsmittel zur Klangschulung von Blasorchestern sind elf in die Ordonnanz aufgenommene Kanons.

Gerne nahm Albert Benz die Anregung der Tambourinstruktoren entgegen, mit der Neufassung der Ordonnanz für Bläser auch diejenige der Tambouren zu überarbeiten. Die fachtechnische Konzeption überliess er seinen Tambourinstruktoren, welche die neue Ausgabe mit Trommelgrundlagen im Baslerstil erweiterten und die Notation der trommeltechnischen Grundlagen und Ordonnanzstücke durch die Notenschrift nach Dr. Berger einführten. Die neue Tambouren-Ordonnanz konnte im März 1981 abgegeben werden.

Die neuen Ordonnanzen stehen auch zivilen Benützern zur Verfügung. Vor allem die Tambouren-Ordonnanz ist ein gültiges und einzigartiges Ausbildungsmittel für Jungtambouren.

Spielheft für Militärmusik

Mit dem Auftrag, die Trompeter-Ordonnanz zu überarbeiten, erhielt Albert Benz auch die Erlaubnis, ein Spielheft für Militärmusik zu schaffen. Mit der Bewilligung und der Verwirklichung dieses Spielheftes hat die Schweizer Armee nach jahrzehntelangem Unterbruch einen bemerkenswerten Beitrag zur Bereicherung des Repertoires der Militärspiele und zivilen Blasorchester geleistet. Vor Abgabe des Spielheftes an die Rekruten-, Regiments- und Bataillonsspiele verfügte die Armee über kein von ihr verlegtes Notenmaterial für die aktuelle Besetzung. Die Schweizer Armee besitzt mit Ausnahme der Ordonnanzmusikstücke keine eigenen Kompositionen und erteilt auch keine Kompositionsaufträge.

Unter Mitarbeit der Musik- und Tambourinstruktoren schuf Albert Benz eine Notensammlung, die sich im Marschbuchformat mit 24 Einzelblättern präsentiert.

Die Instrumentation der Ordonnanzmusikstücke wurde zum Teil verfeinert und mit den Stimmen für Holzblasinstrumente und mit solchen im Bassschlüssel ergänzt. Der erste Teil des Spielheftes mit den Ordonnanzmusikstücken wurde mit je zwei Signeten und Tuschen bereichert.

Mit der Aufnahme von Liedern für den Feldgottesdienst erfüllte Albert Benz einen schon seit langem geäusserten Wunsch der Armeeseelsorge. Diese Instrumentationen für Harmonieblasorchester sind zudem geschätzte Tonbildungshilfen.

Historische Schweizer Märsche wurden neu bearbeitet und grösstenteils mit der Trommelstimme (Rührtrommel) ergänzt.

Als eine seiner schönsten Arbeiten für die Militärmusik bezeichnete Albert Benz die Auswahl, Harmonisation und Instrumentation von Liedern und Hymnen mit patriotischem und regionalem Charakter. Die Auswahl der schliesslich in das Spielheft aufgenommenen Lieder fiel dem Inspektor nicht leicht. Auf eine vorher bei den Kantonen, Musikinstruktoren und weiteren Interessengruppen gemachte Umfrage waren weit über 100 Vorschläge mit Volksliedern und Hymnen eingereicht worden. Aus der Fülle von wertvollem Liedgut musste sich Albert Benz aus Platzgründen auf 20 Bearbeitungen beschränken. Er beabsichtigte, später weitere traditionelle Lieder zu bearbeiten und zu veröffentlichen. Das Einverständnis zur Erweiterung dieser Sammlung hatte er bei seinen Vorgesetzten eingeholt.

Albert Benz ermöglichte es, dass das Musikgut aus dem Spielheft für Militärmusik auch zivilen Musikvereinen zugänglich gemacht wurde. Er wollte sicherstellen, dass die historischen Märsche und das Liedgut auch ausserhalb der Militärmusik gespielt werden. Tatsächlich haben bis heute unzählige Vereine von diesem Angebot Gebrauch gemacht.

Spielheft für Militärmusik

Instrumentation

Direktionsstimme C
Flöte/Piccolo C
Klarinette B I
Klarinette B II
Klarinette B III
Saxophon Alto Es I
Saxophon Alto Es II
Saxophon Tenor B
Saxophon Bariton Es
Kornett Es
Kornett/Trompete B I
Kornett/Trompete B II
Kornett/Trompete B III
Horn/Alto Es I
Horn/Alto Es II

Horn/Alto Es III
Tenorhorn B I
Tenorhorn B II
Euphonium/Bariton B
Posaune B I
Posaune C I
Posaune B II
Posaune C II
Posaune B III
Posaune C III
Bass Es
Bass B
Bass C
Schlagzeug

Inhaltsverzeichnis

Ordonnanzmusikstücke

Zapfenstreich

Tagwache

Trauermarsch

Choral

Der gute Kamerad

Fahnenmarsch
Signet 1
Signet 2
Tusch 1
Tusch 2

Signale: (einstimmig)
Tagwache
Zapfenstreich
Lichterlöschen

Lieder für den Gottesdienst

Du hast, o Herr, Dein Leben / Ist Gott für mich
Lobe den Herrn
Allein Gott in der Höh
Gelobt sei Gott
Grosser Gott, wir loben Dich
Nun danket alle Gott
Wie der Hirsch nach frischer Quelle
Dreifaltigkeit urewig Licht / Ihr Knechte Gottes
Macht hoch die Tür
O Haupt voll Blut
Mein ganzes Herz

Historische Märsche (Instrumentation = I/ Trommelstimme = T)

Marche des Armourins (Marche neuchâteloise)
I Peter Bucher/T Louis Salamin
Marche du Régiment de Courten (Marche valaisanne)
I Peter Bucher/T Louis Salamin
Marche du Régiment de Diesbach (Marche fribourgeoise)
I Hans Jörg Spieler/T Alex Haefeli
Mollens (Marche genevoise)
I Albert Benz/T Alex Haefeli
Fulenbacher Marsch
I Hans Jörg Spieler/T Anton Wymann
La Mastralia (Bündner Landgemeindemarsch)
I Peter Bucher/T Anton Wymann
Marche pour le régiment de Zurlauben (Martin Hotteterre, † 1712)
I Peter Bucher/T Alex Haefeli

Alter Berner Marsch
/ Peter Bucher/T Alex Haefeli
Zofinger Marsch
/ Hans Jörg Spieler
Zürcher Sechseläuten-Marsch
/ Hans Jörg Spieler/T Anton Wymann

Regionale Lieder und Hymnen (Harmonisation/Instrumentation: Albert Benz)
La Ligia Grischa (J. Heim, 1818–1880)
Lingua Materna (R. Cantieni, 1873–1945)
Addio la caserma (tradizionale)
Ticinesi son bravi soldati (tradizionale)
Cé qu'ê lainô (Hymne de la République de Genève, environ 1603)
Hymne neuchâtelois (Ch. North, 1859–1914)
Hymne vaudois (traditionnel)
La Rauracienne (Hymne jurassien, traditionnel)
Les Bords de la Sarine libre (J. Vogt, 1810–1869)
Notre beau Valais (F.O. Wolf, 1838–1906)
Prière patriotique (E. Jaques-Dalcroze, 1865–1950)
Roulez tambours (H.F. Amiel, 1821–1881)
Alles Leben strömt aus Dir
  (Appenzeller Landsgemeindelied/Ode an Gott,
  H.J. Tobler, 1777–1838)
Beresina-Lied (J.I. Müller, 1774–1839)
Landeshymne (H. Suter, 1870–1926)
Vermahnlied an die Eidgenossenschaft (16. Jahrhundert)
O mein Heimatland (W. Baumgartner, 1820–1867)
Rütlilied (J. Greith, 1798–1869)
Sempacher-Lied (J.U. Wehrli, 1794–1839)
Vaterlandshymne (aus dem Calvenfestspiel 1889, Chur, O. Barblan, 1860–1943)

Eine besondere Vorliebe

Albert Benz bekundete leidenschaftliches Interesse an der weltweiten Geschichte der Militär- und Blasmusik. Viele Aufsätze und Arbeiten sind Zeugnis seiner fundierten Kenntnisse dieses Spezialgebietes.

Das Büro für Militärmusik hat seiner Initiative eine umfangreiche

Bibliothek und Phonothek zu verdanken, die laufend mit Arbeiten zur internationalen Militärmusikgeschichte und -tradition erweitert wurden. Seine Mitarbeiter und auch Absolventen der Spielführerschulen wurden von Albert Benz beauftragt, Aufsätze und Buchzusammenfassungen über die Entwicklung der zivilen und militärischen Blasmusik zu schreiben. Diese Arbeiten redigierte Albert Benz jeweils mit grosser Fachkenntnis.

Sehr fruchtbar war die Zusammenarbeit mit seinem Amtsvorgänger Dr. Walter Biber. Albert Benz schätzte diesen Blasmusikhistoriker und zog ihn oft bei Fragen in dessen Spezialgebiet heran. Den beiden Inspektoren hat die Militärmusik zwei bleibende Dokumentationen zu verdanken:

Fernsehfilm «Roulez tambours!» – Geschichte der Schweizer Militärmusik

Im Februar 1981 gelangte das Fernsehen der französischen Schweiz mit der Bitte an das Eidgenössische Militärdepartement, die Realisierung eines Fernsehfilms über die Schweizer Militärmusik zu unterstützen. Der Inspektor wurde zu einer grundsätzlichen Stellungnahme eingeladen und erwirkte bei den zuständigen Instanzen des Departements die Einwilligung zur Unterstützung des Projekts. Der Schweizer Armeefilmdienst konnte als Co-Produzent gewonnen werden und war für die Bildaufnahmen verantwortlich. Mit äusserster Sorgfalt wurden Musikbeispiele, Instrumente, Kostüme und Drehorte ausgesucht, und nach immensen Vorbereitungsarbeiten durch die Beteiligten konnten zwischen April und Oktober 1982 die Sequenzen des Films und die Musikbeispiele aufgenommen werden.

Schon in der Planungsphase hatte sich Albert Benz die Mitarbeit von Dr. Walter Biber als wissenschaftlichem Berater gesichert. Dr. Biber übernahm die Abfassung des Kommentars und half bei der Auswahl der Musikbeispiele. Aus seinem einzigartigen Blasmusikarchiv stellte er Notenmaterial zur Verfügung.

Die Produktion wurde im Herbst 1982 von den drei schweizerischen Fernsehanstalten ausgestrahlt und nachher mehrmals als Wiederholung gesendet.

Das Tonstudio GOLD RECORDS, 8942 Oberrieden, produzierte eine Schallplatte und Tonbandkassette mit der Musik aus dem Fernsehfilm. Die gediegene Schallplattenhülle mit einem Vorwort des damaligen Vorstehers des Militärdepartementes wurde durch eine Textbeilage mit einer militärmusikgeschichtlichen Arbeit von Dr. Biber ergänzt.

Film und Schallplatte sind ein unvergleichbar wertvolles Anschauungs- und Lehrmaterial zur Entwicklung der Militärmusik in den letzten 800 Jahren. Sie sind von hohem künstlerischem Wert und haben Verfassern, Produzenten und Interpreten die Anerkennung internationaler Fachkreise eingebracht.

Inhalt des Fernsehfilmes zur Geschichte der Militärmusik «Roulez tambours!»
Co-Produktion SRG und EMD

Titel	Komposition/Arrangement/Quelle
Harsthorn/Helmlibläser	Tradition
Dudelsack-Melodie 13. Jahrhundert	Adam de la Halle 1237–1287
Feldspiel der alten Eidgenossen	Leonhard Kleber 1490–1556 Tabulaturbuch 1522
Marche française	Jean-Baptiste Lully 1632–1687
Aufzug 1687	Daniel Speer 1636–1707
Divertimento in C	Joseph Haydn 1732–1809
Marsch der Zürcher Milizen 1793	Anonymus Rekonstruktion Albert Benz
Marche tactique um 1840	Anonymus Rekonstruktion Albert Benz
Märsche Nr. 1 und 2	Tambour-Ordonnanz für die eidgenössischen Truppen 1845

Signale: Zur Arbeit/Lichterlöschen	Trompeter-Ordonnanz für Scharfschützen und Jäger 1840
Marsch Nr. 7	Allgemeine Trompeter-Ordonnanz für die eidgenössischen Truppen 1856
Marsch Nr. 10	12 neue Märsche für schweizerische Militärmusiken 1881
Marsch Nr. 2 (Jakob Siegerist)	Trompeter-Ordonnanz für die Infanterie 1915
Trompeterruf	Arthur Ney 1887–1963
Marche des Ambassadeurs	Arthur Honegger 1892–1955
Duell	Alex Haefeli 1938
Inf Rgt 13	Stephan Jaeggi 1903–1957
131er-Marsch	Heinrich Steinbeck 1884–1967

Schallplattenreihe «Unsere Märsche»

Ein grosses Anliegen von Albert Benz war die Erhaltung des qualitativ hochstehenden schweizerischen Marschmusikschaffens im Repertoire der Militärspiele und Musikvereine.

Die Realisierung einer Schallplattenreihe war für ihn eine der Möglichkeiten, Schweizer Märsche vor der Vergessenheit zu bewahren und neu zu beleben. Albert Benz konnte den Waffenchef der Infanterie für dieses Projekt gewinnen und im Sommer 1984 die vier dienstleistenden Rekrutenspiele für die Tonaufnahmen der ersten Ausgabe der Reihe einsetzen.

Das Tonstudio AMOS, 4234 Zullwil, hatte als Co-Produzent die Verantwortung für Tonaufnahmen und Verkauf übernommen. Dr. Biber, mit dem Albert Benz die Gesamtkonzeption der Reihe abgesprochen hatte, zeichnete als Autor der Textbeilage mit biographischen Angaben zu den Komponisten und Erläuterungen zu den eingespielten Märschen. Dr. Biber schreibt auf der Schallplattenhülle zu den Zielsetzungen:

Mit dieser Schallplattenreihe verfolgen die Herausgeber das Ziel, alte und deshalb wenig oder gar nicht mehr gespielte Märsche von verstorbenen Schweizer Komponisten und naturalisierten Ausländern, die in der Schweiz gewirkt haben, der Vergessenheit zu entreissen und die durch Überfremdung und Verfremdung verschüttete Eigenart der schweizerischen Marschmusikentwicklung wieder freizulegen, zu wecken und bewusstzumachen.

Das nachlassende Interesse an einigen der hier eingespielten Märsche ist allerdings auch dem Umstand zuzuschreiben, dass sie zur Zeit ihrer Herausgabe für einen Grossteil unserer Blasmusikvereine spiel- und blastechnisch zu anspruchsvoll waren.

In einer späteren Folge kommen auch die lebenden Komponisten zum Zuge, die durch ihre Werke deutlich machen, wie die Kunst des Marschkomponierens weitergetragen wird, die bekanntlich aus dem tonschöpferischen Vorgang besteht, in einer normierten offenen oder geschlossenen Reihenform und unter Berücksichtigung gattungseigener Strukturelemente, Originelles auszusagen.

Drei Bände, der insgesamt auf acht Ausgaben festgesetzten Reihe, konnten zu Lebzeiten von Albert Benz auf den Markt gebracht werden. Die vierte Schallplatte stand kurz vor der Fertigstellung. Albert Benz hatte die Abfassung der Textbeilage mit den Kommentaren zu den eingespielten Märschen übernommen. Diese ihn faszinierende Arbeit konnte er nicht mehr vollenden. Am Vorabend seines Hinschiedes hatte er die letzte durch ihn abgefasste Kurzbiographie, diejenige über Maurice Thöni, mit der begeisterten Feststellung abgeschlossen: «Sein Zeughauskeller-Marsch ist ein ‹Wurf›: melodisch und harmonisch originell, voller Charme und Temperament.»

Der Präsident der Musikkommission des Eidgenössischen Musikverbandes Herbert Frei schrieb die fehlenden Komponistenporträts. Die Schallplatte ist inzwischen erhältlich.

Die durch Albert Benz initiierte Dokumentation zur Entwicklung des Schweizer Marsches in diesem Jahrhundert wird in seinem Sinne fortgeführt und 1990 mit weiteren Einspielungen durch die Rekrutenspiele ergänzt.

Kommandant Spielführerschulen

Albert Benz umschrieb die musikalischen Voraussetzungen zur erfolgreichen Führung eines Spiels, das Anforderungsprofil für Spielführer, wie folgt:

Gute Kenntnisse des Blasmusikrepertoires und der Schweizer Militär- und Volksmusiktradition; erfassen der speziellen Gegenwartsaufgabe der Militärmusik; Fähigkeit zu sinnvoller, angepasster Programmwahl; gründliche Kenntnisse der Besetzungstypen der Blasmusik; gute musikalische Allgemeinbildung; gute Dirigiertechnik und effiziente Probenmethodik.

Albert Benz wollte, dass der Spielführer die nationale Tradition der Musik kennt und in der Lage ist, gehaltvolle, dem Charakter des jeweiligen Anlasses Rechnung tragende Musikprogramme zusammenzustellen.

Der Inspektor wusste, dass die musikalischen Voraussetzungen zur Erfüllung des Anforderungsprofils nicht im Rahmen der auf acht Wochen festgesetzten Spielführerschule erarbeitet werden konnten, deshalb sein unnachgiebiger und engagierter Einsatz für eine Verlängerung der Ausbildungszeit.

Trotz dem ihn nicht befriedigenden Zeitrahmen hat Albert Benz jeweils mit Elan und Freude die Unterrichtsarbeit an den Spielführerschulen aufgenommen. Seine zivilen Tätigkeiten, seine hohen Erwartungen und sein Verantwortungsbewusstsein brachten es mit sich, dass er an die Schüler grosse Anforderungen stellte und mit umfangreichen Stoffprogrammen aufwartete. Die angehenden Spielführer sollten möglichst viel Rüstzeug für ihre zukünftige anspruchsvolle Aufgabe erhalten.

An den Spielführerschulen unterrichtete der Kommandant mehrheitlich die blasmusikspezifischen Fächer wie Literaturkunde (Programmgestaltung) und Geschichte der Militär- und Blasmusik. In den Probenmethodikstunden konnten die Kursteilnehmer von seinen langjährigen und reichen Erfahrungen als Dirigent und Lehrer profitieren. Zur Erteilung der allgemeinen musiktheoretischen Fächer standen ihm jeweils die Musikinstruktoren und Fachlehrer zur Verfügung.

Albert Benz hat als Kommandant und Lehrer eine Generation von Spielführern mitgeprägt. Über 100 angehende Spielführer haben die sieben von ihm mit faszinierender Intensität kommandierten Schulen besucht. Die überwältigenden Fachkenntnisse und die erstaunliche Allgemeinbildung sowie die motivierende, herausfordernde Unterrichtsgestaltung hinterliessen bei seinen Schülern nachhaltige Wirkung. Es kommt nicht von ungefähr, dass nicht wenige Absolventen der Spielführerschule später bei ihm das Studium an der Blasmusikabteilung des Konservatoriums Luzern aufnahmen.

Ein ehemaliger Absolvent der Spielführerschule charakterisierte Albert Benz als Erzieher und Vorbild wie folgt: «Er war besonders interessiert an historischen, philosophischen und soziologischen Fragen. Dadurch war er für uns mehr als nur Musiker.»

Die von Albert Benz verfassten und angeregten Lehr- und Übungshilfen wurden auch auf die Bedürfnisse der Spielführerschulen ausgerichtet. Für die Erarbeitung der «Blasmusikkunde – Probenmethodik» hatte er die Einwilligung seiner Vorgesetzten eingeholt, mit der Begründung, diese Schrift als Lehrmittel in den Militärmusikschulen anwenden zu können.

Von Albert Benz kommandierte Spielführerschulen:

1978	Spielführerkurs II[1]	Zürich	12 Teilnehmer
1979	Spielführerkurs I[1]	Zürich	27 Teilnehmer
1980	Spielführerschule[2]	Zürich	24 Teilnehmer
1981/82	Spielführerschule	Zürich/Aarau	11 Teilnehmer
1983/84	Spielführerschule	Zürich/Aarau	15 Teilnehmer
1985/86	Spielführerschule	Aarau	14 Teilnehmer
1987	Spielführerschule	Aarau	16 Teilnehmer

1 nach alten Beförderungsbestimmungen
2 Fortsetzung Spielführerkurs I 1979 mit zum Teil gleichen Schülern

Informationsarbeit und publizistisches Schaffen

Albert Benz war ein beliebter Interview-Partner von Journalisten und Radiomitarbeitern, der die unterschiedlichsten Fragen zur Militärmusik mit Fachkompetenz und durchdachter Formulierung beantwortete. Der Information der Öffentlichkeit über die Ziele der Militärmusik mass der Inspektor grosse Bedeutung zu. Auf seine Anregung hin wurde die Informationsarbeit in seinen Aufgabenbereich aufgenommen und der Stellenbeschrieb des Inspektors entsprechend ergänzt.

Bei Kontakten mit militärischen Kommando- und Verwaltungsstellen kam er gezielt auf die speziellen Anliegen der Militärmusik zu sprechen. Als geschätzter Referent war der Inspektor regelmässig an ausserdienstlichen Spielführerkursen des Spielführerverbandes anzutreffen. Auch andere Verbände und Organisationen verpflichteten den guten Rhetoriker an Tagungen und Veranstaltungen. Anlässlich eines Kongresses des Dirigentenverbandes des Eidgenössischen Musikverbandes stellte er die Literatur des Spielheftes für Militärmusik vor und förderte damit deren Verbreitung.

Aus der Feder von Albert Benz stammt eine Fülle von Publikationen und Arbeiten zu Geschichte, Organisation, Einsatz und Auftrag der Militärmusik. Tageszeitungen, Periodika, Vereinsmitteilungsblätter und andere Publikationsorgane haben von seiner Schreibgewandtheit und vom fundierten Fachwissen profitiert und für eine weite Streuung der Aufsätze gesorgt.

In seinen Arbeiten griff der Inspektor auch heiklere Themen auf und wies auf ihn nicht befriedigende Verhältnisse hin. Seine pointierten Äusserungen zu Fragen wie diejenigen der Stellung und Ausbildung der Spielführer fanden nicht nur gute Aufnahme. Die gewiefte Argumentation von Albert Benz verfehlte aber die Wirkung nicht.

Stellvertretend für sein umfangreiches publizistisches Schaffen greife ich drei Arbeiten heraus:

Die Ausführungen in der Jubiläumsschrift «50 Jahre Schweizerischer Spielführerverband» belegen Engagement und mutige Haltung. Neben den bereits auszugsweise zitierten Gedanken zu den Repertoirevorschriften geht Albert Benz in diesem Artikel auf die Entwicklung des Repertoires und der Besetzung ein. Er erläutert Ausbildungszielsetzungen und vergisst nicht, auf die besondere Situation der Spielführer hinzuweisen. Sorgen bereitete 1984 dem Inspektor die Durchsetzbarkeit der Ausbildungsvorschriften.

Mit dem letztgenannten Problemkreis setzte sich der Inspektor im gleichen Jahr in der regelmässig erscheinenden Informationsschrift des Bundesamtes für Infanterie auseinander. Dieses Mitteilungsblatt erhalten auch die Kommandanten der Infanterie-Regimenter. Ein Abzug dieses Artikels wurde weiteren Kommandanten, die mit Militärspielen arbeiten, zugestellt. Als Beispiel seiner Argumentation diene nachstehender Auszug:

Trompeter und Tambouren pflegen im Militärdienst ihr ziviles Hobby

Diese Tatsache wird gelegentlich immer noch als Argument gegen den musikalischen Auftrag der Spiele verwendet. Man sollte glauben, dass weder der sanitätsdienstliche noch der musikalische Auftrag der Spiele zur Diskussion steht. Beide sind befohlen! Niemand käme auf die Idee, einem Funker oder Wettersoldaten vorzuwerfen, er tue seine militärische Arbeit gerne und pflege nur sein ziviles Hobby. Beim guten Schützen spricht man von ausserdienstlicher Tätigkeit, nicht von Steckenpferd. Dem begeisterten und begeisternden Kommandanten legt man seine Freude am Dienstbetrieb nicht zur Last. Sie wird vorausgesetzt. Auch wenn die Trompeter und Tambouren mit Elan und Freude musizieren, ist ihre Tätigkeit doch Arbeit. Man darf den Dienst der Spielleute als anstrengend und anspruchsvoll bezeichnen. Berufsmusiker bringen analog einem Arzt oder Mechaniker ihr berufliches Können in die Armee.

Der Artikel im Jubiläumsbuch «125 Jahre Eidgenössischer Musikverband» soll als weiteres Beispiel herangezogen werden. Einmal mehr setzt sich Albert Benz mit dem Begriff «Militärmusik» auseinander. Er schreibt: «Der Begriff Militärmusik scheint zwei Welten zusammenzufassen, die nichts miteinander zu tun haben. Doch ist Klangerzeugung, soweit wir sehen können, immer auch in Verbindung gestanden mit kultischen und kriegerischen Handlungen. Militärmusik diente den verschiedensten Zwecken: zum Beeindrucken des Gegners, als Mittel der Befehlsübertragung, der Identifikation, der Orientierung im Kampfe, der Repräsentation, der Unterhaltung und Kulturpflege und natürlich der Marschmusik.»

In einem gerafften Überblick über die wechselvolle Geschichte der

Schweizer Militärmusik erläutert er die gegenseitige Befruchtung der zivilen und militärischen Blasmusik und stösst sich an der mangelhaften Förderung und Unterstützung der Blasmusik durch die staatlichen Organe. Der Artikel wird mit folgenden Feststellungen abgeschlossen:

Unser Milizsystem ermöglicht eine einzigartige Durchdringung ziviler und militärischer Blasmusik. Beide geben, beide nehmen. Wohl die meisten wichtigen Blasmusiker unseres Landes waren und sind auch Militärmusiker. Man muss klar sehen, dass das Repertoire der Militärspiele jenes der zivilen Blasmusik stark beeinflusst. Daher muss der Spielführer nicht nur den repräsentativen Auftrag gut erfüllen, er muss auch seine kulturelle Verantwortung wahrnehmen. Eine Brücke zwischen Armee und Volk braucht die Schweiz kaum. Aber wenn es sich unser Land schon leisten kann, eine ganze Generation ausschliesslich mit Disco und DRS 3 heranwachsen zu lassen, dann muss die Militärmusik einspringen und die Brücke bauen zwischen dieser Jugend und unserer volksmusikalischen Tradition. Militärmusik muss attraktiv-international und heimatlich-traditionell sein. Ein österreichischer Kollege sagte mir: «Eine Militärmusik ist so gut, wie sie der Kommandant werden lässt.» Das kann ich unterschreiben, es gilt auch für die Schulung unserer Spielführer.

Aushebung

Stellungspflichtige, die zur Militärmusik möchten, absolvieren im Rahmen der Aushebung eine musikalische Aufnahmeprüfung. Diese Fachprüfung wird regional durch die Musik- und Tambourinstruktoren abgenommen.

Bereits in den ersten Amtsjahren leitete Albert Benz die Neukonzeption der Fachprüfung in die Wege und erwirkte in Zusammenarbeit mit den Instruktoren die Vereinheitlichung. 1980 erfolgte die Rekrutierung des Militärmusiknachwuchses erstmals nach den für die ganze Schweiz geltenden einheitlichen Richtlinien. Das Aufnahmeverfahren musste seither nur unwesentlich geändert beziehungsweise angepasst werden.

Seit der Lockerung der Zuteilungspraxis der Rekruten aus den einzelnen Aushebungskreisen kann vermehrt auf die Besetzungsbedürfnisse der Rekruten-, Regiments- und Bataillonsspiele eingegangen werden. Mit dem einheitlichen Verfahren wurde die Zahl der Umlerner verringert. Umlerner sind Rekruten, die aus Besetzungsgründen in den Rekrutenspielen und später in den Einheitsspielen nicht auf dem angestammten Instrument eingesetzt werden können. Diese Umlerner beeinträchtigen den musikalischen Fortschritt der Spiele.

Bewährt hat sich auch der eingeführte Fragebogen, dessen Beantwortung vor der Absolvierung der Prüfung dem Instruktor eingereicht werden muss. Neben Angaben zur musikalischen Ausbildung gibt er Anwärter an, zu welchem Zeitpunkt er die Rekrutenschule leisten möchte. Dadurch können Verschiebungsgesuche von Rekruten vorausgesehen werden, was dem Instruktor die besetzungsgerechte Zuteilung der Instrumentalisten auf die Spiele erleichtern soll.

Die Prüfung wird anonym abgenommen. Der Prüfungsleiter kennt den Kandidaten nicht, wodurch er besser gegen nachträgliche Vorwürfe der Parteilichkeit geschützt wird.

Merkblätter, die der Interessent anlässlich der Aushebung und beim Büro Militärmusik anfordern kann, informieren über den Ablauf der Aufnahmeprüfung und die musikalischen Anforderungen.

Die Prüfung besteht aus zwei Teilen: dem Vortrag eines Selbstwahlstückes und einer Leseübung, die der Kandidat am Prüfungstag erhält und 30 Minuten studieren kann.

Das Niveau der Blasmusikvereine steht in engem Zusammenhang mit den örtlichen Ausbildungsmöglichkeiten für Dirigenten und Instrumentalisten und unterscheidet sich von Aushebungskreis zu Aushebungskreis. Die Leseübungen, die jedes Jahr vom Inspektor verfasst werden, liegen in drei Schwierigkeitsgraden vor, wodurch diesem Leistungsgefälle Rechnung getragen werden kann.

Im gesamtschweizerischen Durchschnitt können etwa ein Drittel der Prüfungabsolventen zur Militärmusik aufgenommen werden. Die Enttäuschung der erfolglosen Kandidaten ist oft so gross, dass sie sich direkt an den Inspektor der Militärspiele wenden und ihn um Hilfe bitten.

Die Antwort von Albert Benz auf das Schreiben eines abgewiesenen Prüfungsabsolventen veranschaulicht die Bedeutung des Prüfungsentscheides für den jungen Blasmusiker und lässt erahnen, welchen musikalischen und gesellschaftlichen Stellenwert die Aufnahme zur Militärmusik noch heute hat: «Für mehrere hundert junge Schweizer ist alljährlich die Nichtaufnahme in die Militärmusik eine kleine persönliche Tragödie, und alle sind wie Sie traurig, wenn sie eine Militärmusik hören.»

Die durch Albert Benz in die Wege geleitete Neukonzeption der Fachprüfung ermöglicht heute ein faires und den regionalen Verhältnissen angepasstes Ausleseverfahren.

Beispiel einer von Albert Benz verfassten Leseübung für Saxophon und Blechblasinstrumente (Notenschrift: Hans Jörg Spieler).

Instrumentierung

Die Militärmusiker erhalten das Musikinstrument zu Beginn ihrer Rekrutenschule als ihre persönliche Ausrüstung. Das Instrument bleibt im Besitze des Trompeters und Tambours, und es wird erwartet, dass die Spielangehörigen das Instrument auch im Zivilleben benützen.

Instrumentierungsfragen beschäftigten Albert Benz während seiner ganzen Amtszeit. 1979 erwirkte er bei den für die Beschaffung der Instrumente zuständigen Amtsstellen, dass sämtliche in der Militärmusik abgegebenen Instrumente Tauglichkeitstests unterzogen wurden. Besonders aufmerksam prüfte der Inspektor die Intonationsreinheit der Instrumente.

Nach sorgfältiger Analyse der Testergebnisse durch den Inspektor wurde durch die Verwaltung die Bewilligung erteilt, bei Instrumentengattungen mit unbefriedigenden Testergebnissen neue Produkte auf ihre Eignung für die Militärmusik zu prüfen. In Zusammenarbeit mit den Musik- und Tambourinstruktoren wurden in den Rekrutenschulen verschiedene Instrumentenfabrikate und -typen getestet. Die ausführlichen Berichte der Instruktoren über Klangqualität, Intonation, Konstruktion und Ausführung der erprobten Instrumente ermöglichten Albert Benz, dem Militärdepartement konkrete Beschaffungsanträge einzureichen, denen nach ergänzenden Versuchen und Detailabklärungen entsprochen wurde.

Während der Amtszeit von Albert Benz konnte die Instrumentierung der Militärmusik modernisiert und den heutigen Anforderungen angepasst werden. Die eigentliche Neuinstrumentierung der Militärmusik, die Umrüstung sämtlicher Militärspiele auf neue Instrumente, konnte er nicht durchsetzen.

In die Amtszeit von Albert Benz fällt auch die Wiedereinführung der Basstuben. Seit 1961, mit dem Übergang zur Harmoniebesetzung, wurden Sousaphone verwendet. Die Intonation der Anfang der achtziger Jahre auf dem Markt erhältlichen Sousaphone befriedigte den Inspektor nicht, und für ihn war die Stimmung des Bassinstrumentes als tragendes Element von grösster Wichtigkeit. Versuche, die Intonationsmängel der Sousaphone mit dem Einbau von Trigger zu beheben, brachten nicht den erwünschten Erfolg, so dass nun die Rekruten seit 1983 Basstuben erhalten.

Der das optische Erscheinungsbild der Militärmusik verändernde Instrumentenwechsel stiess schon in der Planungs- und Versuchsphase auf Widerstand. Mit dem Ersetzen der in Amerika entwickelten Sousaphone würde das typische Wahrzeichen der Schweizer Militärmusik verschwinden, argumentierten die Gegner des Instrumentenwechsels. Für Albert Benz war es nichts Neues, dass gegen seine Vorhaben und Entscheide kritische Stimmen laut wurden. Ausschlaggebend für ihn war die mit der Einführung der Basstuben erreichte Stimm- und

Klangverbesserung der Militärmusik. Die Vorteile der Sousaphone bei Marschmusikparaden und deren optische Wirkung kannte Albert Benz. So setzte er sich anfänglich erfolglos bei seinen Vorgesetzten für die Beibehaltung der Sousaphone für Freiluftauftritte ein. Später entsprach man seinem Wunsche mit der Abgabe von entsprechenden Leihinstrumenten.

Erfolglos war auch sein Vorstoss bei der Verwaltung, die Militärmusiker mit einer attraktiveren Trompeterschnur auszurüsten. Auch heute noch hebt sich die als Uniformschmuck gedachte Schnur farblich kaum vom Waffenrock des Trägers ab.

Reise- und Inspektionstätigkeit

Besuche von Militärkonzerten, repräsentative Verpflichtungen und vor allem regelmässige Inspektionen der Rekrutenspiele, Tambouren- und Schlagzeugerschulen sowie der Unteroffiziersschulen, an denen Albert Benz auch unterrichtete, führten den Inspektor in der ganzen Schweiz herum. Die Besuche der Militärmusikschulen galten nicht nur der musikalischen Leistungsprüfung der Rekruten und Unteroffiziersschüler, sondern waren auch Gelegenheit, im persönlichen Gespräch mit den Musik- und Tambourinstruktoren Fachthemen aufzugreifen und zu erörtern. Die jährlich durch den Inspektor geleiteten Instruktorenrapporte dienten der Behandlung von allgemeinen organisatorischen Anliegen und dem Erfahrungsaustausch. Albert Benz, der die Weiterbildung der Instruktoren förderte, nahm in die Tagungsprogramme auch musikalische Themen auf, brachte mit Fachvorträgen beigezogener Referenten neue Anregungen ein und sorgte so für regen Diskussionsstoff.

Der Verantwortungs- und Aufgabenbereich sowie die Arbeitsbedingungen des Inspektors weichen erheblich von denjenigen des Instruktors ab. Während der Inspektor Planungs- und Gestaltungsarbeiten mehrheitlich am Bürotisch erledigt, arbeitet der Instruktor mit zwanzigjährigen Rekruten auf einem Waffenplatz, auf dem neben Trompetern und Tambouren vor allem Infanteristen ausgebildet werden. Die Unterstellung in Infanterieschulen, die speziell gelagerten Ausbildungsbedürfnisse und die rege Konzerttätigkeit der Rekrutenspiele erfordern vom Instruktor ein grosses persönliches und zeitliches Engagement. Neben der musikalischen Ausbildungsarbeit investiert der Instruktor viel Zeit in administrative und organisatorische Arbeiten und koordiniert die sanitätsdienstliche und soldatische Ausbildung. Dass diese unterschiedliche Ausgangslage und die abweichenden Rahmenbedingungen zwischen dem Inspektor und vereinzelten Musikinstruktoren zu zeitweisen Meinungsdifferenzen führten, sei nicht verschwiegen. Gleiche Zielsetzungen, nämlich die Weiterentwicklung und Festigung der Stellung der Militärmusik, ermöglichten aber auch in angespannten Situationen die Zusammenarbeit. Je länger Albert Benz die aufreibende Arbeit seiner Mitarbeiter mitverfolgen konnte, um so mehr wuchs sein Verständnis und die Bewunderung für die anspruchsvolle Aufgabe der Instruktoren.

Verwaltung und Dienstbetrieb

Kennzeichnend für die Arbeitstechnik von Albert Benz war, dass er einen Grossteil der im Inspektorat anfallenden Schreibarbeiten selber erledigte. Auf einer ihm von seinem Arbeitgeber zur Verfügung gestellten Schreibmaschine – einem einfachen mechanischen Modell – verfasste er Berichte, Anträge und Publikationen, erstellte Lehrprogramme und bearbeitete die im beachtlichen Umfange anfallenden Korrespondenzen. Die ihm beim Eintritt in den Bundesdienst abgegebene Schreibmaschine hatte stark zerschlagene Typen und eine beschädigte Mechanik, so dass er geradezu darauf aufmerksam gemacht werden musste, sich von diesem legendären Schreibgerät zu trennen. Bei einem seiner Besuche in Bern wurde ihm eine andere – auf seinen Wunsch wiederum eine mechanische – Schreibmaschine ausgehändigt, und mit neuem Elan bearbeitete er nunmehr deren Tastatur.

Die Militärorganisation behagte dem engagierten Pädagogen und kreativen Musiker nicht sonderlich. Er war immer wieder erstaunt, wie viele Amtsstellen an Entscheidungsprozessen in Militärmusikbelangen beteiligt waren, und oft unterliess er es, Anfragen und Eingaben auf dem vorgeschriebenen Wege einzureichen. Auf die Nichteinhaltung des Dienstweges aufmerksam gemacht, reagierte der Inspektor bei den übergangenen Instanzen mit schriftlich abgefassten Entschuldigungen. Dass sein Auftreten wohl korrekt, aber nicht überaus militärisch wirkte, wusste er selber. Mit Schalkhaftigkeit und der Fähigkeit, über sich selber zu schmunzeln, ertrug er die Tücken der Verwaltungs- und Militärhierarchie, in die er eigentlich nicht passte, und kompensierte die militärischen Unsicherheiten mit persönlicher Ausstrahlung.

An den über die Schweizer Landesgrenzen hinaus bekannten Militärmusiker wurden die vielfältigsten Fragen und Anliegen herangetragen. Albert Benz half überall, wo er konnte, und gab auch Auskünfte, die viel Zeit beanspruchten. Seine Vielseitigkeit, seine gesuchte Fachkompetenz und die Fülle der durch ihn eingegangenen Verpflichtungen führten zu einer anhaltenden Arbeitsüberlastung des Inspektors. Den Zeitdruck, unter dem Albert Benz immer stand, bekam der Mitarbeiter im Büro Militärmusik vor allem dann zu spüren, wenn ihm sein Chef bei Telefonanrufen schnell sprechend und ohne Hinweis auf die zu behandelnden Sachbereiche Aufträge erteilte. Der Angerufene konnte oft keine Fragen stellen, der Inspektor hatte sich bereits wieder verabschiedet und den Hörer aufgelegt. Derartige telefonische Kurzkontakte deuteten darauf hin, dass Albert Benz vordringliche, termingebundene Arbeiten zu erledigen hatte. Sie waren für mich Signal, ihn nicht zu stören und seinen nächsten Anruf abzuwarten.

Die Zusammenarbeit mit dem Inspektor war für mich aber sehr anregend und beglückend und stellte für mich in ihrer Art etwas Einmaliges dar. In ausgiebigen Gesprächen bei gemeinsamen Mahlzeiten und auf Reisen durfte ich mich an seiner liebenswürdigen, geistreichen und humorvoll-schelmischen Wesensart erfreuen und von seinem erstaunlichen Fachwissen und seiner beeindruckenden Allgemeinbildung profitieren. Bei solchen Begegnungen erfuhr ich die Beweggründe und Überlegungen, die seine Handlungsweise und Entscheidungen beeinflussten. Vor allem aber lernte ich meinen Chef als empfindsamen und verletzlichen Menschen kennen, dem Kritik an seiner Amtsführung und Widerstand gegen seine Projekte mehr zu schaffen machten, als er sich selber und seiner Umwelt eingestand.

Abschliessende Würdigung

Seine durch klare Zielsetzungen bestimmte Handlungsweise, sein teilweise kompromissloses und unkonventionelles Vorgehen und sein Durchhaltewillen brachten Albert Benz nicht nur hohe Anerkennung ein, sondern forderten auch Kritiker heraus. Er liess sich aber nicht durch Kritik und Widerstände beirren und vom eingeschlagenen Weg abbringen. Das hatte er schon von früher Jugend auf gelernt.

Besonders die Aufnahme in die Militärmusik hatte sich der spätere Inspektor erkämpfen müssen. Der stellungspflichtige Marbacher wurde vom Aushebungsoffizier nicht zur musikalischen Aufnahmeprüfung zugelassen, sondern kurzweg zur Infanterie eingeteilt. 1948 wurde Albert Benz in eine Minenwerfer-Rekrutenkompagnie nach Stans einberufen. Dort erwirkte er bei Musikinstruktor Fritz Siegfried, dass ihn dieser in die Kaserne Luzern holen liess, wo ein Rekrutenspiel ausgebildet wurde. Vor anwesendem Rekrutenspiel konnte Albert Benz die ihm anlässlich der Aushebung nicht zugestandene Fachprüfung nachholen. Er soll auf eindrückliche Weise als junger Euphonist seine Fähigkeiten unter Beweis gestellt haben.

Nach Absolvierung des Spielführerkurses II im Jahre 1957 wurde Albert Benz von seinen Klassenlehrern als «ausgezeichneter Musiker», als «ruhig und bestimmt» und als «etwas bequem» qualifiziert. Wenn man nun über 30 Jahre später seine herausragenden, einzigartigen Leistungen für die Militärmusiker überblickt und wertet, kann man der dritten Qualifizierung nicht zustimmen. Albert Benz war alles andere als ein «bequemer» Inspektor, und die Umsetzung seiner Zielsetzungen erlaubte es auch nicht, einen bequemen Weg einzuschlagen. Der Umfang und die Vielfalt seiner schöpferisch-gestalterischen, pädagogisch-methodischen und administrativ-organisatorischen Arbeiten liessen sich nur durch eine ausserordentliche Arbeitsintensität bewältigen.

Während der Amtszeit von Albert Benz hat sich die Militärmusik sehr erfreulich entwickelt und ihre Stellung festigen können. Die verbesserten Rahmenbedingungen haben in den letzten Jahren auch zu einer musikalischen Qualitätssteigerung geführt. Viele sind an diesem Entwicklungsprozess beteiligt, die Musik- und Tambourinstruktoren sowie die der Militärmusik nahestehenden Organisationen wie der

Spielführerverband und der Eidgenössische Musikverband. Auch wurden die von Albert Benz in der Verwaltung und bei militärischen Führungsorganen eingebrachten Anliegen ernst genommen und zu einem wesentlichen Teil unterstützt. Trotz unbefriedigender militärischer Gradeinstufung konnte sich der Inspektor behaupten, durchsetzen und die verdiente Anerkennung verschaffen. Schon im Februar 1978, ein halbes Jahr nach dem Amtsantritt, erkannte der Generalsekretär des Eidgenössischen Militärdepartementes die Kompetenz und Zielstrebigkeit des neuen Inspektors und formulierte seinen Eindruck wie folgt:

«Der neue Inspektor der Militärspiele steht im Begriff, schrittweise die ihm gut scheinenden Neuerungen in der Organisation und Ausgestaltung der Militärmusiken durchzuführen bzw. zu beantragen. Zur Zeit liegen verschiedene Anfragen auf unserem Tisch, zu denen das EMD Stellung zu nehmen hat. Durchwegs sind wir der Meinung, dass den Vorschlägen des Herrn Benz zugestimmt werden sollte...»

Heute jedoch, nachdem sich seine ganze Amtszeit als Inspektor überblicken lässt, muss man sagen: Albert Benz war der impulsive und zündende Auslöser, der ideenreiche Vordenker und die ständig antreibende Kraft der jüngsten Entwicklung.

Einerseits liegen eindrückliche und greifbare Zeugnisse seiner fruchtbaren Arbeit vor. Das Spielheft für Militärmusik, die Trompeter- und Tambour-Ordonnanzen und das Reglement Militärmusik, als bleibende wertvolle Dokumentationen einer immensen Schaffenskraft, seien als Beispiele angefügt. Anderseits übernahm Albert Benz eine Vorbildsfunktion. Aufgeschlossenheit, Vielseitigkeit und erhöhtes Verantwortungsbewusstsein der Spielführer in Repertoire- und Besetzungsfragen wurden durch den Einfluss von Albert Benz gefördert. Im weniger Fassbaren, im nicht Greifbaren seiner Tätigkeit liegt voraussichtlich die Ursache, weshalb die Verdienste von Albert Benz für die Militärmusik in ihrer vollen Tragweite noch nicht abschätzbar sind und von militärischen Stellen sowie der militärischen und zivilen Blasmusikszene nicht immer erkannt wurden.

Allein die Tatsache, dass eine anerkannte Fachautorität, ein schöpferisch tätiger Musiker und ein geschätzter Pädagoge seine Schaffenskraft und Hingabe so ganzheitlich in den Dienst der Militär- und Blasmusik stellte, hat der Militärmusik ein neues Selbstbewusstsein gegeben und ihr zu erhöhter Anerkennung im militärischen und zivilen Leben verholfen.

Die Verwirklichung seiner Ideen war für Albert Benz kräftezehrend. Sie forderte die Selbstaufopferung einer genialen Persönlichkeit und eines leidenschaftlichen Musikers.

Die Militärmusik aber wird noch lange vom Wirken und von der Ausstrahlungskraft von Albert Benz zehren und sich nicht zuletzt dank der durch ihn geschaffenen Voraussetzungen weiterentwickeln können.

Niemand ist kompetenter, das Werk des verstorbenen Inspektors zu würdigen, als sein Amtsvorgänger, der Blasmusik- und Militärmusikhistoriker Dr. Walter Biber, der schreibt: «Ohne das Vorhergeleistete und Nachfolgende im Schweizer Militärmusikwesen in irgendeiner Weise zu schmälern, darf gesagt werden, dass das Inspektorat nicht so bald wieder durch eine Person geleitet wird, die das Theoretische, Pädagogische, Historische und das Menschliche wohl abgewogen und kreativ in sich vereinigt und zugleich Multiinstrumentalist, Dirigent, Arrangeur und vor allem ein begnadeter Komponist von internationalem Rang ist, eine Symbiose von einmalig geistigen und praktischen Qualitäten, die nicht wiederholbar sind.»

Musik- und Tambourinstruktoren während der Amtszeit von Albert Benz 1. August 1977–22. März 1988

Musikinstruktoren	*Waffenplätze Rekrutenaubildungsplätze*
Adj Robert Grob, Winznau	Aarau
Adj Pierre-Marie Solioz, Riddes	Savatan/St-Maurice
Adj Hans Jörg Spieler, Ittigen	Bern
Adj Werner Strassmann, Arnegg	St. Gallen/Herisau und Zürich

Tambourinstruktoren	
Adj Alex Haefeli, Bern	Bern
Adj Louis Salamin, Muraz/Sierre	Savatan/St-Maurice (bis 31. 12. 87)
Adj Anton Wymann, Zürich	Zürich
Adj Patrick Robatel, Aigle	Savatan/St-Maurice (ab 1. 1. 88)

JÜRG BLASER

Dirigent des Schweizer Armeespiels

Mit der Übernahme des Inspektorates der schweizerischen Militärspiele im Jahre 1977 wurde Albert Benz als Nachfolger von Trompeterinstruktor Walter Spieler auch zum Leiter des Schweizer Armeespiels ernannt.

Das Schweizer Armeespiel wurde 1960 vom damaligen Musikinstruktor Hans Honegger gegründet und kam vorerst zum Einsatz, wenn für Anlässe, die die Mitwirkung eines Militärspiels erforderten, kein Truppenspiel zur Verfügung stand. Bald entwickelte sich das Armeespiel unter der Leitung des initiativen Instruktors zu einer im In- und Ausland beliebten Konzertformation, die ihre Popularität auch zahlreichen Schallplatten-, Radio- und Fernsehaufnahmen verdankte.

Beim Amtsantritt von Albert Benz war das Armeespiel keine eigentliche militärische Einheit, sondern wurde jeweils ad hoc zusammengestellt. Die im Armeespiel mitwirkenden Musiker waren in anderen militärischen Verbänden und Spielen eingeteilt. Bloss fünf Wochen Mitwirkung im Armeespiel wurden den Musikern als gesetzliche Militärdienstzeit angerechnet. Darum wurde die Existenz des ad hoc aufgebotenen Armeespiels nur durch freiwillige Dienste seiner Mitglieder möglich.

Die immer umfangreicher werdenden Konzertverpflichtungen sowie Bestandesfragen veranlassten das Eidgenössische Militärdepartement Mitte der siebziger Jahre, Aufgebot und Organisation des Armeespiels zu prüfen. Mit der Übernahme der Leitung in die Planung der zukünftigen Struktur einbezogen, engagierte sich Albert Benz für die Aufhebung des provisorischen Status und für die Institutionalisierung der ad hoc organisierten Formation. Mit der auf 1. August 1980 in Kraft gesetzten «Verordnung über das Armeespiel» des Militärdepartementes wurde das Armeespiel als selbständige Einheit dem Armeestab angegliedert und der musikalische Leiter zum Kommandanten dieser Spielkompagnie erklärt. Der musikalische Auftrag wurde neu definiert. Mit der Anerkennung der repräsentativen Aufgabe durch die Verordnung wurde der Stellenwert des Armeespiels angehoben.

Die Verordnung bestimmt:

«Das Armeespiel steht zur Verfügung des Eidgenössischen Militärdepartementes und wird nach Bedarf einberufen.

Das Armeespiel kann gesamthaft oder in Teilformationen eingesetzt werden bei Anlässen, für die kein im Dienst stehendes Militärspiel verfügbar ist. Ausserdem kann das Armeespiel für repräsentative Anlässe im In- und Ausland eingesetzt werden.»

Albert Benz durfte nicht nur die organisatorische Besserstellung und die dadurch langfristige Existenzsicherung des Armeespiels als Erfolg werten. Seine Überzeugungskraft, sein Verhandlungsgeschick und sein überlegtes Vorgehen führten zur Aufnahme der Besetzungsvorschrift in die Verordnung, dank der das Armeespiel zum vollständig ausgebauten Harmonieblasorchester erweitert werden konnte, nach wie vor dem einzigen derartigen Besetzungstyp in der schweizerischen Militärmusik.

Die Diskussion um Besetzung und Auftrag des Armeespiels entfachte der Leiter bereits in seinem ersten Amtsjahr, nämlich am 31. Dezember 1977, mit einer schriftlichen Eingabe an das Bundesamt für Infanterie. Albert Benz stellte betreffs Besetzung und Instrumentation internationale Vergleiche an und machte für das Armeespiel folgende Kernaussage:

«In der vollständigen Blasorchesterbesetzung kann das Armeespiel in klanglicher Hinsicht zum Muster für die Militärmusik und die zivile Blasmusik werden. Insbesondere wird es möglich sein, gute Musik aller Sparten modellhaft zu zeigen und damit korrigierend auf die Entwicklung des Repertoires einzuwirken.»

Für den zielstrebigen Musikpädagogen und engagierten Inspektor war das Armeespiel also nicht nur ein leistungsfähiges Konzertorchester, sondern ein Musterorchester, mit dem er seine Vorstellungen einer beispielhaften Programmgestaltung demonstrieren wollte. Ohne das traditionelle Militärmusikrepertoire zu vernachlässigen – Marschmusik, Volks- und Unterhaltungsmusik sowie Schweizer Kompositionen fehlten in keinem seiner Programme –, beschritt er nun mit dem Armeespiel neue Wege und erfüllte eindrucksvoll und nachhaltig die Vorbildsfunktion.

Die nicht auf Publikumswirkung angelegten, aber qualitätsbewusst und geschmackbildend zusammengestellten Konzertprogramme waren für die Zuhörer, die ein Militärkonzert nach bekanntem Muster erwarteten, oft eine Herausforderung. Über die hohe musikalische Qualität der Darbietungen waren sich alle einig. Über die Programmzusammenstellung entstanden aber oft recht hitzige Diskussionen.

Die Leitung des Armeespiels war für Albert Benz trotz dieser kritischen Stimmen sehr beglückend. Mit grosser Hingabe, verbunden mit einem immensen persönlichen Zeitaufwand, wählte er die Konzertprogramme aus, bereitete die Einsätze vor und initiierte und überwachte die Verbesserung der Instrumentation und der Ausrüstung. Der Inspektor der Militärspiele wurde aber in seiner Arbeit mit dem Armeespiel besonders aufmerksam und kritisch verfolgt. Er exponierte sich mit der Leitung dieses Repräsentationsorchesters der schweizerischen Militärmusik zusätzlich. Die Belastung, der Albert Benz als dirigierender Inspektor ausgesetzt war, einerseits durch die Ausübung der beiden sehr beachteten Funktionen und andererseits durch die Erwartungshaltung seiner näheren Umgebung und des Publikums, erschwerte ihm seine Aufgabe. Dies war oft vor und während Konzertauftritten mit dem Armeespiel merklich spürbar.

Die ausgewählten Konzertprogramme mit anspruchsvollen, künstlerisch hochstehenden Kompositionen in differenzierter Instrumentation und perfekter Wiedergabe brachten jedoch dem Leiter, aber auch der Militärmusik, die Anerkennung eines breiten Fachpublikums ein.

Die Beliebtheit und der hohe Stellenwert des Armeespiels äusserten sich auch in den zahlreich eingehenden Bewerbungen von Militärmusikern, die die Einteilung in diese Formation beantragten. Der anspruchsvolle und repräsentative Leistungsauftrag des Armeespiels erforderte ein aufwendiges Auswahlverfahren. Die Einteilungsgesuche wurden darum von Albert Benz sehr sorgfältig geprüft. Neben den musikalischen und militärischen Qualifikationen der Interessenten galt es auch die Besetzungsbedürfnisse des Armeespiels zu berücksichtigen. Zudem achtete Albert Benz auf eine ausgewogene Mischung von Laien- und Berufsmusikern.

Die strengen Aufnahmekriterien und die kompetente, mitreissende Arbeit des Leiters liessen das Armeespiel zu einem herausragenden Klangkörper werden. Die beeindruckende Leistungsfähigkeit und Ausstrahlungskraft des Armeespiels wurden immer wieder durch persönliche Zuschriften kompetenter Fachleute belegt.

Das erstemal stand das Armeespiel am 19. August 1977 an einem Galakonzert anlässlich des Eidgenössischen Schwingfestes in Basel unter der Leitung von Albert Benz. 1978 folgte mit der Teilnahme an einem internationalen Militärmusik-Festival in Luxemburg sein erster Auslandsauftritt. Die auf maximal zwölf Tage limitierte, sich auf mehrere Einsätze verteilende jährliche Dienstzeit erlaubte es nicht, neben dem konzertanten Bereich auch Marschmusikparaden mit Evolutionen, wie sie den heutigen internationalen Erwartungen entsprochen hätten, vorzubereiten. Viele Einladungen aus dem Ausland zur Teilnahme an Militärmusikfestivals konnten deshalb nicht angenommen werden. Im Konzertsaal hingegen stellte sich Albert Benz gerne und mit Erfolg dem internationalen Vergleich.

Ein unvergessliches Konzert gab das Armeespiel am 11. März 1984 im Kursaal Bern aus Anlass der Jubiläumsfeier «50 Jahre Schweizerischer Spielführerverband». Im ersten Konzertteil wurde mit aus dem Armeespiel gebildeten Formationen in Bataillons- und Regimentsspielbesetzungen die Entwicklung der Instrumentation und des Repertoires der schweizerischen Militärmusik in den vergangenen fünfzig Jahren vorgeführt. Das begeisternde Konzert wurde mit einem Querschnitt durch das vielschichtige Konzertrepertoire des Armeespiels in der heutigen Besetzung abgeschlossen. Glücklich und entspannt war der Armeespieldirigent nach einem erfolgreichen Konzert im Festspielhaus

Das Schweizer Armeespiel unter Albert Benz

Albert Benz mit Oberst Redel, Kommandant des Militärkommandos Vorarlberg, anlässlich des Armeespiel-Konzertes vom 9. Mai 1987 in Bregenz

Bregenz, welches das Armeespiel auf Einladung der Militärmusik Vorarlberg am 9. Mai 1987 geben durfte. In Basel, wohin ihn seine erste Konzertverpflichtung geführt hatte, dirigierte Albert Benz das Armeespiel zum letzten Mal, und zwar am 2. Februar 1988 an einem Galakonzert in der Festhalle der Mustermesse anlässlich der Didakta 1988.

Unter der Leitung von Albert Benz hat das Armeespiel nur eine einzige eigene Schallplatte eingespielt: 1980 produzierte die CBS den Tonträger mit Märschen von Schweizer Komponisten. Die Schallplatte war bereits kurz nach ihrem Erscheinen vergriffen. Für Aufnahmen von Radio DRS stand das Armeespiel in den Jahren 1978, 1983, 1985 und 1987 zur Verfügung. Von Radio DRS wurden mit dem Armeespiel auch die Wettbewerbsmärsche für die Eidgenössischen Musikfeste von 1981 und 1986 aufgenommen. Live-Mitschnitte von Galakonzerten liegen als Radio- und Schallplattenaufnahmen vor.

Die abschliessende Würdigung der Dirigententätigkeit im Armeespiel wurde von drei Spielführern verfasst, die unter der Leitung von Albert Benz im Armeespiel musiziert haben. Es ist ein eindrückliches Dokument der sehr fruchtbaren, von menschlicher Wärme und gegenseitiger Achtung geprägten Zusammenarbeit:

Albert Benz strahlte Überzeugung, Freude, Begeisterung, aber auch Ruhe aus. Seine besonnene Art, seine pädagogischen Fähigkeiten, seine Probentechnik und seine tief empfundene Musikalität begeisterten eine Vielzahl von Musikern immer wieder neu.

Albert Benz war aber nicht nur Leiter des Armeespiels, er war zugleich Gesprächspartner, Lehrer, Freund und für viele Musiker und Dirigenten eine musikalische Vaterfigur.

Er liebte «sein» Armeespiel sehr. – «Dieses Blasorchester leiten zu dürfen ist für mich eindeutig der Höhepunkt meiner musikalischen Tätigkeit.» – Diese Aussage ehrt nicht nur die Bläser dieser Formation, sondern zeigt auch eindeutig, welchen Stellenwert für Albert Benz die Militärmusik hatte.

Das heute nahezu professionelle Niveau und die klangliche Aussagekraft hat das Schweizer Armeespiel vor allem dank dem selbstlosen Einsatz und dem richtungsbewussten Aufbau von Albert Benz erreicht. Zu Beginn seiner Amtszeit wurde er oft wegen seiner Programmgestaltung kritisiert. Man erwartete damals von einem Militärspiel vor allem Marsch- und Unterhaltungsmusik.

Die sinfonischen Werke und modernen Originalkompositionen stiessen nicht selten eher auf Ablehnung, sowohl bei einigen Bläsern wie auch beim Publikum. Die Zeit und die Erfolge haben aber bewiesen, dass das Schweizer Armeespiel als Eliteblasorchester auf dem richtigen Weg ist. Es wirkt als Vorbild auf andere Militärspiele und vor allem auch auf zivile Harmoniemusikkorps.

Markus S. Bach, Jörg Ringgenberg, Kurt Dürig

Die wichtigsten Anlässe des Schweizer Armeespiels unter der Leitung von Albert Benz

1977	Konzert anlässlich des Eidg. Schwingerfestes in Basel
1978	Teilnahme am Internationalen Militärmusik-Festival in Luxemburg
1979	Konzert in Neuenburg
	Konzert in Luzern anlässlich des Eidg. Schützenfestes
1980	Teilnahme am 4. Internationalen Militärmusik-Festival in Bern
1960–1980	Verschiedene Radio- und Schallplattenaufnahmen sowie Staatsempfänge und Anlässe, für die kein andres Spiel zur Verfügung stand.
1980	Neuorganisation: Das Schweizer Armeespiel wird Armeestabseinheit
	Teilnahme am Eröffnungstag des Comptoir Lausanne (Waffenschau) mit Galakonzert
1982	Diverse Bild- und Tonaufnahmen für den Film «Die Geschichte der Schweizer Militärmusik» mit dem TV Suisse romande
28. 4.	Galakonzert im Kursaal Bern
4. 6.	Konzert in Schaffhausen anlässlich des Eidg. Jugendmusikfestes
1983	
3. 2.	Konzert im Kursaal Bern (Rapport Sanitätsoffiziere)
2./3. 6.	Radioaufnahmen
3. 6.	Konzert in La Chaux-de-Fonds
19. 8.	Konzert in Langenthal anlässlich des Eidg. Schwingfestes
1984	
11. 3.	Konzert im Kursaal Bern anlässlich der 50-Jahr-Feier des Schweiz. Spielführerverbandes
22. 9.	Teilnahme am Internationalen Militärmusik-Festival in Zürich (Konzert in Winterthur)
1985	Neue Uniform
27. 6.	Konzert in Giubiasco TI
28. 6.	Konzert in Chur

29. 6.	Offizieller Tag des Eidg. Schützenfestes in Chur
28. 9.	Konzert in Uster (Festliche Musiktage)
	Radioaufnahmen für Marschmusikwettbewerb, (Eidg. Musikfest 1986 in Winterhur)

1986

11. 1.	Konzert in Winterthur, Preisverleihung Marschmusikwettbewerb (Eidg. Musikfest in Winterthur)
31. 5.	Konzert in Sempach (600 Jahre Schlacht bei Sempach)
3. 7.	Konzert in Morges
4. 7.	Konzert in Burgdorf anlässlich des Eidg. Tambouren- und Pfeiferfestes
23. 12.	Verabschiedung von Bundesrat Delamuraz als EMD-Chef im Bundeshaus

1987

7./8. 5.	Radioaufnahmen
8. 5.	Konzert in Drognens
9. 5.	Konzert in Bregenz zusammen mit der Militärmusik Vorarlberg
13. 6.	Konzert in Raron

1988

2. 2.	Konzert in Basel, Eröffnung der Didakta

Programm der vom *Schweizer Armeespiel* unter der Leitung von Albert Benz bespielten Schallplatte mit zeitgenössischer schweizerischer Marschmusik

Seite A	Seite B
Luzerner Jubiläumsmarsch	Griuns
(Albert Benz) (1178–1978)	*(Guido Anklin)*
Libertas	Altdorfer Tellenmarsch
(Jean Daetwyler)	*(Sales Kleeb)*
Hans-Kummer-Marsch	Stefan-Jaeggi-Marsch
(Hans Honegger)	*(Fritz Voegelin)*
The Commander	Gallus-Marsch
(Fritz Siegfried)	*(Hans Moeckel)*
100 Jahre Füs Bat 60	Noir et blanc
(Albert Benz)	*(Pierre Kaelin)*
Universal Mail	Stadt Burgdorf
(Jean Balissat)	*(Kurt Weber)*
Mendrisio 76	
(Mario Cairoli)	

DIRIGENT DES SCHWEIZER ARMEESPIELS 177

50 JAHRE SCHWEIZERISCHER SPIELFUEHRERVERBAND

Sonntag, 11. März 1984 10.00 Uhr

MATINEE-KONZERT

SCHWEIZER ARMEESPIEL
(Leitung Insp Albert Benz)

Kursaal Bern

U N I F O R M E N - I N S T R U M E N T E - R E P E R T O I R E
der schweizerischen Militärmusik in den letzten 50 Jahren

Bataillonsspiel 1934
(Leitung Tromp Fw Jörg Ringgenberg)

Bataillonsspiel 1945
(Leitung Tromp Fw Markus S. Bach)

Regimentsspiel 1962
(Leitung Tromp Fw Paul Gygli)

Schweizer Armeespiel 1984
(Leitung Insp Albert Benz)

MATINEE-KONZERT Kursaal Bern 11. März 1984 10.00 Uhr

K O N Z E R T P R O G R A M M

B a t a i l l o n s s p i e l   1 9 3 4
LOCARNO   Marsch   Hans Heusser
UNSERE FELDGRAUEN   Marsch   Carl Friedemann

T r o m m e l v o r t r a g
D'YSEBAHN   Dr. Fritz Berger

B a t a i l l o n s s p i e l   1 9 4 5
WEHRBEREIT   Marsch   Ernst Lüthold
MARSCH DER GRENADIERE   Hans Honegger

Ansprache von alt Bundesrat Rudolf Gnägi

R e g i m e n t s s p i e l   1 9 6 2
EIDGENOSSEN   Marsch   Kurt Weber
TIGER RAG   arr. Paul Yoder

P a u s e

S c h w e i z e r   A r m e e s p i e l
THE HOUNDS OF SPRING   Konzertouverture Alfred Reed
FANTASIE UEBER EINE
APPENZELLER VOLKSWEISE   Paul Huber
ZWEE SCHMELLI BAERNER   Schnellpolka   Edy Bär
(Uraufführung)
THE GOLDEN AGE OF BROADWAY   Warren Barker
L'INGLESINA   Daniele Delle Cese
ERZHERZOG ALBRECHT-MARSCH   Marsch   Karl Komzak
KAISER FRIEDRICH-MARSCH   Carl Friedemann
MARCHE LORRAINE   Louis Ganne

GALA-KONZERT
DES SCHWEIZER ARMEESPIELS
Dirigent: Albert Benz

zur Eröffnung des neuen FESTHALLE SEMPACH

Samstag, 31. Mai 1986, 20.30 Uhr

KONZERT-PROGRAMM

Felix Mendelssohn	Ouvertüre für Militärmusik op. 24
Claudio Cavadini	Concerto Ticinese
Nikolai Rimski-Korsakow	Konzert für Klarinette und Blasorchester
Dimitri Schostakowitsch	Festliche Ouvertüre

PAUSE

Albert Benz	Bundesrat Schaffner-Marsch
Gioacchino Rossini	Le rendez-vous de chasse
Roger Roger	Music of the four Winds I Scenic Railway II Intermezzo III Adieu Shanghai IV Chevauchée caucasienne
Alfred Reed	Ode for Cornet
Warren Barker	A Tribute to Jerome Kern
Giambattista Mantegazzi	Bellinzona, Marsch

Letztes Konzert unter der Leitung von Albert Benz:

KONZERT DES SCHWEIZER ARMEESPIELS

Dienstag, 2. Februar 1988, anlässlich der DIDAKTA in Basel
Festsaal der MUBA Basel

	Konzertprogramm	
Impromptu		Paul Huber

Songes d'Automne	Sinfonietta für Blasorchester
	I Moderato sostenuto e
	    poco rubato – Allegro
	    non troppo ma risoluto
	II Tempo di Marcia funebre
	III Rondo, Allegro giocoso
		Jean Balissat

Zwischen Rhone und Rhein, Marsch		Frank Martin
Capriccio für Oboe und Blasorchester Solist: Simon Fuchs, Oboe		Amilcare Ponchielli
Il giudizio universale		Camille de Nardis
	Pause	
Wettstein-Marsch		Hermann Suter
Nussknacker	Trommelvortrag	Alex Haefeli
Marche des Parachutistes Belges		Pierre Leemans
Back Talk Solist: Walter Frankhauser, Xylophon		Harry Breuer
Bethena	Walzer	Scott Joplin
Bolero for Drums		Alex Haefeli
Winds on the Run		Eric Osterling
Gershwin!		arr. Warren Barker

ARNOLD SPESCHA

Tätigkeit im Eidgenössischen Musikverband

«... entwickeln Sie eine differenzierte, träfe und edle Sprache.» (S. 57)[1]

Es war 1974 am Dirigentenkongress in Davos, als ich Albert Benz erstmals persönlich begegnen durfte. Freilich kannte ich ihn schon vorher: von seinen Vorträgen an ausserdienstlichen Spielführerkursen, von den Konzerten der Stadtmusik Luzern, von seinen Kompositionen... und überhaupt: wer kannte ihn nicht, der in irgendeiner Art und Weise mit der Blasmusik zu tun hatte? Trotzdem wurde meine erste Begegnung mit Albert Benz zu einem nachhaltigen Erlebnis. Drei Dinge beeindruckten mich tief: seine Ausstrahlung, sein enormes Wissen und das Ringen um das Wort, um das richtige Wort. Als ich später zusammen mit Albert Benz in der Musikkommission des Eidgenössischen Musikverbandes arbeiten durfte, spürte ich immer die Kraft seiner Persönlichkeit, seinen Scharfsinn, seinen uneingeschränkten Einsatz für die gute Sache und das stete Bemühen um eine differenzierte und präzise Sprache.

Dazu ein Beispiel aus einer seiner letzten Sitzungen in der Musikkommission des EMV. Es ging um die stärkere Berücksichtigung des Musikalischen bei der Bewertung von Vorträgen. Verschiedene Möglichkeiten und Bezeichnungen standen zur Diskussion. Schliesslich fand die Benennung «Musikalische Ausstrahlung» die allgemeine Zustim-

---

[1] Die Seitenhinweise bei den Zitaten beziehen sich auf das Werk «Blasmusikkunde und Probenmethodik» von Albert Benz, Rhythmus-Verlag, Rothenburg 1987.

mung. Die getroffene Lösung schien Albert Benz nicht ganz zu befriedigen. «Ausstrahlung» sei nicht das richtige Wort. In einem Rückkommensantrag, «da es mir keine Ruhe liess», wie er sagte, schlug er am Sonntagmorgen als Bezeichnung für den neuen Faktor «Musikalischer Ausdruck» vor. Er fügte bei: «Die Sache ist nicht da, wenn wir das richtige Wort nicht finden.» Sein Vorschlag wurde angenommen. Der Satz «Die Sache ist nicht da, wenn wir das richtige Wort nicht finden» erinnerte mich an Sätze des deutschen Philosophen Martin Heidegger, der in seinem Buch «Unterwegs zur Sprache», Pfullingen 1959, das Gedicht «Das Wort» von Stefan George interpretierte und folgendes schrieb: «Kein Ding ist, wo das Wort fehlt, nämlich das Wort, das jeweils das Ding nennt... Erst wo das Wort gefunden ist für das Ding, ist das Ding ein Ding. So erst *ist* es.» (p. 163 s.)

Genauso hartnäckig, wie Albert Benz um die gute Sache, um die gute Musik kämpfte, genauso zielstrebig rang er um das richtige und gute Wort. Er war ein kritischer Denker mit einem scharfsinnigen Verstand. Er war ein geborener Lehrer, ein Pädagoge vom Scheitel bis zur Sohle. Und Albert Benz war ein Mensch mit einem grossen Herzen, ein Mensch, der anderen Menschen half, der mit seiner konstruktiven Kritik Musikanten und Dirigenten weiterbringen wollte und es auch konnte. Man spürte sein Wohlwollen und Verständnis, man spürte seine Menschlichkeit.

Ich versuche nun, die Verbandstätigkeit von Albert Benz unter diesem Blickwinkel zu beleuchten und zu würdigen.

«Es kommt nur darauf an, dass wir gute Musik gut spielen.» (S. 43)

Im Jahre 1987, ungefähr ein Jahr vor seinem Tod, erschien von Albert Benz das Buch «Blasmusikkunde und Probenmethodik». Es wurde zu seinem Vermächtnis, zu seinem musikalischen Testament. Die meisten Titel meiner Abschnitte sind Zitate aus diesem Buch. Und ich werde dieses Buch noch oft zitieren. Es sind seine Worte, treffende Worte. Sie sollen mir als Leitmotive dienen.

Das zentrale Anliegen von Albert Benz war stets die gute Musik. Die gute Musik, die er als Komponist zu schaffen versuchte und die er als Lehrer und Dirigent vermitteln und interpretieren wollte.

In seinen Kompositionen war er stets um Qualität und Ehrlichkeit bemüht. Er kannte unsere Vereine. Er wusste, was sie brauchen. Er konnte für alle Leistungsklassen und für alle Besetzungstypen komponieren. Seine Werke wirkten massgeschneidert. Er hatte auch die Gabe, den Vereinen Kompositionen auf den Leib zu schreiben, ohne Konzessionen machen zu müssen, ohne sich selber untreu zu werden. Albert Benz schrieb Musik, die bezüglich «fond et forme» unserer Zeit entspricht. Anspruchsvolle Musik, wohlverstanden, mit der man sich gründlich auseinandersetzen muss, die man mit Herz und Verstand offenlegen muss. Er buhlte nicht um die Gunst des Publikums. Dazu war er zu intelligent und zu ehrlich. Als Komponist und als Dirigent. «Gute Dirigenten beschränken sich nicht auf erfolgssichere Stücke. Sie setzen sich für fördernswerte Werke und Komponisten ein.» (S. 43)

Albert Benz war für jede Stilrichtung offen. Man kann symphonische Musik nicht eindeutig gegen Unterhaltungsmusik abgrenzen. Er sah in der geschmackvollen und gut einstudierten Unterhaltungsmusik eine Chance für die Blasmusik. Albert Benz war auch sehr um das Beleben der Volksmusik bemüht. Er war aber gegen Folklorismus und Kitsch. Für ihn war zusammenfassend nicht die Art der Musik entscheidend, nicht die Stilrichtung, sondern die Qualität. «Es gibt in allen Stilrichtungen gute und schlechte Musik. Es ist nicht wichtig, ob wir E- oder U-Musik spielen. Es kommt nur darauf an, dass wir gute Musik gut spielen.» (S. 43)

«Die Musikkommission soll ein Fachgremium analog einer politischen Expertengruppe sein.» (S. 25)

Albert Benz kannte die Wichtigkeit der Vereine und Verbände, die Bedeutsamkeit des Vereinslebens, der Vereinsversammlung, des Vorstandes, der Musikkommission. Er wusste, dass nur eine gute, überzeugende Verbandstätigkeit Sinn und Zweck erfüllen kann, dass nur eine fachtechnisch durchdachte Verbandsarbeit zum Wohle und zum Ansehen der Blasmusik gereicht, und zwar auf jeder Stufe. Darum war er auch bereit, sein Wissen und seine Erfahrung dem Luzerner Kantonal-Musikverband (LKMV) und dem Eidgenössischen Musikverband (EMV) zur Verfügung zu stellen.

Eine Musikkommission sollte nicht nur «die vom Verein und Vorstand getroffenen Grundsatzentscheide in den Einzelheiten verwirklichen», sondern «neue Zielsetzungen entwerfen, anregen, durchsetzen oder ausprobieren» (S. 25). Albert Benz verfolgte in seiner Verbandsarbeit stets diese hohe Zielsetzung, wie ich im folgenden darzustellen versuche.

Albert Benz und seine Tätigkeit als Mitglied der Musikkommission des Luzerner Kantonal-Musikverbandes (LKMV)

Im Jahre 1967 wurde Albert Benz in die Musikkommission des Luzerner Kantonal-Musikverbandes gewählt. Es war ein Dreierkollegium mit den Herren Robert Huber (Präsident), Albert Benz und Libero Bazzani. Gleich von Anfang an entwickelte Albert Benz eine sehr rege und erfolgreiche Tätigkeit. Sozusagen als Auftakt schrieb er 1967 zum Jubiläum «75 Jahre LKMV» den Marsch «Luzerner Musikanten». Albert Benz, der schon seit einigen Jahren Theorielehrer und für den Unterricht für Blasmusikdirigenten am Konservatorium Luzern zuständig war, beschäftigte sich unter anderem eingehend mit dem Auf- und Ausbau der Dirigentenkurse des LKMV. Er führte selber solche Kurse durch und war dabei ein ausgezeichneter Pädagoge und ein überaus engagierter wie beliebter Lehrer. «Ich wage zu behaupten, dass das beachtlich hohe Niveau der Luzerner Musikvereine, das sich über Jahrzehnte erhalten hat, heute den auffallend vielen jungen und gut ausgebildeten Dirigentenschülern von Albert Benz zuzuschreiben ist», meint Eugen Zingg, ehemaliger Aktuar des LKMV, dem ich die Angaben zur Tätigkeit von Albert Benz im LKMV verdanke (22. November 1988). In Zusammenarbeit mit dem Vorstand des LKMV setzte er sich auch vehement ein für die Zulassung weiterer Blasmusikinstrumente als Patentinstrumente am Lehrerseminar Hitzkirch, ein Ziel, das 1971 erreicht wurde.

Ebenso intensiv befassten sich Albert Benz und die Musikkommission mit einem neuen Festreglement für das Luzerner Kantonal-Musikfest 1970 in Willisau. Die offene Bewertung der Vorträge mit Punkten, die sofort nach dem Vortrag mit Täfelchen gezeigt werden – ein System, das in Willisau erstmals mit Erfolg zur Anwendung kam und das heute noch, modifiziert und verfeinert, Gültigkeit hat –, entsprach weitgehend seiner Idee. Dieses System wurde übrigens auch von anderen Verbänden übernommen. Für die Beurteilung der Vorträge erstellte er in Zusammenarbeit mit der Musikkommission eine Liste mit einheitlichen Vermerken für die Einträge in die Partituren.

Im Jahre 1971 war Albert Benz, zusammen mit Robert Huber, Otto Haas u.a., im Musikkomitee des Eidgenössischen Musikfestes in Luzern. Neue Arbeit brachte auch die Organisation des Kantonal-Musikfestes 1975 in Sempach (Revision des Festreglements, Verfeinerung des Bewertungssystems, Erstellung eines Reglements für Jurymitglieder).

Albert Benz hat für den Luzerner Kantonal-Musikverband auch verschiedene Aufgabestücke und Gesamtchorstücke geschrieben. Das erste Werk dieser eindrücklichen Reihe war «Larghetto pastorale», das am 18. Luzernischen Kantonal-Musikfest 1960 in Emmen als Gesamtchor uraufgeführt wurde. Darüber hinaus widmete Albert Benz seiner engeren Heimat noch verschiedene Kompositionen, die von seiner Treue und Liebe zu «Land und Leuten» Zeugnis ablegen.

Das waren nur einige Streiflichter auf die Tätigkeit von Albert Benz in der Musikkommission des Luzerner Kantonal-Musikverbandes, der er bis zum Jahre 1976 angehörte. Seine direkte und ehrliche Art, Probleme anzupacken, zu analysieren und zu lösen, fand nicht immer und überall – auch im Luzerner Kantonal-Musikverband nicht – nur Zustimmung. Albert Benz war ein kritischer Denker, der auch andere zum Denken und zur Selbstkritik zwang. Er wollte aber nie dominieren. Das entsprach nicht seinem Charakter. Im Zentrum stand stets die Sache. Um diese bemühte er sich ehrlich, zielstrebig und hartnäckig. In Anbetracht seiner grossen Verdienste um das Blasmusikwesen im Kanton Luzern wurde Albert Benz 1987, anlässlich seines 60. Geburtstages, zum Ehrenmitglied des Luzerner Kantonal-Musikverbandes ernannt.

Albert Benz und seine Tätigkeit als Mitglied der Musikkommission des Eidgenössischen Musikverbandes (EMV)

Albert Benz begann seine Arbeit im Eidgenössischen Musikverband als Mitglied der Redaktionskommission. Bei der Neugestaltung der Schweizerischen Blasmusikzeitung war er massgeblich beteiligt. Während 14 Jahren, von 1960 bis 1974, war er Redaktor des Taschenkalenders und zeichnete verantwortlich für viele vorzügliche Fachartikel in dieser beliebten Agenda. Im Jahre 1971 erfolgte seine Wahl in die Musikkommission, der er bis zu seinem Tod angehörte.

Die Musikkommission des EMV bildete 1971 eine Arbeitsgruppe zur Erarbeitung eines neuen Ausbildungsreglements. Hans Frey, Schaffhausen, hatte den Vorsitz. Albert Benz wurde mit der Erarbeitung eines Entwurfes beauftragt. Er, der Blasmusikfachmann und Lehrer, der erfahrene Dirigent und Pädagoge, war für eine solche Aufgabe prädestiniert. Er erarbeitete die Grundlagen für das heutige, erfolgreiche Ausbildungsreglement. Besondere Erwähnung verdient seine Idee der Ausbildung von Instrumentalisten und Dirigenten in den drei Bereichen Praxis, Theorie und Gehörbildung/Rhythmik. Zum Entwurf für ein neues Aus- und Weiterbildungskonzept von Albert Benz schreibt Herbert Frei: «Das Ergebnis war ein völlig neues, den Erfordernissen der Neuzeit angepasstes, nach neuzeitlichen musikpädagogischen Erkenntnissen gestaltetes Ausbildungsreglement.» (125 Jahre Eidgenössischer Musikverband. Unsere Blasmusik in Geschichte und Gegenwart 1862–1987, Luzern 1987, p. 145)

Im Jahre 1977 wurde Musikdirektor Herbert Frei zum Präsidenten der Musikkommission gewählt. Es war der Aufbruch zu einer neuen Ära in der Geschichte der Musikkommission des EMV. Die Kommission ging verschiedene Probleme an und erarbeitete konkrete Zielsetzungen; sie setzte neue Akzente und realisierte wichtige Projekte. Es ging (und geht) um ein überzeugendes Engagement zur Hebung und Förderung des Leistungsvermögens, des Wohlergehens und Ansehens der schweizerischen Blasmusik.

Albert Benz und Herbert Frei waren die führenden Köpfe dieser Kommission, beide starke Persönlichkeiten, aber unterschiedlich in ihrer Struktur und Veranlagung: beide zwar Musiker, aber der eine mehr Künstler und Idealist, der andere mehr Realist und Organisator. Ich verrate kein Geheimnis, wenn ich hier erwähne, dass sich beide – in der Hauptsache zwar einig – manchmal aneinander rieben und in einzelnen Fällen wie Antipoden wirkten. Doch es war immer ein Ringen um eine gute Sache, das letztlich die gegenseitige Freundschaft und Wertschätzung nicht beeinträchtigte. Das Resultat dieses gemeinsamen Ringens darf sich sehen lassen. Ich erwähne einige Hauptgeschäfte dieser erfolgreichen Zeit der Musikkommission des EMV:

– Ausführungsbestimmungen zum Ausbildungsreglement 1977
– Endgültige Fassung des Ausbildungsreglements 1982
– Revision der Wettstückliste
– Erarbeitung und Überarbeitung des Festreglements, der Marschmusik- und Juryreglemente für die Eidgenössischen Musikfeste
– Fachtagungen

u.a.m.

Für die Beurteilung von Werken und deren Einstufung für die Aufnahme in die Wettstückliste des Eidgenössischen Musikverbandes hatte Albert Benz ein ganz besonderes Sensorium. Er war sehr sicher in der Beurteilung und kompromisslos und streng in den Anforderungen, die er an ein Wettstück stellte. Seine Meinung war immer profiliert, sein Urteil stets begründet. Weil er in der Literatur äusserst bewandert war, konnte er auch viele Quervergleiche anstellen.

Erwähnen möchte ich auch die «Repertoirekunde (Literaturkunde) und Geschichte der Blasmusik» von Albert Benz unter Mitarbeit von Josef Birrer, Andreas Frei, Josef Gnos und Emil Hermann, 2., erweiterte Auflage 1987 (erste Auflage 1982). Herausgeber: Eidgenössischer Musikverband (Musikkommission).

Im Auftrag der Musikkommission des EMV hat Albert Benz etliche Gesamtchor- und Aufgabestücke für Eidgenössische Musikfeste geschrieben. Diese Kompositionen sind fast ohne Ausnahme ins Repertoire unserer Blasmusikvereine eingegangen und haben das Spielgut des bläserischen Laienmusizierens in wertvoller Art bereichert.

Die Arbeit von Albert Benz in der Musikkommission war der Beitrag einer Persönlichkeit, die aus dem vollen schöpfen konnte. Er hatte eine grosse Erfahrung, er, der in vielen Vereinen aktiv war und so

Die Musikkommission des Eidgenössischen Musikverbandes im Jahre 1986; v.l.n.r., stehend: Dr. Arnold Spescha, Chur; Pascal Favre, Montagny-les-Monts; Eduard Zurwerra, Brig; Albert Benz, Luzern; Herbert Frei, Präsident, Mellingen; v.l.n.r., sitzend: Hans Frey, Schaffhausen; Claude Delley, Vizepräsident, Colombier; Walter Mathys, Walperswil; Fred Spahn, Sekretär, Muttenz

die Freuden und Leiden, die Probleme und Bedürfnisse der Basis kannte. Als initiativer und innovativer Inspektor der Militärmusik und Leiter des Armeespiels bildete er in unserer Kommission auch die Brücke zwischen der zivilen Blasmusik und der Militärmusik.

Albert Benz wirkte an zahlreichen regionalen, kantonalen, eidgenössischen und internationalen Musikfesten als Experte, als Wertungsrichter mit. Dabei war er mehr ein Helfer als ein Richter. Er, der als Dirigent auf allen Stufen gearbeitet und somit grosse Erfahrung hatte, konnte sich in die Lage aller Vereine einfühlen, der grossen und der kleinen, der städtischen und ländlichen, der leistungsfähigen und der mit Schwierigkeiten kämpfenden. Seine Kritik war klar und unmissverständlich, aber stets konstruktiv, unterstützend, wegweisend. Das war der Mensch Albert Benz, der als Entlebucher Urmusikant Dirigenten und Musikanten verstand und schätzte, ihnen half und sie gern hatte.

Für seinen äusserst wertvollen Beitrag als Komponist wurde Albert Benz schon im Jahre 1971 Preisträger der «Stiftung der Schweizer Musikanten in memoriam Stephan Jaeggi». Für seine besonderen Verdienste um das schweizerische Blasmusikwesen wurde er 1988 zum Ehrenmitglied des Verbandes der Dirigenten des EMV und postum (1989) auch zum Ehrenmitglied des Eidgenössischen Musikverbandes ernannt. Es sind Zeichen der Dankbarkeit gegenüber einem Menschen, der sich voll in den Dienst der Mitmenschen und der schweizerischen Blasmusik stellte.

Nach diesen beiden Abschnitten, wo die Arbeit von Albert Benz in der Musikkommission des Luzerner Kantonal-Musikverbandes und in derjenigen des Eidgenössischen Musikverbandes summarisch dargestellt wurde, möchte ich versuchen, Persönlichkeit und Wirken dieses begnadeten Musikers und äusserst wertvollen Menschen noch etwas näher zu skizzieren. Auch dies geschieht aufgrund der Begegnungen mit ihm in der Musikkommission des EMV.

Noch einige Gedanken zur Persönlichkeit von Albert Benz

«Der Dirigent eines Blasorchesters ist viel mehr Lehrer als Dirigent.» (S. 3)

Albert Benz war, wie bereits erwähnt, der geborene Lehrer. Das spürte man in jeder Sitzung, das zeigte seine Arbeit. Nicht der pedantische Schulmeister, sondern der Magister, eine Ableitung von lateinisch *magnus*, «gross». Ein Magister oder Meister als Lehrender und Komponist, ein Maestro als Dirigent und Interpret, ein Maître als Experte und Fachgelehrter.

Ein guter Lehrer serviert nicht fertige Lösungen, erarbeitet nicht absolute Programme, bietet nicht passende Antworten an, nein, er stellt vor allem Fragen, er regt zum Denken an. Oder mit Albert Benz' eigenen Worten im Vorwort zu seinem bereits zitierten Buch: «Sie haben ... nicht ein *Buch zum Lesen* vor sich. Es stellt mehr Fragen, als es Antworten anbietet. Es enthält mehr Aufgaben als fertige Lösungen.» (S. 3)

So war Albert Benz nicht nur in der Schulstube oder am Konservatorium, sondern auch bei seiner Arbeit in der Musikkommission. Er stellte Fragen, er regte zum Denken an. Er gab Impulse, er war ein Animator. Wir verdanken ihm viele Einfälle und Anregungen.

Albert Benz war kein Theoretiker. Für ihn zählte die Erfahrung über alles. Auch aus den Fehlern kann man lernen, aus den eigenen und aus denjenigen der anderen. Und man muss üben, immer wieder üben, im musikalischen und menschlichen Bereich.

Das Ziel, das Albert Benz sich selber und seinen Schülern gesetzt hatte, war weit gesteckt, war hoch. Die Absicht seiner «Blasmusikkunde und Probenmethodik» ist unmissverständlich ausgesprochen: «Das psychologische, methodische, pädagogische und zielgerichtete Denken anzuregen und durch Übung sich psychologisches, methodisches und pädagogisches Verhalten anzueignen, zur eigenen Natur werden zu lassen.» (S. 3)

«Kritisieren heisst (positiv und negativ) beurteilen, abwägen, würdigen.»
(S. 61)

Albert Benz war kritisch und analysierte jeden Zustand scharfsinnig und von allen Seiten. «Jedes Ding hat mindestens seine zwei Seiten» (S. 3), pflegte er zu sagen und schrieb es auch in seinem Buch. Und wenn er von einer Lösung überzeugt war, setzte er sich mit allen Kräften für deren Realisierung ein. Treffend formulierte Herbert Frei in seinem Nekrolog in der Schweizerischen Blasmusikzeitung: «Mit ganzer Kraft und persönlichem Engagement setzte er sich in all den Jahren für den EMV und die schweizerische Blasmusik ein. Sehr kritisch reflektierte er die Situation, und hartnäckig verfocht er, was er für richtig hielt und was ihm gut schien, diese Situation zu verändern und zu verbessern.» (29. April 1988)

Ganz präzis und ohne Umschweife nannte Albert Benz das Kind beim Namen, wenn es darum ging, einen Sachverhalt zu thematisieren und zu kritisieren. So stellte er beispielsweise fest: «Wer Bearbeitungen von Klavier-, Orgel- oder Orchesterwerken für Blasmusik grundsätzlich ablehnt, ist einer unhaltbaren Ideologie verfallen, ist päpstlicher als der Papst.» (S. 19) Oder: «Das Image der Blasmusik in den Städten ist... einseitig, das heisst falsch.» (S. 44) Er begründete aber seine Kritik und versuchte, auch die positiven Seiten zu beleuchten und menschliches Verhalten zu verstehen, gemäss seinem Ratschlag für Dirigenten: «Kritisieren heisst auch das Positive sehen und aussprechen. Kritisieren heisst also auch loben und anerkennen.» (S. 61)

«Bilden Sie anschauliche Vergleiche.» (S. 66)

Ich habe bereits erwähnt, dass Albert Benz stets um das richtige Wort bemüht war. Er war sich der Wichtigkeit einer präzisen Sprache bewusst. Zwei essentielle Aspekte wirksamer Kritik formulierte er mit den Imperativen: «Formulieren Sie positiv» (S. 64) und: «Formulieren Sie exakt» (S. 65). Er wusste aber auch, dass das Verstehen einer Aussage immer subjektiv gefärbt ist: «Jeder Mensch gibt den Wörtern und Sätzen eine etwas andere Bedeutung, je nach seinem soziokulturellen Umfeld, je nach seinem Bildungsniveau, aber auch seiner momentanen Gemütslage entsprechend.» (S. 64)

Die Worte von Albert Benz waren treffend, seine Sprache wirkte sehr plastisch. Er bildete gerne und oft Vergleiche, kernige Vergleiche. Einige Beispiele: «Wenn die Programme nicht bewusster auf Originalwerke ausgerichtet werden, wird die Blasmusik den Ruf des ‹Gebrauchtwarenladens›, ‹Occasionsgeschäftes› oder ‹second hand shop's›, den sie in manchen Fachkreisen leider hat, nicht loswerden.» (S. 12) «Der Konzertsaal wird zur Piste und zum Kampffeld.» (S. 18) «Entrümpeln Sie Ihr Marschbuch!» (S. 20) «Gute Volksmusik spricht für sich und braucht keine ‹dümmliche› Aufmachung, keine Melkstühle oder Stallstiefel.» (S. 21)

Albert Benz liebte diese prägnante, treffende Sprache. Er kannte die Kraft und Macht der Sprachen. Aber er wusste auch, dass man mit ihnen behutsam umgehen muss: «Was denken die Hörer, wenn sie auf einem Deutschschweizer Programm lesen ‹The beautiful blue Danube› oder ‹Morgen, Middag, Avond in Wennen›?» (S. 70) «Gehen Sie nicht gedankenlos mit den verschiedenen Sprachen um.» (S. 70)

«Wer sich durch Musik nicht begeistern lassen kann...» (S. 63)

Albert Benz war ein Mensch, der sich für die anderen Menschen Zeit nahm. Er, der Vielbeschäftigte, hatte immer Zeit. Er konnte diskutieren, er konnte aber auch zuhören. Geduldig zuhören, um nachher seine Meinung zu sagen oder einen Ratschlag zu geben, sofern dies erwünscht war. Oder wie Alfred Fischer, Präsident des Schweizerischen Spielführerverbandes, zum Tode von Inspektor Albert Benz mit Respekt und Zuneigung schrieb: «Albert Benz war immer für alle da, die etwas von ihm wollten...» (Bulletin SSFV 5/88).

Unvergesslich sind die Stunden, die wir jeweils nach den Sitzungen der Musikkommission des EMV in Luzern bei Albert Benz zu Hause verbrachten. Wir genossen die Gastfreundschaft von Albert und seiner Frau Claire und die angeregten Diskussionen im kleinen Kreis. Und es wurde viel diskutiert und debattiert. Über Gott und die Welt. Über Musik, über Philosophie und Literatur. Und über ganz alltägliche Dinge. Albert Benz war ein aufmerksamer Gastgeber. Bisweilen zurückhaltend, dann wieder impulsiv, engagiert. Er konnte lachen, von Herzen lachen. Mit einer leicht hingeworfenen Bemerkung war er imstande, allzu strengen Ernst zu lockern. Er konnte kritisch sein, manchmal gar ironisch, doch nie beissend und verletzend.

Albert Benz konnte sich für eine Sache begeistern. Nicht nur für Musik, aber für diese ganz besonders. «Wer sich durch Musik nicht anregen, in Brand stecken, begeistern, hinreissen lassen kann, der wird auch nicht motivieren, mitreissen, begeistern und ausstrahlen können» (S. 63) steht in seinem Buch geschrieben. Er konnte motivieren, in Brand stecken, begeistern. Er hatte dieses «feu sacré». Sein Charisma wird uns unvergesslich bleiben. Und seine Bescheidenheit, auch sie bleibt unvergessen. Obwohl er als Lehrer, als Komponist und Dirigent Erfolg hatte, war er stets bescheiden. Ein Mensch, der sich auch an der Leistung der anderen freuen konnte.

Bei den Begegnungen mit Albert Benz lernten wir viele Facetten seiner Person und seiner Arbeit kennen: den fröhlichen Komponisten des «Preludio alla Scherzo», der «Burleske» und der «Heiteren Ouvertüre»; den ernsten Albert Benz der Meisterwerke «Simelibärg», «Die schwarze Spinne» und «Nidwalden 1798»; den Albert Benz des Ländlers «Usem Eigetal», der «Entlebucher Polka», der «Berner Rhapsodie», der «Suite Vaudoise» und der «Fantasia ticinese». Es war der Albert Benz, der sich für die verschiedenen Sprachen und Kulturen unseres Landes interessierte und deren Weltbilder mit seinen Kompositionen zu erfassen und darzustellen versuchte. Es ist verständlich, dass Albert Benz in allen Landesteilen gern gesehen wurde und überall sehr geachtet war, weil er sowohl die Zielstrebigkeit und Hartnäckigkeit der Deutschschweizer besass wie auch die Nonchalance und den Esprit der Welschen, die Heiterkeit und Lebenslust der Tessiner und die Bodenständigkeit und Sensibilität der Rätoromanen. So erinnern wir uns in Dankbarkeit an Albert Benz als Meister der Musik, als grossen Pädagogen und als äusserst feinfühligen Menschen.

HANS ZIHLMANN

Albert Benz als Komponist

Es war eines der zentralen Anliegen von Albert Benz, die Blasmusikszene mit neuen, gut spielbaren Kompositionen zu beleben. Er wurde während dreier Jahrzehnte nicht müde, Werke für alle Besetzungstypen und Schwierigkeitsgrade zu schreiben, und so entstand im Laufe dieser Zeit eine beeindruckende Reihe zeitgemässer Spielliteratur, die sicher auch in Zukunft in Konzertprogrammen und an Musikfesten weiterleben wird.

Sein Handwerk hatte Albert Benz in den Jahren 1954–1958 bei Albert Jenny am Konservatorium Luzern gelernt. Jenny seinerseits studierte in den 30er Jahren in Frankfurt (bei Bernhard Sekles) und in Köln (bei Philipp Jarnach und Heinrich Lemacher), aber auch Begegnungen mit Arthur Honegger, Paul Hindemith, Zoltán Kodály und Frank Martin beeinflussten seinen kompositorischen Werdegang. Er war ein begeisternder Lehrer, der souverän das Handwerk beherrschte und während Jahrzehnten am Luzerner Konservatorium den Studierenden entscheidende Impulse gab und sie durch sein Vorbild prägte. Handwerkliche Solidität und stilistische Beharrlichkeit zeichnen denn auch die Kompositionen von Albert Benz aus. Diese unbeirrbare Sicherheit und Festigkeit, die Skepsis gegenüber modischen Experimenten dürften ihre zweite Wurzel jedoch in seiner Herkunft haben: der Vater, Robert Benz, war Schmied und Musikdirektor in Marbach LU. Die Verbundenheit mit seiner Heimat, mit Land und Leuten, die starke Bindung an die Tradition waren für Albert Benz Kraftquellen, die er nie verleugnet hat. Es soll im folgenden versucht werden, diese stilistischen Merkmale an exemplarisch ausgewählten Werken nachzuweisen. Es sind dies:

- Burleske (1965)
- Herbstimpressionen (1969)
- Die schwarze Spinne (1977/78)
- Romooser Sonntag (1984)
- Nidwalden (1988)
- Bundesrat-Gnägi-Marsch (1968)

1. Melodik

Einprägsame, übersichtliche melodische Gestalten sind eine unabdingbare Voraussetzung, um Laienmusikern den Zugang zu einer Komposition zu erleichtern. Albert Benz wusste diese Bedingung zu erfüllen, er vermied es aber, in allzu gängige Muster zu verfallen. Seine Melodien zeigen deshalb oft eine Neigung zu unerwarteten Entwicklungen.

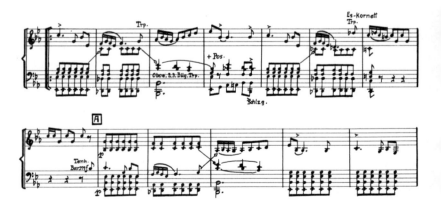

Das Thema aus der Burleske zeigt in den Takten 6 und 7 eine mixolydische Einfärbung, die sich harmonisch bereits im 2. Takt ankündigt. Statt einer melodischen Entfaltung folgt bei Buchstabe A sofort wieder die Originalgestalt des Themas, diesmal in den Tenorinstrumenten.

Bei aller Annäherung an die Volksmusik hat der Beginn des zweiten Satzes aus «Romooser Sonntag» eine bemerkenswerte Eigenständigkeit. Die achttaktige Melodie wird durch Wiederholung und Verbreiterung auf 12 Takte erweitert, daraufhin erfolgt der Wechsel nach Es-dur um so überraschender.

Die Einleitung zu «Die schwarze Spinne» zeigt mit dem Zitat aus dem

Volkslied «Simälibärg» eine Neigung, die bei Albert Benz immer wieder in Kompositionen einfliesst.

Hier als weiteres Beispiel die alte Liedmelodie «O userwelte Eidgnoschaft» aus der Komposition «Nidwalden».

Ebenfalls aus «Nidwalden» ein Ausschnitt mit der Choralmelodie zum «Dies irae», der Sequenz aus der Totenmesse.

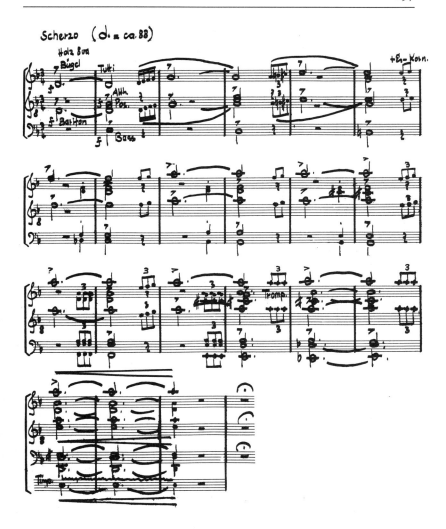

In «Herbstimpressionen» (hier der Anfang) ist es immer wieder die oktavumspannende Basslinie, die melodische Impulse gibt und Schwung auslöst.

2. Rhythmik

Es versteht sich von selbst, dass bläserische Musik starke Wirkungen auch aus rhythmischen Motiven und Entwicklungen bezieht. Auch hier zeigt Albert Benz keine Neigung zu Experimenten oder zu komplizierten rhythmischen Bildern. Er bleibt übersichtlich und klar, vermeidet jedoch Gleichförmigkeit wiederum durch eigenständige Wendungen.

Das Beispiel aus «Burleske» zeigt in der ersten Zeile ein Spiel mit Sechzehntelgruppen. In der zweiten Zeile dominiert die Achtelbewegung der tiefen Instrumente, die durch die Akzente auf das erste und vierte Achtel einen jazzigen Drive erhält.

Diese Stelle aus «Romooser Sonntag», 2. Satz, gewinnt ihren Reiz durch die Komplementärrhythmik im Spiel zwischen Melodie und Bass-Instrumenten.

Komplementäre Rhythmen und klangliche Transparenz zeigt dieses Beispiel aus «Die schwarze Spinne».

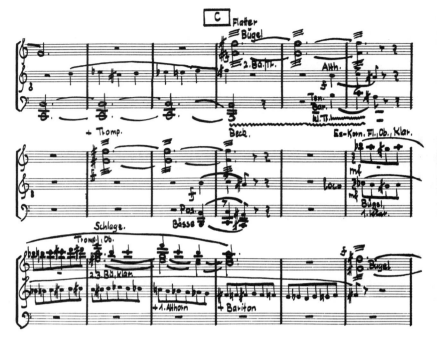

In «Herbstimpressionen» schaffen einfache melodische und rhythmische Strukturen eine spannungsgeladene düstere Atmosphäre.

Hier ein Beispiel für rhythmische Schichtungen aus dem Schlussteil von «Nidwalden».

3. Harmonik

Klänge, die dem Laienmusiker nicht vertraut sind, machen ihn unsicher, stellen die Intonation in Frage und erschweren den Zugang zum Werk. Die lebenslange Beschäftigung mit Bläservereinigungen aller Stufen liess Albert Benz auch auf dem Gebiete der Harmonik Lösungen suchen, die sowohl dem Bedürfnis nach Einfachheit wie nach Eigenständigkeit entgegenkommen. Daraus ergibt sich, dass er der Dreiklangharmonik treu blieb, seinen Kompositionen aber mit Klängen und Klangverbindungen zeitgemässe Farbe und Reiz zu geben wusste.

Der Anfang des Bundesrat-Gnägi-Marsches zeigt einen ausgesprochen originellen Einfall: Er beginnt über dem Orgelpunkt auf F mit der mixolydischen 7. Stufe. Darüber erklingt ein Fanfarenmotiv, im Holz gesellt sich eine liegende Stimme dazu, die sich ab Takt 5 in Tonleitern auflöst. Erst am Schluss der Einleitung wird der Klang eindeutig als Dominante von B-dur gehört. Man vergleiche dazu auch das Beispiel aus «Burleske» im Abschnitt Melodik, das im 2. Takt eine ähnliche Wendung zum Mixolydischen enthält.

Dieses Beispiel aus «Die schwarze Spinne» zeigt eine Kette von Septakkorden, die sich auf eine chromatische Basslinie stützen.

Hier sind es chromatisch fallende dominantische Septakkorde, die der aufgewühlten Basslinie Halt geben.

Aufgeregte Akkordrückungen prägen diesen Ausschnitt aus «Nidwalden». Er mündet in einen beruhigenden Orgelpunkt auf A, der den Schluss vorbereitet.

Dieser Orgelpunkt ruft so eindeutig nach einer Auflösung in D-dur, dass die Wendung nach B-dur sehr überraschend erfolgt und dem hymnischen Schluss zu starker Wirkung verhilft (aus «Nidwalden»).

Eidgenössisches Musikfest 1971 in Luzern. Vier Preisträger der Stephan-Jaeggi-Stiftung, v.l.n.r.: Albert Benz, Paul Huber, Komponist, St. Gallen; Otto Zurmühle, Bearbeiter und Blasmusikdirigent, Luzern; Jean Daetwyler, Komponist und Dirigent, Sierre

Albert Benz und der Luzerner Seminar-Musiklehrer Hans Zihlmann

Ein Beispiel für Quartenschichtung aus «Burleske». Es würzt hier den vorantreibenden Rhythmus und mündet nach dem Orgelpunkt auf C in die Tonika f-moll.

4. Thematische Arbeit und Kontrapunkt

Als Albert Benz seine ersten Kompositionen veröffentlichte, lebte das schweizerische Blasmusikwesen weitgehend aus der klassisch-romantischen Tradition. Einerseits füllten Bearbeitungen und Arrangements von Orchesterwerken die Programme, anderseits hielt sich auch die Originalliteratur an diesen stilistischen Rahmen. Natürlich setzte Albert Benz hier an, doch angeregt durch seinen Lehrer Albert Jenny wandte er sich vermehrt barocken Kompositionstechniken zu. Kontrapunktische Mittel wie Kanon, Fuge, Ostinato, Orgelpunkt usf. sind für seine thematische Arbeit wichtig und typisch. Oft sind sie begleitet von kirchentonartlichen Einflüssen (siehe Melodik und Harmonik), und es ergeben sich so wiederum eigenständige und reizvolle Wirkungen.

Der Anfang aus «Die schwarze Spinne» bringt ein melodisches Motiv, das später mit dem Volksliedzitat (vergl. Melodik) gekoppelt erscheint und dann in den Bässen aufgegriffen wird.

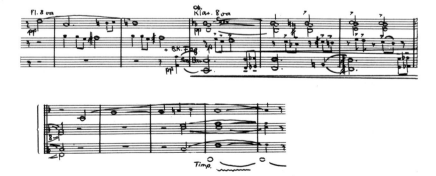

Das gleiche Motiv erscheint im Laufe der Entwicklung in verschiedenen Gestalten, hier in der Vergrösserung.

Hier die Vergrösserung des Volksliedthemas aus «Nidwalden».

Der ostinate Bass mit Quint- und Quartsprüngen gibt dieser Stelle aus «Die schwarze Spinne» einen drohenden Charakter.

In diesem Beispiel aus «Burleske» liegt das Ostinato in den Mittelstimmen.

Vier Ebenen am Anfang von «Burleske»: liegender Klang in den Oberstimmen, ostinat geführte Mittelstimmen und ruhig schreitender Bass über einem dichten Schlagzeugteppich.

Eine fugierte Stelle aus «Die schwarze Spinne». Die Vergrösserung des Allegro-Themas drückt Beklemmung aus.

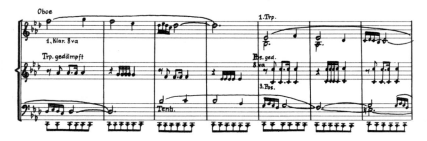

Orgelpunkte begegnen uns immer wieder. In diesem Beispiel aus «Burleske» ist der Orgelpunkt Stütze für ein Fugato und einen ostinaten Rhythmus der gedämpften Posaunen.

5. Form

Es ist folgerichtig, dass auch die musikalischen Formen im Werk von Albert Benz sich durch übersichtliche Klarheit auszeichnen. Oft geben schon die Titel der Kompositionen formale Hinweise: Ouverture, Suite, Symphonischer Satz, Rondo, noch öfter aber wird das Bestreben nach klarer Gliederung musikalisch ausgedrückt.

Fermaten helfen mit, die formale Gliederung zu unterstreichen, wie hier in einem Beispiel aus «Burleske».

Die gleiche Absicht kann mit Pausen ausgedrückt werden, wie in diesem Ausschnitt aus «Die schwarze Spinne».

Es folgt eine formale Besprechung zu «Nidwalden» – Albert Benz gibt selber eine Einführung in die Komposition:

Nidwalden 1798

Als Napoleon 1798 seine Truppen in die Schweiz einmarschieren liess, wurden diese vielerorts als Befreier begrüsst. Die alte Aristokratie versuchte ihre Vorrechte zu retten. Einzig in den Länderorten aber war der alte Freiheitsgeist lebendig geblieben. Bern und vor allem Schwyz leisteten den Eroberern Widerstand. Ungeachtet der französischen Drohungen verweigerten die Nidwaldner den Eid auf die Helvetische Verfassung, die im April den Schweizern aufgezwungen worden war. In einem schrecklichen Vernichtungskampf wurden sie am 9. September 1798 besiegt. Ihr Land wurde verwüstet.

Die vorliegende Komposition ist kein Schlachtengemälde, wie der Titel vermuten lassen könnte. Die Musik beginnt in bedrückter Stimmung, wie sie wohl herrschte, als Tod, Zerstörung und Verzweiflung über Nidwalden lagen. Das thematische Material ist teilweise dem «Dies irae» entnommen, das seit dem 13. Jahrhundert eine Sequenz der Totenmesse bildet und das in vielen Kompositionen immer wieder zitiert wurde: Dies irae, Tag des Zornes, Tag der Not! Im Poco moderato tritt ein Motiv aus dem Vermahnlied an die Eidgenossenschaft hinzu. Der Text (O userwelte Eidgnoschaft...) sieht die Schweiz als ein aussergewöhnliches Land und wird getragen von beinahe grenzenlosem Vertrauen in die eigene Kraft und in das eigene Schicksal. Dementsprechend wird der Charakter der Musik immer zuversichtlicher. Mut, Vertrauen und Lebensfreude kehren wieder.

Die Andante-Einleitung exponiert melodische Motive, die aus dem «Dies irae» abgeleitet sind. Ab Takt 16 tritt das Choralzitat in der Originalgestalt in verschiedenen Registern immer wieder hervor. Die Entwicklung des ersten Abschnittes endet nach 47 Takten.

Mit dem Poco moderato (Takt 48) erscheint das Volksliedthema, das nun den zweiten Formteil beherrscht, obschon es umspielt und unterbrochen wird mit melodischem Material aus dem ersten Teil. Eine Fermate markiert den Abschluss, bevor im folgenden Allegro beide Themen miteinander verknüpft werden.

Eine knappe Zäsur lässt Atem holen für die Vergrösserung des Volksliedthemas im letzten Abschnitt, dem sich eine 8taktige Coda anschliesst.

Ein Vergleich der einzelnen Formteile lässt nun den Bauplan deutlich hervortreten:

	Einleitung	15 Takte
A	Choralabschnitt	32 Takte
B	Volksliedabschnitt	31 Takte
C	Verknüpfung der Themen	30 Takte
D	Vergrösserung und Coda	29 Takte

Damit wird klar, dass es dem Komponisten um ausgewogene Kräfteverhältnisse geht. In klar umrissenen Blöcken, die jedoch aufeinander bezogen sind, wird das Werk gleichsam mit architektonischem Zugriff aufgebaut.

6. Instrumentation

Mit ausserordentlicher Sicherheit wusste Albert Benz seine Kompositionen klanglich zu gestalten. Er hält sich stets an die Bedingungen, die unser Blasmusikwesen prägen, und vermeidet eine Schreibweise, die dem Bläser den Zugang zum Werk erschweren würde. Dies führt ihn meistens zu einer Instrumentation, die für alle Besetzungstypen spielbar ist und gut klingt. Nur in wenigen Werken legt er das Klanggewand auf einen Typus fest. So etwa in:

Rondo für Brass Band, Ländler für Brass Band
für Brassband nach englischem Muster

Der Landvogt von Greifensee, Transformationen und Symphonischer Satz
für Blasorchester nach amerikanischem Vorbild

In der Einleitung zu «Nidwalden» äussert sich der Komponist wie folgt zu seiner Instrumentation:

Die Komposition ist mit allen Besetzungen spielbar. Um dem Sprachwirrwarr ein wenig zu entgehen, wurden die Instrumente deutsch bezeichnet, die Spielanweisungen jedoch einheitlich in italienischer Sprache angegeben.
    Oboe und Es-Klarinette sind im Harmonieorchester nicht obligat behandelt, können jedoch individuell zur Geltung gebracht werden.
    Die Stimme für Tenorsaxophon ist identisch mit dem 1. Bariton. In Fanfare- und Harmoniebesetzung empfiehlt es sich, das Saxophonregister «en bloc» einzusetzen und je nach Besetzung wahlweise das eine oder andere Instrument spielen zu lassen.
    Die Stimme für tiefes Holz ist in dreifacher Ausführung vorhanden: als Fagott, Bassklarinette und Baritonsaxophon. Deren Einsatz ist dem Empfinden des Dirigenten überlassen.
    Der 2. Bariton ist vor allem eine leichte Stimme, die auch wegfallen kann. Bässe und Posaunen sind auch in Orchesternotation lieferbar.
    Bei Harmonie- oder Fanfarebesetzung soll der Klang durch Weglassungen farbiger gemacht werden. Der Dirigent möge die Formation, die ihm zur Verfügung steht, möglichst gut zur Geltung bringen.

Ein Beispiel aus dem gleichen Werk (Takte 7–12) kann dies im Partiturbild verdeutlichen:

7. Zusammenfassung

In seinen Kompositionen hat es Albert Benz verstanden, den Tonfall der schweizerischen Blasmusik zu treffen, ihn aber durch Originalität zu erweitern und zu vertiefen. Er kannte die Möglichkeiten der Bläser und kam ihnen entgegen, doch war es ihm wichtig, dem musikalischen Verständnis der Liebhabermusikanten neue Massstäbe zu setzen. Die stilistischen Merkmale, die wir in seinen Werken nachgewiesen haben, zeigen auf der einen Seite den Pragmatiker und soliden Handwerker, auf der andern Seite aber auch den phantasievollen Erfinder und spielfreudigen Künstler. Es dürfte lange dauern, bis der schweizerischen Blasmusik wieder eine so prägende Komponistenpersönlichkeit zuwächst, und deshalb werden wir seiner Musik weiterhin oft begegnen.

ROMAN HAURI

Thematisches Werkverzeichnis

Die Angaben zu den Kompositionen stammen von Albert Benz. Zum Teil sind sie seinen Werkbeschreibungen oder den Untertiteln entnommen. Innerhalb der Themen sind die Kompositionen alphabetisch geordnet.

Legende zu den Werkangaben

Werktitel

| 1965/1966, | B/BB/H, | MS (2.), | 7 Min., | K, | RV |

Verleger:
- BB Brass Bulletin, 1630 Bulle
- BI Biollay, 1001 Lausanne
- DH De Haske, NL-8441 Heerenveen (ab 7. 89: Mitropa Musik, 6318 Walchwil)
- EV Euphonia Musikverlag, 6280 Hochdorf (erhältlich bei HA)
- HA Hermann Haag, 8280 Kreuzlingen
- HE Helbling, 8604 Volketswil
- HU Hug & Co, 8000 Zürich
- JO Joy, 1052 Le Mont
- MA Manuskript (erhältlich bei RV)
- MO Molenaar (erhältlich bei RU)
- MV Mythen Verlag, 6430 Schwyz
- OB Obrasso, 4537 Wiedlisbach
- PS Pfarrei St. Josef Maihof, 6000 Luzer
- RU Ruh, 8134 Adliswil
- RV Rhythmus Verlag, 6023 Rothenbu

K Konzertformat
M Marschformat

Dauer in Minuten

Schwierigkeit:
- H Höchste Anforderungen
- SS Sehr Schwierig
- S Schwierig
- MS Mittelschwer
- L Leicht

(in Klammer: Klassierung gemäss «Eidgenössischem Musikverband»

Spielbar mit:
- B Blechmusik
- BB Brass Band
- H Harmoniemusik/Blasorchester

(Kompositionen die für B und H spielbar sind, können auch mit Fanfare-Besetzung aufgeführt werden.)

Kompositionsjahr/Erscheinungsjahr (ohne Angabe «Erscheinungsjahr» = im Manuskript vorhanden)

1. Symphonische Musik

Burleske

1965/1965, B/BB/H, S (2.), 10 Min., K, RV

Komponiert im Auftrag der Festlichen Musiktage Uster und dort uraufgeführt durch die Brass Band Lommiswil unter der Leitung von Ernst Obrecht.

Direktion in C

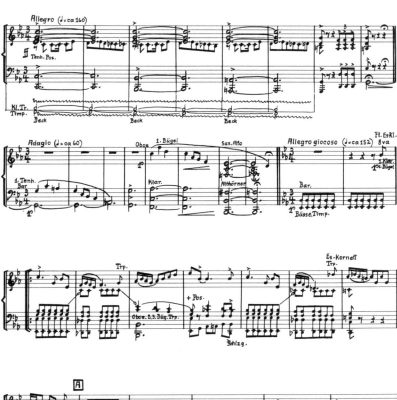

Die schwarze Spinne

1977/1978, B/BB/H, SS. (1.), 11 Min., K, RV

Die packende Programm-Musik beschreibt die spannungsgeladene Geschichte des unterdrückten Berner Bauernvolkes, die von Jeremias Gotthelf (1797–1854) erzählt wurde. Auftrag des Bernischen Kantonal-Musikverbandes als Aufgabestück für die 1. Klasse.

Direktion in B

Herbstimpressionen

1969/1970, B/BB/H, H (H), 10 Min., K, RV

Entstanden unter dem Eindruck des Unfalltodes seines Bruders Wilhelm Benz, der bei einem Unwettereinsatz der Feuerwehr Marbach auf tragische Weise ums Leben kam. Der Titel ist doppelsinnig und deutet sowohl die Natur als auch das menschliche Leben an. Diente als Aufgabestück am Luzerner Kantonal Musikfest 1970 in Willisau und wurde dort durch die Musikgesellschaft Frohsinn Schötz unter der Leitung von André Winkler uraufgeführt.

Direktion in B

Nidwalden 1798

1987/1988, B/BB/H, S (2.), 7 Min., K, RV

Schilderung der Stimmung – Verzweiflung aber auch Hoffnung – in Nidwalden nach dem Verzweiflungskampf der Nidwaldner gegen die Franzosen, unter Verwendung der gregorianischen Totensequenz «Dies irae» und an des Vermahnliedes «O userwelte Eidgenoschaft». Aufgabenstück der 2. Klasse am Aargauer Musikfest 1988 in Bremgarten. Dieses letzte Werk von Albert Benz wurde ein Tag nach der Beisetzung des Komponisten am 26. März 1988 durch die Musikgesellschaft Stansstad unter der Leitung von Hans Christen uraufgeführt.

Direktion in B

Preludio alla Scherzo

1958/1959, B/BB/H, S (2.), 8 Min., K, RU

Ging als Preisträgerstück aus einem Wettbewerb des Bernischen Kantonal-Musikverbandes hervor und zählt zu den meistgespielten Repertoirestücken in der Schweiz.

Direktion in B

Rondo für Brass Band

1973/1973, BB, SS (1.), 9 Min., K, BI

Komponiert für das «Festival Suisse de Musique de Cuivre» 1973 in Crissier.

Direktion in B

Sinfonischer Satz

1960/1962, B/BB/H, H (H), 13 Min., K, EV

Das Werk erhielt einen zweiten Preis am 2. Grenchener Musikfestival zugesprochen und diente als Aufgabestück.

Direktion in B

Sonata breve

1967/1968, B/BB/H, S (2.), 6 Min., K, RV

Auftrag für den Stundenchor der 1. Klasse am Berner Musikfest 1968 in Interlaken.

Direktion in B

Symphonischer Samba

1985/1985, H, SS (1.), 9 Min., K, RV

Die Komposition möchte nicht eine Kopie des brasilianischen Tanzes sein. Der Komponist verfolgte die Absicht, seinen persönlichen, von der Blasmusikpraxis mitgeprägten Stil mit der vitalen, optimistischen und fröhlichen Sambarhythmik zu durchdringen. Auftrag der Festlichen Musiktage Uster 1985. Am Eidgenössischen Musikfest 1986 in Winterthur als Aufgabestück der 1. Klasse.

Direktion in B

Toccata

1979/1980, B/BB/H, SS (1.), 8 Min., K, RV

Aufgabestück der 1. Klasse am Luzerner Kantonalen Musikfest 1970 in Wolhusen. Die vom Eidgenössischen Musikverband gebilligte Erleichterung des Schlusses macht das Werk für die 1. Klasse angemessen schwierig.

Transformationen

1976/1979, H, H (H), 7 Min., K, MO

Das Thema des Galopp aus «Jeux d'enfants» von Georges Bizet ist in einer Art variiert, die die klanglichen Möglichkeiten des Blasorchesters ausschöpft. Entstanden für die Festlichen Musiktage Uster und dort uraufgeführt durch das Blasorchester Stadtmusik Luzern.

Direktion in C

Vorspiel und Fuge im Barockstil

1973/1974, B/BB/H, SS (1.), 6 Min., K, RU

Diese Doppelfuge entstand als Aufgabestück für die 1. Klasse an einem Musikfest im Kanton Baselland.

Direktion in B

2. Feierliche und festliche Musik

Einzug der Urschweizer

1964/1965, B/BB/H, L (4.), 4 Min., M, RV

Zwei intradenartige Teile umschliessen den getragenen Mittelsatz. Auftragskomposition des Luzerner Kantonal-Musikverbandes als Aufgabestück für die 4. Klasse und als Gesamtchorstück am Kantonalen Musikfest 1965 in Sursee.

Direktion in B

Fest-Fanfare

1962/1962, B/BB/H, MS (3.), 4 Min., K, RU

Ein kantilener Mittelsatz wird durch fanfarenartige Teile umschlossen. Auftrag von Radio Bern aus Anlass der Feier «100 Jahre Eidgenössischer Musikverband».

Direktion in B

Heimkehr Elegischer Marsch

1984/1985, B/BB/H, MS (3.), 7 Min., K, RV

Verschiedene Gedanken prägen dieses Werk: Entfremdung-Heimweh-Heimkehr-freudige Erwartung der Zukunft. Auftrag des Luzerner Kantonal-Musikverbandes als Aufgabestück für die 3. Klasse am Kantonalen Musikfest 1985 in Hitzkirch.

Direktion in B

Intrada

1965/1966, B/BB/H, L, 4 Min., M, EV

Auftrag des Eidgenössischen Musikverbandes als Aufgabestück der 4. Klasse und als Gesamtchor für das Eidgenössische Musikfest 1966 in Aarau.

Direktion in B

Intrada solenne

1967/1968, B/BB/H, L (4.) Min., 5 Min., M, RU

Ein fanfarenartiges und ein kantilenes Element bilden das kontrastierende Material dieses wirkungsvollen Stückes.

Direktion in B

Jubiläumsmusik

1978/1990, H, SS, 8 Min., K, DH

Die Komposition ist als praktikable Gebrauchsmusik für Schweizer Verhältnisse gedacht und ist daher eher retrospektiv als ambitiös im avantgardistischen Sinne zu verstehen. Entstanden zum 50. Geburtstag der Stadtjugendmusik Zürich (1979).

Direktion in B

Larghetto pastorale

1959/1960, B/BB/H, L (4.), M, RU

Auftrag des Luzerner Kantonal-Musikverbandes. Aufgabestück der 4. Klasse und Gesamtchor am Kantonalen Musikfest 1960 in Emmen.

Direktion in B

Lob und Dank

1968/1968, B/BB/H, L (4.), 4 Min., M, RV

Das besinnliche Stück ist ein Geschenk der Stadtmusik Illnau-Effretikon an ihren Leiter Jakob Benz zum 20-Jahr-Dirigentenjubiläum (1948–1968).

Direktion in B

Morgenlied

1965/1965, B/BB/H, L (4.), 3 Min., M, RV

Dieses Stück stellt trotz seiner Leichtigkeit harmonisch und kontrapunktisch interessante Aufgaben. Komponiert als Stundenchor für die 3. Klasse an einem Musikfest.

Direktion in B

Wunderbarer König

1978/1978, B/BB/H, MS, 3 Min., M, RU

Feierlicher Marsch unter Verwendung der Choralmelodie von 1680.

Direktion in C

THEMATISCHES WERKVERZEICHNIS 239

3. Ouvertüren, Suiten, Fantasien

Bergfahrt Suite für Blasmusik

1973/1974, B/BB/H, MS (3.), 8 Min., K, RV

Die drei Sätze (Gondelbahn, Ausblick, Marsch ins Tal) sind leichtfassliche, aber suggestive Stimmungsbilder. Entstanden als Aufgabestück der 3. Klasse für ein Berner Kantonal-Musikfest.

Direktion in B

I. Gondelbahn

II. Ausblick

III. Marsch ins Tal

Der Landvogt von Greifensee

1971/1972, H, SS (1.), 10 Min., K, MV

Die Hauptpersonen der reizvollen Novelle von Gottfried Keller (1819–1890) werden in fünf knappen, durchsichtig instrumentierten Sätzen charakterisiert. Auftrag der Festlichen Musiktage Uster.

Direktion in B

I. Distelfink

II. Hanswurstel

III. Kapitän

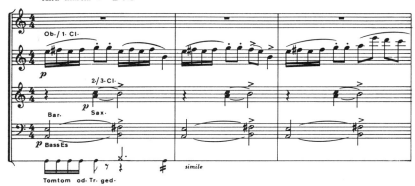

IV. Grasmücke und Amsel

V. Der Landvogt

Fantasia serena

1983/1984, B/BB/H, S. (2.), 7 Min., K, RV

Eine unbeschwerte, heitere Musik, die der einfallsreichen Interpretationslust viel freien Raum lässt. Auftrag des Bernischen Kantonal-Musikverbandes als Aufgabestück der 2. Klasse.

Direktion in B

Fest im Dorfe Suite

1961/1962, B/BB/H, S (2.), 10 Min., K, RU

Der erste Satz (Die Musik kommt) schildert eine vorbeimarschierende Musik. Im zweiten Satz (Sonntagabend) ist eine besinnliche Abendstimmung eingefangen. Der dritte Satz (Volkstanz) ist ein bäurisch-heiterer Walzer. Entstanden als Aufgabestück für die 2. Klasse an einem Aargauer Musikfest.

Direktion in B

I. Die Musik kommt   La Fanfare s'approche

Heitere Ouverture

1962/1963, B/BB/H, S (2.), 7 Min., K, EV

Ein synkopiertes erstes und ein lyrisches zweites Thema bilden das Material für das in Sonatenform gehaltene Stück. Komponiert im Auftrag von Fritz Wunderlin, Hochdorf, dem ehemaligen Inhaber des Euphonia-Verlages in Hochdorf.

Direktion in B

Klingende Fahrt Romantische Ouverture

1964/1965, B/BB/H, MS (3.), 8 Min., K, RU

Der Titel ist nicht im Sinne einer Programm-Musik zu verstehen. Er will lediglich eine «Grundstimmung» andeuten: beschwingte Bewegung, vorüberziehende Bilder, besinnliche Ruhepausen. Kompositionsauftrag des Eidgenössischen Musikverbandes.

Direktion in B

Marionettenspiel

1970/1971, B/BB/H, S (2.), 7 Min., K, RV

Die heitere Geschichte eines Puppentheaters wird musikalisch illustriert. Auftrag des Eidgenössischen Musikverbandes als Aufgabestück für die 2. Klasse am Eidgenössischen Musikfest 1971 in Luzern.

Direktion in B

Masques – Masken

1985/1986, B/BB/H, S (2.), 9 Min., K, JO

Das knappe thematische Material maskiert sich immer neu: Es steht auf den Kopf, macht heitere Kapriolen, schneidet freche Grimassen, spielt sich gerührt oder zornig auf und tummelt sich ausgelassen. Ernst und Spass durchdringen sich gegenseitig. Aufgabestück für ein Musikfest des Musikverbandes des Kantons Waadt.

Direktion in B

Meggen

1987, H, SS, 10 Min., K, MA

Diese Konzertouverture wurde zum 100-Jahr-Jubiläum (1888–1988) des Musikvereins Meggen komponiert. Geschenk des Verkehrsvereins Meggen. Die Uraufführung erfolgte postum.

Direktion in B

Nostalgische Ouverture

1974/1975, B/BB/H, S (2.), 8 Min., K, RV

Auftrag des Luzerner Kantonal-Musikverbandes als Aufgabestück der 2. Klasse am Kantonalen Musikfest 1975 in Sempach.

Direktion in B

THEMATISCHES WERKVERZEICHNIS 253

Parsenn Ouverture

1964/1965, B/BB/H, MS (3.), 8 Min., K, RV

Das Parsenngebiet ist berühmt wegen seiner schönen und langen Skiabfahrt. Das Stück ist inspiriert durch ein herrliches Skierlebnis und lässt der Fantasie der Interpreten viel Spielraum. Dem Musikdirektor und Skipionier Hans Ritzmann (1898–1970), Luzern, gewidmet. Aufgabestück für die 3. Klasse am Luzerner Kantonal-Musikfest 1965 in Sursee.

Direktion in B

Red River   Vorspiel zu einem Wildwestfilm

1967/1968, B/BB/H, S (2.), 8 Min., K, RU

Das Stück – eine Begleitmusik zu einem fiktiven Film – muss so interpretiert und gehört werden, wie es entstand: mit einem Augenzwinkern. Gewidmet der Kadettenmusik der Stadt Zug und ihrem Leiter Sales Kleeb.

Direktion in B

Romooser Sonntag

1984/1984, B/BB/H, MS (3.), 8 Min., K, RV

Die dreisätzige Suite wurde zur 800-Jahr-Feier des Bergdorfes Romoos komponiert und diente gleichzeitig als Aufgabestück der 3. Klasse am Musikfest Basel-Land 1984 in Liestal.

Direktion in B

Suite vaudoise

1982/1983, B/BB/H, MS (3.), 10 Min., K, JO

Im Auftrag des Musikverbandes des Kantons Waadt als Aufgabestück für die 3. Klasse. Welsche Mentalität und Landschaft beeinflussten die Thematik der drei Sätze.

Direktion in B

Zitadelle

1961/1962, B/BB/Ḣ, MS (3.), 7 Min., K, RU

Ein Stimmungsbild, das den Hörer in das Leben und Treiben einer alten Stadt entführt.

Direktion in B

4. Von der Volksmusik beeinflusste Kompositionen

Aentlibuecher Chuereihe (Entlebucher Kuhreihen)

1978/1978, B/BB/H, MS, 4 Min., K, MV

Nach einer alten Melodie geschaffen zur 200-Jahr-Feier der Schulen von Marbach (1778–1978), der Heimatgemeinde des Komponisten.

Direktion in B

Berner Rhapsodie

1965/1966, B/BB/H, H (H), 11 Min., K, EV

Etliche Melodien aus dem reichen Volksmusikschatz des Bernbiets (darunter der älteste Kuhreihen und der berühmte Berner Marsch) sind sinfonisch verarbeitet. Auftrag der Musikgesellschaft Ostermundigen und ihres Dirigenten Jakob Maurer.

Direktion in B

Fantasia ticinese

1975/1976, B/BB/H, SS (1.), 8 Min., K, RV

Drei Tessiner Volkslieder – Il cucù, Era un bel lunedi, Girometta della montagna – sind in einem der Sonatenform angenäherten Stück sinfonisch verarbeitet. Auftrag des Eidgenössischen Musikverbandes für die 1. Klasse als Aufgabestück am Eidgenössischen Musikfest 1976 in Biel.

Direktion in B

Finnlandreise

1979, H, MS, 8 Min., K, MA

Die Stadtmusik Luzern reiste im Jahre 1979 auf Einladung der Stadt Helsinki nach Finnland. Als Geschenk überbrachten sie diese musikalische «Finnlandreise», bestehend aus mehr oder weniger bekannten Melodien des Gastgeberlandes.

Direktion in B

Schweizerlieder – Fantasie

1967/1967, B/BB/H, S (2.), 11 Min., K, RV

Einige der schönsten Melodien sind apart harmonisiert und kunstvoll verknüpft. Ein Konzertstück zwischen Potpourri und Rhapsodie.
Verwendete Melodien:
D'Appezeller Maiteli, 's Heiwehland, Det oben uf em Bergli, Es hed e Bur es Töchterli, Soldati Ticinesi, Jägers Morgenlied, 's Brienzer Bürli, Ranz des vaches de la Gruyère

Direktion in B

Simelibärg

1964/1964, B/BB/H, L (4.), 5 Min., M, OB

Fantasie über das alte und das neue Guggisberger-Lied.

Direktion in B

Variationen über ein altes Schweizerlied

1984/1986, BB, SS (1.), 8 Min., K, MV

Die in der Röseligarten-Sammlung enthaltene Melodie geht auf ein Fasnachtslied des 16. Jahrhunderts in Bern zurück. Der Nationalen Jugend Brass Band der Schweiz und ihrem Gründer Markus S. Bach, Saanen, gewidmet.

Direktion in B

5. Märsche

Aarauer Schützen-Marsch

1965/1965, B/BB/H, MS, 3 Min., M, RV

Der Schützengesellschaft Aarau gewidmet von der Stadtmusik Aarau aus Anlass der Fahnenweihe, 23. Mai 1965.

Direktion in B

800 Jahre Luzern

1977, H, S, 4 Min., K, MA

Zum 800-Jahr-Jubiläum der Stadt Luzern (1178–1978) geschenkt von Dr. Werner Rüegg an die Stadtmusik Luzern.

Direktion in B

Altstadt-Marsch

1987, H, MS, 3 Min., M, MA

Frau Heidi Rothen, Luzern, gewidmet vom Blasorchester Stadtmusik Luzern. Instrumentiert von Walter Feldmann, Musikdirektor, Luzern.

Direktion in B

Bundesrat-Gnägi-Marsch

1968/1969, B/BB/H, MS, 3 Min., M, RV

Bundesrat Rudolf Gnägi (1965–1979) gewidmet von Nationalrat Dr. Hans-Rudolf Meyer, Stadtpräsident von Luzern.

Direktion in B

Bundesrat-Schaffner-Marsch

1962/1963, B/BB/H, MS, 3 Min., M, OB

Herrn Bundesrat Hans Schaffner (1961–1969) gewidmet von der Musikgesellschaft Entlebuch.

Direktion in B

Buuremusig Rickebach hed Durscht Marsch

1945, 2 Flügelhörner, Es-Horn, 2 Tenorhörner, B-Bass, L, 3 Min., M, MA

Vom Komponisten mit «op. 1» bezeichnet. Später seinem Dienstkameraden Albert Stähelin und der Bauernmusik Rickenbach LU gewidmet.

Direktion in B

Carl E. Scherrer-Marsch

1982/1986, B/BB/H, MS, 3 Min., M, RV

Dem Geehrten zum Abschied als Zentralpräsident des Schweizerischen Hauseigentümer-Verbandes. In der Einleitung und im vierten Teil ist das Munot-Lied zitiert, während es im Trio von den Tenorhörnern variiert wird.

Direktion in B

De silbrig Kadett (Der silberne Kadett)

1987/1988, H, MS, 3 Min., M, RU

Herrn Sales Kleeb zu seinem 25-Jahr-Jubiläum als Dirigent gewidmet von der Kadettenmusik der Stadt Zug.

Direktion in B

Du Nord

1960/1970, B/BB/H, MS, 4 Min., M, BI

Dem Restaurant «Bahnhof» in Entlebuch, im Volksmund «Du Nord» genannt, gewidmet.

Direktion in B

Eintracht-Marsch

1977, H, MS, 3 Min., M, MA

Gewidmet der Gesellschaft Eintracht Luzern vom Komponisten. Instrumentiert von Walter Feldmann, Musikdirektor, Luzern.

Direktion in B

Europa-Marsch

1985, H, MS, 4 Min., M, MA

In teilweiser Anlehnung an die Thematik der «Europa-Hymne» (ursprünglich aus einem «Te Deum» von Marc Antoine Charpentier, 1636–1704). Entstanden zur Einweihung des Passagier-Motorschiffes «Europa» der Vierwaldstättersee-Flotte.

Direktion in B

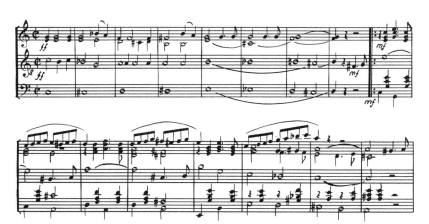

Gilden-Marsch

1966/1967, B/BB/H, MS, 3 Min., M, RV

Komponiert im Auftrag der «Gilde der etablierten Köche der Schweiz».

Direktion in B

Gruss an Menzberg

1969/1969, B/BB/H, MS, 3 Min., M, RV

Der Musikgesellschaft des einstigen Höhenkurortes Menzberg gewidmet in Erinnerung an ein gutes «Kaffee Menzberg».

Direktion in B

H. R. Meyer-Marsch

1976, B/BB/H, MS, 3 Min., M, MA

Brigadier Hans-Rudolf Meyer gewidmet von seinem Brigade-Stab.

Direktion in B

100 Jahre Füs Bat 60

1978/1980, B/BB/H, MS, 4 Min., M, RV

Komponiert zum Jubiläum des Aargauer Füsilier Bataillon 60.

Direktion in B

Kamblys Brätzeli-Marsch

1980/1980, B/BB/H, MS, 3 Min., M, RV

Unter freier Verwendung einer Melodie von Rudolf Krenger. Gestiftet der Musikgesellschaft Trubschachen von der Biscuitfabrik Kambly anlässlich ihres 70-Jahr-Firmenjubiläums.

Direktion in B

Luzerner Jubiläumsmarsch

1978, B/BB/H, MS, 3 Min., M, MA

Zum 800jährigen Bestehen der Stadt Luzern (1178–1978). Im TRIO wird das Lied «Vo Lozärn gäge Wäggis zue» zitiert.

Direktion in B

Luzerner Marsch

1965/1965, B/BB/H, MS, 4 Min., M, RV

Von Oberst Walter Ottiger dem Infanterie Regiment 19 gewidmet.

Direktion in B

Luzerner Musikanten

1966/1967, B/BB/H, MS, 3 Min., M, RV

Komponiert zum Jubiläum «75 Jahre Luzerner Kantonal-Musikverband 1892–1967».

Direktion in B

Marcia festiva

1987/1987, B/BB/H, MS, 3 Min., K, RV

Komponiert aus Anlass «125 Jahre Schweizerische Bankgesellschaft 1987». Uraufgeführt durch das Musikkorps der Jubilarin.

Direktion in B

Marsch der Stadtschützen

1979, H, MS, 3 Min., M, MA

Komponiert zum 550-Jahr-Jubiläum der Stadtschützen Luzern (1429–1979). Der ursprüngliche Titel hiess «Schiessgesellen».

Direktion in B

Marsch Inf Rgt 32

1980/1980, B/BB/H, MS, 3 Min., M, HA

Gewidmet dem St. Galler Infanterie Regiment 32.

Direktion in B

Martini-Fäscht-Marsch

1972, BB, MS, 3 Min., M, MA

Uraufgeführt 1972 am alljährlich im Herbst stattfindenden Martini-Fest in Luzern durch die Feldmusik Marbach unter der Leitung des Komponisten.

Direktion in B

Mocca

1965, B/BB/H, MS, 3 Min., M, MA

Komponiert für den Marschmusik-Wettbewerb zum Jubiläum «50 Jahre Mustermesse Basel».

Direktion in B

Musik und Sport

1978. H, MS, 3 Min., K, MA
Ihrem grossen Förderer, Grossrat Hans Kneubühler-Marquis, und seiner Begeisterung für Musik und Sport gewidmet von der Stadtmusik Luzern.

Direktion in B

Nationalrat-Ackermann-Marsch

1959, B/BB/H, MS, 3 Min., M, MA

Dem grossen Förderer der Feldmusik Marbach (LU) gewidmet.

Direktion in B

4515 Oberdorf SO

1975, B/BB/H, MS, 3 Min., M, MA

Den Ehrenmitgliedern der Musikgesellschaft Oberdorf Frau Vreni Gerber und Herrn Ernst Gerber, Oberdorf, gewidmet. (Das TRIO ist dem VGB-Marsch in Anlehnung an das Solothurner-Lied entnommen.)

Direktion in B

Oberstdivisionär-Wick-Marsch

1975/1976, B/BB/H, MS, 3 Min., M, RV

Dem Kommandanten der Gebirgs-Division 12 gewidmet.

Direktion in B

Ostermundiger-Festmarsch

1976, H, MS, 3 Min., M, MA

Komponiert zum Jubiläumsjahr 1976 in Ostermundigen: 100 Jahre Schützengesellschaft, 75 Jahre Musikgesellschaft, 50 Jahre Turnverein. Geschenk der Karton- und Papierfabrik Deisswil AG.

Direktion in B

Stadtammann-Leber-Marsch

1972, B/BB/H, MS, 3 Min., M, MA

Dem damaligen Stadtammann (1954–1973) von Zofingen, Dr. Walther Leber, gewidmet von der Stadtmusik Zofingen. Von diesem Korps uraufgeführt im Februar 1973 unter der Leitung von Otto Gafner.

Direktion in B

The Master – Der Meister

1972/1972, B/BB/H, MS, 3 Min., M, RV

Mit modernem Einschlag in Anlehnung an den Dixielandstil. Geschenk der Musikgesellschaft Gränichen an ihren Leiter Emil Gacond zum 30-Jahr-Dirigentenjubiläum.

Direktion in B

Veteranengruss

1962/1963, B/BB/H, MS, 3 Min., M, RV

Der Veteranen-Vereinigung des Luzerner Kantonal-Musikverbandes gewidmet.

Direktion in B

VGB-Marsch

1963/1963, B/BB/H, S, 3 Min., M, RV

Komponiert zum Jubiläum «100 Jahre Victor Glutz-Blotzheim, Solothurn». Im Trio wird das Solothurner-Lied zitiert.

Direktion in B

6. Tänze

Aentlibuecher Polka

1971/1976, B/BB/H, MS, 3 Min., M, RV

Zweiter Satz (aus «Drei Volkstänze» für Solisten-Quartett (2 Trompeten, Euphonium, Posaune) und Blasmusik (die anderen Sätze: Ländler und Schottisch). Den Namen «Aentlibuecher Polka» erhielt dieser Tanz bei der Verlagsausgabe.

Direktion in B

Ländler

1971, B/BB/H, MS, 3 Min., K, MA

Erster Satz aus «Drei Volkstänze» für Solisten Quartett (2 Trompeten, Euphonium, Posaune) und Blasmusik (die anderen Sätze: Aentlibuecher-Polka und Schottisch). Die Tänze gehen in den harmonischen Mitteln etwas über die Volksmusikpraxis hinaus.

Direktion in B

Ländler für Brass Band

1984/1985, BB, MS, 3 Min., K, RV

Komponiert für den Schweizer Blasmusik-Wettbewerb «Concours MusiCHa 1985». Uraufgeführt im Rahmen einer TV-Sendung durch die Brass Band Bürgermusik Luzern unter der Leitung von Ives Illi.

Direktion in B

Little Blues

1970/1970, B/BB/H, L (4.), 3 Min., M, RV

Das Stück bietet – falls die erforderlichen Solisten vorhanden sind – auch Gelegenheit zum Improvisieren. Entstanden als Stundenchor für ein Musikfest.

Direktion in B

Schottisch

1971, B/BB/H, MS, 3 Min., K, MA

Dritter Satz aus «Drei Volkstänze» für Solisten-Quartett (2 Trompeten, Euphonium, Posaune) und Blasmusik (die anderen Sätze: Ländler und Aentlibuecher Polka).

Direktion in B

Schwarzenegg-Ländler

1986, H, S, 4 Min., K, MA

Albert Benz schenkte diese Komposition dem Blasorchester Stadtmusik Luzern zu seinem 25-Jahr-Jubiläum als Dirigent im Jahre 1987. Uraufgeführt im Rahmen des Jahreskonzertes 1987 im Kunsthaus Luzern.

Direktion in B

Usem Eigetal Ländler

1961/1964, B/BB/H, MS, 3 Min., M, RV

Das Eigental gilt als Naherholungsraum der Stadtluzerner. Der gediegene Ländler kann bereits mit Kleinformationen (Blech oder Holz) aufgeführt werden.

Direktion in B

7. Soli für verschiedene Blasinstrumente und Blasmusik

Ballade für Posaune und Blasorchester

1986, H/Klavier, S, 8 Min., K, MA

Gewidmet der Musikgesellschaft Harmonie Rain von ihrem Ehrenmitglied Josef Scherer, Schwiegervater des Komponisten. Uraufgeführt durch Armin Bachmann und das beschenkte Korps.

Direktion in C

Drei Clowns

1963/1966, B/BB/H, MS, 4 Min., K, EV

Solostück für 2 Trompeten (Kornette), Posaune und Blasmusik (oder Klavier). Gediegene Unterhaltung, die ausgetretene Pfade vermeidet.

Direktion in C

THEMATISCHES WERKVERZEICHNIS 307

Konzert für Klarinette und Blasorchester

1968, H, SS, 12 Min., K, MA

Die Komposition entstand zur Feier des 150jährigen Bestehens der Stadtmusik Luzern und umfasst drei Sätze. Uraufführung durch Werner Bühlmann und die Stadtmusik Luzern anlässlich des Jahreskonzertes 1969 im Kunsthaus Luzern.

Direktion in B

La Terrazza

1961/1965, B/BB/H, MS, 4 Min., M, MV

Von südlichen Gefilden inspiriertes Solostück für 2 Trompeten (Kornette) und Blasmusik.

Direktion in B

Makkie-Messer-Parade

1978/1979, H, S, 6 Min., K, MV

Variationen über die Moritat aus der Dreigroschenoper von Kurt Weill. Das Stück gibt allen Registern Gelegenheit, sich als Solistengruppe zu betätigen. Gewidmet dem Dirigenten der Jugendmusik Bern-Bümpliz, Herrn Hans Knoll, von seinen Musikanten.

Direktion in B

Meditation für Euphonium und Brass Band

1972, BB, S, 7 Min., K, MA

Entstanden als Gabe des Musikvereins Speicher an seinen verdienten Dirigenten Ernst Graf. Für Harmoniebesetzung gibt es eine Bearbeitung von Rudolf Renggli.

Direktion in B

Trompeters Morgenritt

1969/1971, B/BB/H, S, 4 Min., M, HE

Fantasie für Solotrompete und Blasmusik mit Variationen über die Melodie «Hoch auf dem gelben Wagen» von Heinz Höhne. Dem Infanterie-Regiment 19 gewidmet von seinem letzten Trainoffizier Urs Clavadetscher.

Direktion in B

Va(le)rianten für Euphonium und Blasorchester

1987, H, SS, 7 Min., K, MA

Variationen über die Melodie «Freiheit fürwahr» aus der Sammlung von Adrien Valerius (ca. 1575–1625). Uraufgeführt durch Armin Würsch und das Blasorchester Stadtmusik Luzern anlässlich der Internationalen Musikfestwochen 1987 in Luzern.

Direktion in B

Vier Miniaturen für Alphorn

1974, BB/H/Sinfonieorchester, SS, 10 Min., K, MA

Die vier Sätze sind Stimmungsbilder aus dem Leben eines Älplers. Das Solo-Alphorn steht in F. Das Stück entstand für einen Basler Musikverein.

Direktion in C

THEMATISCHES WERKVERZEICHNIS

4. Bärgchilbi Mazurka

8. Verschiedenes

Scherzo zur «Dreilindensuite»

1982/1982, Violine/Violoncello, MS, 5 Min., K, HU

Zum 40-Jahr-Jubiläum des Konservatoriums Luzern komponierten vier Lehrer des Konservatoriums, nämlich Peter Benary, Albert Benz, Albert Jenny und Hubert Podstransky, die «Dreilindensuite». Albert Benz steuerte dazu das Scherzo bei.

Swiss Mountain Idyl

1981/1982, 2 Trompeten, Horn, Posaune, Tuba, MS, 3 Min., K, BB

Im Auftrag des «Brass Bulletin» und im Zusammenhang mit einem in dieser «Internationalen Zeitschrift für Blechbläser» erschienenen Komponistenporträt.

E sones Mueti

1975, Kinderchor, M, 3 Min., K, MA

Im Jahre 1966 als «Bädudä-Song» entstanden. Mit dem Text von Gustav Lichtsteiner wurde das Lied 1975 vom Kinderchor Bruder Klaus, Emmenbrücke, auf Tonträger gesungen.

Vier Lieder für den Schülergottesdienst

1973/1973, Schülerchor, Orgel, MS, 11 Min., PS

Texte von der «Arbeitsgruppe Gottesdienst Maihof». Als Angehöriger dieser Pfarrei hat Albert Benz den einstimmigen Gesang und die Orgelstimme komponiert.

Geburtstags-Signet

1985, 2 Trompeten/2 Posaunen, MS, 1 Min., M, MA

Ihrem ehemaligen Präsidenten, Ehrenmitglied Hans Kneubühler, überreicht von der Stadtmusik Luzern.

Kurt und seine 50

1982, Posaunen-Quartett, L, 1 Min., M, MA

Trp Fw Kurt Dürig, Bleienbach, gewidmet. Aufgeführt am Oberaargauischen Musiktag des Amtes Aarwangen am 19. Juni 1983 in Bleienbach mit 50 Posaunisten.

Posaunitis

1982, Posaunen-Septett, MS, 8 Min., K, MA

Nach der Idee von Kurt Dürig wurde die Grundmelodie von Albert Benz durch Tony Hostettler zu sieben Variationen verarbeitet: Thema, Menuett, Romanze, Walzer, Polka, Blues, Etüde, Marsch. Uraufgeführt anlässlich des 50. Oberaargauischen Musiktages des Amtes Aarwangen am 19. Juni 1983 in Bleienbach mit 50 Posaunisten und Schlagzeug.

Quick-Lunch mit Maggi

1984, Piccolo, Klarinette, Trompete, Posaune, Bass, Schlagzeug, MS, 1 Min., MA

Entstanden für einen Werbespot des Schweizer Fernsehens. Aufgeführt durch eine Kleinformation der Stadtmusik Luzern auf dem Kornmarkt in Luzern.

Schützen-Signet

1979, 2 Trompeten/2 Posaunen, MS, 1 Min., M, MA

Offizielles Signet zum Eidgenössischen Schützenfest 1979 in Luzern.

Sempacher Fanfare

1985, 4 Trompeten in Es/Pauken, MS, 1 Min., M, MA

Offizielles Signet zur 600-Jahr-Feier der Schlacht bei Sempach (1386–1986).

Sportlerehrung

1975, 2 Trompeten/2 Posaunen, MS, 1 Min., M, MA

Signet zur Feier «Sportler des Jahres» 1975 in Luzern.

9. Bearbeitungen

Titel	Komponist	Besetzung	Verlag
Bauernwalzer	Fuhlisch	Posaune + H	MA
		Posaune + BB	MA
Berceuse	Godard	Horn + H	MA
Alter Berner Marsch	trad.	Klarinetten-Chor	MA
Alter Berner Marsch	trad.	H	MA
Blumenwalzer	Tschaikowsky	H	MA
Canzon prima «La Spiritata»	Gabrieli	Holzbläser	MA
Canzon prima «La Spiritata»	Gabrieli	Blechbläser	MA
Canzona a 5	Buonamente	H	MA
Capriccio	Ponchielli	Oboe + H	MA
Deep River	trad.	Euphonium	MA
		Es Bass	
		2 B Bässe	
Der Sturm	Fibich	H	MA
Dialoge	Jenny	Oboe + H	MA
Die Dorfmusikanten, Schottisch	trad.	H	MA
Fantasia decima nona	Banchieri	H	MA
Fritschilied	trad.	2 Trompeten	MA
		Horn	
		Posaune	
Fulenbacher Marsch	trad.	H	MA
Graduale	Bruckner	B/BB/H	MA
Hans im Glück, Schottisch	Aregger	H	MA
Heirassa-Polka	Schilliger	B/BB/H	RV

THEMATISCHES WERKVERZEICHNIS 319

Titel	Komponist	Besetzung	Verlag
Hummelflug	Rimsky-Korsakow	Flöte Klarinette Saxophon-Quartett Kontrabass	MA
Hummelflug	Rimsky-Korsakow	Flöten Kleine H	MA
Kameraden auf See, Marsch	Küssel	H	MA
Kesäilata	Sonninen	Trompete + H	MA
Leichte Finger, Polka	Langer	Klarinette + H	MV
Lozärner Lied	Agustoni	H	MA
Marbacher Schottisch	trad.	B/BB/H	RV
Marche de Regiment de Diesbach	trad.	H	MA
Ouverture zu «Libussa»	Smetana	H	MA
Ouverture zu «Stiffelio»	Verdi	H	MA
Quando-Quando	Renis	H	MA
Sarner Bödeler	trad.	B/BB/H	RV
See der Urschweiz	Hilber	H	MA
Serenata	Toselli	Englischhorn + H	MA
Sinfonia «La Padovana»	Grossi da Viadana	H	MA
Südlich der Alpen	Fischer	H	MA
Suite für Blasmusik	Jenny	B/BB/H	RV
Suite aus «Fünffstimmigte blasende Music»	Pezel	B/BB/H	RV
Toccata für Blasorchester	Fässler	H	MA

Titel	Komponist	Besetzung	Verlag
Wettstein Marsch	Suter	H	MA
Zofinger Marsch	trad.	H	MA
Zürcher Sechseläuten Marsch	trad.	H	MA
Zwee schnälli Bärner, Polka	Bär	2 Klarinetten + H	RV
Initiant und Mit-Bearbeiter von «Spielheft für Militärmusik» der Schweizer Armee mit folgendem Inhalt: – Ordonnanzmusikstücke – Feldgottesdienstlieder – Historische Märsche – Hymnen und Lieder	verschiedene + trad	B/BB/H	EMD

Besetzungen:
B   Blech
BB Brass Band
H   Harmonie/Blasorchester

Verlage:
MA   Manuskript (erhältlich bei RV)
MV   Mythen Verlag, 6430 Schwyz
RV   Rhythmus Verlag, 6023 Rothenburg
EMD Eidg. Militärdepartement

10. Lehrmittel

Verlagsjahr		Format	Seiten	Verlag
1955	Elementarschule für Blechbläser	A5	76	CB
1983	Einspielen – Einstimmen 1 Direktionstimme 31 Orchesterstimmen	A4		RV
1986	Dirigieren Mitarbeit: Hans Jörg Spieler	A4	66	SP
1987	Blasmusikkunde / Proben- methodik	A4	107	RV
1987	Repertoirekunde und Geschichte der Blasmusik Mitarbeit: Josef Birrer Andreas Frei Josef Gnos Emil Hermann	A4	44	EM

Verlage:
CB Claire Benz, Hünenbergring 12, 6006 Luzern
EM Sekretariat der Musikkommission des EMV, Seftigenstr. 348, 3084 Wabern
RV Rhythmus Verlag, Eschenbachstr. 11, 6023 Rothenburg
SP Hans Jörg Spieler, Im Gerbelacker 39, 3063 Ittigen

ALBERT BENZ

Zum Thema Blasmusik

Blasmusik in der Schweiz

Nicht wahr, verehrter Leser, Sie haben schon an Frühschoppen, Bierzelt oder Empfang des Turnvereins gedacht, als Sie den Titel lasen? Wenn Sie das getan haben, befinden Sie sich in Übereinstimmung mit der Mehrheit der Bevölkerung, die die Blasmusik ebenfalls nur von dieser Seite kennt. Dieses Image der blasenden Vereine ist sehr einseitig und daher falsch. Es würde niemandem einfallen, Jazz- und Konzertpianisten, Jodler und Konzertsänger, Salon- und Symphonieorchester in einen Topf zu werfen. Aber im Bereich des bläserischen Musizierens ist dies immer noch üblich. Dabei ist aber das Spektrum der Blasmusik ebenso gross. Vorerst muss man unterscheiden zwischen Bläsermusik, der solistisch besetzten bläserischen Kammermusik, und Blasorchestermusik, jener Musik, die von chorisch besetzten Bläsergruppen, wie sie unsere Dorf- und Stadtmusiken darstellen, gespielt wird. Die letztere kann man wieder unterteilen (ich bediene mich eines Begriffes von Dr. Walter Biber) in funktionale und konzertante Blasmusik. Die funktionale Blasmusik ist eingebettet in das örtliche Brauchtum und in das öffentliche Leben der Gemeinden. Sie übernimmt eine dienende Funktion bei Anlässen verschiedenster Art und ist als solche im Bewusstsein aller Schichten verankert. Funktionale Blasmusik ist beliebt, künstlerisch gesehen aber oft recht unergiebig.

Im Gegensatz dazu lebt die konzertante Blasmusik von der Musizierlust der Bläser und Schlagzeuger. Sie ergreifen selber die Initiative und laden zu Konzerten. Dabei kommen praktisch alle Arten von Musik zur Aufführung. Das Angebot reicht vom vollgültigen symphonischen Werk bis zum billigen Tagesschlager, von der verstaubten Bearbeitung bis zum aparten Originalwerk. Die Programme sind den Neigungen der Dirigenten und Bläser angepasst. Hier könnte man eine weitere Unterteilung vornehmen: Unterhaltungskonzerte, symphonische Konzerte, gemischte Konzerte. Selbstverständlich ist die Leistungsfähigkeit der Blasmusikvereine sehr unterschiedlich. Neben Vereinen, die an ihre Mitglieder hohe und höchste Anforderungen stellen und in denen Berufsmusiker und Musikstudenten als Mitglieder mitwirken, stehen andere, die mit einfachsten Mitteln arbeiten oder denen das gesellschaftliche Erlebnis wichtiger ist als harte musikalische Arbeit.

Ein bisschen Blasmusikgeschichte

Was eine rechte Geschichte ist, beginnt mit der Antike. In allen vorchristlichen Kulturen stehen die Blasinstrumente gleichbedeutend neben den Saiteninstrumenten. Sie wurden für kultische Zwecke, zur Unterhaltung, für die Übermittlung von Nachrichten (Signalisation) und vielleicht sogar für die Marschmusik eingesetzt. Schon damals gab es professionelle Musiker in den Tempeln und den Heeren. Im alten Athen war das Flötenspiel eine vornehme Liebhaberei, während die alten Chinesen der Musikübung höchsten pädagogischen Wert beimassen. Die kriegerischen Römer besassen eine durchorganisierte Signalmusik. Nicht weniger als 43 bestimmte Befehle konnten auf akustischem Wege übermittelt werden. Ihre hochentwickelte Kunst des Metallblasinstrumentenbaus ging in den Völkerwanderungswirren unter. Manche Forscher nehmen an, dass sie dem Abendland erst durch die Sarazenen und durch die Kreuzzüge wieder bekannt wurde. Das frühe Christentum lehnte alle Instrumentalmusik als heidnisch ab. Daher wissen wir wenig über die bläserischen Praktiken des frühen Mittelalters.

In der karolingischen Zeit war der Olifant, ein aus Elfenbein geschnitztes Horn, Symbol der Befehlsgewalt. Später wurden die Musiker mit den fahrenden Gauklern verachtet. Deshalb entwickelten sich im

13. Jahrhundert Innungen oder Bruderschaften zur Hebung des Ansehens des Musikerstandes. An der Grenze zur Renaissance finden wir am Hof der Burgunder Herzöge erstmals eine festgefügte Formation von Bläsern, *die Alta*. Haute musique war die klangkräftige Musik, die man dort einsetzte, wo ein mächtiger Ton erforderlich war. Dieses frühe Ensemble war in der Regel aus Doppelrohrblattinstrumenten (Schalmei und Pommer) und Posaune zusammengesetzt. An den Höfen der Fürsten entwickelte sich ein anderes Ensemble, bestehend aus Trompeten und Pauken. Für lange Zeit blieb diese Gruppierung dem Adel und der fürstlichen Reiterei vorbehalten. Die Trompeter waren zu den angesehensten und bestbezahlten Musikern geworden. Die Kriegsmusik der Fusstruppen hingegen bestand aus Querpfeifen und Trommeln. In der Renaissance bemerken wir eine Tendenz, die Instrumente zu Familien, welche vom Diskant bis zum Bass reichen, auszubauen. So entstehen Ensembles aus Schnabelflöten (Blockflöten), Schalmeien oder Posaunen. Ihre Aufgaben finden diese Gruppierungen beim Turmblasen im Gottesdienst, bei Aufzügen oder als Tafel- und Tanzmusik. War Chorverstärkung anfänglich die wichtigste Funktion der Instrumentalmusik, so lösten sich die Streicher und Bläser mehr und mehr von dieser eher untergeordneten Praxis: Die Instrumentalmusik wurde selbständig. In Venedig entstand eine umfangreiche Literatur, die man bereits als Bläsermusik bezeichnen darf. Im Barock etablierte sich der Bläserklang immer stärker in allen Sparten der Musikpraxis. Die Bläsermusik wuchs beinahe ins Unübersehbare. Erst in jüngster Zeit wurden uns diese Werke teilweise zugänglich. Etliche dieser wertvollen Kompositionen sind auch für modernes Blasorchester bearbeitet worden.

Im 17. Jahrhundert setzte eine grosse Umwälzung im Bau der Holzblasinstrumente ein. Aus schalmei- und pommerartigen Instrumenten entstanden Oboe und Fagott und noch vor 1700 auch die Klarinette. Die Querflöte wurde verbessert und trat in Konkurrenz zur Schnabelflöte. Lully schrieb Märsche für Oboen und Fagott, und die grossen Meister bauten die neuen Instrumente in ihr Orchester ein. Seltsamerweise musste die Klarinette recht lange auf Anerkennung warten. Auch das Horn war inzwischen orchesterfähig geworden. Damit stand das Instrumentarium für die grosse Stilwende, die schon zu Lebzeiten Bachs einsetzte, bereit. Allmählich fügte sich das Sinfonieorchester der Wiener

Klassik zusammen. Seine Sektionen traten auch selbständig in Erscheinung. Die Saiteninstrumente als Streichorchester, die Bläser als sogenannte *Harmonie*. Die Besetzung der klassischen Bläsermusik wechselt ständig. Wir finden vom Trio bis zum über ein Dutzend Instrumente aufweisenden Ensemble alles. Häufig wurden die Typen paarweise eingesetzt. Als Standardbesetzung – quasi ein Gegenstück zum Streichquartett – etablierte sich das Bläserquintett, bestehend aus Flöte, Oboe, Klarinette, Horn und Fagott. Durch die Türkenkriege wurden die Instrumente der Janitscharenmusik in Europa bekannt. Nehmen wir die Instrumente der Harmonie, ergänzen sie durch das türkische Schlagzeug und verstärken den Bass mit Serpent, Ophikleide oder gar Kontrafagott, so haben wir die Militärmusik der Klassik und Frühromantik vor uns. Selbstverständlich spielte auch die Naturtrompete darin eine Rolle. Man darf wohl annehmen, dass gelegentlich mehrere solche Formationen bei grossen Anlässen zusammentraten. Damit hätten wir die chorische Besetzung: das Blasorchester.

Besonders ausgeprägt ging diese Entwicklung in Frankreich vor sich. Die Französische Revolution machte sich den neuen, kräftigen und betörenden Klang zunutze. Die frühe Originalmusik für Blasorchester, die Gossec, Méhul, Jadin, Catel und Reicha im Dienste einer politischen Idee schrieben, fassen wir unter dem Begriff «französische Revolutionsmusik» zusammen. Die ältesten Stadtmusiken der Schweiz, die in den ersten Jahrzehnten des 19. Jahrhunderts entstanden und meist als offizielle Militärmusiken der Stände dienten, waren vom Vorbild der Franzosen geprägt. Blasmusiken für ähnliche Besetzungen schrieben u.a. Hummel, Spohr, Weber, Meyerbeer, Rossini, Donizetti, Berlioz, Mendelssohn und Verdi. Man darf annehmen, dass diese Werke, ähnlich wie in den Orchestern, von professionellen oder halbprofessionellen Musikern aufgeführt wurden. Durch die Ideen der Französischen Revolution angeregt, drängte aber das «Volk», die Bauern und Städter, immer mächtiger zur aktiven und passiven Teilnahme an der Kunstübung. Vereinsfreiheit war ein Postulat der Revolution. Das patriotische Hochgefühl dieser Freiheit ist meisterhaft verewigt in Gottfried Kellers «Fähnlein der sieben Aufrechten.»

Eine umwälzende Neuerung im Instrumentenbau, die Erfindung der Ventile für Blechblasinstrumente (ca. 1813), kam dieser Volksbewegung entgegen. Bis zur Mitte des 19. Jahrhunderts lagen alle Blechinstrumente mit Ventilen versehen vom Sopranino bis zum Bass vor. Und diese neuen Instrumente waren verhältnismässig leicht zu erlernen. Nun schossen die Blech-, Harmonie-, Bürger-, Feld-, Stadt- und Dorfmusiken wie Pilze aus dem Boden. Die Blasmusik war eine Sache der Laien, der Liebhaber, geworden. Musiker aus Orchestern oder Militärkapellen und Tanzmusiker mögen als Lehrer bei den ersten Gehversuchen auf den Flügelhörnern, Kornetten, Trompeten, Alt- und Tenorhörnern und auf Posaunen und Tuben Hilfe gestanden haben. Nun waren die Formationen da, aber es fehlten die Werke. Sie mussten beschafft werden. Die ausländischen Militärkapellen und die schweizerischen Stadtmusiken waren zu blasenden Sinfonieorchestern geworden und griffen zur Bearbeitung. Für sie lag bald ein grosser Teil des Konzert- und Opernrepertoires in Transskriptionen vor. Die Komponisten suchten und unterstützten diese Entwicklung. Liszt und Brahms regten selbst die Bearbeitung ihrer Werke bei Militärkapellmeistern an. Die leistungsfähigen Blasorchester wurden zu Wegbereitern der damals modernen Musik. Schwerer hatten es die kleinen Vereine, deren Bläser praktisch Anfänger waren und die das sinfonische Repertoire nicht bewältigen konnten. Für sie schrieben «Spezialisten», oft ungenügend geschulte Dirigenten, einfache Stücke im Volkston. Solche Pionierblasmusik war oft von bescheidenem Wert oder gar trivial. Aber seit etwa 1910 besitzen wir auch einfache, für Laien geschriebene Stücke von gutgeschulten und potenten Komponisten. Aber auch anspruchsvolle Werke entstanden in immer grösserer Zahl. Die Liste der Meister, die für Blasorchester schrieben, ist imponierend: Tschaikowsky, Rimskij-Korssakow, Elgar, Strauss, Granados, Roussel, Holst, Ives, Schönberg, Respighi, Strawinsky, Martin, Prokofieff, Honegger, Milhaud, Hindemith, Tscherepnin, Weill, Blacher, Henze, Penderecki, um nur eine Auswahl zu nennen. Damit waren allerdings die Bearbeitungen für Blasorchester noch nicht eliminiert. Noch Strauss, Strawinsky, Sibelius und Hindemith gestatteten Bearbeitungen ihrer Werke.

Zurück zur Besetzung. 1840 wurde das Saxophon erfunden. Von hier weg entwickelten sich in den verschiedenen Ländern unterschiedliche Besetzungstypen. Die Franzosen und mit ihnen die englischsprechenden Länder, später auch Italien, nahmen das neue Instrument in ihre Formationen auf, während es im deutschsprachigen Raum auf Ablehnung stiess. In England entwickelte sich die Amateurblasmusik hauptsächlich in Form der reinen Blechbesetzung. Die Brass Band entstand; hingegen waren in den Militärorchestern auch Holzinstrumente und Saxophone eingesetzt. Der englische Typ der Harmoniemusik wird deshalb Military Band genannt. Er wurde Vorbild für das amerikanische Blasorchester, die Concert Band oder Sinfonic Band. Dieser Typ stützt sich hauptsächlich auf die im Sinfonieorchester verwendeten Instrumente und gewinnt in letzter Zeit auch in der Schweiz immer mehr Verbreitung.

In Frankreich und den Beneluxstaaten existieren drei unterschiedliche Formationen. Die Fanfare ist eine reine Blechformation mit eng- und weitmensurierten Instrumenten. Erweitern wir sie mit einem Saxophonsatz, haben wir die Fanfare mixte. Die Harmonie unterscheidet sich von der englisch-amerikanischen durch eine grössere Aufsplitterung der Blechinstrumente. In Deutschland existierten früher auch Blechformationen, Kavallerie- oder Jägermusik geheissen. Verbreitet sind dort die Harmonieorchester ohne tiefe Klarinetten. Die Saxophone kamen erst seit 1945 allmählich dazu. Die österreichische Besetzung weicht kaum von der deutschen ab. Der Kleinstaat Schweiz vermochte nie einen eigenen Besetzungstyp auszuprägen. Die Einflüsse entsprachen den Sprachregionen und wurden lange durch die vielen ausländischen Dirigenten noch verstärkt. In jüngerer Zeit verstärkt sich einerseits der Einfluss der Brass Band auf die Blech- und des amerikanischen Orchesters auf die Harmonieformationen. Die Vielfalt der Besetzungstypen ist ein Merkmal der Schweizer Blasmusik. Manche Vereine besitzen nur wenige Holzinstrumente, sind also keine richtigen Harmonie- oder Blechmusiken. Es liegt dann an den Dirigenten, durch geschickte Retouchen an der Instrumentation die vorhandenen Elemente möglichst optimal einzusetzen. Durch regionale Zusammenarbeit wäre es möglich, von dieser einengenden Praxis abzukommen und typisierte Besetzungen zu schaffen.

Nachwuchs

Die gut arbeitenden Blasmusiken haben keine Nachwuchsprobleme. Die Ausbildung der jungen Bläser und Bläserinnen erfolgt sehr oft vereinsintern. Früher war die Schulung in grösseren oder kleineren Gruppen die Regel. Doch wird dieses System erfreulicherweise immer mehr durch Einzelunterricht ersetzt. Die in allen Regionen des Landes entstandenen Musikschulen betreiben die Bläserschulung nicht in erster Linie zur Nachwuchssicherung der Vereine, Musikerziehung wird immer deutlicher als nötiger Bestandteil der allgemeinen menschlichen Schulung erkannt. Viele Jugendmusikkorps leisten ebenfalls Erfreuliches. Oft fehlt es ihnen aber an den erforderlichen Mitteln. In solchen Fällen muss dann möglichst viel Geld eingespielt werden. Das führt zu einer Überbeanspruchung, unter der die solide musikalische Aufbauarbeit leidet. Die musikalischen Leistungen bleiben zurück, und die innere Befriedigung will sich nicht einstellen. Billige Effekthascherei muss dann den fehlenden Erfolg vortäuschen. Ähnlich kann es – nebenbei gesagt – oft auch den Vereinen Erwachsener ergehen. Der Eidgenössische Musikverband und die Kantonalverbände widmen sich der Weiterbildung. Die von ihnen organisierten Kurse für Instrumentalisten und Dirigenten werden rege besucht. Die daraus erwachsenden hohen Kosten werden fast ausnahmslos durch die Mitgliederbeiträge der Verbände gedeckt. Einige fortgeschrittene Kantone bestätigen als Ausnahmen die Regel!! Hier wäre ein Ansatzpunkt für die vielzerredete Kulturförderung.

Das Spielgut

Leistungsfähigkeit, Geschmacksrichtung und Aufgabenstellung bestimmen das Repertoire einer Blasmusik. Praktisch alle Sparten vermögen ihr Publikum zu erreichen. Marschmusik vermag auch heute noch eine zahlreiche Zuhörerschaft anzusprechen. Die Unterhaltungsliteratur ist von sehr unterschiedlicher Qualität. Ihr Spektrum reicht von der Musical- oder Operettenfantasie über virtuos angelegte Solostücke und Ländler- oder Folkmusik bis zum Jazz, leider oft auch zum Pseudojazz.

Gerade im Bereich der kultivierten und geschmackvollen Unterhaltungsmusik liegt eine grosse Chance der Blasmusik. Zwischen der avantgardistischen Kunstmusik, die kein breites Interesse mehr wecken kann und will, und minderwertiger «Wegwerfmusik» besteht eine Lücke im Angebot. Leistungsfähige Vereine betätigen sich mit Vorliebe und oft mit gutem Erfolg auf dem Gebiet der sinfonischen Originalmusik für Blasorchester. Dabei kann sich das einseitige Image der Blasmusik oft störend auswirken. Viele potenzielle Hörer wissen nichts von dieser beträchtliche Höransprüche stellenden Tätigkeit. Oder ist auch ein bisschen Snobismus dabei, wenn diese Konzerte nicht zur Kenntnis genommen werden? Man zeigt sich schliesslich im Abonnementskonzert und in der Oper, nicht bei der Blasmusik. Den Harmoniemusiken steht heute ein sehr umfangreiches Spielgut aus den USA zur Verfügung.

In Amerika ist Blasmusik fast identisch mit Schulmusik. Keine Mittelschule oder Hochschule ohne leistungsfähige Band. Das ergibt die kaufmännische Grundlage für eine gewaltige Produktion von Originalliteratur, die bis zur seriellen Musik reicht. Erstrangige Musiker schreiben Band-Musik, und das Konzertangebot ist wesentlich moderner als jenes der schweizerischen Sinfoniekonzerte. Die Brass Bands können sich auf ein reiches Angebot an guter Originalmusik aus England verlassen. Erstaunlich aktiv sind auch Holland und Belgien in der Schaffung neuer Bläsermusik. Grosse Verlage widmen sich dieser wichtigen Aufgabe, und das niederländische Kulturministerium erteilt Kompositionsaufträge... Doch auch die schweizerische Produktion darf sich sehen lassen. Aber im Gegensatz zum Ausland sind unsere Verleger Idealisten, die mehr dienen als verdienen.

Der Eidgenössische Musikverband und etliche Kantonalverbände erteilen Aufträge zur Schaffung von Aufgabenstücken für Wettbewerbe. Es sind, genau besehen, wiederum die aktiven Musikanten, die durch ihre Mitgliederbeiträge diese notwendige Literaturförderung berappen. Ein zweiter kulturpolitischer Ansatzpunkt!

Wettbewerbe

Viele Liebhaberbewegungen zeigen das Bedürfnis, sich im Wettstreit zu messen: Turner, Sänger, Schützen. Bei den Blasmusiken ist diese Erscheinung besonders ausgeprägt. Solche Wettbewerbe heissen im allgemeinen – etwas irreführend – Musikfeste. Sie werden auf schweizerischer, kantonaler oder regionaler Ebene veranstaltet und finden in Abständen von zwei bis fünf Jahren statt. Sie bieten Anreiz zu besonderen Anstrengungen und werden rege besucht. Durch private Initiative sind in letzter Zeit auch Einzel- und Quartettwettbewerbe entstanden, die sehr erfolgreich den Nachwuchs fördern.

Verbände

Die Blasmusikvereine sind in Kantonal- und Regionalverbänden organisiert. Die Schweizer Dachorganisation heisst Eidgenössischer Musikverband (EMV). Diese Interessengemeinschaften sehen ihre wichtigsten Aufgaben in der Weiterbildung der Intrumentalisten, der Schulung der Dirigenten, der Literaturförderung und der Durchführung von Wettbewerben. Der EMV wird weitblickend und straff geführt und umfasst gegenwärtig 1873 Vereine mit 75000 Mitgliedern.[1] Zusammen mit dem Eidgenössischen Tambourenverband stellt er praktisch alle Militärmusiker. Militär- und Blasmusik sind in ihrer geschichtlichen Entwicklung eng miteinander verknüpft. Sie setzen sich auch in der schweizerischen Gegenwart gegenseitig voraus und können sich anregen und befruchten.

---

1 Zahlen von 1989: 2020 Vereine mit 83000 Mitgliedern.

«U-Musik» und «E-Musik»

«Diese Musik verstehe ich nicht, sie ist zu hoch für mich», hört man etwa sagen. Dieser Satz spricht eine Tatsache aus, die alle musikalischen Erscheinungsformen in zwei Lager spaltet. Ernste Musik (E-Musik) verlangt vom Hörer die volle Hinneigung zum Werk, erfordert geistige und seelische Anspannung, setzt aber auch eine gewisse Vertrautheit mit der sinfonischen Tonsprache voraus. Unterhaltungsmusik dient dem Hörvergnügen, wendet sich an einen grössern, musikalisch nicht besonders geschulten Hörerkreis und ist in eine gefällige Klangform gekleidet. Ihre Aussage ist bekömmlich, entspannend, unterhaltend. Sie ist leicht aufzufassen und wird (oft missverständlich) «leichte Musik» genannt.

In der Frühzeit der abendländischen Musikentwicklung war alle Tonkunst, die nicht geistlichen oder fürstlich-repräsentativen (kriegerischen) Zwecken diente, in einem hohen Sinne Unterhaltungsmusik. Bach bezeichnete alle Musik, die nicht zur Ehre Gottes oder zur Rekreation des Gemütes gemacht wurde, als teuflisches Geplärr und Geleier. So ist wohl manches, was wir heute devot wie ein kostbares Museumsstück verehren, nichts anderes als gediegene, hochstehende Unterhaltung gewesen. Ob wohl die fürstlichen Tafelmusiken lautloser aufgenommen wurden als unsere heutigen Bankettkonzerte? Doch war diese unterhaltende Musik von den grossen Komponisten geschrieben. Sie setzten ihre ganze technische Meisterschaft und ihren geschulten Geschmack ganz dafür ein. Bis ins 19. Jahrhundert war der Adel ausserhalb der Kirche einziger Träger der Kunstmusik. Um die Mitte des Jahrhunderts traten die emporgekommenen, aufgeklärten Bürger an seine Stelle. Seither entwickelte sich eine immer grösser werdende Kluft zwischen E- und U-Musik. Nicht nur die Komponisten, sondern auch die Hörer schlugen sich zur einen oder andern Gruppe. Dieses allmähliche Auseinanderleben brachte eine neue Erscheinung hervor: Hatten früher schlechte Komponisten einfach bedeutungslose Musik geschaffen, so produzierten sie jetzt auch Antikunst oder Kitsch. Die Kunstmusik ihrerseits wurde immer komplizierter und erschwerte dadurch dem Volke die Gefolgschaft. Während ein Johann Strauss noch Unterhaltungsmusik mit künstlerischem Wert schuf, gelangen andern Kunstwerke ohne Breitenwirkung und wieder andern Musikstücke von volkstümlicher Wirkung, aber ohne künstlerisches Niveau. Neben die Kammermusik trat die biedermeierische Haus- und Gesellschaftsmusik, die die Salonmusik hervorbrachte. Neben die Oper trat die Operette, die allmählich zum Tanz- und Liederschlager absank. Es ist verständlich, dass bei dieser Entwicklung die Volksmusik als künstlerische Äusserung des Volkes ruiniert wurde: Einerseits verschwand sie, anderseits verschmolz sie mit der Unterhaltungsmusik und wurde kommerzialisiert, das heisst: sie wurde zu Konsumware umfunktioniert.

Die Grenze zwischen U- und E-Musik ist nicht immer leicht zu definieren. Es kommt dabei wesentlich auf den geschmacklichen Standpunkt an. Was den einen animierend dünkt, findet ein anderer zu schmissig. Unterhaltungsmusik kann von hoher Qualität, E-Musik unbedeutend sein. Die technischen Merkmale der U-Musik sind jenen der Volksmusik nicht unähnlich. Die Melodik ist sangbar, bleibt im Gedächtnis, kann vorausgeahnt werden, besteht aus knappen Motiven. Der Rhythmus ist klar und packend, die Harmonie angenehm und anziehend, wenn auch bisweilen kompliziert oder raffiniert. Die Form ist knapp, echte Grossformen mit thematischer Entwicklung und kontrapunktischen Strukturen kommen nicht vor. Sinfonische Musik ist in der technischen Faktur immer kunstvoll, in der Aussage immer menschlich bedeutungsvoll, was nicht gleichbedeutend ist mit humorlos oder triste. Sie hat eine Ausweitung der Vorstellung oder Empfindung zur Folge. Sie setzt seelische Spannkraft, geistige Aufmerksamkeit und die Bereitschaft zu künstlerischer Erhebung voraus.

Immer wieder haben grosse Komponisten sich nicht davor gescheut, sich einfach, volkstümlich auszudrücken oder im Unterhaltungston zu sprechen. Aber sie taten es mit Geschmack und mit Meisterschaft. Nur Snobs finden das «Largo» von Händel schlecht, weil es viel gespielt wird und vielen gefällt. Man kann aber diese zu U-Musik gewordene E-Musik auch entwürdigen. Beispielsweise, wenn man sie sentimental vorträgt (Träumerei von Schumann) oder wenn man sie am falschen Platze spielt (Opernarien zwischen Jongleur und Kunstradfahrer).

Die unehrlichste Gattung ist wohl die sogenannte Salonmusik, die bis zum Aufkommen des Jazz und des Radios die Unterhaltungsmusik beherrschte. Typisch an ihr sind die gefällig-seichte Aufmachung, der schmachtende Gefühlsüberschwang, die kindische und primitive Tonmalerei: Gebet einer Jungfrau, Grossmütterchens Stelldichein und Parade verschiedener Insekten und Fabelwesen. Noch verlogener ist eine gewisse Sorte, deren Titel ein bedeutendes Ereignis suggeriert, deren Inhalt aber weinerlich ist und mit simplen Effekten die Fantasie in die gewünschte Richtung lenkt.

Kitsch entsteht aber auch da, wo mit dem Rüstzeug eines Tanzmusikers und mit dem Geschmack eines Biermusikers sogenannte sinfonische Dichtungen oder Ouvertüren fabriziert werden. Die Chance dieser Elaborate besteht darin, dass jene Hörer, die grundsätzlich nur U-Musik annehmen, sie für E-Musik halten und als solche geniessen. Typisch für all diese Erscheinungen ist neben fehlender Satztechnik oder fehlendem Geschmack der Mangel an Geist und Witz, der tierische Ernst. Nicht selten steht anstelle von Ideen und Einfällen ein ideologisch verbrämter Chauvinismus, wie er sich auch in vielen Produkten der modernen «Schein-Volksmusik» äussert.

Musste man früher, um U-Musik geniessen zu können, entweder selbst spielen oder singen oder sich zum Promenadenkonzert, ins Tanzlokal, Kaffeehaus oder in die Operette begeben, wird man heute damit überfüttert. An die Stelle des Auswahlhörens trat die Klangkulisse. Der letzte Rest von geistiger Anteilnahme wurde durch Berieselung ersetzt. Nicht mehr Musiktheorie und geschulter Geschmack oder gar musikalische Einfälle lenken die Erfinder dieser Produkte: Es ist die Marktforschung. Heute dürfte man behaupten, dass die verbreitetste U-Musik, der Schlager, an Niveau kaum mehr unterboten werden kann, während sich anderseits die zeitgenössische E-Musik in noch nie erlebtem Masse vom Volkston entfernt hat.

Nun werden die beiden extremen Positionen noch gewissermassen ideologisch untermauert. Hass der U-Gruppe gegen alle E-Musik, Verachtung der E-Anhänger gegenüber aller U-Musik. Auf der einen Seite beweist man, dass man «in» ist, indem man die (gesteuerte) Hitparade auswendig weiss und selbstverständlich die entsprechenden Platten gekauft hat. Auf der andern Seite beweist man seine Bildung, indem man die berühmten (besser: die von den Konzertagenturen berühmt gemachten) Dirigenten und Solisten kennt und sich nur an den exquisitesten Festivals sehen lässt. Dabei gibt es zwei Gruppen: Die Kulturbewussten anerkennen nur, was vor mindestens 100 Jahren komponiert wurde, und nehmen zeitgenössische Musik nur widerwillig entgegen, die Progressiven haben für die Werke der Klassik und Romantik nur ein mitleidiges Lächeln übrig. Selbstverständlich gibt es auch wirkliche Musikliebhaber und -kenner. Etwas pessimistisch könnte man formulieren: Die Musik ist neben dem Auto, der Karte aus den Ferien, dem privaten Schwimmbad und dem Fernsehgerät zu einem Mittel der Repräsentation geworden. Man zeigt, dass man Kultur hat oder dass man «in» ist. Die Verachtung der entgegengesetzten Position schmeichelt dem persönlichen Stolz oder überdeckt das eigene Minderwertigkeitsgefühl.

Dass in dieser unerfreulichen Situation kein Platz für gute Unterhaltung ist, leuchtet sofort ein. Der Mangel an gehobener Unterhaltungsmusik und an entsprechenden Konzertveranstaltungen beweist es. H.J. Moser formulierte das Problem treffend:

«Statt dass snobhafte Kunstkennermusik und Musikgeräusche für den untersten Geschmack hoffnungslos auseinanderwachsen, kann durch mittlere volkstümliche Unterhaltungsmusik der zum Teil blutleere Ausschliesslichkeitsdünkel der Anspruchsvollsten aufgelockert und umgekehrt die falsche Scheu breiter Kreise vor dem Sinfoniekonzert verringert, ja behoben werden. So hat beste Unterhaltungsmusik eine denkbar wichtige musikkulturelle Aufgabe zu lösen.»

H.E. Holthausen trifft den Nagel ebenfalls auf den Kopf, wenn er sagt:

«Die Musik der grossen Dimensionen und die Musik der Strasse und der Cafés sind nicht so streng auseinanderzuhalten, wie der Snobismus glauben mag. Es gibt Vermittler und Zwischenträger.»

Ist nicht das Blasorchester, sei es als Harmonieformation, als Brass Band oder als Fanfare, ideal dazu geeignet, diese Vermittlerrolle zu übernehmen? Sein Repertoire reicht ja von der sinfonischen Musik bis zum Tagesschlager. Dabei kann man sich nach wenigen Grundsätzen richten:

1. In der Unterhaltungsmusik keine zu grossen Konzessionen an den untersten Geschmack machen und sie sehr sorgfältig einstudieren. Die etwas härtere, vom Jazz beeinflusste Kost ist einfältiger Sentimentalität vorzuziehen.

2. Nicht auf scheinsinfonische Musik hereinfallen, die in Wirklichkeit süssliche Salonmusik oder aufgetakelte Biermusik ist.
3. In der E-Musik die Spreu vom Weizen zu scheiden wissen und sie nur im geeigneten Rahmen aufführen. Dabei ist unter Umständen eine wirklich geeignete Bearbeitung einer nichtssagenden «Originalkonstruktion», selbst wenn sie modern verbrämt ist, vorzuziehen: Geschmack, nicht Snobismus!

Vom Kitsch in der Blasmusik

Die beiden Begriffe Kunst und Kitsch sind schwierig zu umschreiben. Kitsch taucht in allen Gattungen der Kunst und des Kunsthandwerks auf. Kitsch ist etwas, das schlechten Geschmack verrät. Über Geschmack lässt sich aber streiten. Und doch gibt es Dinge, die mit Sicherheit zum Kitsch gerechnet werden können. Zwischen den beiden Gegensätzen Kunst und Kitsch könnte man noch eine mittlere Gruppe von wertlosen «Kunstprodukten» einfügen. Sie zeichnen sich durch Mittelmässigkeit aus und sind meist fantasielose Nachahmungen. Mannigfaltige Gründe können für die Entstehung von Kitsch verantwortlich sein: Dem Schöpfer fehlt das Handwerk oder die Kunstfertigkeit, die Aussage des Künstlers ist kopiert, verlogen oder gespreizt und geziert, der Schöpfer appelliert an die niedrigsten Instinkte der «Konsumenten», oder die Schöpfung missbraucht die Tugenden der Menschen zu einem falschen Zweck. Kitsch entsteht dann, wenn der «Künstler» so tut, als ob er ein wirkliches Anliegen hätte, während er vielleicht ein Geschäft wittert.

Auch im Repertoire der Blasmusik kommen Kitsch, wertlose Serienprodukte und schlechtverarbeitete Gedanken neben geschmackvoller Unterhaltung, echter Volksmusik und wirklichen Kunstwerken vor. Nicht selten wird das Schlechte gerade deswegen vorgezogen, weil es auf eine gewisse Hörerschaft Eindruck macht. Wie viele Musikanten und Dirigenten gibt es, die nur Stücke wählen, die einen Knalleffekt garantieren, während bescheidenere, aber gediegene Kompositionen ungespielt in den Schränken vergilben! Wer das Programm nur nach dem zu erwartenden Erfolg gestaltet, verrät eine kitschige Haltung und verfällt auch häufig auf Kitsch. Nicht selten passt der Titel eines Werkes nicht zu dessen Inhalt und Form. Vieles wird als sinfonische Dichtung oder als Ouvertüre bezeichnet, was eigentlich Marschpotpourri heissen müsste. Oft tragen die Kompositionen pompöse Titel, die nicht zum dürftigen Gehalt des Werkes passen wollen oder zu ihm überhaupt keine Beziehung haben. Aber die Schöpfer wissen wohl, dass der Erfolg eines Stückes sehr gut von dessen Titel abhängen kann. Gross ist auch das Angebot an Blasmusikwerken, die eine gewisse Phantasie und Erfindungsgabe erkennen lassen, die aber wegen der völlig fehlenden Satzkunst abgelehnt werden müssen. Der Kenner wird leicht zwischen den gewollten und den unterlaufenen Quinten- und Oktavenparallelen unterscheiden können. Der Komponist soll durch seine Werke ein Minimum an harmonischer und kontrapunktischer Schulung erkennen lassen. Man lässt seine Möbel auch nicht durch einen Schreiner anfertigen, der nicht hobeln kann. Eine gefährliche Gruppe von Blasmusikwerken ist immer noch im Zunehmen begriffen: jene, die ihre einfallslose Dürftigkeit hinter einer «modernen Maske» verstecken. Zeitgemäss komponieren will verstanden und gekonnt sein. Aber bei vielen modern sein wollenden, neueren Kompositionen kommt man nicht um die Annahme herum, dass das modernistische Gewand nur gewählt wurde, um das Unvermögen des Produzenten zu verbergen. Das will nicht heissen, dass moderne Musik schlechter sei als ältere. Die Frage ist die, ob der Komponist modern empfindet und sich so besser ausdrücken kann – oder ob die moderne Haltung bloss eine Pose ist, um «mit dabei zu sein». Der Wert einer Schöpfung kommt zum Vorschein, wenn man das, was zeitgebunden ist, wegnimmt. Kitsch entsteht auch dann, wenn der Aufwand an Kunstmitteln nicht in einem richtigen Verhältnis zum Gehalt steht. Es gibt da eine weltberühmte Operettenmelodie, die eine Einleitung besitzt, als ob nun das Wichtigste der Welt mitgeteilt werden sollte. Dann folgt in seichter Aufmachung ein kindischer Stossseufzer: «Du hast im Himmel viel Englein...» Viel Kitsch entstand auch dadurch, dass die Volksmusik unserer Regionen verbraucht ist und auf einem bedenklichen Tiefpunkt steht. Schon um die Jahrhundertwende war im deutschen Sprachraum das echte Volkslied weitgehend tot. An seine Stelle trat lange vor dem Auftauchen von Radio und Schallplatte eine Unterhaltungsindustrie von schlechtem Geschmack. Typisch für diese Epoche sind die humoristischen Couplets, die unsere Grossväter nach den Konzerten zum besten gaben. Die volkstümliche Blasmusik unserer Gegend basiert weitgehend auf dieser Stilrichtung, und dieser Übelstand ist heute noch weit verbreitet. Es gibt viele «Ouvertüren», die mehr einem Schunkellied oder dem muntern Rehlein, das auf eine wohltuend-schmerzliche, süss-bitter-schmalzige Weise verenden muss, gleichen, als einem seriösen musikalischen Versuch. Dieselbe schmerzlich-süsse Sentimentalität ist aber auch das hervorstechendste Merkmal mancher Kompositionen aus dem englisch-amerikanischen Kulturkreis. Neben hervorragenden Werken aus diesen Ländern findet leider auch wertloser Schmalz Verbreitung. Diese Musik ist deswegen nicht ungefährlich, weil sie die heranwachsende Generation teilweise zu fesseln vermag. Aber auch das Gegenteil ist falsch. Die Meinung ist weit verbreitet, Blasmusik müsse immer laut, pompös und wuchtig sein. Nichts wäre falscher, als den Wert eines Stückes nach dessen Lautstärke messen zu wollen. Neben Rührseligkeit und monströsem Kraftaufwand gibt es auch echte Trauer, zierliche Eleganz, ernste Besinnlichkeit, gesunde Spielfreude und urwüchsigen Witz und Humor. Alles ist in guten Werken zu finden! Noch ein Wort zum Jazz. Echter Jazz ist improvisierte Musik, meist für kleines Ensemble. Freude am Jazz kann echt und gesund sein. Schlimm ist es erst dann, wenn man mit untauglichen Mitteln Jazz machen will. Ein grosses Blasorchester eignet sich ebensowenig dazu wie ein Sinfonieorchester. Wer Jazzmusik spielen will, muss dies in kleinern Gruppen versuchen – und: der muss sich ernsthaft mit dieser Musik auseinandersetzen. Die Gleichung «Jazz = Lärm» geht nicht auf.

Zusammenfassend kann man wohl sagen, dass es immer darauf ankommt, ob eine Musik aus echter Empfindung und mit ehrlicher Absicht entstand oder nicht, wenn man die Frage nach ihrem Wert beantworten will. Es kommt vielleicht weniger darauf an, was komponiert wird, als darauf, wie dies geschieht. Nicht nur der Inhalt, sondern ebensosehr die Form ist entscheidend. Wertvolle Musik entsteht dort, wo echte Gefühle und wahre Gedanken sich mit einer guten Satzkunst verbinden.

Muss die Blasmusik zur reinen Repräsentation und Unterhaltung absinken?

Kultur ist abhängig von der Fähigkeit der Menschen, Gedanken, Wissen und Empfindungen durch Worte oder Zeichen mitzuteilen. Auch Musik ist solche Mitteilung, Information. Der Erfinder einer Tonfolge begnügt sich nicht damit, diese gefunden zu haben. Er will sie weiterleiten, übermitteln. Dann und wann ist der Interpret selbst der Empfänger dieser Musik, häufiger steht er zwischen dem Komponisten und dem Angesprochenen. Ein Musikverein kann beide Spielarten praktizieren. Es ist möglich, dass er ein Werk nur zur eigenen Bereicherung studiert. Meistens wird er aber bemüht sein, seine Interpretation den Hörern mitzuteilen. Anderseits wird oft der äussere Erfolg in den Mittelpunkt gestellt. Dann liegt die Initiative teilweise bei den Hörern. Man führt auf, was die Leute hören wollen.

Jede Musikübung ist demnach geprägt durch das Verhältnis Komponist – Interpret – Publikum. Dieses Verhältnis hat seit etwa 1930 beim volkstümlichen Musizieren eine umwälzende Veränderung erfahren.

Blättern wir etwas zurück in der Geschichte. Die Französische Revolution hatte die Vereinsfreiheit gebracht. Bürger konnten sich auf eigene Initiative zu Vereinen zusammenschliessen, die Sport trieben, Gedanken austauschten, politisierten, Theater spielten oder Musik machten. Die Erfindung der Ventilinstrumente bot um die Mitte des 19. Jahrhunderts die Möglichkeit, mit verhältnismässig geringem Aufwand instrumentale Ensembles zu bilden. Überall entstanden Blasmusiken. Durch Lehrer, Organisten und auch durch Tanzmusikanten wurden sie in die Kunst des Instrumentenspiels und des Notenlesens eingeführt. Im übrigen behalfen sie sich weitgehend selbst. Instrumentalmusik war früher nur in der Kirche und bei Tanzanlässen und natürlich in den grössern Städten zu hören gewesen. Nun bot sich plötzlich die Gelegenheit, Musik überall hinkommen zu lassen. Lieder ertönten nun in wohlklingenden mehrstimmigen Sätzen. Opernarien kamen hinzu. Bald folgten Ouvertüren, Rhapsodien, sinfonische Dichtungen, ja Sinfoniesätze. Kunstmusik gelangte erstmals auf breiter Front in die Städte und Dörfer. Die Blasmusik eroberte sogar eine Vorkämpferstellung für die damals moderne Musik. Wer Musik hören wollte, hatte ausschliesslich die Blasmusik. In grössern Ortschaften bestanden vielleicht Orchester. Aber eigentliche Sinfonieorchester konnte nur ein sehr kleiner Prozentsatz der Bevölkerung hören, wohnte doch nur ein geringer Anteil der Bevölkerung in den Städten. Das war das goldene Zeitalter der Blasmusiken, wenn man von der mangelnden Originalliteratur absieht.

Dann kamen die Schallplatte und das Radio. Man lernte neue Musik kennen, der viele anfänglich skeptisch oder gar feindlich gegenüberstanden. Die Werke Verdis, Rossinis, Liszts und Wagners wurden erstmals in ihrer originalen Orchesterfassung bekannt. Durch die Bekanntschaft mit vorklassischer und modernster Musik entstand ein musikgeschichtliches Bewusstsein, das früher nicht existiert hatte. Das Empfinden für musikalische Qualität wurde höher entwickelt. Unterhaltung und ernste Musik klafften immer weiter auseinander. Man musste die Musik nicht mehr suchen, sie kam ins Haus, sie verfolgte einen auf Schritt und Tritt und dient heute sogar der Anregung des Appetits und der Kauflust.

Wie wirkt sich diese neue Lage auf das Verhältnis zwischen Interpreten und Hörern von Blasmusik aus?

Die früher fast konkurrenzlose Position unserer Vereine ist erschüttert. Sinfonie, Oper, Jazz und Ländler kann man in höchster Perfektion im Schallplattengeschäft kaufen oder auf Tonband kopieren. Die neuen Konkurrenten der Dorfvereine heissen Berliner oder Wiener Philharmoniker, Festspielwochen in X und Jazzfestival in Y. Es wäre sonderbar, wenn der Vergleich zu unsern Gunsten ausfiele.

Anderseits braucht man die Blasmusik zum Empfang der Turner, zur Eröffnung einer Ausstellung, zum Empfang des Bürgermeisters, für die Bundesfeier oder zur feierlichen Überhöhung eines grossen Galabanketts. Die Uniformen müssen die bunte, die Töne die feierliche Note liefern. Stadt und Gemeinde glänzen, und die Gäste fühlen sich geehrt.

Und die Musik? Sie ist Nebensache. Wir werden nur begrüsst, weil es als billig gilt, Konserven abzuspielen, und weil der Lautsprecher oft pfeift. Aber Musik als Kunst ist nicht gefragt. Wir begleiten Tellergeklapper (nicht zu laut bitte, dass die Gespräche nicht gestört werden!). Wir schinden Eindruck für unsere Gemeinde, und dafür bekommen wir Subventionen. Wir sind Dekoration, Background.

Musik sei Mitteilung, haben wir einleitend gesagt. Doch wie oft wollen jene, die uns engagieren, unsere Musik gar nicht hören. Wir mühen uns vergeblich gegen lautstarke Festzeltbesucher ab. Wir können Gespräch und Tellergeklapper nur mit Fortissimo übertönen. Wir liefern die farbige Geräuschkulisse für feierliche Anlässe und Zeremonien. Man analysiere einmal die Konzertbesucher nach Angehörigen, Vertretern befreundeter Vereine und Passivmitgliedern, die ihr Geschäft repräsentieren, und das Ergebnis wird wenig ermutigend sein. Die Programme nach der Devise «für jeden etwas» haben natürlich eine Kehrseite: «Für jeden etwas Unerwünschtes.»

Besitzen wir noch eine Chance, eine echt musikalische und nicht nur dekorative Position im modernen Musikangebot zu behaupten? Oder müssen wir uns damit begnügen, wie alte Fahnen und Uniformen von Zeit zu Zeit zu Repräsentationszwecken aus der Rüstkammer hervorgeholt zu werden? Oder essende und trinkende Miteidgenossen durch klangliche Berieselung in gehobene Stimmung zu versetzen? Ist die alkoholgeschwängerte Atmosphäre der Festhütte Ziel und Höhepunkt unserer jahrzehntelangen Bemühungen?

Nein! Wir besitzen durchaus die Kraft, unsere Stimme zur Geltung zu bringen. Aber wir müssen uns auf uns selbst besinnen. In der Interpretation einer Rossini-Ouvertüre können wir es nicht mit einem hochqualifizierten Berufsorchester aufnehmen. Wer das Gegenteil behauptet, weist sich höchstens über mangelnde Bildung aus. Unsere Besetzung und die Richtung unserer Ausbildung setzen uns nicht in den Stand, Jazzmusik aus der Dixieland- und Swingepoche befriedigend zu interpretieren. Führt uns nicht die Kunst der Uniformenschneider langsam in die Nähe der Operette und damit der Lächerlichkeit? Unsere wohlstudierte Show, die viel Probezeit absorbiert, kann nicht Schritt halten mit dem, was täglich per Television in die Welt gestrahlt wird.

Anderseits besteht durchaus die Möglichkeit, – um es kaufmännisch auszudrücken – einen gewissen Marktanteil des Musiklebens zu behaupten. Das direkte Konzerterlebnis hat immer noch der perfekten Konserve gegenüber etwas voraus: das Lebendige, das Unmittelbare. Gelingt es uns, die richtige Musik gut zu interpretieren, so haben wir noch immer etwas zu sagen.

Die avantgardistische Kunstmusik entfernt sich immer deutlicher vom Konzertpublikum. Aber ein Bedürfnis nach massvoller zeitgenössischer Musik besteht. Hier liegt eine Chance. Auch ist der Wunsch weiter Kreise nach guter Unterhaltung und lebensfreudiger Zerstreuung berechtigt. Hier haben heimatliche Tradition, Marsch und leichte Muse auch heute ihren echten Sinn. Aber unterhalten wir mit Geschmack und mit etwas mehr Selbstbewusstsein. Ehrlichkeit und kompositorische Qualität entscheiden über den Wert einer Musik. Nicht vergessen darf man, dass auch Unterhaltungsmusik gute Interpretation und sorgfältiges Studium erfordert.

Kurz: Wir entscheiden selbst über unsern Wert, indem wir falsche oder richtige Programme wählen, indem wir bei passender oder unpassender Gelegenheit auftreten und indem wir gut oder schlecht spielen. Wenn wir unser Tun ernst nehmen, werden es auch die Hörer.

Quellenangaben zum Kapitel «Zum Thema Blasmusik»:
– «Blasmusik in der Schweiz», erschienen in Ausgabe 18 der Musik-Hug-Gazette vom September 1979
– «U-Musik und E-Musik», erschienen im Taschenkalender 1971 des Eidgenössischen Musikverbandes
– «Vom Kitsch in der Blasmusik», erschienen im Taschenkalender 1966 des Eidgenössischen Musikverbandes
– «Muss die Blasmusik zur reinen Repräsentation absinken?», erschienen im Taschenkalender 1973 des Eidgenössischen Musikverbandes

ALBERT BENZ

Polarisierung in der schweizerischen Blasmusik

Dieses Referat, gehalten von Albert Benz am 18. 10. 1984 anlässlich des Kongresses des Internationalen Musikbundes CISM in Basel, umfasste auch viele Tonbeispiele mit entsprechenden Kommentaren. Es wurde von Sales Kleeb leicht gekürzt und mit Hilfe der vorhandenen Manuskripte und Notizen in die vorliegende schriftliche Form gebracht.

Vereinfachend kann man sagen, dass das Musizieren auf Blasinstrumenten bis etwa 1840 eine Angelegenheit der Berufsmusiker war: Soldaten, Stadtpfeifer, Türmer, Capellisten und fahrende Musikanten. Doch in der ersten Hälfte des 19. Jahrhunderts änderte sich die soziale und politische Struktur Europas insofern, als die Forderungen der Französischen Revolution in einem langen, hin- und herwogenden Kampf durchgesetzt wurden. Gewissensfreiheit, Religionsfreiheit, Niederlassungsfreiheit, Gewerbefreiheit, Versammlungsfreiheit wurden allen Schichten zuteil. Gleichzeitig schickten sich auch die «gewöhnlichen Leute» an, die bis anhin dem Adel und dem reichen Bürgertum in den Städten vorbehaltene kulturelle Betätigung zu beanspruchen: Sie spielen Theater, singen und musizieren in frei entstandenen Gemeinschaften oder treiben Sport. In der Schweiz entstanden nach der Mitte des 19. Jahrhunderts Eidgenössische Verbände (Dachorganisationen) der Sänger, Schützen, Turner, Blasmusiker etc.

Woher das nötige Wissen und Können zur Betätigung eines Blasinstrumentes in dieser Zeit kam, müssen wir mehr oder weniger erraten: Waren die Lehrer fahrende Tanzmusiker, Schulmeister, ausgediente Militärmusiker, oder kamen sie in zweiter Generation weitgehend von

Referent bei Fachtagungen und Kongressen

Musikalisches Intermezzo in der Gesellschaft Eintracht Luzern, v.l.n.r.: Albert Benz, Hugo Frank, Libero Bazzani, Peter Knüsel (ehemaliger Regierungs- und Ständerat des Kantons Luzern)

den ehemaligen Rats- und Stadtmusikern? Chroniken und Fotografien belegen, dass schon in den sechziger Jahren des letzten Jahrhunderts – also 25 Jahre nach Entstehung der Tuba – bis ins hinterste Bergtal Blasmusiken mit Blechblasinstrumenten von der Sopran- bis zur Basslage, die Ventile besassen, existierten.

Leider fehlte hierzulande beim Laienmusizieren weitgehend der professionelle Einfluss, wie er in den meisten Kulturstaaten durch die Militärmusiker sich auswirkte. Wir dürfen – auch auf Grund ausländischer Zeugnisse – annehmen, dass einige wenige schweizerische Stadtkapellen, in denen begüterte Adelige und Kaufleute dilettierend mitwirkten, einigermassen mit dem internationalen Niveau mithalten konnten.

An originaler Blasorchesterliteratur hätten ihnen spätestens ab 1870 zur Verfügung gestanden: die Werke der franz. Revolutionsmusiker Gossec, Devienne, Méhul, Jadin, Catel, das Notturno von Spohr, die Ouverture von Mendelssohn, ein Scherzo von Rossini, eine Sinfonie von Donizetti, die Trauer- und Triumph-Sinfonie von Berlioz, von Richard Wagner die 1844 bei der Überführung Webers in die Heimat entstandene Trauersinfonie nach Themen aus Euriante und der 1864 entstandene Huldigungsmarsch sowie der Kaisermarsch, Bruckners 1847 in St. Florian entstandene Äquale (origin. für Posaunen), ein Trompetenkonzert von Ponchielli, drei Konzerte von Rimskij-Korssakow, entstanden um 1870, oder der Trauermarsch von Grieg, entstanden 1866 für Klavier und ein Jahr später von Grieg selbst für Militärmusik instrumentiert.

Ein Unikum in der Geschichte der originalen Blasmusik ist wohl «Das jüngste Gericht» von Camille de Nardis, das 1878 aus einem Wettbewerb zur Gewinnung von Originalwerken für Blasorchester in Neapel hervorging. Der Kompositionsstil erinnert in der Dramatik an Verdi und zeigt den euphoristischen Grundzug der damaligen Musik und Blasmusik.

Und doch war Originalblasmusik damals noch kein Thema. Die leistungsfähigen Blasorchester (sprich Militärkapellen) aller Kulturstaaten wirkten in dieser Zeit als Wegbereiter der Musik allgemein, sei es sinfonischen oder unterhaltenden Zuschnittes, und sie waren vor allem die Protagonisten der damals modernen Musik. Die Komponisten – meist nicht vertraut mit der Orchestration für Blasorchester – befürworteten oder duldeten die Bearbeitungen gerne. Positive Aussagen sind belegt von Liszt, Spontini, Meyerbeer, Berlioz, Brahms, Ravel, Strauss, Sibelius, Strawinsky.

Darum spielten leistungsfähige Blasorchester Rossinis Wilhelm-Tell-Ouverture, Offenbachs Ouverture zu «Orpheus in der Unterwelt», Webers «Jubel-Ouverture» oder auch Paradestücke von Richard Wagner und anderes mehr.

Gelegentlich wurde auch die Zusammenarbeit mit Chören gesucht. So schrieben 1837 Spohr und der Luzerner Schnyder von Wartensee für ein Sängerfest in Frankfurt Oratorien für Männerchor und Blasorchester.

Doch was machten die «blutigen» Laien? Sie spielten wohl einfachste Bearbeitungen und von laienhaften Dirigenten geschaffene Märsche, Tänze und andere Tonstücke. In der Schweiz fand leider der phänomenale Aufstieg der Militärorchester nicht statt. Nach der Bundesverfassung von 1848 wurden die kantonalen Feldmusiken, die in der Regel Harmonieorchester nach französischem Vorbild waren, sukzessive abgeschafft (endgültig ab 1870) und durch Trompetenquartette (3 Trompeten, 1 Basstrompete) ersetzt.

Von der Wilhelminischen Ära (1871 bis 1918) dürfen wir folgendes bemerken:
– Die Blasmusik besitzt eine beispiellose Vormachtstellung.
– Professionelle Militärmusik ist identisch mit Kunstmusik, sie befasst sich mit der neuesten Entwicklung in Sinfonik und Unterhaltung.
– Das Laienmusizieren bedeutet für die untern Schichten einen kulturellen und sozialen Aufstieg.
– Absicht der Komponisten, Dirigenten und Spieler einerseits und Nachfrage andrerseits sind identisch, d.h. Laien, Musiker, Hörer, Komponisten und Kritiker identifizieren sich mit der Blasmusik. Die Motivation ist patriotisch, nationalistisch, sozial, traditionalistisch, modisch, künstlerisch oder auch religiös.

Nach 1900 setzt allmählich eine qualitativ gesteigerte Produktion an Originalmusik ein, die sich immer deutlicher an den musizierenden Laien wendet. Diese Phase kann man als Pionierblasmusik bezeichnen.

In Deutschland Blon, in der Schweiz die Deutschen Kempter, Rossow, Friedemann, Fassbänder u.a.m., in Frankreich Kling, Parès, Balay, in Italien Codille, Peroni und andere.

Besonders bemerkenswert sind die vom englischen Kaufmann und Verleger John Henry Iles angeregten Kompositionen für die Brass-Band-Wettbewerbe in den zwanziger und dreissiger Jahren, z.B. Holst: A Moorside Suite; Ireland: Overture Comedy; Elgar: The Seven Suite; Bliss: Kenilworth.

Die modernen Musikverbreiter Radio und Schallplatte begannen im Jahrzehnt vor dem 2. Weltkrieg eine dominierende Stellung zu erringen, 1878 entstand der Edison Stanniolphonograph, ab 1923 entwickelte sich das Radio.

Nach dem 1. Weltkrieg begann durch Hauer und Schönberg in Wien eine Entwicklung, die einen immer tiefern Graben zwischen Komponisten und Hörern, aber auch zwischen professionellen Musikern und Laien schuf. Es gereicht der europäischen Blasmusik nicht zur Ehre, dass die grossen Komponisten, die Musik für Blasorchester schrieben, dies fast ausnahmslos für amerikanische Universitäts- und Militär-Bands taten (tun mussten) und in den USA ihre Verleger fanden: Albert Roussel (A glorious Day), Arnold Schönberg (Thema und Variationen ap. 43a), Ottorino Respighi (The hunting Tower, Ballade), Strawinsky (Symphonie für Blasorchester, Zirkuspolka), Boris Blacher (Divertimento), Luigi Nono oder Hindemith, Milhaud, Penderecki. Hier beginnt nun eine Polarisierung einzusetzen, die uns wohl noch zu schaffen machen wird. Diese genannten Meisterwerke sind nur den besten Laienblasorchestern zugänglich. Gleichzeitig zwingt uns die totale Präsenz der Musik durch Schallplatte, Radio und Fernsehen Vergleichsmöglichkeiten auf, die früher nicht da waren: Das Orchesteroriginal wird mit der Bearbeitung und die Leistung des Laiendirigenten und -ensembles mit dem professionellen internationalen Standard verglichen.

Bezeichnend für die Situation um 1930 ist eine Anekdote über die Stadtmusik Bern (Carl Friedemann). Als der Verein zu einem Konzert im Studio Bern eingeladen wurde, antwortete er: «Es fällt uns nicht ein, uns vor den Karren unserer Konkurrenz spannen zu lassen.» Dieses Selbstverständnis möchte ich gerne haben!

Der 2. Weltkrieg hatte auch für die Blasmusik schwerwiegende Folgen:
- Der teilweise demagogische Missbrauch des Marsches im Dritten Reich diskriminierte die Blasmusik allgemein.
- In den meisten europäischen Ländern stagnierte die Entwicklung der Originalmusik für Blasorchester. In der Schweiz bildet der bedeutende St. Jaeggi eine Brücke zur Nachkriegszeit, und der Schweizer Marsch erlebte eine unglaubliche Blüte.
- Nach dem Krieg erlebten wir – einem historischen Gesetze folgend, das besagt, dass die Sieger einer Auseinandersetzung den Stil bestimmen – einen Einbruch angloamerikanischer Musik auf dem Kontinent in bisher nicht gekanntem Ausmass. Die Brass-Band-Bewegung fasste von England ausgehend in Skandinavien, den Beneluxstaaten und in der Schweiz rasch Fuss und entwickelte sich mächtig. Mit den Besatzungsmächten verbreitete sich eine neue Musikform, der Jazz, endgültig in Europa, und die amerikanische Originalmusik aller Schattierungen überschwemmte unser Blasmusikwesen.

Aber auch die anschliessende Zeit der Hochkonjunktur und des Wirtschaftswunders drückte der Blasmusik nochmals den Stempel auf:
- Das Fernsehen wurde ein ernsthafter Konkurrent der Hobbypflege.
- Der gute Verdienst und die antiautoritäre Welle verschafften den Jugendlichen ein Ausmass an Freiheit und Selbständigkeit, das bisher einmalig ist.
- Die totale Motorisierung bringt auch noch die örtliche Mobilität. Diese ermöglicht einerseits die Bildung regionaler Eliteformationen und anderseits eine Stadtflucht. Die Stadtvereine profitieren nicht mehr von den Zuwanderern, die Bläser reisen über Dutzende von Kilometern in ihre Heimatdörfer zur Probe.
- In den grossen Agglomerationen verwandelt und verfälscht sich das Image der Blaskapellen zusehends. Kaum ein Stadtbewohner kennt die Blasmusik als ernsthaft konzertierendes Ensemble. Das Radio hat für uns noch die Lücke der Marschmusik offengelassen, und das Fernsehen interessiert sich bloss für unsere bunten Uniformen und unsere folkloristischen Darbietungen.

Die Jugend geht zunehmend auf Distanz zu unseren staatlichen Einrichtungen, zu unserer Leistungs- und umweltfeindlichen Konsumgesellschaft. Patriotismus, Dienst am Gemeinwesen, Vereinstreue, Tradition und Heldenverehrung sind für sie kaum mehr Werte. An die Stelle der Motivation durch diese Gefühle ist Gleichgültigkeit oder Ablehnung getreten. Eine Identifikation mit gewisser Blasmusik ist kaum mehr möglich.

Zwar interessieren sich vermehrt Jugendliche – und seit mehr als 20 Jahren erfreulicherweise auch Frauen – für das bläserische Musizieren, doch gegenüber dem vereinsmässigen Musizieren behalten sie eine gewisse Unverbindlichkeit.

Die rasche Entwicklung der Musikschulen und die steigende Zahl konservatorisch geschulter Bläser und Schlagzeuger bringen einen neuen Typ von Nachwuchsleuten mit sich. Diese stellen höhere Ansprüche an die Qualität des Repertoires und an die Qualität der Wiedergabe. Insbesondere Trivialmusik interessiert sie nicht. Qualifizierte junge Laienmusiker finden – im Gegensatz zu früher – Auftrittsmöglichkeiten und musikalische Ensembles, die ihren Erwartungen entsprechen.

Wie weit gefächert die Erwartungen der Spieler sind, mögen die nachfolgenden, frei aufgezählten Feststellungen aus der gegenwärtigen Blasmusikpraxis belegen:
- Es gibt Blasmusiker, die weiterhin und bis ans Ende unserer Zeitrechnung mit einem halben Dutzend bearbeiteter Werke von Verdi, Tschaikowsky, Liszt und Wagner auskommen möchten.
- Es gibt solche, denen kurze Ständchen und lange Würste lieber sind als harte Proben.
- Es gibt die «alten Grenadiere», die eine perfekte Marschordnung zeigen (à la légion).
- Es gibt Blasmusikvereine mit drei verschiedenen Uniformen.
- Es gibt Blasmusiken, die Big-Band-Stücke spielen, bei denen Flötisten, Oboisten, Fagottisten, Klarinettisten, Hornisten, Tenorhornbläser und Tubisten untätig oder mit Verlegenheitsstimmen auf der Bühne sitzen.
- Es gibt Blasmusik-Arrangeure, die Traditionsmusik, Volksmusik oder traditionelle Marschmusik modern aufputzen und verjazzen.

(Das kommt mir vor wie jene schöne Trachtenfrau, die einen billigen Modeschmuck an den Ohren und um den Hals trägt.)
- Es gibt Bearbeiter, die allerlei virtuose Musik für verschiedenste Bläser zurechtschneidern, so dass daraus z.B. Händels Tubakonzert (die Benennung ist unredlich: Händel starb 1759, die Tuba entstand ca. 1835) entsteht.
- Es gibt Dudelsack-Bands, Steel-Bands und Guggenmusiken, die den Blasmusiken die herkömmlichen Aufgaben abnehmen oder gar streitig machen.
- Es gibt Blasmusiken oder kleine Blaskapellen, die gerne ein echtes Stück innerschweizerischer Ländlermusik spielen würden.
- Es gibt Ad-hoc-Kapellen, die ausschliesslich Märsche spielen.
- Es gibt Brass Bands, die jährlich mehrere Wettbewerbe bestreiten.
- Es gibt Blasmusiker, die sich ernsthaft mit guter Musik auseinandersetzen.
Usw.

Entsprechend vielfältig ist heute das Angebot an Blasmusikliteratur. Dieses Angebot reicht von kitschiger Trivialmusik über echte Volksmusik, Marschmusik, Bearbeitungen klassischer und romantischer Orchesterstücke, konventioneller Originalmusik, Bearbeitung moderner und exotischer Unterhaltungsmusik bis zu zeitgenössischen und sogar avantgardistischen Originalwerken und Bearbeitungen.

Zusammenfassend und gerade auch im Vergleich zur Wilhelminischen Ära lässt sich zur gegenwärtigen Situation der Blasmusik folgendes sagen:

1. Die Blasmusik hat ihre Vormachtstellung eingebüsst:
- Die Orchesterwerke werden von Berufsorchestern in der Originalfassung in jeder Menge im Konzert und auf Tonträgern angeboten.
- Die Unterhaltungsmusik wird in der herkömmlichen und modernen Form professionell angeboten. Jazzmusik liegt weit weg von der Besetzung und Ausbildung der Blasmusik.
- Volksmusik (Folklore) ist ebenfalls professionalisiert (Ländler, Tanz, Alphorn).

– Die Nachfrage nach Blasmusik schränkt sich mehr und mehr auf Repräsentation und Marschmusik ein, weil das die einzige noch offene Marktlücke ist.
– Die herkömmlichen Engagements werden zunehmend übernommen durch Steel-Bands, Dudelsack-Ensembles, Bauernkapellen, Guggenmusiken und elektronische Tonträger.

2. Zwischen zeitgenössischer Komposition und Musikkonsum klafft eine grosse Lücke. Selbst die Sinfonieorchester spüren dieses Auseinanderleben. Die Blasmusik macht die Entwicklung an der Front nicht mehr mit. Fünfzigjährige Stücke gelten heute noch als ungeniessbar modern. Die Programme werden in der Sinfonik zusehends musealer, in der leichten Musik immer trivialer und effekthaschender. Obwohl seit der totalen Präsenz der Musik durch die Medien die Bearbeitungen problematischer geworden sind, hat die Blasmusik immer mehr den Ruf eines «Gebrauchtwarenladens», sowohl im U- als im E-Bereich. Die Dirigenten (inklusive grosser Namen) kennen die Originalliteratur nicht und zeigen wenig Lust, sich für einen Komponisten oder ein zeitgenössisches Werk einzusetzen. Die erfolgsträchtigen Bearbeitungen haben alle die gleichen Eigenschaften: romantisch, pathetisch, wenig Bildung voraussetzend, in kopierbaren Musterinterpretationen erhältlich.

3. Die Mitgliedschaft in einer Blasmusik bedeutet keinen sozialen Aufstieg mehr. Der Laienverein steht in Konkurrenz zu Freizeit, Sport, Ferien, Reisen, Weekendvergnügen, Fernsehen (bes. Sportübertragungen) u.a.m. Tüchtige Liebhaber finden ausserhalb der Blasmusik Betätigungsmöglichkeiten: Kirchenkonzerte, Operettenaufführungen, andere bezahlte Verpflichtungen, aber auch Jazz-Ensembles, Kammermusikgruppen, Laienorchester etc.

Qualifizierte Laien schliessen sich in Regional- oder Ad-hoc-Formationen zusammen und verärgern die Stammvereine (in der Schweiz gibt es über ein Dutzend regionale Brass Bands und Ad-hoc-Blasorchester).

4. Die Identifikation mit den Vereinszielen gelingt in vielen Fällen nicht mehr: Diplommusiker und Marschmusik, Jazzfreunde und Folklore,

Marschmusikfans und schwierige Konzertstücke, konservative Haltung und zeitgenössische Programme!

Blasmusiken in dörflichen Gegenden mit einer mittleren, ausgewogenen Linie (nicht zu schlecht, aber auch nicht zu ehrgeizig; für alle und von allem etwas) haben noch keine Mühe mit der Identifikation. Lokalpatriotismus, persönliche Bekanntschaft der Mitglieder, angesehene Stellung im Dorf und unter den andern Vereinen genügen als Motivation?

Schwieriger wird die Lage in den städtischen Agglomerationen. Der Dorfgeist ist kein Motiv mehr. Man kennt den Mitspieler meist nur flüchtig. Am Ort sind renommierte Theater, Sinfonieorchester, Kammerorchester, Big Bands oder attraktive Majorettengruppen, Uniformen etc.

Die Frage bzw. das Dilemma lautet oft: Wollen wir die Spitzenleute den obigen überlassen und uns mit Tradition und Mittelmass begnügen, oder wollen wir die Trägen überfordern und verärgern, ja verlieren?

In dieser Situation befinden sich viele schweizerische Traditionsgesellschaften mit glorreicher Vergangenheit.

Ich sehe einen Ausweg nur in einer Spezialisierung. Mögliche Zielsetzungen einer solchen Spezialisierung sind:
- Brass Band der Spitzenklasse
- Brass Band einer untern Klasse
- Harmoniemusik mit Schwergewicht auf sinfonischer Originalmusik
- Harmoniemusik mit Schwergewicht auf sinfonischen Bearbeitungen
- Blasmusik mit Schwergewicht auf Marsch und Repräsentation
- Blasmusik mit Spezialisierung auf moderner Unterhaltungsmusik (evtl. mit Verstärkeranlage für grosse Hallen)
- Blasmusik mit Schwergewicht auf herkömmlicher U-Musik und Tradition.

Aus all dem Gesagten und aus der dargestellten Polarisierung in der Blasmusik sind die nötigen Folgerungen zu ziehen. An die bestehenden Ausbildungsstätten und an die Verbände, aber auch an die Blasmusikvereine selber ergehen darum folgende Forderungen:

- Der Dirigentenausbildung ist grösste Aufmerksamkeit zu schenken. Die Dirigenten sollten nicht nur gute Handwerker werden, sondern eine ausgesprochene Geschmackserziehung und einen eigentlichen kulturellen Hintergrund erhalten. Der angehende Blasmusikdirigent müsste in seiner Ausbildungszeit ein grosses Repertoire guter originaler Blasmusik kennenlernen.

- Es müsste eine gezielte Förderung und Verbesserung aller verantwortbaren Blasmusiksparten angestrebt werden. Eine spartenorientierte Zusammenarbeit über die Landesgrenzen hinweg könnte gerade auch jenen einsam kämpfenden Dirigenten, die sich für ein ernsthaftes originales und zeitgenössisches Blasmusikrepertoire einsetzen, die nötige Hilfe bringen. Folgende Verbände und Institutionen verfolgen Ziele in dieser Richtung:
  - Arbeitskreis Militärmusik in der Deutschen Gesellschaft für Heereskunde
  - Internationale Gesellschaft zur Erforschung und Förderung der Blasmusik
  - Internationaler Musikbund (CISM)
  - WASBE (World Association for Symphonic Bands and Ensembles)
  - Dirigentenseminare in Trossingen und Uster
  - Festliche Musiktage in Uster usw.

- Bei dieser Vielfalt von spezialisierten Sparten müsste jeder Blasmusikverein seine auf ihn zugeschnittene Aufgabe und Zielsetzung erarbeiten.

Transkriptionen von Orchesterwerken für Blasmusik – ja oder nein?

Protokoll einer Diskussionssendung von Radio DRS vom 1. und 8. November 1986, aus dem Dialekt in die Schriftsprache übertragen und leicht gekürzt von Sales Kleeb

Gesprächsleiter: Michael Schaer, Radio DRS
Gesprächsteilnehmer: Albert Benz, Albert Brunner, Albert Häberling

Schaer: Unsere heutige Sendung «Musikinformationen» behandelt das Thema «Transkriptionen», das sind Bearbeitungen von Orchesterwerken und von solistischen Werken für Blasmusik, wobei wir uns die Frage stellen, ob solche Bearbeitungen gemacht werden dürfen oder ob sie abgelehnt werden müssen. Für diese Spezialsendung habe ich drei Herren eingeladen, die zufälligerweise alle den Vornamen «Albert» tragen. Ich möchte diese drei Herren bitten, sich selber vorzustellen. Man wird dabei bald einmal merken, dass jeder aus einer andern Sparte kommt. Herr Albert Häberling, woher kommen Sie, woher kennt man Sie?

Häberling: Ich komme von Uster und bin während 25 Jahren bei Radio Zürich tätig gewesen in der Sparte «Laienmusik». Wenn man von Uster redet, so kennt man natürlich auch die «Festlichen Musiktage».

Schaer: Und die «Festlichen Musiktage» haben etwas mit Ihnen zu tun?

Häberling: Ich glaube schon, diese Musiktage sind jetzt 30 Jahre alt, und ich bin eigentlich ihr Gründer.

Schaer: Dann sind Sie also älter als 30 Jahre...

Häberling: 67 Jahre alt.

Schaer: Albert Brunner?

Brunner:	Ich dirigierte bis vor kurzem die Brass Band Fricktal. Jetzt dirigiere ich die Brass Band Büsserach, den Musikverein Romanshorn und die Stadtmusik St. Gallen.
Schaer:	Aus Ihrem Dialekt schliesst man, dass Sie aus St. Gallen stammen.
Brunner:	Ja, ich bin ein Ostschweizer, ein Thurgauer.
Schaer:	Und wo haben Sie das Dirigieren gelernt?
Brunner:	Ich habe das Lehrdiplom für Trompete erworben und mich nachher als Dirigent weitergebildet.
Schaer:	Albert Benz?
Benz:	Ich bin im Entlebuch aufgewachsen, was man sicher an meinem Dialekt erkennt. Ich studierte am kantonalen Lehrerseminar Hitzkirch und am Konservatorium Luzern. Meine gegenwärtigen Tätigkeiten sind: Inspektor der Militärspiele, das beschäftigt mich zu drei Vierteln, daneben Lehrer am Konservatorium Luzern, Dirigent der Stadtmusik Luzern und in den Ferien, sofern ich Zeit habe, noch ein wenig Komponist.
Schaer:	«Inspektor», das hat doch etwas zu tun mit «spicere», d.h. «blikken», also derjenige, der kontrolliert, ob alle Uniformenknöpfe geschlossen sind? Ich könnte mir aber vorstellen, dass der Inspektor der Militärmusik nicht nur auf die Uniformenknöpfe blickt, sondern mehr die Ohren als die Augen braucht.
Benz:	...eher die Ohren als die Augen. Der Name «Inspektor» ist vielleicht nicht besonders glücklich gewählt. Ich habe hauptsächlich eine pädagogische Aufgabe mit den Rekruten, Bereitstellung von Lehrmitteln, Leitung von Unteroffiziersschulen und Spielführerkursen.
Schaer:	Und wie sind heute die Rekruten? Man sagt immer, sie seien weicher. Musizieren sie dafür besser als früher?
Benz:	Ob sie weicher sind, das wage ich nicht zu sagen, das ist sicher unterschiedlich. Aber sicher ist ein grosser Teil viel besser ausgebildet als zu unserer Zeit.
Schaer:	Ist das auch Ihre Meinung, Albert Häberling?
Häberling:	Junge Bläser sicher; denn wir sind ja in der glücklichen Lage, dass wir landesweit – nicht bloss im Kanton Zürich – Musikschulen besitzen, die eine sehr gute Ausbildung vermitteln, und zwar für

	die verschiedensten Instrumente, und ich finde das eine sehr gute Ausgangslage. Unsere Blasmusikvereine erhalten – vorausgesetzt, dass sie ihn von dorther bekommen – einen sehr guten Nachwuchs.
Schaer:	Stellen Sie, Albert Brunner, beim Spielen fest, dass Sie mit den Jungen weniger Mühe haben als mit den Alten?
Brunner:	Aber ganz sicher, sei es nun bei den Holzbläsern oder bei den Blechbläsern, man merkt, dass sie in den Musikschulen von Berufsleuten, die auf diese Instrumente spezialisiert sind, ausgebildet werden. Das kommt natürlich im Verein und im Blasorchester auch wieder zur Geltung.
Schaer:	Die Frage über die Qualität des Nachwuchses ist keine nebensächliche Sache, weil sich ja die Blasmusik aus dem Nachwuchs rekrutiert, und schliesslich stellen wir ja in der heutigen Sendung jeweils eine Blasmusik, d. h. ein Laienensemble, einem professionellen Ensemble gegenüber, um die Frage zu beantworten, ob Bearbeitungen für die Blasmusik zulässig seien. Wenn nun bei diesem Vergleich die Blasmusik qualitätsmässig derart abfallen würde, so dass man sagen müsste, das können die ja gar nicht spielen, so wäre unsere Diskussion überflüssig. Jetzt wollen wir uns einmal anhören, wie die Polizeimusik St. Gallen Bach spielt. Wir hören zuerst das Original von Johann Sebastian Bach, nämlich die Sinfonia aus der Kantate 156 mit dem Bach-Collegium Stuttgart, gespielt von Professionellen, und dann folgen die Amateure, die Polizeimusik St. Gallen. Nachher reden wir darüber, ob die Bearbeitung geglückt sei und an was es liegt, wenn sie gut bzw. schlecht befunden wird.
	Tonbeispiel I (Bach-Collegium Stuttgart) *Tonbeispiel II (Polizeimusik St. Gallen)*
Schaer:	Albert Benz, was haben wir beim ersten Beispiel gehört?
Benz:	Ich würde meinen, schon das erste Beispiel sei in einem gewissen Sinne eine Bearbeitung, nämlich eine Ausführung in einer andern Formation, als dies zu Bachs Zeiten üblich war. Wir haben eine moderne und nicht eine barocke Oboe gehört und – wenn mich nicht alles täuscht – auch moderne Violinen. Wir haben auch ein Continuo, das sich vielmehr im Hintergrund hält als zu Bachs

Zeiten. Es ist ein gradueller Unterschied zwischen diesen beiden Bearbeitungen, wobei ich da gerne sagen möchte, wenn man Barockliteratur spielen will, so gibt es aus dieser Zeit ausgezeichnete Originalwerke. Das gehörte Blasmusikbeispiel scheint mir eine fragwürdige Bearbeitung zu sein. Das Original mit der schwebenden, singenden Oboe über dem Continuo ist etwas völlig anderes als das doch relativ schwerfällig wirkende Arrangement für Blasmusik. Auch die Nachschläge, die bei den Streichern locker wirken, sind natürlich hier rhythmisch viel pointierter, und das Continuo kann man mit der kleinen Trommel nicht kopieren.

Schaer: Die kleine Trommel war wohl das Ohrenfälligste, das bei der Bearbeitung plötzlich hinzukam. Wie ist Ihr Eindruck, Albert Brunner?

Brunner: Ich habe eigentlich nichts gegen diese Bearbeitung. Ich habe nur etwas gegen die Spielweise. So wie ich es hörte, war es eine Blechmusik, vielleicht mit zwei bis drei Klarinetten, genau war es nicht hörbar. Ich hätte vielleicht eine Oboe eingesetzt, um so dem Original näherzukommen; hätte ich keine Oboe, dann ein Flügelhorn oder ein Kornett. Ich hätte das Stück einfach anders interpretiert. Aber gegen die Bearbeitung habe ich sonst nichts.

Schaer: Sie sagen also, Bach dürfe man bearbeiten?

Brunner: Ja, er wird ja auch verjazzt. Warum soll man es nicht machen?

Schaer: Albert Häberling, Bach bearbeiten?

Häberling: Mit grossen Vorbehalten! Es gibt natürlich Stücke, die man arrangieren könnte, z. B. – das werden die Organisten jetzt nicht gerne hören – die Toccata in d-moll, die gibt es ja für Blasorchester, warum nicht? Ich glaube, da sähe ich – eine gute Ausführung vorausgesetzt – keinen grossen Einwand. Hingegen, was Bach selber für einen bestimmten Zweck und nach seinen Vorstellungen instrumentiert hat, das sollte man so belassen. Ob das nun mit damaligen Oboen oder damaligen Streichinstrumenten geschieht – man macht ja da Versuche – oder nicht, da muss man nicht allzu gradlinig gehen. Hingegen bei dieser Übertragung auf eine reine Blasmusik, wie wir sie gehört haben, muss man ein sehr grosses Fragezeichen machen.

Schaer:	Sie aber, Albert Brunner, setzen kein Fragezeichen. Im Prinzip darf eine Blasmusik dies spielen?
Brunner:	Ganz sicher, nur würde ich es anders gestalten. Ich kenne den Arrangeur nicht, er ist leider nicht bekannt. Aber auch aus dieser Transkription könnte man sicher noch mehr herausholen.
Schaer:	Heisst das also, dass die Qualität der Interpretation ganz wichtig und ausschlaggebend dafür sei, ob eine Bearbeitung gespielt werden dürfe oder nicht? Wenn also ein Blasmusikensemble sehr gut ist, dann tröstet man sich damit, das Werk sei wenigstens gut gespielt worden?
Brunner:	Von meiner Warte aus könnte man dies so sagen.
Benz:	Ich möchte auch ins Feld führen, aus welchen Gründen so eine Bearbeitung gespielt wird. Das kann in einem Jugendensemble, das in die Barockmusik eingeführt werden soll, oder an der Familienfeier einer Musikgesellschaft einen ganz andern Stellenwert haben, als wenn man so ein Stück auf eine Schallplatte einspielt. Oder wenn ich ein thematisches Programm mit barocken Bläsersätzen gestalte und mit einer solchen Bearbeitung das Programm komplettiere, so lege ich andere Massstäbe an, als wenn ich völlig frei eine Schallplatte gestalten kann. Im letzteren Falle würde ich – wie Albert Häberling – ein grosses Fragezeichen dazu machen.
Schaer:	Es wundert mich nun, ob Sie zum nächsten Titel auch ein Fragezeichen setzen. Wir hören nämlich hier von Alexander Borodin die «Polowetzer Tänze» aus «Fürst Igor», gespielt von den Berliner Philharmonikern, und nachher gleich die Blasmusikbearbeitung von Roger Boutry, gespielt von der «Garde républicaine de Paris». Wir wollen nun an diesem Beispiel Original und Bearbeitung vergleichen.
	Tonbeispiel III (Berliner Philharmoniker) *Tonbeispiel IV (La Garde républicaine de Paris)*
Schaer:	Albert Brunner, was hat Ihnen besser gefallen?
Brunner:	Das ist klar, die Berliner Philharmoniker. Aber wenn ich nun dies vergleiche – wir haben hier auch wieder eine Polizeimusik, nur sind es Berufsmusiker –, so ist nun hier die Blasmusik qualitativ und spieltechnisch besser. Wie hier die Einleitung rhythmisch und ausdrucksmässig gespielt wird, das kann man wirklich so machen.

	Das ist nicht mehr umstritten; denn da hört man Qualität. Man stellt fest, dass hier Spitzenleute spielen. Ich sehe hier überhaupt kein Fragezeichen.
Benz:	Ich darf vielleicht ergänzen, dass wir zwei Bearbeitungen gehört haben, die eine von Roger Boutry, die andere von Rimskij-Korssakow/Glasunow. «Fürst Igor» ist erst instrumentiert worden nach dem Tode des Komponisten. Darum möchte ich nochmals sagen, der Unterschied zwischen Bearbeitung und Original ist nicht ein prinzipieller, sondern ein gradueller. Ich glaube, das ist nun ein Stück, das eine gewisse vordergründige Brillanz hat und das darum verantwortbar ist.
Schaer:	Auch verantwortbar für unsere Blasmusikkorps in der Schweiz?
Benz:	Sofern sie es technisch bewältigen können.
Schaer:	Gibt es solche?
Benz:	Ja, sicher!
Schaer:	Welche?
Benz:	Wir haben es dieses Jahr am Eidgenössischen Musikfest in Winterthur – ich selber konnte es nicht anhören – von der Stadtmusik Lugano gehört, wenn ich mich nicht täusche..., nein, die haben von Rimskij-Korssakow «Caprice italienne» gespielt, ein Irrtum also... Aber es ist schon gespielt worden. Wir haben sicher eine Anzahl Blasorchester, die das spielen könnten.
Schaer:	Und wenn sie es bewältigen können, so sind auch Sie, Albert Häberling, damit einverstanden, dass sie die «Polowetzer Tänze» spielen?
Häberling:	Wenn sie es bewältigen...? Das ist natürlich ein sehr gefährliches Unterfangen. In dieser Brillanz, wie wir sie von der «Garde républicaine» gehört haben, höre ich im Augenblick nicht schweizerische Verhältnisse. Es ist vielleicht denkbar, dass man dies mit grossem Können erreichen könnte. Aber wenn man das möchte, so müsste man die besten Voraussetzungen haben, das ist der erste Faktor. Zum zweiten Faktor: Beim Tanzcharakter dieser Komposition – das ist ja ihr eigentlicher Inhalt – ist eine Wiedergabe durch ein Blasorchester ohne grosse Abstriche vom symphonischen Inhalt durchaus denkbar. Also zwei Bedingungen: Der

Inhalt muss so sein, dass er entsprechend umgesetzt werden kann, und die Umsetzung muss mindestens so gut sein, dass die Komposition den Charakter nicht verliert.

Benz: Ich würde gerne noch einen andern Gesichtspunkt in die Diskussion einbringen, nämlich die Frage, warum spielt man so etwas. Wenn das, mit einem sehr direkten Blick auf Erfolg und Applaus, nur Bequemlichkeit ist, sich der zeitgenössischen Musik zu entziehen, dann dürfte dies ein verantwortungsbewusster Dirigent nur nebenbei machen. Wenn aber das zur Abrundung eines Programmes und zudem mit Bedacht und Verantwortung geschieht, so dürften wir nicht päpstlicher sein als der Papst und könnten in diesem Falle zustimmen, vor allem wenn so brillant gespielt wird.

Schaer: Obwohl natürlich gewisse Orchesterfarben wegfallen. Die Streicher sind nicht mehr da, ihr Vibrieren war wie ein pulsierender Teppich.

Häberling: Wir haben jetzt einen Ausschnitt gehört, der in beiden Besetzungen ähnlich klingen kann. Weiter hinten hätte es aber Stellen gegeben, die frappant unterschiedlich getönt hätten. Aber wie gesagt, der Inhalt als Ganzes lässt sich rechtfertigen. Doch bin auch ich der Auffassung, dass man sich nicht von einem scheinbaren äussern Erfolg blenden lassen darf.

Schaer: Sie sagen also, ein Tanzstück, bei dem es vor allem um den Tanz und nicht in erster Linie um die Musik geht, dürfe man übertragen. Hingegen ein symphonisches Werk, bei dem man mit innerer Sammlung und mit Ernst in der Konzertreihe sitze, dürfe man nicht übertragen. Meinen Sie das damit, wenn Sie sagen, der Inhalt lasse sich hier übertragen?

Häberling: Generell schon, denn der musikalisch-symphonische Inhalt ist ein Kriterium für sich; da muss man schon sehr vorsichtig sein, wenn man so etwas umsetzt.

Benz: Da bin ich ein wenig anderer Meinung: Ich möchte nicht gerne abstufen zwischen wertvoller symphonischer Musik und weniger wertvoller Tanzmusik. Das wäre sogar einmal ein Thema für eine weitere Diskussion. Wir transkribieren ja massenhaft auch Jazz, Unterhaltungsmusik, Musical und Operettenmusik, die auch durch Instrumentationen und Orchestrationen zerstört werden

	können. Sie haben zwar nicht das gleiche musikalische Gewicht, aber in der Blasmusikpraxis trotzdem einen wichtigen Stellenwert.
Brunner:	Vorausgesetzt, dass man ein Blasorchester zur Verfügung hat, das dieses Werk spielen kann, so sehe ich in einer solchen Aufführung sogar einen erzieherischen Sinn. Es gibt Besucher von Blasmusikkonzerten, die nicht in Orchesterkonzerte gehen. Es gibt sogar Bläser, die zum Orchester keine grosse Beziehung haben und selten ein Theater oder ein Symphoniekonzert besuchen. Mit der Aufführung eines solchen Werkes kann man sie dazu erziehen, sich eine Schallplatte mit dem Original zu kaufen, um zu vergleichen. Vielleicht bekommen sie dadurch sogar Lust, das Original einmal im Konzertsaal zu hören.
Benz:	Albert Brunner will da Publikum durch Blasmusikfassungen zum Symphonieorchester führen. Der umgekehrte Weg ist natürlich auch möglich, nämlich dass Leute, die das Original auf Schallplatten besitzen oder es schon, von einem Spitzensymphonieorchester dargeboten, gehört haben, enttäuscht sind und dann kein Blasmusikkonzert mehr besuchen.
Schaer:	So wäre das dann ein zweischneidiges Schwert.
Häberling:	Ich möchte doch etwas noch richtigstellen: Es könnte nun der Eindruck entstehen, Tänze seien minderwertig. Ja nicht! Das wäre genausofalsch, wie wenn man Volksmusik diskriminieren würde. Das dürfen wir nicht machen; denn es gibt sehr wertvolle Volksmusik, die als Parallele zur symphonischen Musik absolut standhalten kann. Ich möchte das klargestellt haben.
Benz:	Es ist beides Musik!
Schaer:	(zu Albert Häberling) Sie meinen Werke, wo es neben der Musik noch auf etwas anderes ankommt, nämlich auf den Rhythmus, dass sich die Beine bewegen?
Häberling:	Solche mit motorischem Impuls, wenn der im Vordergrund steht, aber auch das muss durchaus ernst genommen werden!
Schaer:	Jetzt nimmt es mich wunder, wie ernst man die Bearbeitung nehmen kann, die Sie, Albert Brunner, persönlich dirigiert haben, nämlich die Bearbeitung des Tschaikowsky-Stückes «Ouverture solennelle 1812». Wir hören zuerst wieder das Original mit den

Donkosaken und den Berliner Philharmonikern und nachher Sie, Albert Brunner, mit der Brass Band Mumpf, Fricktal.

Tonbeispiel V (Donkosaken/Berliner Philharmoniker)
Tonbeispiel VI (Brass Band Mumpf, Fricktal)

Schaer: Brass Band und Berliner Philharmoniker, das ist natürlich eine Konkurrenzierung, die einem schier erschlägt. Albert Häberling, was finden Sie nun zum Problem, ein Orchesterwerk, hier auch mit chorischen Einlagen, mit einer Blasmusik zu spielen?

Häberling: Über den Terminus «Bearbeitung» müssten wir uns erst einmal unterhalten. Die Stücke, die wir heute hören, sind keine Bearbeitungen, sondern höchstens Transkriptionen oder Arrangements, das vorerst als kurze Feststellung. Aber das, was wir jetzt gehört haben mit den Donkosaken und den Berliner Philharmonikern, das ist nicht das beste Beispiel. Ich finde es nicht schön, wenn man die Donkosaken diesem Stück voranstellt, obwohl ich grundsätzlich nichts habe gegen eine Übertragung Instrumentalsatz – Chorsatz oder umgekehrt. Das kann unter Umständen durchaus legitim sein. Aber in diesem Zusammenhang ist es doch sehr deplaziert. Da kommt dazu das Moment, dass die Verbindung Chor – Orchester nicht nahtlos, sondern sehr abrupt geschieht, so dass dies zwei Sachen sind. Wir müssten also von drei Transkriptionen reden: Chor – Orchester – Brass Band.

Schaer: Wenn ich Sie jetzt richtig verstanden habe, so sagen Sie, die Berliner Philharmoniker mit Herbert von Karajan seien hier nicht gerade «das Gelbe vom Ei»?

Häberling: Nein sicher nicht, und ich glaube auch, dass die Berliner noch andere Einspielungen hätten, als wie wir sie hier gehört haben. Das ist nun – ein wenig spitz ausgedrückt – Kommerz!
  Doch nun der Vergleich mit der Brass Band. Die ganze Ouvertüre ist schwer zu realisieren mit einem kleinen Orchesterverband. Eine Brass Band hat normalerweise 20 bis 30 Musiker. Sie kann natürlich auch mehr haben, aber die Masse allein macht es ja noch nicht aus. Ich glaube aber doch, dass die bei einer Brass Band vorhandenen Mittel – Aufbau eines Kornettverbandes – natürlich nicht ausreichen, um sich mit der Palette eines Symphonieorchesters einigermassen vergleichen zu können.

Schaer: Trotzdem haben Sie das dirigiert, Albert Brunner?

Brunner: Jawohl! Als der Produzent dieser Platte an mich gelangte und mir sagte, «Classic in Brass» sei eine Marktlücke, da habe ich mir zuerst überlegt, was da wohl zu machen wäre. Ich habe mich dann mit den Musikern besprochen und mich u.a. für die Ouvertüre zu «Die Macht des Schicksals» und für die «Ouvertüre 1812» entschieden. Ich masse mir dabei nicht einen Vergleich mit den Berliner Philharmonikern an; denn das lässt sich nicht vergleichen.

Schaer: Aber der Vergleich drängt sich auf...

Brunner: Es stimmt, doch lässt sich die Atemtechnik der Bläser nicht mit dem Spiel der Streicher vergleichen, und ein Euphonium ist kein Cello. Trotzdem haben wir diese Komposition bearbeitet und auch am Konzert aufgeführt. Damit hatten wir einen sehr grossen Erfolg, sowohl beim Publikum, das zu Tränen gerührt war, wie aber auch bei anwesenden Orchestermusikern. Diese waren zuerst skeptisch, aber nach der Aufführung ebenfalls begeistert. Und wenn wir dann am gleichen Konzert ein Originalwerk spielten, z.B. von Philip Spark, so wurde es bloss als «gut» befunden, während man das andere «überwältigend» fand. Es ist doch auch ein Ziel, dass man jeweils den Konzertsaal voll bringt, und das war mit «1812» immer der Fall.

Benz: Wir kommen nun auf ein Stilproblem zu sprechen. Ich möchte ganz gerne das Publikum von Festwochen, Symphonie- und Abonnementskonzerten wie auch von Blasmusikkonzerten in den gleichen Topf werfen. Es hat eine Vorliebe für das Heroisch-Pathetisch-Bombastische und für Programmusik im romantischen Stil. Bei den meisten Blasmusiken und Blasmusikdirigenten, die solche Transkriptionen spielen, geht es nur um das. In der Blasmusik ist diese Neigung zum übertriebenen Pathos besonders gross. Ich gestatte mir nicht, dem Komponisten Tschaikowsky am Zeug zu flicken, doch geschmacklich möchte ich dieses Werk in Frage stellen, obwohl es ein Reisser ist. Man darf nicht den Tod von Tausenden von Menschen so wollüstig schildern.

Häberling: Obwohl das Stück einen starken Ausdruck hat, bleibt es vom Inhalt her bei diesem rein äusserlichen Ausdruck. Zudem muss man vorsichtig sein, man darf nicht wegen begeisterter Insider die

Verantwortung vergessen, die der Dirigent auf sich nimmt. Die Verantwortung des Dirigenten muss über der Sache stehen. Man darf sich nicht bloss leiten lassen von Begebenheiten, die von Insider-Kreisen kommen.

Schaer: Sie sind direkt angesprochen, Albert Brunner! Sie haben also die Verantwortung nicht ganz...

Brunner: Doch, ich war mir meiner Verantwortung schon bewusst. Wenn ich ein Orchesterwerk dirigiere, so tue ich das nicht, weil ich frustriert bin und das Gefühl habe, ich sei ein missratener Orchesterdirigent. Ich dirigiere sehr gerne Blasmusik und möchte gar nichts anderes dirigieren. Ich bin ein Blasmusikdirigent. Aber wir haben doch für eine solche Aufführung auch das geistige Anrecht, erstens, weil es die Bläser gerne tun, und zweitens, weil's beim Publikum ankommt. Dass wir hier dem Insiderwunsch, d.h. dem Plattenproduzenten, entgegenkamen, hatte einen finanziellen Grund. Die spielende Band, eine Regional-Band ohne Subvention, brauchte unbedingt Geld. Sie kann nur existieren, wenn sie alle zwei Jahre eine Schallplatte macht. Ich muss diese Konzession machen, damit die Band überhaupt weiterexistieren kann.

Schaer: Sie nicken, Albert Benz!

Benz: Ja, die gleiche Überlegung machen nämlich nicht nur die angegriffenen Laien, sondern alle grossen Festivals, alle Festwochen-, Abonnements- und Symphoniekonzerte: Der Saal muss voll sein.

Schaer: Wie verträgt sich dies aber mit Ihren ethischen Forderungen, Albert Häberling?

Häberling: Für mich gibt es kein Fragezeichen zur Verantwortung, entweder man hat sie, oder man hat sie nicht!

Schaer: Aber vor leeren Sälen?

Häberling: Ich glaube nicht, das dies so schlimm sein muss. Wenn man kontinuierlich aufbaut, mit pädagogisch geschicktem Hintergrund, so lässt sich vieles machen. Dass wir in der Geschichte der Blasmusik eine Lücke haben, das ist nicht von der Hand zu weisen. Dafür tragen nicht wir die Schuld, sondern unsere Vorgänger. Durch diese ist diese Lücke entstanden, und damit kommen wir jetzt auf das grundsätzliche Problem, über das wir uns noch eingehender unterhalten können. Soll man Orchesterwerke auf

Blasmusik übertragen oder nicht? Ein Dirigent mit Verantwortung und mit entsprechender Ausbildung wird es nicht machen. Er findet es total unnötig; denn er erreicht nie das Klangbild, das die Partitur vorschreibt. Es ist total unmöglich. Und wenn man meint, man vergleiche nicht, so macht man den Vergleich halt doch. Es geht nicht anders.

Schaer: Soll man, oder soll man nicht? Albert Benz, auch Sie haben gleichsam gesündigt, nämlich mit der Ouvertüre zu «Wilhelm Tell», die Gioachino Rossini für ein Symphonieorchester, für ein Opernorchester, geschrieben hat, und die Sie dann mit der Stadtmusik Luzern in einem Arrangement von Eric Leidzen interpretiert haben. Wir hören nun dieses Beispiel:

Tonbeispiel VII (Symphonieorchester)
Tonbeispiel VIII (Stadtmusik Luzern)

Schaer: Sie haben vorhin gesagt, Albert Häberling, ein Dirigent mit Verantwortung lehne es ab, Werke, die zur Symphonik gehören, auf Blasmusik zu übertragen. Trotzdem haben wir nun von der Stadtmusik Luzern eine solche Übertragung gehört. Das Problem – und deswegen haben wir dieses Beispiel gewählt – stellt sich hier so: Kann und darf man tiefere Streicher – Celli – einfach auf ein Blasmusikregister übertragen?

Häberling: Das ist eine einfache Frage und leicht zu beantworten: Man kann alles, es ist absolut alles möglich. Es frägt sich nur, wie fällt der Vergleich aus gegenüber dem Original. Wenn Sie ein Bild mit roten Konturen und daneben eine Kopie mit grünen Konturen haben, dann können Sie ja auch zwischen Rot und Grün wählen. Ich bin jedoch für das Original; denn wenn der Schöpfer sein Bild rot wollte, dann wollte er es eben nicht grün. Das ist eben der Unterschied, möglich ist jedoch alles.

Schaer: Möglich ist es, aber Sie sagen, weil es der Komponist nicht dafür eingerichtet hat, so soll man es auch nicht verändern.

Häberling: Wir haben bei diesem Beispiel den Anfang gehört. Hätten wir den Allegro-Schluss gehört, das Allegro vivace, so hätten wir keinen Einwand, vorausgesetzt, dass dieser Schluss nicht gekürzt wird; es gibt nämlich auch Ausgaben, die gekürzt sind und bei denen man die schwierigsten Stellen weggelassen hat. Das darf man natürlich nicht, das wäre wieder ein ganz gewaltiger Eingriff. Wir haben den Anfang gehört mit den geteilten Celli. Es ist ausserordentlich schwierig, dies mit einem andern Ensemble zu verwirklichen. Sie können dabei nehmen, was Sie wollen, Saxophon, Bassklarinette u.a., es wird immer eine andere Art des Ausdruckes entstehen, abgesehen davon, dass die Stadtmusik Luzern dies hervorragend gespielt hat. Aber das entbindet nicht von der Vorstellung von Celli, wir können diesen Klang nicht nachmachen.

Schaer: Albert Benz, Sie sind direkt angesprochen als Dirigent dieses Arrangements!

Benz: Ja, ich stehe dazu! Nun muss ich dazu ein paar Bemerkungen anbringen:
1. Transkriptionen sind für meine Tätigkeit bei der Stadtmusik Luzern atypisch. Unser zentrales Anliegen ist die originale Blasmusik und vor allem die zeitgenössische originale Blasmusik.
2. Beim gehörten Beispiel geht es nicht nur um den Vergleich zwischen einem Berufsorchester und einem Ensemble, das bis zu 90% aus Laien besteht, sondern auch noch um den Vergleich zwischen Studioaufnahme und Live-Aufnahme. Das Gehörte war eine Live-Aufnahme.
3. Fast etwas boshaft wurde diese kritische Stelle ausgewählt. Hätte man zwei Seiten weiter hinten jene Stelle mit dem Englischhorn und dem Flötensolo oder dann das Allegro ausgewählt, so würde der Vergleich weniger negativ, ja sogar positiv ausfallen. Die gewählte Stelle birgt das grösste Problem. Dieser Aufstieg im Violoncello – wir haben kein Blasinstrument, das diesen Tonumfang überbrücken kann, so muss man also brechen und ersetzen. Dann die geteilten Celli, das war damals von Rossini eine unverschämte Kühnheit, die kann man nicht kopieren. Es ist also jene Stelle aus der «Wilhelm-Tell-Ouvertüre», die sich am wenigsten übertragen lässt.

Schaer: Machten Sie dies wegen des Effektes? «Wilhelm Tell» ist etwas, das mitreisst.

Benz: Von dem wollte ich eben sprechen. Der Grund, warum wir dies spielen, liegt in der diesjährigen, von Stadt und Kanton Luzern durchgeführten Feier «600 Jahre Schlacht bei Sempach», zu der wir ein thematisches Programm gestalteten. Ein ähnliches Programm machte ich schon vor vier, fünf Jahren, «800 Jahre Stadt Luzern». Ich wollte mich jetzt nicht wiederholen, und darum wählte ich n.a. dieses Stück in der Meinung, es eigne sich doch recht gut, die grosse Pastoralszene mit dem Englischhorn, das ganze Allegro mit dem Rittermarsch für die Trompeten. Das kann man sehr gut ausführen mit einer guten Harmoniemusik. Die Einleitung ist die schwächste Stelle, das will ich gar nicht beschönigen, das hört man auch. Das wissen unsere Bläser sehr genau, und auch ich weiss es. Auf eben diesen Zusammenhang möchte ich gerne hinweisen: Wir machen es nicht etwa, weil es ein Reisserstück ist. Wir mixen es auch nicht im gleichen Programm zusammen mit Sibelius' «Finnlandia», mit der «Rhapsodie in Blue», mit der «Ouvertüre 1812» und was es sonst noch an Reissern gibt. Wir ordnen dieses Werk ein ins Programmthema «Rund um den Vierwaldstättersee». Noch etwas müsste ich hier ergänzen: Wir besitzen in unserer Bibliothek ein Arrangement von Otto Zurmühle, wo dieser heikle Anfang besser gelöst ist. Aber dieses Material ist dermassen alt und abgegriffen, dass es den Bläsern nicht zugemutet werden konnte. Darum habe ich das Leidzen-Arrangement gewählt, das überhaupt nicht besser ist. Eigentlich müsste ich dem Zurmühle-Arrangement immer noch den Vorzug geben.

Brunner: Mich freut es ausserordentlich, dass auch Albert Benz, der doch zu 90% Originalblasmusik spielt, mit seiner Stadtmusik eine Transkription gewählt hat. Es ist sehr gut, aber man darf wieder nicht nur bloss vergleichen. Was Albert Benz gesagt hat, ist eigentlich auch mein Standpunkt: Ich spiele nicht ein ganzes Programm mit Transkriptionen. Ich wähle immer zwei bis drei Originalkompositionen dazu, manchmal ziemlich abstrakte, die das Publikum herausfordern. Aber ich muss diese richtig hineinschmuggeln, und ich muss dann, wie es Albert Benz mit seiner Stadtmusik gemacht hat, einen «Wilhelm Tell» oder so etwas hinzunehmen, um das Publikum wieder zu lösen. Doch muss ich ehrlich sagen, nur 10% des Publikums loben nachher die Originalwerke, alle andern reden nur vom «Wilhelm Tell». Das ist manchmal fast frustrierend, aber es ist so. Sowohl in einer Stadt wie auch in einem Dorfe müssen wir uns dem Publikum von der guten Seite

	zeigen, weil wir ja auf die gemeindlichen Subventionen angewiesen sind. Das ist für den Musikverein auch sehr wichtig.
Häberling:	Es ist ein gefährliches Unterfangen, die Programmgestaltung vom Subventionsgeber abhängig zu machen. Was sagen Sie dann zu Leuten, die nicht in Ihr Konzert kommen, weil sie die Verfälschung eines Musikstückes nicht hören wollen? Wenn man sagt, man müsse das Blasorchester und unser Tun ernst nehmen, so hat doch dies mit Ernst überhaupt nichts mehr zu tun.
Brunner:	Ich kenne die Meinung jener Leute, die nicht ins Konzert kommen, nicht.
Häberling:	Vermutlich haben die eben eine andere Meinung.
Benz:	In unserer Diskussion ist nun die Gefahr, dass man den Erfolg von Originalwerken und von Transkriptionen miteinander vergleicht. Wir müssen aber eines sehen, von den Tausenden von symphonischen Werken gibt es ein Dutzend sogenannte Reisser, und nur die erscheinen im Blasmusikkonzert. Insofern müsste ich dir, Albert Brunner, widersprechen, die andern -zig tausend hört man nie in einem Blasmusikkonzert. Wir wählen nur die grössten Reisser: zwei, drei Stücke von Mussorgsky, von Wagner, von Rossini eventuell, von Verdi, man könnte sie symphonische Hits nennen.
Brunner:	Da hast du vollkommen recht. Damit sind wir wieder bei dem, was du schon einmal gesagt hast, auch Orchester spielen immer wieder traditionell, um das Haus voll zu haben. Wenn mir das mit Originalblasmusik gelänge, so würde ich nur noch solche Werke spielen. Ich bin aber gezwungen, Konzessionen zu machen.
Benz:	Nebenbei gesagt, es gibt eine Menge äusserst attraktiver und wertvoller Originalwerke, die den Dirigenten gar nicht bekannt sind.
Schaer:	Original oder Bearbeitung? Ein weiteres Bespiel: «English Folk Song Suite» von Ralph Vaughan Williams.

Tonbeispiel IX (Philharmonia Orchestra)
Tonbeispiel X (Zürcher Blasorchester/Leitung: Albert Häberling)

Albert Brunner, was hat Ihnen besser gefallen?

Brunner:	Zuerst einmal, es sind zwei ganz verschiedene Interpretationen, die mir aber beide sehr gut gefallen haben. Die Problemstellung ist hier nun umgekehrt, das Orchester hat hier die Transkription gespielt und das Zürcher Blasorchester das Original. Wenn selbst Orchester dies tun, warum denn darf es die Blasmusik nicht?
Schaer:	Was ist Ihre Meinung, Albert Häberling, dürfen es die Symphonieorchester?
Häberling:	Wir haben hier einen ähnlichen Fall wie bei den Polowetzer Tänzen. Hier sind es nun einfach Lieder. Ich glaube, Lieder und Tänze, wenn sie nicht den ganz spezifischen Ausdruck eines Komponisten haben, darf man bearbeiten. Vaughan Williams hat ja auch bestehende Lieder einfach übernommen und bearbeitet – hier kann man nun von Bearbeitungen reden, wobei ihm die Lieder als Vorlage dienten. Ich sehe nicht ein, warum man das nicht darf. Idee, Grundkern oder Leitlinie stammen ja nicht von Vaughan Williams, sondern er hat diese Volkslieder für ein englisches Militärorchester bearbeitet. Nachher wurden sie auch noch für ein Symphonieorchester umgeschrieben. Da würde ich tolerant sein.
Schaer:	Wenn also ein Werk zurückgreift auf Volksmusik, auf Melodien, die gesungen oder gepfiffen wurden, lange bevor sie ein Orchester aufnahm, so spielt es keine Rolle, welche Orchesterart sich nun damit beschäftigt, sei es nun ein Symphonieorchester, eine Harmoniemusik oder eine Brass Band? Sind Sie einverstanden, Albert Benz?
Benz:	Ja, und ich möchte hier hinzufügen: Wichtig ist, dass wir aus diesem Problem nicht eine Ideologie machen. Eine Ideologie könnte lauten, eine Bearbeitung sei immer schlecht, oder eine andere Ideologie, originale Blasmusik sei schlecht. Beides aber ist nicht wahr. Wir sollten heute differenzierter urteilen können. Gerade hier haben wir ein sehr schönes Beispiel, wie ein Komponist und eine Komposition einem andern Klangkörper zugänglich gemacht werden können.
Schaer:	Man soll also nicht ideologisch werden ... Ich möchte alle Diskussionsteilnehmer um eine kurze grundsätzliche Stellungnahme bitten: Sind Sie für oder gegen Bearbeitungen, Albert Häberling?

Häberling:	Grundsätzlich dagegen, mit wenigen Ausnahmen.
Brunner:	Ich bin für Transkriptionen, aber man muss sie gut spielen.
Benz:	Ich möchte nicht päpstlicher sein als die Symphonieorchester und darum die Bearbeitungen nicht grundsätzlich ausschliessen, jedoch zu grosser Vorsicht mahnen.
Schaer:	Also drei Meinungen: ein Ja, ein Ja mit Einschränkungen und ein grundsätzliches Nein. Ich bringe nun ein Beispiel von Carl Maria von Weber, der dieses Jahr seinen 200. Geburtstag feiert. Dieser Komponist hat die Oper «Der Freischütz» geschrieben. Daraus hören Sie das Agathe-Motiv mit der Staatskapelle Dresden und nachher die Bearbeitung für Blasmusik, gespielt von der Harmonie Prag unter der Leitung von Otto Aebi.

Tonbeispiel XI (Staatskapelle Dresden)
Tonbeispiel XII (Harmoniemusik Prag)

Das war also die Ouvertüre zum «Freischütz», die Blasmusikfassung stammt von einer grossen Persönlichkeit der schweizerischen Blasmusik, nämlich von Stephan Jaeggi. Albert Benz, was kann man nun zu diesem Beispiel sagen?

Benz:	Ich möchte verschiedene Kriterien anlegen: – Bewältigt ein Ensemble die gestellte Aufgabe? Das ist hier zweifelsohne der Fall. Das sind ausgezeichnete Musiker. – Ist die Bearbeitung verantwortungsbewusst, ist sie gut gemacht? Stephan Jaeggi hat hervorragend instrumentiert! – Eignet sich dieses Stück für das Medium Blasorchester? Da würde ich nun sagen, nachdem Radio und Schallplatte allgegenwärtig sind, müssten wir hier die Finger davon lassen. Das ist eine so zarte Romantik, die in dieser Weber-Ouvertüre aufscheint, dass eine Blasmusikübertragung zu einer Vergröberung führt, die sich heute nicht mehr verantworten lässt.
Schaer:	Wir haben das Agathe-Motiv mit zarten Streichern gehört, und das tönt dann mit Blasmusik ganz anders. Trotzdem sind Sie, Albert Brunner, grundsätzlich der Meinung, wenn man richtig und gut spiele, dürfe man Blasmusikbearbeitungen spielen, auch wenn man den Streicherklang mit Bläsern wiedergeben müsse.
Brunner:	Das Arrangement von Stephan Jaeggi ist super. Man merkt, dieser Mann versteht sein Handwerk. Die Bläser der Harmoniemu-

sik Prag sind unwahrscheinlich gut, aber von der Interpretation her könnte man mehr machen. Es liesse sich aus dem Orchester mehr herausholen.

Häberling: Nachdem gerade diese Werke, in unserem Falle diese Ouvertüre, heute so gut zugänglich sind durch Schallplatten und Kassetten, auf denen das Original von verschiedenen Orchestern hervorragend gespielt wird, hat hier eine Blasmusik nichts mehr zu suchen. Auch wenn es noch so gut gemacht und noch so gut gespielt ist, es hält den Vergleich vom Klanglichen und vom Inhalt her niemals aus. Es sind zwei Welten.

Benz: Stephan Jaeggi hat das in einer Zeit geschrieben, in der das heutige grosse Repertoire von Originalmusik bei uns zu 90% unbekannt war und in der Radio und Schallplatten weder die heutige Verbreitung noch die heutige Perfektion gehabt haben. Jaeggi konnte dies verantworten – er war ja ein sehr verantwortungsbewusster Musiker –, aber heute ist es eben 50 Jahre später.

Schaer: Kann man also sagen, dass man von jener Orchestermusik, die auf den Plattengestellen leicht greifbar ist, die Finger lassen sollte? Aber sind dies nicht gerade die beliebtesten und populärsten Stücke, jene, die einer Blasmusik zum Erfolg verhelfen?

Brunner: Zuerst einmal, die «Freischütz»-Ouvertüre würde ich nicht auf eine Platte einspielen. Aber ich könnte mir vorstellen, dass ich sie in einer ländlichen Gegend, wo die Leute weniger Zugang zu einem Orchester haben, spielen würde, um diese Leute wieder etwas näher an diese Musik heranzubringen. Hingegen in der Nähe eines Ortes mit einem Symphonieorchester würde ich davon absehen.

Schaer: Das Kriterium für Sie ist also nicht, ob die Stücke greifbar sind auf dem Plattenmarkt?

Brunner: Nein!

Häberling: Ob kleines oder grosses Dorf, ob ländliche oder städtische Verhältnisse, das ist gar keine Fragestellung. Radio und Plattenmarkt sind allgegenwärtig. Es gibt keine Grenzen mehr, jedes Kind kann dies heute hören, wenn es will, und es muss nicht in ein Blasmusikkonzert gehen, um das Stück dann in einem fremden Klang-

Benz:	gewand zu hören, von dem es sicher enttäuscht ist, sobald es glücklicherweise einmal das Original hört. Ich würde auch die Landbevölkerung musikalisch nicht unterschätzen. Das wäre ein Fehler. Die Eignung für eine Transkription scheint mir etwas sehr Wichtiges zu sein. «1812» z.B., um auf ein früheres Beispiel zurückzugreifen, eignet sich, gemessen an der «Freischütz»-Ouvertüre, vorzüglich. Die Weber-Ouvertüre ist denkbar ungeeignet. Von Schuberts «Unvollendeter» und von den Weber-Ouvertüren müsste man heute einfach die Finger lassen.
Schaer:	Aber Albert Brunner sagte doch vehement, wir brauchen die Reisser, wir brauchen das, was ankommt und auch auf den Platten läuft, damit wir volle Säle und ein applausfreudiges Publikum bekommen. Originale Blasmusik hingegen gefällt nicht so recht.
Häberling:	Wir haben es am Anfang unseres Gesprächs schon erwähnt: In unserer Blasmusikgeschichte besteht eine sehr grosse Lücke. Wir müssten hier auf den Ursprung zurückgehen, auf den Anfang des 19. Jahrhunderts, als das bläserisch-orchestrale Musizieren begann. Damals gab es wunderbare Anfänge. Niemand sprach da von Transkriptionen und Bearbeitungen. Das gab es überhaupt nicht, es gab nur Originalwerke. Leider ist es dann in die persönliche Sphäre von so ehrgeizigen Dirigenten abgerutscht, die einfach nahmen, was sie bekamen. Als dann das Blechblasinstrument durch die Erfindung und Vervollkommnung der Ventile eine derartige Dominanz bekam, entstanden diese riesengrossen Orchester, und hier gab es nun auch Dirigenten, die ihre Verantwortung nicht mehr spürten oder nicht mehr spüren wollten. Sie nahmen aus dem Bereich des Vorhandenen – das war der Bereich des Symphonieorchesters – Werke und setzten sie in ihre spezifischen Klangmöglichkeiten um. Ich sage jetzt nicht Bearbeitungen, ich vermeide dies, das Wort ist einfach falsch in unserem Bereich. Es sind höchstens Transkriptionen oder sogar Arrangements. Bearbeitungen sind es also keine, das muss man endlich einmal terminologisch klarstellen.
Schaer:	Was sind denn die Unterschiede zwischen Bearbeitungen, Transkriptionen und Arrangements?

Häberling:	Ich kann Ihnen ein Beispiel sagen: Eine Bearbeitung haben wir dann, wenn der Komponist ein fremdes Thema nimmt und daraus etwas Neues macht, ein künstlerisch eigenständiges Werk, z.B. Haydn-Variationen von Brahms. Das ist eine Bearbeitung. Alles andere, z.B. wenn man eine vollständige Partitur hat, die man umsetzt in eine andere Partitur, so ist das keine Bearbeitung, sondern höchstens eine Transkription, allenfalls ein Arrangement, in der Verkleinerung oder Vergrösserung oder was man dann will. Ich glaube, man muss das doch einmal für unsern Bereich klarstellen.
Schaer:	Das heisst also auch, dass wir in unserer Sendung nicht von Bearbeitungen reden, sondern immer von Arrangements, von Transkriptionen?
Häberling:	Das wäre richtiger.
Schaer:	Sie haben gesagt, durch die historische Lücke bedingt, sei plötzlich, durch den Wunsch ehrgeiziger Dirigenten noch verstärkt, die Notwendigkeit von Transkriptionen entstanden. Warum macht man überhaupt Transkriptionen? Weil die Dirigenten ehrgeizig sind? Das ist Ihre These!
Häberling:	Aus der damaligen Sicht vielleicht schon; denn die Blasmusikkorps schossen wie Pilze aus dem Boden, und da brauchte es einfach Literatur. Sie nahmen dann einfach, was sie unter der Feder hatten, und das war eben die Entlehnung vom Symphonieorchester. Das dauerte leider bis zum Zweiten Weltkrieg, mit Ausnahme ganz weniger Lichtblicke. Glücklicherweise ist der Marsch eigenständig geblieben. Auch sonst hat es immer vereinzelt gute Originalwerke gegeben, aber die Programme bestanden bis zum Zweiten Weltkrieg mehrheitlich aus Werken der Symphonieorchesterliteratur.
Benz:	Ich sehe den Grund weniger im Ehrgeiz der Dirigenten. In der Wilhelminischen Ära zwischen 1878 und dem Ersten Weltkrieg da gab es allein in Deutschland 500 stehende Militärkapellen, also sehr qualifizierte Blasorchester. Das war in ganz Europa ähnlich. Diese wollten sich aber nicht auf 20 Werke aus der Französischen Revolution von Jadin, Gossec, Méhul usw., auf die Trauer- und Triumph-Symphonie von Berlioz, die sie sehr wahrscheinlich noch gar nicht kannten, oder auf die «Ouvertüre für Harmonie-

musik» von Mendelssohn beschränken, sondern sie suchten werthaltige Literatur. Aber auch die Komponisten waren damals gleicher Meinung. Hanslik, der berühmte, berüchtigte und gefürchtete Kritiker von Bruckner, schrieb damals, die österreichische Militärmusik hätte mehr Länder erobert als die österreichischen Bajonette. Er hatte grosses Lob übrig für die Militärmusik. Auch Berlioz äusserte sich begeistert über die deutsche Militärmusik, und Wagner lobte in Venedig die österreichische Militärmusik in hohen Tönen. Liszt wünschte vom deutschen Militärkapellmeister Wieprecht die Instrumentation von «Torquato» für Militärmusik, und zwar sollte er es nicht allzu wörtlich, sondern sinngemäss übertragen. Brahms wünschte ebenfalls, dass seine «Akademische Festouvertüre» für Blasmusik gesetzt werde. Aber – das war im letzten Jahrhundert, und heute haben wir eine ganz andere Situation. Zur Ehrenrettung der Dirigenten vom Ende des letzten Jahrhunderts bis in unser Jahrhundert hinein müssen wir vielleicht doch feststellen, dass es zu wenig originale Blasmusik gab. Aber heute gibt es doch eine sehr prominente Liste, vor allem aus unserem Jahrhundert, Namen wie die der Amerikaner Barber und Copland, Hindemith hat Originalwerke geschrieben, Sousa, Strawinsky – ich denke jetzt nur an die Symphoniker –, Milhaud, Ottorino Respighi, Penderecki, Schönberg. Es gibt also viele, aber – und jetzt kommen wir wieder zum Vergleich mit den Symphonieorchestern – wenn Sie ein Abonnementprogramm irgendeiner Schweizer Stadt nehmen und wenn darin diese Namen aufscheinen, die ich jetzt eben genannt habe, dann erscheint eben das Publikum nicht, weil es 95% Klassik und Romantik, 5% Barock und sonst gar nichts hören will. Diesbezüglich haben wir – da gebe ich dir recht, Albert Häberling – bei der Blasmusik eine Lücke.

Brunner: Wenn wir ein Konzert mit lauter Originalwerken spielen, dann sind wir elitär. Nun ist die Frage, wollen wir elitär oder populär sein in der Blasmusik. Wenn wir durch ausschliessliche Originalprogramme elitär werden, dann haben wir nur noch jenes Publikum, das eine solche Vorliebe hat, das sind Fachleute, Spezialisten, die andern aber kommen nicht mehr. Wie ich es schon gesagt habe, auf diese Art wird der finanzielle Aspekt nicht mehr berücksichtigt. Im Gegensatz zu unsern Orchestern sind amerikanische Orchester – sowohl Symphonie- wie Blasorchester – in der

Programmgestaltung nicht elitär. Ich möchte einmal von einem schweizerischen Radioorchester einen Sousa-Marsch hören! Ein amerikanisches Orchester macht dies. Wenn Bernstein mit einer College-Band «Westside-Story» spielt, so stört das niemand, das ist super! Aber wir in der Schweiz haben in dieser Beziehung – sei es nun auf der Orchester- oder auf der Blasmusikseite – elitäre Gedanken. Das brauchen wir aber nicht. Ich möchte gute Musik machen und dabei populär statt elitär sein.

Schaer: Sie, Albert Häberling, sind doch lieber elitär, so wie ich Sie kenne?

Häberling: Für mich existiert in diesem Bereich das Wort «elitär» nicht. Es sind verschiedene Fragen angeschnitten worden. Ich muss doch, nicht korrigierend, aber ergänzend, feststellen und fragen: Warum hat man den grossen Komponisten des 19. Jahrhunderts bzw. denen, die man als das bezeichnet, nicht Kompositionsaufträge für Blasorchester gegeben, genau so, wie man sie damals zu Beginn des Jahrhunderts den französischen Komponisten für die Bereicherung der Siegesfeiern gegeben hat? Das scheint mir ein wesentlicher Faktor zu sein; denn diese Komponisten hätten bestimmt die Partitur und den Sound des Blasorchesters gekannt, z.B. Mendelssohn.

Schaer: Warum hat man sie nicht gegeben?

Häberling: Ich stelle diese Frage eben in den Raum. Es ist denkbar, dass diese Komponisten – vielleicht ist es eine ketzerische Überlegung – sich nicht gerne in Verbindung gebracht sehen wollten mit anderer Musik, die ihnen nicht so entsprach. Es ist denkbar.

Schaer: ... weil sie eine weniger hohe Reputation hatte, nicht einen so hohen Status.

Häberling: Richtig, damit hätten Sie wieder «elitär» angesprochen, was eben auch nicht ganz stimmt. Der andere Punkt: Warum haben heutige Komponisten (Strawinsky, Hindemith, Penderecki usw.) im Gegensatz dazu für Blasorchester geschrieben? Sie haben eben nicht in Europa geschrieben, sondern in Amerika, weil es dort andere Voraussetzungen gibt.

Wir Europäer hinken vermutlich in dieser Beziehung stark hintennach. Man fragt nämlich dort weniger nach den Kriterien, mit denen wir uns heute herumschlagen, in asiatischen Ländern noch viel weniger. Es wird vielleicht die Zeit kommen, da sich die Europäer nur noch um Besetzungsfragen, aber nicht mehr um den Inhalt streiten können, weil der Inhalt an andern Orten gemacht wird. Ich glaube, wir müssten uns heute Mühe geben, uns auf unsere Eigenständigkeit zu besinnen; denn der Vergleich Blasorchester – Symphonieorchester sollte wirklich veraltet sein. Das Medium Blasorchester hat eine eigenständige künstlerische Aussage – ich möchte dies unterstreichen – und ist nicht vergleichbar mit dem Symphonieorchester. Es ist ein katastrophaler Fehler gewesen, dass man die beiden immer verglichen hat. Das müsste man einmal richtig klarstellen. Unsere Blasmusikvereine kranken noch immer daran, und wir werden sogar falsch erzogen. Wir müssen das vergessen, dass das Blasorchester ein Symphonieorchester ist. Es hat seine eigene künstlerische Aussage und hätte es schon längst verdient, dass wir uns darauf besinnen würden. Aber die Lücke von 100 bis 150 Jahren, die in der Blasmusikgeschichte entstanden ist, die können wir nicht von heute auf morgen auffüllen. Das braucht seine Zeit. Aber vielleicht können die Generationen nach uns, wenn wir es jetzt richtig anpacken, auf den Neuanfang zurückgreifen, der seit dem Zweiten Weltkrieg gemacht worden ist.

Brunner: Es ist wahr, was Albert Häberling sagt. Aber warum haben die grossen Komponisten damals nicht für Blasmusik oder Blasorchester geschrieben? Sicher hat es damals noch nicht so gute Blasorchester gegeben, sicher nicht in dieser Vielzahl.

Häberling: Doch, es tut mir leid, wenn ich Sie unterbrechen muss. Die damaligen Militärorchester waren hervorragend. Wenn man an den Wettbewerb von Paris denkt, wo die verschiedenen Militärorchester miteinander rivalisierten, so gab es da eine hervorragende Qualität.

Brunner: Das vermutlich schon, aber noch nicht so massenhaft wie heute. Wenn man ein Eidgenössisches Musikfest betrachtet, wie viele gute Blasorchester gibt es doch! Wir haben also einen sehr hohen Stand. Das gab's sicher früher nicht in der Schweiz, auch vor 20 Jahren nicht. Wenn ich mit einer Harmoniemusik arbeite, so sage ich immer: «Wir sind kein Symphonieorchester, wir sind ein Blasorchester.» Ich habe das Gefühl, dass es heute viele junge

Dirigenten gibt, die das Blasorchester wirklich entwickeln und einen tollen Klang erreichen. Sie sind aber noch auf dem Weg, wir stecken in einer Entwicklung, da haben Sie schon recht. Ich könnte einige Blasorchester nennen, die schon sehr gut sind, selbst mit jungen Dirigenten, die noch keinen Namen haben, aber die sich entwickeln. Wenn die Blasorchester früher so populär gewesen wären wie heute, dann hätten grosse Komponisten auch für sie komponiert.

Schaer: Meine Herren, wir sind immer noch bei der Frage, ob Bearbeitungen von Orchesterwerken für die Blasmusik zu empfehlen und wünschbar seien. Man könnte ja jetzt die These in den Raum stellen, dass es gut sei, klassische Orchesterwerke für Blasmusik umzuschreiben, weil damit die Leute über die Blasmusik den Weg in den Konzertsaal finden. Sind Sie der Meinung, dass darin ein wesentliches Argument liegen könnte, z. B. Leute vom Dorfe über das Blasorchester ins Symphoniekonzert zu bringen?

Benz: Ich glaube, dass die Leute heute durch ganz andere Gegebenheiten geprägt werden als durch die Blasmusik. Da ist die Schulmusik – oft auch die fehlende Schulmusik –, da sind Radio, Schallplatte und Fernsehen. Der pädagogische Einfluss, den wir mit der Blasmusik ausüben können, ist gering. Das Publikum eines Blasorchesters, einer Harmoniemusik, einer Brass Band ist nach einiger Zeit genau das, was die betreffende Blasmusik sich zum Ziel gesetzt hat. Wenn ich symphonische Musik spiele, werde ich nach ein paar Jahren das entsprechende Publikum haben, wenn ich vorwiegend Unterhaltungsmusik mache, werde ich ebenfalls das entsprechende Publikum bekommen.

Brunner: Ich habe immer wieder erlebt, dass Bläser erst in meiner Harmoniemusik die klassische Musik entdeckten und dann auch zu Besuchern von Symphoniekonzerten wurden. Für einige war dies sogar der Anstoss für den Beginn eines musikalischen Berufsstudiums.

Häberling: Der musikalische Wert von gespielten Transkriptionen, ich meine damit die Absicht, so zum Symphonieorchester zu gelangen, ist meiner Ansicht nach sehr gering. Eher der umgekehrte Weg könnte zutreffen, und zwar ein abweisender: Wer vom Original, vom Symphonieorchester, geprägt ist, wer sich an diesen Klang gewöhnt hat, wird niemals in ein Blasorchesterkonzert gehen, um das gleiche Werk zu hören. Es wird ihn abstossen, und ich glaube, dass es schade ist, dass wir dann gerade eben diese Zuhörer nicht haben. Denn diese sind der Wertmassstab, die andern aber sind die Insider, geprägt vom Blasorchester, gefangen von ihrem eigenen Tun. Sie sind darum auch schwer umerziehbar; denn sie blicken nur aus der eigenen Perspektive und können das eigene Ich nicht auf die Seite stellen. Das aber ist schade!

Benz: Ich möchte das Ganze wie folgt zusammenfassen: Ich wäre beispielsweise damit einverstanden, die Ouvertüre zur «Zauberflöte» zu üben, ihre Form zu studieren, der Musiker kann sich mit dem Werk auseinandersetzen, er kann es technisch bewältigen, er kann sich in die Musik einfühlen, aber ich würde das Werk nicht aufführen.

Häberling: Wenn der Bläser sich mit Hilfe dieser Literatur die Technik aneignen will, so gibt es natürlich eine Menge pädagogischer Literatur, die ihm zu einer ausgezeichneten Technik verhilft.

Schaer: Ich sehe, dass bei jedem Diskussionsteilnehmer die bereits geäusserte Meinung die grundsätzliche Position bleibt: Albert Häberling, der grundsätzlich gegen Transkriptionen in der Blasmusik ist, aber gewisse Ausnahmen zulässt; Albert Brunner, der grundsätzlich Transkriptionen befürwortet, aber mit strengen Qualitätskriterien, und Albert Benz, der möglichst wenig Transkriptionen wünscht, sie aber nicht grundsätzlich ausschliesst. Ich danke Ihnen, dass Sie Ihre Meinung hier im Studio vertreten haben.

WERNER PROBST / WOLFGANG SUPPAN
DAVID WHITWELL

Internationale Ausstrahlung

Meine Verbindung zu Albert Benz ergab sich aus einer Frage zu deutschen Märschen, die er ursprünglich an Oberst a.D. Johannes Schade gerichtet hatte, den ehemaligen Musikinspizienten der Bundeswehr. Albert Benz befand sich damals in den Vorbereitungen zur LP «Historische Märsche aus Deutschland und Österreich», die er schliesslich zusammen mit der Stadtmusik Luzern einspielte. Sie erschien als PAN 132078 und wurde bei den Liebhabern gediegener Marschmusik – Benz gehörte zu den reproduzierenden Künstlern, die zu beweisen verstanden, dass es so etwas gibt! – bald zu einem Begriff.

Persönlich habe ich Albert Benz leider nie kennengelernt, denn wiederholt ergaben sich durch meinen eigentlichen Beruf «Hindernisse». So konnte ich seiner Einladung zum Frühjahrskonzert 1984 nach Luzern nicht Folge leisten. An dieser Stelle und im Zusammenhang mit dem Konzert sei die Frage erlaubt, wer ausser ihm in Europa bisher Kushida oder Chávez zur Aufführung gebracht hat. Ich konnte ihn auch nicht auf den Internationalen Kongressen des «Arbeitskreises Militärmusik» in der Deutschen Gesellschaft für Heereskunde in Wien (1984) oder Aarau (1986) treffen, denen er durch seine Teilnahme Bedeutung verliehen, sie mit Engagement unterstützt und ermöglicht hatte.

Aus deutscher Sicht war für mich wesentlich, dass ich meine Verbindung mit ihm aufnehmen konnte, als wir hier in Fragen der Blasmusik noch weitgehend Suchende waren. Seine Ausführungen hierzu – z.B. seine unmissverständlich positive Haltung zum Marsch, um bewusst eine in den Augen vieler nur «mindere Kunstform» anzusprechen – war für mich hilfreich und wertvoll. Hier sprach nicht nur der Blasmusikfachmann, sondern auch der engagierte Musiker, dem die besonderen Wurzeln der Blasmusik klar waren und der sich und anderen hieraus klare Zielvorstellungen abzuleiten wusste. Diese Haltung liess auch deutlich die Tätigkeitsfelder erkennen, auf denen er oder in die hinein er wirkte.

Seine dezidiert schweizerische Grundhaltung schien mir ein wesentlicher Grundstock zu sein für seine Bedeutung, die weit über die Grenzen seiner Heimat hinausreichte. Es erstaunte mich denn auch keinesfalls, mit welch hoher Meinung der Vertreter Israels im Verlaufe der WASBE-Konferenz 1989 in Kerkrade die Autorität eines Albert Benz als ultima ratio herausstellte. Seine Bemühungen um den Erhalt echter Schweizer Tradition im Sinne eines Schürens der Glut, nicht aber der Asche, um zu einem europäischen Weg zu finden, sprach aus vielen seiner Ausführungen. Er war für mich daher einer der wenigen Vordenker der Blasmusik, ein Mann, der aufgrund seines reichen Erfahrungsschatzes Perspektiven aufzuzeigen wusste. Wahrlich auch heute noch in der internationalen Blasmusikszene eine fast singuläre Erscheinung.

Ein wesentlicher Teil unserer Korrespondenz befasste sich mit Fragen schweizerischer und internationaler Militärmusik, wobei allerdings verständlicherweise klar wurde, dass er hier nicht alles erreichte, in die Tat umsetzen konnte, was ihm im Grunde vorschwebte. Als Betrachter von aussen musste sich in mir jedoch der Eindruck festigen, dass auch auf diesem besonderen Tätigkeitsfeld durch seine Arbeit und seinen Einsatz verpflichtende Massstäbe gesetzt worden waren.

Seit der Anwesenheit eines Redakteurs des Westdeutschen Rundfunks Köln bei den Festlichen Musiktagen in Uster war Albert Benz auch in Rundfunkkreisen bei uns kein Unbekannter mehr. Ich bin im nachhinein zufrieden, dass der WDR meine Anregung damals aufgriff, Albert Benz und die Stadtmusik Luzern zum Rheinisch-Westfälischen Musikfest nach Gelsenkirchen einlud und auch weiterhin mit ihm eng zusammenarbeitete: Ein positives Wirken nicht nur für Schweizer

Blasmusik, sondern darüber hinausgreifend war dies ein Ausstrahlen in eine blasmusikalisch «unterentwickelte Region» hinein.

Zuletzt ist aus meiner Sicht auf den Schriftsteller Albert Benz zu verweisen. Wir korrespondierten über die Arbeit zur Jubiläumsausgabe des EMV «125 Jahre EMV – Unsere Blasmusik in Geschichte und Gegenwart 1862–1987» wie auch zur «Repertoirekunde (Literaturkunde) und Geschichte der Blasmusik». Bedauerlicherweise ermöglichte sein jäher Tod keinen Gedankenaustausch mehr über seine richtungweisende «Blasmusikkunde – Probenmethodik». Dieses Buch überzeugt mich durch Aufbau, Vorgehensweise und Vorschläge und besticht durch die Klarheit der Sprache. Allein sein Definitionsteil («Einige Begriffsbestimmungen») ist für mich unersetzlich, zumal wenn man weiss, wer dahintersteht. Dieses Buch ist daher für mich in seiner Anlage und Tragweite für die europäische Blasmusik das wahre Testament des Albert Benz und eigentlich fast eine Art Verpflichtung, seinen Namen auch weiterhin wachzuhalten.

Es war mir persönlich eine grosse Genugtuung, dass ich in Gesprächen, die ich nach Albert Benz' Ableben verschiedentlich mit Schweizer Freunden führen konnte, den Eindruck gewann, dass meine Einschätzung des Mannes, den ich nie persönlich kennenlernte, der Wirklichkeit entsprach.

Werner Probst

Als 1974, im Verlauf eines Kongresses zur Erforschung der Blasmusik an der Hochschule für Musik und darstellende Kunst in Graz, die Internationale Gesellschaft zur Erforschung und Förderung der Blasmusik (IGEB) gegründet wurde, zählte Albert Benz zu den ersten, die sich vorbehaltlos zu den Zielen der neuen Gesellschaft: Hebung des musikalischen Niveaus der Blasorchester und Aufwertung der Blasmusik in der Öffentlichkeit, bekannt haben. Diese Ziele sollten über die bessere Kenntnis der stolzen Vergangenheit sowie der anthropologischen und soziologischen Funktion des Blasmusikwesens anvisiert werden. Für eben diese Verknüpfung von Praxis und Theorie, von Wissen und Intuition hatte Albert Benz schon seit vielen Jahren als Dirigent und Organisator, im zivilen und militärischen Bereich, als Pädagoge und Musikschriftsteller alle seine Kraft eingesetzt – und (wie wir jetzt wissen) allzu früh verbraucht.

Benz schloss sich der IGEB an, er nahm an mehreren Kongressen der Gesellschaft teil. Stets fanden seine wohl überlegt vorgebrachten Diskussionseinwürfe Beachtung. Obgleich selbst nicht Wissenschaftler, hat er in dem von der Musikwissenschaft arg vernachlässigten Bereich der Musik für Blasorchester doch gewichtige Bausteine aufbereitet: einmal durch die von ihm am Konservatorium in Luzern betreuten Hausarbeiten, zum anderen durch musikpädagogische und gesellschaftskundliche Analysen, wie in seinem Buch über «Blasmusikkunde – Probenmethodik» (Rothenburg 1987, Rhythmus-Verlag). Ein Buch, dessen Titel nur unvollkommen den weit gespannten Inhalt anzeigt: vom kulturpolitischen Auftrag der Blasmusik bis zur Psychologie des Probenablaufes, von der Dirigiertechnik bis zu Fragen der ausserschulischen Jugend- und Erwachsenenbildung, von der Instrumentalpädagogik bis zur Problematik der E- und U-Musik in gleicher Weise umfassenden Bläserliteratur (vgl. meine Rezension in «Die Blasmusik» 36, 1988, S. 81).

Im Juli 1987 nahmen wir, Albert Benz und ich, gemeinsam und mit unseren Gattinnen an der WASBE-Konferenz in Boston teil. Es sollte unser letzter persönlicher Kontakt sein. Bis knapp vor seinem überraschenden Tod korrespondierten wir über laufende Examens- und Magisterarbeiten in Luzern und in Graz. Schon in dem Nachruf, den ich für die Zeitschrift des Bundes Deutscher Blasmusikverbände «Die Blasmusik» zu schreiben hatte (38, 1988, S. 138), wies ich auf den «Realisten» Benz hin, der bei der oben genannten Bostoner Konferenz die neueste Entwicklung der Blasorchesterliteratur aufmerksam verfolgte, der Avantgarde auch in der Blasmusik für notwendig hielt; der andererseits aber die gesellschaftliche Verankerung der Blasmusik in den mitteleuropäischen Ländern wohl bedachte und die Möglichkeiten der Blasmusikamateure und ihres Publikums in alle Gespräche mit einbrachte. Deshalb hatte er auch in seinen Kompositionen zwar nie den Kompromiss, sondern stets einen Mittelweg zwischen artifiziellem Anspruch, handwerklich sauberer Arbeit und Publikumsgeschmack gesucht und gefunden. Als Komponist schuf Benz sowohl konzertante Musik wie Märsche, auf überlieferter Volksmusik basierende Tänze wie Fugen- und Sonatensätze.

Die internationale Blasmusikszene hat leider eine der wenigen aus Überzeugung der Blasmusik dienenden Persönlichkeiten zu früh verloren.

Wolfgang Suppan

It was my privilege to know Albert Benz during the final ten years of his life. I met Albert at a meeting of the Gesellschaft zur Erforschung und Förderung der Blasmusik in 1976. As was so characteristic of him, he not only immediately welcomed me, but made every effort to make me feel a part of everything going on. His wide influence in the European band world, both professionally and personally made him an obvious choice to be on the original Board of Directors of the World Association of Symphonic Bands and Ensembles when that organization was created in Manchester in 1984. His influence in that position played a very great part in the development of WASBE into what it is today.

I was also invited on two occasions to guest conduct his Luzern Wind Orchestra and thus had the opportunity to observe the love and respect which his own musicians had for him. On those occasions I also had the opportunity to visit his home and get to know him and his family on a more personal basis. A visit with Albert, whether a dinner in his home, a hike with his family, or over refreshment in his favorite café in Luzern, always included far-reaching discussions on all aspects of bands, repertoire, philosophy, teaching ideas, historical observations, conducting, etc. He always expressed himself with the enthusiasm of one who

David Whitwell bei einer Probe mit der Stadtmusik Luzern

Board of Directors WASBE 1983–1985, v.l.n.r.: Trevor Ford (N), Immediate Past President; Vondis Miller (C); Geoffrey Brand (GB); Balint Varga (H); Frank Battisti (USA); Israël Gihon (Israël); Jan Molenaar (NL); Francis Pieters (B), president; Albert Benz (CH) and Stuart Pope (USA)

wanted to learn. Upon request, in his home, he would also play on the piano portions of his latest composition. These works reflected Albert very much with respect to his desire to reach out to the ordinary citizen.

The final letter I received from Albert, written on March 7, 1988, is typical of his far-reaching concerns. The purpose of the letter was to invite me to teach his conducting class during a forthcoming visit to Switzerland. The ideas he wished me to consider included a detailed discussion of intepretation of a specific piece of music which he would provide the class; a detailed discussion of interpretation and background of a select group of American band «classics»; a philosophical discussion of avantgarde wind literature; a philosophical discussion of the relationship of the modern band with the public; but then, at last as was so typical of this generous and kind man, he wrote, «Du machst, was Du willst».

He died before I arrived, but I shall always carry with me the influence of this enthusiasm and I shall always try to emulate his approach to the band profession. I am sure many people feel as I, that as long as we live Albert will live. And, indeed, with respect to his influence on band music in Luzern and Switzerland, no doubt his impact will last even longer.

David Whitwell

WALTER BIBER

Aus der Geschichte der Militärmusikkorps in der Schweiz

Vom Oboistenensemble zum Feldmusikkorps

Um die dreissiger Jahre des 18. Jahrhunderts waren eigenständige Bläserensembles in der Besetzung von 3 Oboen – eine davon in der Alt- oder Tenorlage –, 1 Fagott und 2 Waldhörnern oder von 2 Oboen, 2 Fagotten und 2 Waldhörnern unerlässliche Einrichtungen bei den Gardetruppen weltlicher und geistlicher Fürsten in ganz Europa; sie dienten als Vorbild für die Verwendung derartiger Bläsertruppen in den vielfältigen, nichthöfischen Lebenskreisen; so auch in den Städten und Länderorten der 13örtigen Eidgenossenschaft.

Man begegnet diesen Instrumentalisten, die – ihr Ursprungsland verratend – generell *Hautboisten* genannt wurden, in einigen Standesmilizen bei Paraden und Waffenübungen der Elite-Fusstruppen und bei den militärischen Abteilungen, die an den jährlichen Umzügen der an vielen Orten bestehenden patrizischen Korporationen aufgetreten sind.

Im *Exercitium militare der Bernischen Land-Militz* von 1735 ist im Abschnitt von der *Zugsordnung* eines Regiments zu lesen: *wann Hoboisten bey dem Regiment sind, gehen sie 6 bis 8 Schritt vor dem Obrist.* Obwohl nur als Möglichkeit erwähnt, besteht kein Zweifel, dass unter der Bezeichnung *Hautboisten* ein zeittypisches Ensemble in einer der eingangs erwähnten Zusammensetzungen verstanden war.

Die Stadt und Republik Bern unterhielt auf der Festung Aarburg neben den Trommlern und Pfeifern ein stehendes Bläserensemble; es bestand gemäss dem Etat der Besatzung von 1749 aus 6 *Hautboisten*; die Bläser auf den Rohrblattinstrumenten hatten – beiläufig erwähnt –

neben den militärischen Aufgaben auch den Musikdienst anstelle einer Orgel in der Garnisonskirche zu besorgen.

Hautboistenensembles traten gelegentlich auch beritten auf, so im Festzug zur Burgrechtsfeier zwischen Bern und St. Urban im Jahre 1752; aus einer zeitgenössischen Beschreibung der Festlichkeit geht hervor, dass sechs *Musikanten zu Pfert, drey Hautboisten, ein Fagot und zwey Waldhorn* eine militärische Umzugsgruppe anführten...

Es gehörte zum guten Ton der Regimentsinhaber, eigene Märsche zu besitzen. Diesen althergebrachten Brauch bezeugen die Märsche der Regimenter *Stuppa, von Zurlauben, de Salis, de Diesbach* und *de Courten*. Auch die Schweizergarderegimenter hatten ihre eigenen Märsche. Die Kompositionen sind nicht in der Urfassung auf uns gekommen. Die Komponisten – darunter auch Offiziere – sind nur zum Teil bekannt. Der zu seiner Zeit berühmte Luzerner Cembalo- und Orgelspieler Franz Joseph Leonti Meyer von Schauensee (1720–1789), der eine Zeitlang als Offizier in Sardinischen Diensten stand, komponierte 1742 einen Paradremarsch für das *Hautboistenensemble* des Regiments *von Keller*. Christian Emanuel Zimmermann, ebenfalls ein Luzerner (1730–1815), Kommandant der französischen Schweizergarde, soll gemäss verbaler Überlieferung 1769 eine Sammlung von *Märschen und Hymnen* herausgebracht haben. Eine Anzahl Militärmärsche sind in einem Album von Klavierstücken des in der zweiten Hälfte des 18. Jahrhunderts weitherum bekannten Zürcher Liederkomponisten Johann Heinrich Egli (1742–1810) enthalten.

Die *Hautboistenensembles* und *Musicantenbanden* und ihre prunkvolle Repräsentanz lösten im 18. Jahrhundert eine Flut von Marschkompositionen aus. Die Märsche sind zum grössten Teil nicht in der Originalfassung überliefert; sie fanden aber besonders auffällig in der Sololiteratur für Flöten, Oboen, Musetten, Violinen, Lauten und Cembali einen starken Niederschlag. Viele Kompositionen sind anonym, hinter denen sich nachweisbar auch *Schweizermärsche* verbergen. Märsche und Airs gehörten damals so gut zur sog. Kunstmusik wie die Werke der grossen Tonschöpfer der barocken oder klassischen Stilepoche. In welchem Ausmass die neuen militärischen Ensemblemusizierformen die Bachs, dann Händel, Gluck, Haydn und Mozart zur Komposition von Märschen inspirierten, dürfte hinlänglich bekannt sein.

Um die Jahrhundertwende stossen weitere Instrumente zu den Bläsersextetten und -oktetten. Aus naturgegebener Adhäsion siedeln sich die Klarinetten paarweise in den Ensembles an; etwas später finden die Trompete, die Posaune und der Serpent Aufnahme. Die Veränderung der instrumentalen Besetzung kommt auch in der Bezeichnung der Bläsergruppen zum Ausdruck; aus dem *Hautboistenensemble* entstand die *Bande Musicanten*. Von einer solchen neuen Formation spricht Joh. Hch. Wirz in seiner 1759 im Druck erschienenen *Einrichtung und Disziplin eines eidgenössischen Regiments zu Fuss und zu Pferd: Wenn eine Bande Musicanten bey dem Regiment, als worzu die Trompeter bey den Dragonern bestimmt werden können, sollen selbe keine blossen Geiger, sondern gelehrte Musicanten seyn...*

Einen indirekten Einfluss auf die instrumentalen Erweiterungen dürfte die *Ordonnance du Roi* von 1763 ausgeübt haben, in der Ludwig XV. dem Schweizergarderegiment in Paris gestattete, beim Stab eine Spielformation von *seize musiciens* aufzustellen.

Es ist bekannt, dass die aus fremden Kriegsdiensten zurückgekehrten Offiziere immer bestrebt waren, Neuigkeiten aus dem Ausland in den Milizen der betreffenden Stände – zum mindesten nachahmend – durchzusetzen; die militärische Musikausübung im Ensemble war nie ihr letztes Anliegen gewesen.

Das Repertoire der *Hautboistenensembles* und *Musicantenbanden* bestand hauptsächlich aus kurzen zweiteiligen, spieltechnisch anspruchslosen Märschen – auch *Airs* genannt; hinzu kamen unterhaltsame Suitensätze, die in Feldlagern den Offizieren, bei Jagden den Mitgliedern der patrizischen Korporationen vorgetragen wurden. Die Märsche ertönten bei Wachtaufzügen, Paraden und Evolutionen im Wechsel mit den Tambouren und Pfeifern der Kompagnien oder Regimenter. Notenschriftliche Aufzeichnungen sind in der 13örtigen Eidgenossenschaft ohne Fürstensitze und ohne Hofbibliotheken verständlicherweise spärlich überliefert. Das wenige, was erhalten geblieben ist, verdankt man zum grössten Teil den Kommandanten der Schweizerregimenter in fremden Kriegsdiensten. Das gilt auch für die Trommler- und Pfeifenmusik, die hier, dem Thema der Abhandlung entsprechend, ausgeklammert ist.

Eine frappante Neuigkeit beim weitergehenden Ausbau der Bläserensembles war der Zuzug der Rhythmusinstrumente um 1770; es handelte sich zur Hauptsache um die Grosse Trommel und die Becken. Da diese Schlaginstrumente zusammen mit dem Triangel und dem Schellenbaum aus der türkischen Heeresmusik übernommen worden waren, erhielt diese neue Form der Militärmusik den Beinamen *Bande turque*, im deutschen Sprachraum *Türkenmusik*.

Der Französischen Revolution blieb es vorbehalten, der militärischen Ensemblemusikausübung ein typisches Gepräge zu geben und ihr zu einem ungeahnten Aufschwung zu verhelfen. Von wahrlich revolutionärer Bedeutung war die Einführung der Klarinetten in mehrfacher Besetzung und die damit verbundene endgültige Festlegung des stimmführenden Registers, zum Nachteil der bisher dominierenden Oboen.

Ohne an Rang und Ansehen einzubüssen, genügten weder die Trommler und Pfeifer noch die einstigen geringstimmigen Bläserensembles bei den Truppen zu Fuss, aber auch nicht die Trompeter und Pauker bei der Reiterei, weder in ihrer Zusammensetzung noch in ihrer musikalischen Aussage, um die Ideen der Freiheit, Gleichheit und Brüderlichkeit wirkungsvoll propagieren zu können. Die pompösen patriotischen Feiern und der Geist der Revolution verlangten kategorisch nach einem neuen und starken Klangkörper, der über den beschränkten Wirkungskreis der Leibgarden und über die Feldherrenzelte hinaus die Massen begeistern und anfeuern konnte.

Türkenmusiken nach französischem Muster – bei uns auch Feldmusiken genannt – sind in den Milizen von Bern, Schaffhausen und Zürich nachzuweisen, die 1792 zum Schutze der Rheingrenze aufgeboten worden waren; es besteht kein Zweifel, dass diese Musikkorps schon vor 1792 bestanden haben müssen.

An der Grenzbesetzung war auch das Regiment von Wattenwyl beteiligt, das die Berner Regierung kurz vorher aus Frankreich zurückgerufen hatte. Es verwundert nicht, dass das Regiment eine *Bande turque* mit sich führte; sie bestand aus 22 Musikern.

Die Mobilisation machte die Nützlichkeit der Feldmusikkorps offenbar; davon liess sich auch der Berner Kriegsrat überzeugen. 1794 gestattete die Regierung den Kommandanten der damals bestehenden

21 Regimenter aus je 9 Kompagnien die Errichtung von Feldmusikkorps, allerdings zum grössten Teil auf Kosten der Offiziere. Die Obrigkeit war lediglich bereit, pro Kompagnie einen Musikanten zu bewilligen und in den Etat aufzunehmen; eine Handlungsweise, die bei den Regimentern in fremden Diensten üblich war.

Den Franzosen gebührt das Verdienst, die Grundlagen für das Harmonie-Musikkorps geschaffen zu haben. Die Französische Revolution eröffnete nicht nur das Zeitalter der Massen, sondern – gewissermassen als Nebenprodukt – auch das Zeitalter der *Blasmusik*, im heutigen Sinne des Wortes verstanden.

Komponisten wie Jadin, Devienne, Gossec, Gebauer, Méhul und Cherubini und andere mehr lieferten die dem neuen Klangkörper angemessenen Tonschöpfungen im damals herrschenden klassischen Musikstil; sie begründeten unabsichtlich die konzertante Originalblasmusikliteratur.

Im Zusammenhang mit der 200-Jahr-Feier der Französischen Revolution wurde ein grosser Teil dieser *Blasmusikwerke* durch Neuausgaben zugänglich gemacht; fälschlicherweise unter der marktgängigen Bezeichnung *für Blasorchester*. Im Grunde genommen handelt es sich um klangstilverwischende, aufpolierte Transkriptionen. Blasorchester im eigentlichen Sinne gab es erst ein halbes Jahrhundert später, nachdem die Ventil-Blechblasinstrumente in allen Stimmlagen endgültig chromatisch konstruiert waren und sich in der Praxis bewährt hatten.

Die während der Revolutionsjahre zusammengewürfelten, in den Registern übermässig besetzten Bläserchöre der National- und Konsulargarde waren Zufallsergebnisse; sie entstanden durch die revolutionsbedingte Zusammenziehung der *Hautboisten* aus verschiedenen Truppenteilen. Es waren Massenchöre; sie kamen den politischen Zielen wohl sehr entgegen, aber sie beruhten auf den schwachen Fundamenten der konventionellen, minimalstimmigen *Bandes turques*. Ein orchestrales Konzept fehlte, und es konnte wegen der Unvollkommenheit der Blasinstrumente – vor allem der Blechblasinstrumente – und wegen des Fehlens von integrierenden Strukturelementen auch noch gar nicht vorhanden sein; wahr hingegen ist, dass die Idee von einem *Blasorchester* in der Luft hing.

Eine überwältigende Propaganda für die neuartige militärische Musikausübung und die *Blasmusik* überhaupt besorgten die fränkischen Truppen während der Besetzung unseres Landes zu einer Zeit, als die angrenzenden Länder im Norden, Osten und Süden für revolutionäre Neuerungen auf dem Gebiet der Harmoniemusikkorps noch nicht empfänglich waren.

Die Schweiz erlebte im Jahre 1798 nicht nur die Invasion von waffentragenden, sondern auch von musizierenden Soldaten. Von unerhörter Eindrücklichkeit muss die Truppenparade vom 10. Februar 1798 in der Gegend von Dompierre und Domdidier gewesen sein, zu welcher Gelegenheit fünf *Bandes turques* – das sind nach den damaligen Heeresvorschriften rund 100 Musiker – eine *Symphonie martiale* zur Aufführung brachten.

Mit berauschender Musik marschierten die fränkischen Truppen am 5. März 1798 in Bern ein. Damit war der Untergang der Alten Eidgenossenschaft besiegelt. Die Aufrichtung des Freiheitsbaumes auf dem Rathausplatz erfolgte unter Anwesenheit des Musikkorps des 73. Linienregiments. Dieses *Schauspiel* wiederholte sich hernach an vielen andern Orten der Schweiz. In Olten war eine Zeitlang das Musikkorps der 38. Halbbrigade stationiert; ebenso dokumentarisch belegt ist, dass im September 1798 eine 22 Musiker zählende *Bande turque* in Kerns OW einmarschiert war.

Fränkische Militärmusik gab es während der Helvetik an allen Ecken und Enden zu hören, und das beschwingte, fremdländisch klingende Spiel wurde von der blasmusikliebenden Bevölkerung mit Begeisterung aufgenommen, wenn auch wegen der politischen Lage nicht demonstrativ.

Die von Napoleon der Schweiz diktierte Mediationsverfassung trat am 15. April 1803 in Kraft. Dadurch erhielten die früheren Stände ihre Souveränität und damit verbunden die Militärhoheit zurück, mit dem Unterschied gegenüber der Zeit vor 1798, dass sich ihre Milizkontingente von nun an strikte nach eidgenössischen Vorschriften auszurichten hatten.

Die vormaligen Untertanenlande und Zugewandten Orte, der Aargau, der Thurgau, das Tessin, die Waadt, St. Gallen und Graubünden wurden als selbständige Kantone in den schweizerischen Staatenbund eingeordnet.

Die Milizen der Stände und neuen Kantone waren gemäss der Mediationsverfassung verpflichtet, im Verhältnis zu ihrer Bevölkerung ein Kontingent zu einem eidgenössischen Truppenverband zu stellen. Die Feldmusikkorps waren nach der Umwälzung bei der Infanterie zu unerlässlichen Einrichtungen geworden; von ihrer wehrpsychologischen und propagandistischen Bedeutung hatten die fränkischen Besatzungsmusikkorps ein eindringliches Zeugnis geliefert.

Die nach fränkischem Vorbild aufgestellten Musikkorps waren so in Mode gekommen, dass es zum guten Ton eines Truppenchefs gehörte, eine Feldmusik oder Türkenmusik zu besitzen. Die Bataillonskommandanten, die zum grössten Teil eine Zeitlang bei den Schweizerregimentern in Frankreich Dienst geleistet hatten, waren mit Vorbildern reichlich versorgt, und sie waren auch in der bevorzugten Lage, subsidiarisch aktiv zu sein. Alle Kantone führten nach 1803 sukzessive bei den Infanteriebataillonen – die damals die taktischen Einheiten bildeten – die Harmonie-Feldmusiken ein; die Kantone Genf, Neuenburg und das Wallis, die 1815 in den Bund eingetreten waren, zogen nach.

In den Jahren 1805, 1809, 1813 und 1815 begleiteten die kantonalen Musikkorps die Kontingentstruppen auf den Feldzügen zum Schutze der Landesgrenzen; ihre Grundinstrumentierung sah im allgemeinen nicht anders aus als diejenige der *Bandes turques* vor der politischen Umwälzung, nämlich: 1 Flöte oder Piccolo, 1 Klarinette in Es (Principale), 2 Klarinetten I/II, 2 Waldhörner I/II, 1 Trompete, 2 Fagotte I/II, 1 Serpent oder Zugposaune, 1 Grosse Trommel, 1 Paar Becken und 1 Schellenbaum; die Waldhörner und die Trompete selbstverständlich noch ohne Ventile.

Die Verstärkung der Feldmusikkorps bestand nicht aus dem Zuzug von weiteren Instrumentenarten, sondern hauptsächlich in der mehrfachen Besetzung der Klarinettenparts. So hatte die Garnisonsmusik in der Stadt Bern – sie war das offizielle und daher bevorzugte Musikkorps des 1. Militärbezirks – einen Bestand von 28 Instrumentalisten, die mit folgenden Instrumenten ausgerüstet waren: 2 Flöten, 14 Klarinetten in Es, B und C, 2 Fagotten, 3 Waldhörnern, 3 Posaunen, 1 Serpent, 1 Grossen Trommel, 1 Paar Becken und 1 Schellenbaum. Von einem *Blasorchester* im eigentlichen Sinne sprechen zu wollen wäre ein arger Verstoss gegen die Wahrheit der Blasmusikgeschichte.

Züricher Infanterie beim Exerzieren 1758; an der Spitze ein sog. «Hautboistenensemble» in der damals klassischen Besetzung von 2 Oboen, 2 Waldhörnern und 2 Fagotten (Neujahrsblatt der Musikgesellschaft)

Eine türkisierte «Bande Musicanten» aus dem Ostermontagumzug des Äusseren Standes, eines hochlöblichen Instituts zur politischen Erziehung von jungen Patriziersöhnen in Bern um 1780 (Hist. Museum Bern)

Ein Teil einer musizierenden fränkischen «Bande turque» bei der Aufrichtung des Freiheitsbaumes am 10. März 1798 in Bern (aus: Markwalder, Die Stadt Bern, 1927)

Repräsentanten einer Feldmusik 1818, v.l.n.r.: Sappeur, Tambourmajor (Chef des ganzen Musikzuges), Tambour, Musiker mit einer Klarinette in Es (Chef des Feldmusikkorps), Waldhornist (aus A. von Escher, Gravures militaires; Eidg. Militärbibliothek)

Harmoniemusikkorps aus dem Winzerfestumzug von 1833 in Vevey; ohne Zweifel eine verkleidete Feldmusik des waadtländischen Militärbezirks Nr. 1; die vorab marschierenden Trompeter dienten zum alternierenden Spiel (Hist. Museum Bern)

Gemäss den Militärorganisationen, die in den Kantonen während der ersten zwei Jahrzehnte in Anpassung an die eidgenössischen Militärreglemente von 1804 und 1807 herausgebracht wurden, gab es in der Schweiz rund 50 Feldmusikkorps; ausserdem lassen sich im gleichen Zeitabschnitt rund 40 zivile Musikgesellschaften dokumentarisch nachweisen. Die dominierende Stellung im *Blasmusikwesen* nahmen selbstverständlich die militärischen Formationen ein.

Diese Situation veranlasste schliesslich den eidgenössischen Kriegsrat im Jahre 1817, den Kontingenten, die zu den sog. eidgenössischen Übungslagern aufgeboten wurden, die Mitführung ihrer Feldmusiken zu gestatten, aber diese durften nicht mehr als 18 Mann stark sein, d.h. es wurde nur der Sold für diese Anzahl Musikanten von der eidgenössischen Kriegskasse übernommen. Die Entschädigung der stets vorhandenen Überzähligen musste vom Offizierskorps der entsprechenden Einheit oder von den betreffenden Kantonen übernommen werden.

Die Feldmusikkorps, die selbstverständlich in der Folgezeit alle Wandlungen auf dem gesamten Gebiet der Blasmusikausübung durchmachten, blieben bis 1874 unter der Verwaltung der kantonalen Militärdirektionen, sofern ihnen die materiellen und finanziellen Existenzgrundlagen nicht vorher schon entzogen wurden, wie es in ein paar Kantonen tatsächlich der Fall war.

Das rhythmisch begleitete Musizieren auf Holz- und Blechblasinstrumenten in korpsmässigem Verband stiess auch bei den Jugendlichen auf ein grosses Interesse. Die Kapellmeister oder Instruktoren der kantonalen Feldmusiken waren verpflichtet, für den Nachwuchs zu sorgen. Eine weitere Gelegenheit zur Erlernung des Blas- und Schlaginstrumentenspiels boten die Kadettenkorps, die in vielen Kantonen an mittleren und höheren Schulen errichtet wurden. Der militärische Vorunterricht war in der nachhelvetischen Zeit durch die partielle Zentralisierung der eidgenössischen Truppen eine dringende Notwendigkeit geworden.

Im Jahre 1804 wurde in Sumiswald eine Knabenmusik nach dem Muster der Erwachsenen-Feldmusiken gegründet; sie war der Vorläufer der 1818 vom Kapellmeister der Feldmusik des VI. Militärkreises, Hirsbrunner, neu organisierten *vollständigen Militärmusik von Knaben*. Dieses aus 21 Jünglingen bestehende Musikkorps trat mit beachtlichem Erfolg im gleichen Jahr bei der Eröffnung der Tagsatzung in Bern auf. 1812 wurde an der Klosterschule in Disentis eine *musica militaris* ins Leben gerufen. Anlässlich des Zusammenzuges der Schüler-Kadettenkorps von fünf Städten vom 14. August 1814 löste gemäss Pressebericht die Kadettenmusik von Zürich durch ihr Spiel und ihre Repräsentation die grösste Bewunderung aus.

Der Trompeter Ferdinand Fürchtegott Huber, der 1817 nach seinem Austritt aus der Hofkapelle in Stuttgart die Musiklehrerstelle im Fellenbergischen Knabenerziehungsinstitut in Hofwil bei Münchenbuchsee angetreten hatte, gründete aus seinen Zöglingen eine *Feldmusik*, aus deren Repertoire einige Märsche überliefert sind. Der Berner Kriegsrat bewilligte 1826 die Gründung einer Kadettenschule, die den Zweck verfolgte, den Nachwuchs für die Garnisonsmusik auszubilden. Schliesslich sei noch die *Musique militaire d'enfants* erwähnt, die der nach Genf zurückgekehrte ehemalige Kapellmeister vom 7. Regiment der Königlichen Garde in Paris, Jean Louis Sabon, 1835 aufstellte. Dass alle diese Jugendmusikkorps wie die Erwachsenen-Feldmusiken in Harmoniebesetzung in Erscheinung getreten waren, versteht sich aus dem bisher Gesagten von selbst.

Die Kompagnie-Trompetenquartette als Wurzel der Bataillonsspiele

Mit der für das ganze Blasmusikwesen revolutionären Erfindung der Ventile an den Metallblasinstrumenten im zweiten Jahrzehnt des 19. Jahrhunderts waren die Voraussetzungen zur Bildung von Blechbläserensembles gegeben. Bald einmal drängte sich die Frage auf: Harmonie- oder Blechmusikkorps?

Für die meisten Kantone bedeutete der Unterhalt der immer stärker ausgebauten Harmonie-Feldmusiken eine grosse finanzielle Belastung. Auch die Offiziere wurden vermehrt zur Kasse gebeten.

Der militärische Einsatz dieser gewöhnlich prunkvoll uniformierten Musikkorps war begreiflicherweise in unserer Milizarmee gering im Vergleich zu den Musikkapellen der stehenden und kriegführenden Armeen im Ausland. Zu den alle vier Jahre durchgeführten eidgenössischen Übungslagern wurden nicht mehr als zwei Feldmusiken zugelassen; sie waren den Brigadestäben zugeteilt. Aufwand und effektive Leistung standen mit der Zeit in keinem tragbaren Verhältnis mehr. Einige Kantone sahen sich gezwungen, die Anzahl Feldmusiken zu reduzieren. Der Krebsgang der Harmonieformationen war nicht mehr aufzuhalten.

Aus diesen Gründen begrüssten die kantonalen Militärdirektionen nach der Einführung der Blechblasinstrumente mit Ventilen die Vorschläge ihrer Militärmusiksachverständigen, die darauf gerichtet waren, aus den zum Etat gehörenden Signalisten der Scharfschützen- und Jägerkompagnien kleine Ensembles zu formieren, die ausser dem Signalblasen eine harmonisch etwas reichere Musik produzieren konnten. Dabei spielte die Überlegung eine wichtige Rolle, dass ein Ensemble aus den etatmässigen Spielleuten die Kriegskassen weit weniger belastet als der Unterhalt eines Feldmusikkorps.

Ein Bataillon bestand damals aus 6 Kompagnien, 4 Füsilier- und 2 Jägerkompagnien. Diesen letzteren waren je 4 Signalisten zugeteilt (die Füsilierkompagnien hatten nur Tambouren). Zum Infanteriebataillon gehörten somit reglementarisch 8 Trompeter oder 2 sog. Kompagniequartette. Die Scharfschützenkompagnien waren selbständige Einheiten, die ebenfalls 4 Signalisten hatten. (Im eidgenössischen Dienst wurden nur 3 Signalisten pro Kompagnie besoldet, so auch bei den Artillerie- und Kavalleriekompagnien.)

Jedes Quartett war mit 4 Ventiltrompeten in Es ausgerüstet. Die Instrumente wurden von den kantonalen Zeughäusern nach eidgenössischem Modell gratis abgegeben. Der Besetzung entsprechend konnten die Ordonnanzmusikstücke im besten Falle nur vierstimmig gespielt werden. Beim Zusammenzug der Signalisten eines Bataillons wurde wohl eine Klangverstärkung erreicht, aber die Stimmigkeit nicht verändert. Die Eintönigkeit der Produktionen konnte damit nicht behoben werden. Dasselbe traf auch beim Zusammenzug der Trompeter der Scharfschützenkompagnien zu.

Um diesem Mangel abzuhelfen, gestatteten die kantonalen Militärdirektionen ihren Bataillonskommandanten und den Kommandanten der Scharfschützenkompagnien, 1 bis 2 weitere, aber nicht zum Etat gehörende Bläserquartette mit ergänzenden Instrumenten in hohen und tiefen Stimmlagen beizuziehen, mit der Auflage, dass die Anschaffungskosten der für ein Ensemble erforderlichen Blechblasinstrumente von den Offizieren der betreffenden Einheiten übernommen wurden. Meistens begnügte man sich zur Schonung der Musikkassen mit 4 bis 6 Zuzügern.

Um die vierziger Jahre wurden in den Bataillonen und Scharfschützeneinheiten fast in allen Kantonen erweiterte Blechbläserensembles gebildet, die sowohl als *Kompagniespiele* wie auch als *Bataillonsspiele* in Aktion getreten waren. In dieser Zeit tauchen für diese Ensembles die Bezeichnungen *Schützenmusik* oder *Jägermusik* auf.

Die Instrumentation eines Bataillonsspiels konnte – sofern alle Signalisten einrückten – zusammengesetzt sein: aus den 8 Ordonnanztrompeten in Es, auf denen das Spiel in Diskant- und Altlage möglich war. Als Ergänzungsinstrumente wurden bevorzugt: das Kornett in Es, die Trompete in hoch B, das Bügelhorn und das *Althorn* in verschiedenen Stimmlagen, ferner die Ventilposaune, das Ophicleïd und das Bombardon in B oder C. (Die 1835 von Wilhelm Friedrich Wieprecht erfundenen und von J. G. Moritz in Berlin konstruierten Basstuben waren praktisch erst um 1850 in Gebrauch.) Die Bestände der Kompagnie- oder Bataillonsspiele schwankten zwischen 12 und 14 Mann. Die Schlaginstrumente türkischer Provenienz liess man einstweilen als nicht genuine Elemente beiseite; dagegen wurden gelegentlich einige Tambouren aus den Füsilierkompagnien zugezogen, was nur vorübergehend Zustimmung finden konnte.

Freiwillige instrumentale Erweiterungen in der Art wie bei der Infanterie kamen auch bei der Artillerie und Kavallerie vor. Die jeder Abteilung und jeder Schwadron reglementarisch zugeteilten Trompetenquartette wurden durch spielergänzende Instrumente auf Kosten der Offiziere erweitert, wobei selbst das Ophicleïd und das Bombardon keine Ausnahme machten. Artillerie- und Kavalleriespiele bildeten sich vor allem in den reiterstarken Kantonen Bern, Zürich, Freiburg, Waadt und St. Gallen.

Die durch die Erfindung des Ventilmechanismus an den Metallinstrumenten und die Verbesserungen der Systeme an den Klappeninstrumenten ausgelöste, schwerlich überblickbare Heterogenität des Blasmusikinstrumentariums macht es unmöglich, von Normbesetzungen zu sprechen. Das trifft auch auf die kantonalen Harmonie-Feldmusiken zu, seitdem die Ventilblasinstrumente aller Gattungen sukzessiv in diese eingedrungen sind. Die Gelegenheit zur Abklärung von standardisierten Besetzungen lag noch in weiter Ferne.

Aus finanziellen Gründen und mangelhaftem Sachverständnis an höheren Schaltstellen wurden leider die in der Praxis erprobten Versuche zur Bildung von Blechmusiken in der auf Grund der Bundesverfassung geschaffenen Militärorganisation von 1850 nicht berücksichtigt. Zwar wurde das System der Kompagnie-Trompetenquartette für alle blasenden Spielleute übernommen und in der *Allgemeinen Trompeterordonnanz für die Eidgenössischen Truppen* von 1856 verankert, aber die fakultative Erweiterung und Modifikation der instrumentalen Besetzung durch Zuzüger zwecks Erreichung eines klangvolleren Spiels überliess man fernerhin den Kantonen. (Die Ordonnanz für die Tambouren der Füsilierkompagnien von 1845 blieb unverändert in Kraft.)

Für die eidgenössische Militärbehörde, jetzt Militärdepartement (EMD) genannt, mit einem Bundesrat an der Spitze, war im gegebenen Zeitpunkt einzig wichtig, dass die Kompagniespielleute den Signaldienst vollständig und gründlich besorgten. Immerhin: Auf Grund von praktischen Erfahrungen in den militäraktiven Kantonen wurde die Aufstellung von einem Trompeter- und einem Tambourkorporal pro Bataillon bewilligt. Die Bestimmung aus dem Jahr 1817 betreffend die Mitführung der kantonalen Feldmusiken bei eidgenössischen Truppenversammlungen blieb stehen.

Die unbefriedigende Lösung der Militärmusikfrage und die fortschreitende Entwicklung des Blasmusikwesens im zivilen Bereich führten dazu, dass die Offiziere vereinzelter Bataillone Körperschaften mit eigenen Satzungen gründeten. Dazu musste allerdings die Genehmigung der betreffenden kantonalen Militärdirektion eingeholt werden. Die aus dem Unternehmen der Offiziere hervorgegangenen, partikularen *Musikreglemente* waren eigentlich nichts anderes als eine Kodifizierung der bisherigen Praxis. Die Zuzüger wurden in der Regel von den Kantonen bekleidet, bewaffnet und instruiert, aber die Ergänzungsinstrumente nebst Zubehörden mussten nach wie vor die Offiziere berappen.

Für die weitere Entwicklung der Bataillonsblechmusiken von grosser Bedeutung waren die von den Offizieren verlangten gemeinschaftlichen Übungen der Spielleute ausser dem Dienst. Die Musikproben pro Monat oder alle zwei Monate standen unter der strengen Aufsicht eines Musikoffiziers; geleitet wurden sie durch einen Trompeterkorporal. Untüchtige *Trompeter* wurden zu den Gewehrtragenden versetzt, fleissige erhielten eine Prämie. Der Sold für die ausserdienstliche Tätigkeit wurde von der Musikkasse übernommen, die hauptsächlich durch die Beiträge der Offiziere der Einheit und die Bussengelder gespeist wurde. Normalerweise erhielten die reglementarischen Kompagnietrompeter ihren Unterricht in Vorkursen, auf jeden Fall aber in den Rekrutenschulen der betreffenden Waffengattung, wo sie im Signalblasen tüchtig ausgebildet wurden; aber nach dem Ablegen des Wehrkleides waren sie sich selbst überlassen.

Das Repertoire bestand aus den Signalen und den vierstimmig gesetzten, musikalisch eher dürftigen Ordonnanzmärschen von 1840 und 1856. Im gleichen Jahr brachte Philipp Fries, Musikalienhändler und Kapellmeister der kantonalen Feldmusik in Zürich, *Zwölf vierstimmige Stücke für eidgenössische Militärtrompeter* heraus.

Aus der Literatur für erweiterte, nicht ordonnanzmässige Ensembles sind zu nennen die *Alben für kleine Militärmusik* von Friedrich Knoch (1866/68) und das *Album für Volks- und Militärmusik* von Emil Keller (1868); das Stimmenmaterial ist leider nicht komplett überliefert. Diese Alben enthalten neben Märschen auch Tänze aller Art und Melodien aus Opern. Das Musikbuch von Keller verlangte folgende Besetzung: Cornet B, Bügel B, Trompeten I/II in Es, Basstrompeten oder Althörner I/II in Es, Tenorhorn, Baryton und Bombardon in Es; Ordonnanzinstrumente waren lediglich die Trompeten in Es. Dieser Umstand genügte der Militärbehörde, um die Unbrauchbarkeit der Spielhefte im eidgenössischen Dienst zu begründen, ganz abgesehen vom Inhalt, der mehr nach der Unterhaltung als nach der Verbesserung der Dienstdisziplin ausgerichtet war.

Die freiwillig erweiterten Kompagnie- oder Bataillonsspiele gaben in vielen Fällen den Anstoss zur Gründung von zivilen Blechmusikgesellschaften. Viele schlossen sich daraufhin der 1862 gegründeten *Eidgenössischen Blechmusikgesellschaft* an; signifikant ist, dass sich der Verband nach zwei Jahren *Eidgenössische Volks- und Militärmusikgesellschaft* benannte. Es war denn auch von Anfang an ein Hauptanliegen des jungen Verbandes, die Mitglieder *mit besonderer Berücksichtigung der Militärtrompeter* zu fördern. Ein weiteres Ziel war, der Blasmusik ganz allgemein und somit auch der Militärmusik zu grösserer Anerkennung in der Öffentlichkeit zu verhelfen; denn das Musikmachen auf Blechblasinstrumenten in den Grundschichten der Bevölkerung wurde keineswegs allseits begrüsst.

Ein missglückter Reformversuch

Auf eidgenössischer Ebene brachte erst die Wehrverfassung vom Jahre 1875 einen kleinen Fortschritt; sie trat am 19. Februar in Kraft. Da der Bund nun den Militärunterricht aller Truppengattungen übernahm, fiel das Militärmusikwesen vollumfänglich in seinen Aufgabenbereich.

Ein Bataillon Infanterie setzte sich nunmehr aus 4 Kompagnien zusammen; die Schützen bildeten selbständige Bataillone, ebenfalls zu 4 Kompagnien. Allen diesen Kompagnien wurden – von den Tambouren abgesehen – 3 beziehungsweise 4 Signalisten zugeteilt. Das ergab für das Füsilierbataillon 12, für das Schützenbataillon 16 blasende Spielleute oder sog. *Trompeter*. Zu jedem Bataillonsstab gehörte ein Trompeterkorporal.

Gemäss dem *Reglement über Rekrutierung, Unterricht und Ausrüstung der Spielleute* vom 31. Mai 1875 waren pro Bataillon folgende Instrumente erforderlich (die Ziffern in Klammern beziehen sich auf die Schützenbataillone): Kornette in B 4 (5); Bügel in B 2 (3); Basstrompeten in B 2 (2); Althörner (!) in B 2 (3); Baritone in B 1 (1); Baritone in Es 1 (2); alle Instrumente mit 3 Pistons, doch war es gestattet, auch *Zylinderinstrumente* zu verwenden; diese mussten jedoch von den betreffenden Bläsern auf eigene Rechnung angeschafft werden.

Wie diese völlig neuen Ordonnanzinstrumente partiturmässig verteilt waren, geht aus der Trompeterordonnanz von 1877 hervor: 1. Stimme: Kornett in B 2 (3); 2. Stimme: Bügel in B 2 (3); 3. Stimme: Kornett in B 2 (2); 4. Stimme: Basstrompete in B 2 (2); 5. Stimme: Althorn (!) in B 2 (3); 6. Stimme: Bariton in B 1 (1) und in Es 1 (2).

Auffallend gegenüber der Spielordonnanz von 1856 ist die Umstellung auf Instrumente in B-Stimmung; der Bariton in Es, den man sich in *kleinerer Form* – wie es heisst – gewünscht hatte, war nur als fakultative Ergänzung gedacht. Es war ein sanftes Zugeständnis auf die Vorschläge der Trompeterinstruktoren der Spezialwaffen, die bald nach der unbefriedigenden Reglementierung der militärischen Musikausübung von 1856 den Antrag auf Vermehrung der blasenden Spielleute gestellt hatten, was jedoch nicht bewilligt wurde. Diese sollten mit Instrumenten in hohen und tiefen Tonlagen in unterschiedlicher Stimmung ausgerüstet werden, um ein musikalisch sinnvoll zusammengestelltes Ensemble bilden zu können, wie es solche in den Milizen der Kantone und in zivilen Blechmusikvereinen schon seit längerer Zeit gegeben hatte.

Das Ziel wurde nur halbwegs erreicht. Die traditionellen Es-Trompetenquartette der Jäger- und Scharfschützenkompagnien wurden zwar zugunsten einer Angleichung an ein instrumental differenziertes Ensemble liquidiert, was jedoch ohne konstitutive Kraft war. Die blasenden Spielleute gewann man dadurch, dass Tambouren gegen Trompeter ausgewechselt wurden. Eine effektive Vermehrung der Spielleute bei der Infanterie trat somit nicht ein, was man auch beabsichtigte. Die Füsilierkompagnien wurden um einen Tambour reduziert; die Scharfschützenkompagnien erhielten statt der Tambouren einen vierten Trompeter zugeteilt. Das Spielreglement von 1875 lässt erkennen, dass sich das EMD einmal mehr in erster Linie dafür eingesetzt hatte, den Erfordernissen der immer noch unentbehrlichen akustischen Befehlsübermittlung Genüge zu leisten. In der Trompeterordonnanz von 1877 sind alle Signale sowie der Zapfenstreich und der Fahnenmarsch – der neuen Instrumentierung entsprechend – in F-dur notiert; der Feldton *Es*, der den Truppen von alters her in den Ohren lag, blieb somit unverändert.

Die Vereinheitlichung der Stimmung hatte den Vorteil, dass alle Instrumente ohne Transposition zum Signalblasen gebraucht werden konnten; die abwärts oktavierenden wohl nur zum inneren Dienst; der Bariton in Es war den Bataillonskommandanten, die eine Abneigung gegen die Musikausübung ausserhalb der Signalaufgaben hatten, ein Dorn im Auge; man sprach von einem *nutzlosen* Instrument. Es bestand deshalb die Absicht, die Bezeichnung *Bass in Es* oder *Bombardon in Es* tunlichst zu vermeiden. Die Anregung, den Bläsern der Baritone Clairons als Zweitinstrumente zum Signalblasen abzugeben, wurde abgelehnt.

Die damals führende Instrumentenfabrik A. Gallice in Strassburg lieferte die *Mustertypen* zu den gänzlich neuen Ordonnanzinstrumenten, nach denen die noch nicht zahlreichen Instrumentenmacher in der Schweiz ihre Halb- oder Fertigfabrikate jährlich an die kantonalen Zeughäuser abzuliefern hatten.

Die Ordonnanzinstrumente durften auch ausserhalb des Militärdienstes benützt werden, was den zivilen Musikvereinen sehr zugute kam. Nach 24jähriger Dienstzeit gelangten die Instrumente in den Besitz der Benützer. Diese Begünstigung wurde später eine Zeitlang wegen schlechter Finanzlage des Bundes aufgehoben.

Durch den Übergang des gesamten Militärunterrichts an den Bund musste auch die Frage nach den Spielinstruktoren neu geregelt werden. Fixe Trompeterinstruktoren im eidgenössischen Dienst gab es vor 1875 nur bei den Spezialwaffen, und zwar 2 bei der Artillerie, 2 bei der Kavallerie und 2 bei den Scharfschützen. Für die Ausbildung der Jägertrompeter und der Tambouren hatten die Kantone ihre eigenen Instruktoren, wenn auch nicht überall in fester Anstellung. Die Militärorganisation von 1875 teilte die Armee in 8 Divisionen ein und ordnete für jeden Divisionskreis einen Trompeter- und einen Tambourinstruktor zu. Die Besetzung der Stellen erfolgte zum grössten Teil so, dass die in den Kantonen tätigen Instruktoren in den eidgenössischen Dienst hinüberwechselten. Die beiden Instruktoren der Scharfschützen wurden automatisch ins Infanterie-Instruktionskorps aufgenommen. Die Instruktoren der Artillerie und Kavallerie mussten lediglich in ihrem Amt bestätigt werden.

Vermochte das Spielreglement von 1875 in musikalischer Hinsicht nicht zu befriedigen, so enthielt es über die Rekrutierung, den Unterricht und die Ausrüstung der blasenden Spielleute strikte Vorschriften, die zu einem Teil heute noch gültig sind.

Die Aushebung der *Trompeter* und die musikalische Prüfung hatten ausschliesslich die Trompeterinstruktoren der Divisionskreise zu besorgen. Die Trompeterrekruten erhielten Unterricht und soldatische Ausbildung in den Rekrutenschulen jener Waffengattung, zu der sie zugeteilt wurden. Es darf rühmlich hervorgehoben werden, dass die Armeemusikinstruktoren indirekt über viele Jahre die einzigen Lehrmeister der Bläser und Tambouren unserer Musikvereine waren.

Für die Spielleute der Artillerie zu Pferd und zu Fuss und der Kavallerie brachte das Reglement nicht viel Neues. Wie die Trompeterordonnanz von 1877 ausweist, wurde die Quartettbesetzung pro Abteilung und pro Schwadron beibehalten; die Musikinstrumente hingegen wurden dem Instrumentarium der Infanteriespielleute angeglichen. Anstelle der Trompeten in Es traten 1 Cornet, 2 *Bügelhörner* und 1 Bariton: alles Instrumente in B-Stimmung; das Helikon wurde erst 1889 als Ordonnanzinstrument zugelassen; es war aber in der Praxis dank der Spendefreudigkeit der Offiziere schon vorher im Gebrauch.

Die berittenen Signalisten der Trainbataillone wurden wie folgt ausgerüstet: in den Abteilungen I/II mit 2 *Bügelhörnern* und in der III. Abteilung mit 1 Cornet, 1 *Bügelhorn* und 1 Althorn (!). Diese Spielleute sind hier erwähnt, weil gelegentlich auch bei den Trainbataillonen erweiterte, nicht reglementarische Bläserensembles auf Wunsch der Offiziere der entsprechenden Einheiten gebildet wurden.

Die Neuinstrumentierung erforderte auch neue Ordonnanzmärsche. In der Trompeterordonnanz für die Infanterie von 1877 sind – abgesehen vom Abschnitt mit den Signalmusikstücken – 5 Märsche und 5 Vaterlandslieder enthalten. Die Märsche Nr. 1, 3 und 5 fanden auch in der gleichzeitig herausgebrachten Ordonnanz für die Trompeter der Artillerie und Kavallerie Aufnahme; die Lieder hingegen fehlen, mit Ausnahme der Nationalhymne. Die Komponisten dieser kurzen, dreiteiligen Da-capo-Märsche sind – wie in Dienstvorschriften üblich – verschwiegen.

Um der Verordnung von 1875 betreffend den Unterricht der Spielrekruten nachzukommen, sah sich das EMD gezwungen, eine *Anleitung zum musikalischen Unterricht* herauszubringen; sie erschien 1878 als Beilage zur Trompeterordonnanz und umfasste auf 23 Seiten die Elementarlehre der Musik und einige *Übungen im Zungenschlag*.

Entlassung der Feldmusiken aus dem eidgenössischen Kontingentsheer

Bedeutet das Jahr 1875 für die Weiterentwicklung der Bataillonsspiele den Anfang einer wichtigen Epoche, so schliesst dasselbe eine andere ab, nämlich die der kantonalen Feldmusiken, die sich bis dahin in einigen Kantonen über Wasser halten konnten. Die neue Wehrverfassung von 1874 bot aus verschiedenen Gründen keine Möglichkeit mehr, diese Musikkorps beizubehalten, und zwar hauptsächlich wegen der strengen Durchführung des Grundsatzes der allgemeinen Wehrpflicht und wegen der weiterführenden Zentralisation des Heerwesens.

Die Feldmusikanten waren ein gemischtes Völklein. Neben den Milizpflichtigen gab es eine Anzahl Freiwillige, dann Dienstuntaugliche, die jedoch nicht minder ihr Instrument beherrschten als die übrigen. In den Feldmusiken befanden sich fast immer auch Ausländer, die sog. Gagisten, fixbesoldete Berufsbläser, die zeitweilig in Milizuniformen gesteckt wurden, hauptberuflich aber in einem Theater- oder Konzertorchester tätig waren oder an einer höheren Schule den Unterricht auf Blasinstrumenten erteilten; meistens waren auch die *Kapellmeister* Landesfremde. Die heterogene Personalstruktur wurde den Feldmusiken zum Verhängnis.

In finanzieller und materieller Hinsicht wären die bis zu 50 Mann angewachsenen Feldmusikkorps für die eidgenössische Kriegskasse schlechterdings untragbar gewesen. Kommt noch hinzu, dass sich die Einsatzmöglichkeiten stark verringert und die musikalischen Leistungen durch das übermässige Eindringen des Laienelements merklich nachgelassen hatten. Aufwand und Leistung standen in einem argen Missverhältnis; die Milizarmee war kein Nährboden für stehende Musikkorps.

Die in der Auswirkung totale Zentralisation der Armee schied die kantonalen Feldmusiken alten Stils zwangsläufig aus. Gemäss einer Umfrage des EMD vom Jahre 1868 wurden 24 kantonale Feldmusiken vom Schicksal betroffen. Einige davon lösten sich auf; die meisten versuchten auf ziviler oder korporativer Basis ihre Existenz aufrechtzuerhalten, mit Mühe allerdings, da sich die kantonalen Militärdirektionen mit der Aufbietung von Feldmusikkorps zu den eidgenössischen Truppenlagern nicht mehr zu befassen hatten und Subsidien ausblieben.

Ausmarsch einer bernischen Scharfschützenkompagnie unter Anführung von 4 Trompetern um 1840; im Hintergrund der Christoffelturm und die Heiliggeistkirche (Lithographie von Hch. Keller, Privatbesitz)

Oberdiessbach 1860. Obwohl nicht in militärischer Uniform, zeigt das Bild in der hinteren Reihe ein Trompeterquartett und vorn ein sog. Ergänzungsquartett; ein Bläserensemble, wie solche bei den Scharfschützen- und Jägerkompagnien zwar nicht vorschriftsgemäss, aber zugelassen waren und von zivilen Blasmusikliebhabern kopiert wurden (aus der Jubiläumsschrift der Musikgesellschaft)

Kadettmusik Luzern 1870 (aus der Festschrift der Stadtmusik Luzern)

Feldmusik Stans 1879, bis 1875 die offizielle Militärmusik des Standes Nidwalden (aus der Jubiläumsschrift)

Zu den Überlebenden gehören die Stadtmusikkorps von Bern, Luzern, Freiburg und Genf, die eine kontinuierliche Geschichte aufweisen können und im Grunde in ihren altmilitärischen Uniformen mit Degen oder Säbeln und anderen historischen Requisiten als Feldmusikkorps a. D. betrachtet werden können.

Die kantonalen Feldmusikkorps sollten nun durch die musikalisch lückenhaften Spiele der Füsiliere und Schützen abgelöst werden. Man begreift, dass diese auf den Signaldienst zugeschnittenen Ensembles nicht nur einen spärlichen Ersatz bildeten, sondern einen offensichtlichen Rückschritt bedeuteten. Er löste denn auch eine lebhafte Diskussion aus, die in der Presse ein grosses Echo fand, aber mehr Verwirrung stiftete, als dass sie eine sachgerechte Lösung herbeiführte.

Man wünschte die Beibehaltung der Harmonie-Feldmusikkorps und in Anlehnung an das Heeresmusikwesen im nördlichen Nachbarland die Aufstellung von Regimentskapellen. Auch die Bildung von Brigademusikkorps und sogar die Wiedereinführung von Pfeifern zur Bildung von Spielmannszügen wurden in Erwägung gezogen.

Durch eine Motion einiger Nationalräte wurde der Bundesrat 1877 eingeladen, die Frage betreffend die Formation von Musikkorps neu zu prüfen. Alle Vorschläge wurden mit der Begründung abgelehnt, dass wegen der Militärmusik, *dieser ziemlich untergeordneten Angelegenheit*, eine Abänderung der erst vor drei Jahren geschaffenen Militärorganisation ausgeschlossen sei.

Um die Missfallensbekundung – vor allem der welschen Kantone – zu beschwichtigen, erlaubte das EMD vorübergehend die Einberufung von Militärtrompetern älterer Jahrgänge, sofern eine Vervollständigung des Bataillonsspiels es erfordere. Militärmusikfreundliche Bataillonskommandanten liessen es ausserdem zu, dass die reglementarischen Spielleute mit einem zweckdienlichen Zweitinstrument zu den Wiederholungskursen oder zu grösseren Truppenübungen einrücken konnten. Die sog. *grossen Instrumente*, d.h. die tiefen Bassinstrumente, wurden von einer durch die Offiziere geäufneten Musikkasse bezahlt oder bei Instrumentenmachern ausgeliehen.

Die schon aus früheren Jahren bekannte Selbsthilfemethode hatte den Zweck, den beschränkten Ambitus der Bataillonsspiele gemäss der Ordonnanz von 1877 nach oben und unten zu erweitern, den Klang farbiger zu gestalten und ihn gleichzeitig zu verstärken, um in weiterer Distanz besser gehört zu werden. Auch wollte man den Truppen auf dem Marsch und im Feldlager eine etwas weniger monoton klingende Musik und damit mehr Freude und Erleichterung bieten. Mit andern Worten: Es wurde die Instrumentation angestrebt, wie sie sich nach eigenen Gesetzen in den zivilen Blechmusikvereinen herausbildete.

Wie die militärische Musik damals beschaffen war und ausgeführt wurde, zeigten die aus Berufsmusikern bestehenden deutschen Heeresmusikkapellen, die nicht selten in den grossen Städten und Hauptorten der Schweiz Promenaden- und Biergartenkonzerte produzierten; sie machten den Unterschied deutlich zwischen dem Musizieren und dem Musikmachen auf Blas- und Schlaginstrumenten; immerhin mit dem Nutzen, Denkanstösse vermittelt zu haben.

Die freiwilligen Umänderungen der *Bataillonsspiele* beeinträchtigten den reglementarischen Signaldienst nicht; auch die eidgenössische Kriegskasse wurde nicht zusätzlich belastet, da die Offiziere der betreffenden Bataillone jeweils den Sold der Zuzüger übernommen hatten. Das sind auch die Gründe, warum die nicht reglementarischen Spiele höheren Orts geduldet wurden.

Am 5. September 1880 fand im Zusammenhang mit einem Wiederholungsdienst der III. Division ein Wettbewerb der Bataillonsspiele statt; daran beteiligten sich 13 Formationen, die alle eine von der Ordonnanz abweichende Instrumentierung aufwiesen. Ein Exempel: Das Spiel des Schützenbataillons Nr. 3 trat als einziges in der etatmässigen Stärke von 16 Mann auf; es war folgendermassen instrumentiert: Cornet in Es, Cornet in B, Bügel I/II in B, Trompete I in B, Trompeten II/III in Es, Althorn in Es (Melodie), Tenorhorn, Bariton, Bässe in Es und B; also schon beinahe ein Blechmusikkorps. Merkwürdig ist das gänzliche Fehlen des sog. Schlagwerks, was nicht als Nachlässigkeit zu deuten ist, denn auch in den zivilen Blechmusikvereinen war die Verwendung der Grossen Trommeln und Becken in dieser Zeit noch nicht üblich.

Da das Wettspielkonzert den reglementarischen Vorschriften von 1877 weder hinsichtlich der Besetzungen noch wegen der Wahl der Märsche entsprach, wurde auf eine Initiative des Waffenchefs der Infanterie am 4. Oktober 1880 ein Marschkompositionswettbewerb ausgeschrieben; eine der Bedingungen war, dass die Kompositionen in der

Ordonnanzbesetzung einzureichen seien. Eine Spezialkommission wählte aus den eingereichten 164 Märschen von 43 Bewerbern ein Dutzend davon als *Ordonnanzmärsche* aus; sie erschienen 1881 unter dem Titel *12 neue Märsche für schweizerische Militärmusiken* im Druck.

Der Wettbewerb war ein Pflästerchen auf das kranke Militärmusikwesen. Die ausgewählten, kompositorisch guten Märsche konnten selbstverständlich in der primitiven und farblosen Besetzung der Bataillonsspiele ebensowenig überzeugen und Gefallen finden wie die früheren Ordonnanzmärsche. Der Waffenchef der Infanterie nahm nicht wahr, wo der Hase im Pfeffer lag.

Eine entscheidende Wendung

Die Zeit kam den Militärmusik- und Blasmusikfreunden entgegen. Um 1890 war es dringend notwendig geworden, eine tiefgreifende Heeresreform vorzunehmen; sie wirkte sich vorteilhaft auf die Militärmusik aus.

Von weittragender Bedeutung war die Schaffung der Stelle eines Oberspielinstruktors; sie wurde 1898 Emil Mast aus Kreuzlingen übertragen. Mast war vor seiner Berufung Trompeterinstruktor des damaligen V. Divisionskreises. Als ehemaliger Freiwilliger in der *Konstanzer Regimentskapelle* stand er völlig unter dem Einfluss der zu jener Zeit in ganz Europa führenden deutschen Heeresmusik.

Die von Emil Mast in Zusammenarbeit mit den Trompeterinstruktoren geschaffene Trompeterordonnanz vom 6. Juli 1898 ist ein weiterer Markstein in der schweizerischen Militärmusikgeschichte; sie dokumentiert den Übergang von der Sechs- zur Neunstimmigkeit.

Ein weiterer wichtiger Fortschritt war die Aufhebung des Unterschiedes zwischen den Spielen der Schützen- und der Füsilierbataillone. Der Bestand der Infanteriespiele wurde einheitlich auf 17 blasende Instrumentalisten festgesetzt, der mitspielende Chef, ein Korporal oder Wachtmeister, inbegriffen; alle Bläser sollten weitgehend als Signalisten verwendet werden können.

Mit welchem Eifer der Oberspielinstruktor die Militärmusiksache in Angriff genommen hatte, beweist auch die Herausgabe eines gänzlich neuen und umfassenden Lehrbuches für Trompeter-Korporale vom Jahre 1899, das sich – wie konnte es anders sein – stark an deutsche Publikationen anlehnte.

Die Entwicklung zu einem rationell instrumentierten Blechmusikkorps war nicht mehr aufzuhalten; die treibenden Kräfte gingen von Konstantin Handloser, dem Kapellmeister der Konstanzer Regimentsmusik, und dem Schaffhauser Heinrich Bollinger, dem Kreiskommandanten der damaligen VII. Division, aus. Der Oberspielinstruktor hielt das Steuer fest in der Hand; schliesslich hatte das EMD ein Einsehen, freilich unter strengster Beachtung der finanziellen und ökonomischen Tragbarkeit.

In der Ordonnanz 1898 wird die zum Teil schon durch die nichtoffiziellen Bataillonsspiele vorweg erprobte Instrumentation sanktioniert. Das Cornet in Es, die für die deutsche Heeresmusik charakteristischen Basstrompeten in Es und B, die Posaune und der Bass in B wurden als Ordonnanzinstrumente erklärt. Die Instrumentierung sah auf dem Papier so aus: Cornet Es, Cornet B, Bügel B, Tenorhorn (bis dahin fälschlicherweise als Althorn bezeichnet), I. Basstrompete Es oder Cornet II B, II. Basstrompete in Es oder B, III. Basstrompete B, Bariton oder Posaune, I. Tuba in Es, II. Tuba in B (die Bezeichnungen für die Bässe sind ebenfalls aus der deutschen Heeresmusik übernommen).

Es versteht sich, dass die Uminstrumentierung wiederum ein paar Jahre beanspruchte. Auch herrschte eine Zeitlang Uneinigkeit hinsichtlich der Beschaffung der neuen Ordonnanzinstrumente und der Wahl ihrer Stimmtöne; schliesslich gab man der sog. Pariserstimmung den Vorzug. Der Oberspielinstruktor schlug 1908 vor, 10 Modellinstrumente von der Firma Schediwy in Ludwigsburg ausführen zu lassen; zum Leidwesen der einheimischen Instrumentenmacher. Ausschlaggebend dürfte die Preisfrage gewesen sein.

Die Ordonnanz 1898 erforderte auch wieder eine Anzahl Märsche, die der neuen Instrumentierung angemessen waren. Am 11. April 1899 genehmigte das EMD die Sammlung *6 Märsche für die schweizerische Infanterie*. Vier davon stammen von deutschen Komponisten, zwei andere von Emil Mast. Da die Märsche lediglich von 1 bis 6 numeriert sind, ist eine Identifizierung leider nicht mehr möglich, sicher ist, dass der heute noch beliebte Marsch Nr. 2, der sog. *Gottfried-Siegrist-Marsch*, der Substanz nach die Komposition eines Deutschen ist.

Die Bataillonsmusikkorps

Eigentliche und erstmals gesetzlich anerkannte Bataillonsmusikkorps gab es in der Schweizer Armee de jure seit 1907, de facto erst seit 1912, nachdem die beim Volk mühsam durchgebrachte Wehrorganisation von 1907 in Kraft getreten war.

Die Anzahl der blasenden Spielleute wurde in den Infanterie-, Schützen- und Gebirgsinfanterie-Bataillonen auf 21 Mann erhöht, der zeitweise mitspielende Unteroffizier inbegriffen. Je 2 *Trompeter* waren den 4 Kompagnien des Bataillons als Signalisten (Kompagnietrompeter), die übrigen 13 Instrumentalisten *für den musikalischen Dienst* dem Bataillonsstab zugeteilt; die letzteren erhielten die Bezeichnung *Stabstrompeter*.

Das Ordnungsprinzip scheint den Musikkorps der Pionierbataillone in der Reichswehr entnommen worden zu sein; denn diese hatten Blechbesetzung und bestanden aus 12 *etatmässigen Hornisten* und 8 *Hilfsmusikern*; die Musiker der Pionierbataillone wurden generell Hornisten genannt.

Die Vermehrung der Spielleute und die Aufteilung in Kompagnietrompeter und *Militärmusikanten* ist eine geschichtliche Tat; denn bis dahin waren die Trompeter immer nur als Signalisten behandelt und eingestuft worden.

Jetzt war es endlich möglich, die Instrumentierung der bisherigen *Ad-libitum-Bataillonsspiele* nicht nur zu erweitern, sondern diese auch nach orchestralen Gesichtspunkten einzurichten; mit andern Worten: Es entstanden die eigentlichen Bataillonsmusikkorps.

Mit grossem Eifer und unermüdlichem Einsatz führten Emil Mast und die Trompeter- und Tambourinstruktoren die Reorganisation der Militärmusik durch, galt es doch, die Reformen zunächst in rund 100 Bataillonen des Auszuges einzuführen und zu überwachen. Die Neuinstrumentierung konnte verständlicherweise nicht von einem Tag auf den andern vorgenommen werden; die Instrumente der bisherigen Bataillonsspiele wurden aus Ersparnisgründen so gut wie möglich in das neue Konzept integriert.

Die Mobilisation der Armee während des Ersten Weltkrieges kam dazwischen. Aber gerade sie war es, welche die Gelegenheit bot, die

1912 in Kraft getretenen Verordnungen praktisch zu erproben und eine endgültige Abklärung herbeizuführen. Ein Positivum war auch, dass der wehrpsychologische Wert und die volkskulturelle Bedeutung eines gut besetzten und rationell instrumentierten Bataillonsmusikkorps im Felde besonders aber durch die vielen mobilisationsbedingten Konzertauftritte verstärkt ins Bewusstsein der Öffentlichkeit traten. In der Grenzbesetzungszeit erhielten die Bataillons-Blechmusikkorps ihre landeseigene und dem Wehrsystem der Schweiz entsprechende Ausprägung.

Dieses Resultat findet in der Trompeterordonnanz von 1918 und in der ein Jahr vorher erneuerten Tambourordonnanz seinen treffenden Ausdruck.

Neben dem Cornet in Es sind die Diskantinstrumente, die bisher ein Gemisch von Cornets und Bügeln waren, in unterschiedliche Register aufgeteilt: Flügelhörner I/II; Trompeten I/II; an die Stelle der Basstrompeten sind die Althörner I/II in Es getreten; sie bilden mit dem neu besetzten II. Tenorhorn und den *Tuben* in Es und B eine klanglich geschlossene Einheit. Die Partien des I. Tenorhorns sowie des Baritons konnten unverändert aus den früheren Ordonnanzen übernommen werden. Bemerkenswert ist die Wiedereinführung des dreistimmig disponierten Posaunenregisters, das versuchsweise 1899 im Hinblick auf das Spiel im Regimentsverband eingeführt wurde, dann aus Spargründen eliminiert werden musste.

Zum erstenmal sind in einer Trompeterordonnanz die Stimmen für die Grosse und Kleine Trommel und die Becken aufgenommen, allerdings mit dem Vermerk *ad libitum*; das bedeutet, dass diese Instrumente zwar nicht zum Korpsmaterial gehörten, aber zugelassen waren. Eine wenig verständliche Sachlage, wenn man bedenkt, dass es schon in der Grenzbesetzungszeit – wie Abbildungen zeigen – eine Selbstverständlichkeit war, dass ein Trupp von Blechbläsern in Soldatenuniform ohne das *Schlagwerk* und das alternierende Trommelspiel den Anspruch nicht mehr erheben durfte, eine *Militärmusik* zu sein. Wieder einmal dürften Spargründe ausschlaggebend gewesen sein. Die Grossen Trommeln und die Becken waren Eigentum der Bataillone, meistens Geschenke der Offiziere. Die *Taktinstrumente* wurden durch Zuzüger aus den Kompagnien bedient.

Nachdem die Bataillonsmusikkorps 1918 in ihren Grundregistern festgelegt waren, konnte eine weitere Entfaltung nur noch darin bestehen, die Instrumentierung in der Richtung zum Blechblasorchester zu erweitern und zu differenzieren. In der Truppenordnung von 1936 wurde das System der Kompagnietrompeter aufgegeben. Die Bestände der blasenden Spielleute bei den Füsilier- und Schützenbataillonen wurden einheitlich auf 21 *Musikanten* und auf einen Spielunteroffizier im Range eines Korporals oder Wachtmeisters festgesetzt, die Zuzüger auf den Rhythmusinstrumenten nicht eingerechnet. Die generelle Bezeichnung *Trompeter* wurde beibehalten.

Aus den bisher auf die Kompagniespielleute abgestützten Bataillonsmusiken entstanden selbständige Formationen, aus denen jederzeit die Bläser der Diskantinstrumente für den erforderlichen Signaldienst eingesetzt werden konnten. Administrativ waren die Bataillonsmusikkorps den neugeschaffenen Stabskompagnien, im Regimentsverband den Nachrichtenkompagnien zugeteilt.

Die Trompeterordonnanz von 1937 dokumentiert den in den zivilen Blasmusikvereinen schon früher bewährten sog. reinen Blechmusik-Besetzungstypus von schweizerischem Gepräge, der in seiner organischen Entwicklung als abgeschlossen gelten kann.

In den folgenden Jahren wurde das Trompeten-, Althorn- und Tenorhornregister um je eine 3. Stimme erweitert. Eine Zeitlang traten an die Stelle der Althörner die sogenannten Primhörner. Die Absicht war, ein waldhornähnliches Register zu erhalten. Vorübergehend war ferner erlaubt, das Cornet in Es durch eine Metallklarinette zu ersetzen. Diese Neuerungen blieben in den Versuchen stecken. Das gilt auch für die Sousaphone, die 1963 Einzug hielten, während sich die gleichzeitig eingeführten Saxophone und Waldhörner dauernd behaupten konnten.

Schliesslich sei noch auf die Konzertliteratur hingewiesen, die seit den fünfziger Jahren mehr und mehr vom sog. Zentralarrangement, d.h. vom Colla-voce-Prinzip, abrückte und von Werken mit differenzierter Registerstruktur und eigenständiger, dem Wesen der Instrumente entsprechender Stimmführung abgelöst wurde.

Blechmusikkorps und Harmoniemusikkorps

Nach dem Zweiten Weltkrieg trat in der Armee als Folge des Geburtenrückganges eine Bestandeskrise ein. Um die Wehrkraft nicht abzuschwächen, mussten eingreifende Änderungen in der Heeresorganisation vorgenommen werden; sie wirkten sich auch auf die militärische Musikausübung aus. Nachdem schon 1949 die blasenden Spielleute bei der Artillerie und Kavallerie abgeschafft worden waren, sah man sich 1951 gezwungen, auch bei der Infanterie die Anzahl der Spielleute herabzusetzen, was eine heftige Reaktion im Volk und besonders in den Blasmusikkreisen auslöste. Diskussionen über das Pro und Kontra füllten über Jahre die Spalten der Tages- und Fachpresse; Einsprachen und Postulate standen auf den Traktandenlisten der eidgenössischen Räte; schliesslich war man gezwungen, sich mit den Tatsachen abzufinden. Die Bataillonsmusikkorps wurden bis auf einige wenige aufgehoben und zu selbständigen Regimentsmusikkorps umgebildet.

Die bisher als *Regimentsspiele* bezeichneten Formationen bildeten sich gelegentlich durch den Zusammenzug der Musikkorps der drei das Regiment ausmachenden Bataillone. Ebenso von nur additiver Struktur waren die sog. Divisionsspiele, die bekanntlich während der Mobilisation vermehrt in Erscheinung getreten waren.

Eine Verfügung vom Jahre 1953 setzte den Bestand eines Auszug-Regimentsmusikkorps fest: 40 Trompeter, 1 Musiktambour, 7 Marschtambouren und 2 Mann für die Grosse Trommel und Becken, die nunmehr bei allen Formationen dem Korpsmaterial der Einheit einverleibt und nicht mehr durch Zuzüger aus den Kompagnien, sondern durch *geeignete Trompeter oder Tambouren* der Einheit bedient werden sollten.

Auf dem Papier war für die blasenden Spielleute folgende Instrumentierung vorgesehen: 3 Metallklarinetten in B, 1 Flügelhorn in Es, 5 Flügelhörner I, 3 Flügelhörner II, 3 Trompeten I, 2 Trompeten II, 1 Trompete III, 2 Althörner (Primhörner) I in Es, 1 Althorn II, 1 Althorn III, 3 Tenorhörner I, 1 Tenorhorn II, 1 Tenorhorn III, 2 Posaunen I, 2 Posaunen II, 2 Posaunen III in B, 2 Bässe in Es und 2 Bässe in B.

Als ein für die Geschichte der Militärmusikkorps ausserordentliches Ereignis muss die Umstellung der Regimentsmusikkorps auf *Harmo-*

niebesetzung bezeichnet werden; sie wurde in Anpassung an den hochentwickelten Stand der zivilen Blasmusiktätigkeit seit 1958 von den Armeemusikinstruktoren konzipiert und sukzessive realisiert. Die fruchtbare Aktion war 1967 abgeschlossen.

Damit ging ein Wunsch in Erfüllung, der sich schon kurz nach der Ausscheidung der kantonalen Feldmusiken aus dem eidgenössischen Kontingentsheer nach 1874 und seither immer wieder geltend gemacht hatte. So fasste zum Beispiel das Offizierskorps des damaligen Berner Regiments X im Jahre 1884 während eines Wiederholungsdienstes den Entschluss, eine Regimentsmusik zu bilden. Bezüglich des Bläsermaterials sollte diese wie üblich aus den Spielen der drei Bataillone bestehen, aber auf Kosten der Offiziere orchestermässig instrumentiert werden, die damals sehr dürftige Ordonnanzbesetzung weit hinter sich lassend. Im Jahre 1909 kam es zur Gründung einer *Schweizer Regimentsmusik*, bestehend aus Berufsmusikern mit Zweitinstrumenten nach dem deutschen Muster. Nach ein paar Konzertauftritten verschwand die *Regimentskapelle* in der Versenkung.

Derartige halbprivate und korporative Unternehmungen scheiterten letzten Endes an den Honoraransprüchen der *Kapellmeister* und Musiker sowie am Unterhalt der Institutionen.

Den Wünschen zur Bildung von Sonderformationen entgegen kamen die Mobilisationszeiten; sie lockerten die Dienstvorschriften unwillkürlich. So gab es während des Ersten Weltkrieges ausser den reglementarischen Bataillonsmusiken manches ad hoc aufgestellte Regimentsmusikkorps in Harmoniebesetzung. Es war gestattet, die Holzbläser, denen der Zugang zur Militärmusik wegen der reglementarischen Blechbesetzung der Bataillonsmusiken vorenthalten war, aus verschiedenen Einheiten eines Regimentskreises auszuheben. Im Jahre 1915 – um nur ein Beispiel zu nennen – hatte das Zürcher Regimentsspiel (Bat 66, 70, 71) einen Bestand von 100 Mann, wovon 30 mit Holzblasinstrumenten versehen waren. Das Monstermusikkorps wurde vom Trompeter-Wachtmeister Senn geleitet und zeichnete sich durch eine derart hohe Spielqualität aus, dass Konzertreisen unternommen werden konnten. Mit der Demobilmachung nahm die erfolgreiche Militärmusiktätigkeit ein stilles Ende.

Während des Zweiten Weltkrieges entstanden ebenfalls viele nicht reglementarische Musikkorps, vereinzelt auch wieder bei der Artillerie und Kavallerie. Aus wehrpsychologischen Gründen und zur Erhaltung des guten Verhältnisses zwischen der Zivilbevölkerung und dem Militär liess man diese Sonderformationen bis zur Beendung des Krieges bestehen. Hervorzuheben ist das von Fw G. B. Mantegazzi – in Zivil Direktor der Stadtmusik Zürich – 1941 mit Bewilligung der Generalagentur aufgestellte Armeesinfoniespiel, das mit den Tambouren zusammen 110 Mann stark war. Das ausgebaute Militärblasorchester wurde im Zusammenhang mit der 650-Jahr-Feier der Schweizerischen Eidgenossenschaft in Schwyz aufgestellt, wo es auch als Festspielorchester zum Einsatz gekommen war. Nach der Absolvierung einer glorreichen Konzerttournee durch die Schweiz wurde das Armeesinfoniespiel das Opfer einer Opposition, die sich in Militärmusik- und Blasmusikkreisen gebildet hatte.

Die Idee, eine Auswahlformation zu bilden, griff 1957 Adj Uof Hans Honegger, Trompeterinstruktor und Direktor der Metallharmonie Bern, erneut auf, als es galt, für einen ausserordentlichen Staatsanlass in Bern ein Ad-hoc-Musikkorps aufzustellen. Die unter der Bezeichnung *Schweizer Armeespiel* gebildete Formation in Harmoniebesetzung erhielt nach einigen erfolgreichen und zweckdienlichen Auftritten am 14. Juni 1960 die Sanktion vom Eidgenössischen Militärdepartement, dem es auch unterstellt war. Das Schweizer Armeespiel sollte künftighin bei Anlässen eingesetzt werden, für die kein im Dienst stehendes Musikkorps verfügbar ist, oder für Aufgaben, die ein Ordonnanzmusikkorps nicht lösen kann. Dieser Modus ist heute noch gültig.

Nach dem altersbedingten Rücktritt von Adj Honegger dirigierte Adj Walter Spieler interimsweise das Armeespiel bis zur definitiven Übernahme der Leitung durch Albert Benz im Jahre 1977.

Der topographischen und staatlichen Struktur des Landes entsprechend, gab es noch einige selbständige Bataillone, die ihre angestammten Musikzüge mit einigen Ergänzungen behalten konnten. Die vorschriftsgemässe Besetzung war: 1 Flügelhorn in Es, 3 Flügelhörner I, 2 Flügelhörner II, 2 Trompeten I, 1 Trompete II, 1 Trompete III in B, 1 Althorn (Primhorn) I, 1 Althorn (Primhorn) II in Es, 2 Tenorhörner I, 1 Tenorhorn II, 1 Bariton, 3 Posaunen in B, 1 Bass in Es und 1 Bass in B; hinzu kamen: 1 Musiktambour, 3 Marschtambouren, 1 Grosse

Trompeter- und Tambouren-Rekrutenschule der III. Division in Bern 1912. Instruktoren: AdjUof Friedrich Schenk (Tambouren), AdjUof Johann Rymann (Trompeter)

Urner Landwehr-Bataillonsmusikkorps 173, 1916 (Privatbesitz)

Urner Bat-Spiel 87 im WK 1959 (Privatbesitz)

Das Armeesymphoniespiel marschiert durch Luzern, 1941 (Leitung: Fw Mantegazzi)

Das Armeesymphoniespiel 1941 auf dem Marsch durch die engen Gassen von Riva San Vitale (Geburtsort von G. B. Mantegazzi)

Autonomer Konzertauftritt des Schweizer Armeespiels in den ersten Jahren seines Bestehens im Kursaal in Bern (Ltg. Adj Uof Hans Honegger)

Trommel und ein Paar Becken. Die *Trompeterordonnanz für die Infanterie* von 1954 enthält erstmals die Abbildungen der zur persönlichen Fachausrüstung gehörenden Blechblasinstrumente; sie wurden – wie bisher – vom Bund gratis abgegeben.

Über den heutigen Stand der Auszugsmusikkorps gibt das Reglement für Militärmusik von 1983 Auskunft. Die Regimentsspiele weisen einen Sollbestand von 58 Musiksoldaten (Trompeter) auf; sie sind ausgerüstet mit 2 Flöten/Pikkolos in C, 11 Klarinetten in B, 5 Saxophonen (2 Alto, 2 Tenor, 1 Bariton), 12 Kornetten oder Trompeten in B, 5 Waldhörnern in F/B oder Althörnern in Es, 5 Euphonien in B, 5 Posaunen in B, 4 Bässen; hinzu kommen 2 Schlagzeuger und 7 Tambouren. Der Kader besteht aus 1 Spielführer (Adjutant Uof oder Feldweibel), 1 Tromp Uof (Wachtmeister oder Korporal), 1 Tambour Uof (Wm oder Kpl). Da im Jahr nur zwei Drittel der Spielleute Dienst leisten, ergibt sich ein Effektivbestand von 40 Mann.

Die Auszugs-Bataillonsmusikkorps bestehen aus 31 Mann; die Instrumentation ist: 1 Kornett in Es, 11 Kornette und Trompeten in B, 4 Althörner in Es, 5 Euphonien, 4 Posaunen in B, 3 Bässe; dazu kommen: 1 Schlagzeuger und 2 Tambouren. Geleitet wird das Korps durch 1 Spielführer im Range eines Adjutanten oder Feldweibels. Der Effektivbestand beträgt rund 22 Mann.

Das sog. *Armeespiel*, ein voll ausgebautes Militärblasorchester, setzt sich aus auserlesenen Instrumentalisten und mehreren Berufsmusikern zusammen. Es ist nun eine selbständig verwaltete Einheit. Vom Sollbestand rücken durchschnittlich pro Einsatz (ca. 10–12 Diensttage pro Jahr) 80–90% ein; die reglementarische Besetzung ist: 6 Flöten/Pikkolos, 2 Oboen (Einsatz durch Privatinstrumente), 2 Fagotte (Einsatz durch Privatinstrumente), 18 Klarinetten in B, 2 Bassklarinetten, 5 Saxophone (2 Alto, 2 Tenor, 1 Bariton), 7 Kornette in B, 7 Trompeten in B, 6 Waldhörner F/B, 4 Euphonien, 9 Posaunen, 5 Basstuben, 1 Streichbass (Einsatz durch Privatinstrument), 6 Tambouren, 1 Paar Kesselpauken, 1 Konzerttrommel, 1 Grosse Trommel, 1 Paar Becken und 1 komplettes Schlagzeug; zusammen 85 Instrumentalisten.

Mit der durchgreifenden Neuinstrumentierung, den organisatorischen Neuerungen sowie mit den neuzeitlichen Ausbildungs- und Weiterbildungsmethoden seit 1961 und nicht zuletzt mit den ständig fortschreitenden, an den Professionalismus grenzenden Qualitäten der Dirigenten, Bläser und Schlagwerker sind die Voraussetzungen geschaffen worden, die es ermöglichen, die Leistungen der reglementarischen Musikkorps auf einer respektablen Höhe zu halten und mit den Bedürfnissen der Armee sowie mit der Entwicklung der Blasmusik im zivilen Bereich in Übereinstimmung zu bringen.

Die Militärmusikkorps bei den Truppen sind heute zum grössten Teil zu Konzertblasorchestern herangewachsen, die durch ihre Instrumentenzusammensetzung in der Lage sind, anspruchsvolle zeitgenössische Tonschöpfungen perfekt aufzuführen und die hochgestellten Erwartungen der Hörerschaft zu erfüllen. Schon am Ende der Ausbildungsphase können unsere Rekrutenspiele den Vergleich mit Militärkapellen im Ausland ohne weiteres aufnehmen, auch hinsichtlich der Marschdisziplin und der figuralen Präsentation.

Dieser Beitrag ist der Vorabdruck eines Kapitels aus der «Geschichte der Blasmusik in der Schweiz», die sich in Vorbereitung befindet.

HERBERT FREI

Schweizer Originalblasmusik – ihre Geschichte und Entwicklung

Vorbemerkung: Mit dieser Arbeit soll versucht werden, die Entwicklung der originalen Blasmusikliteratur in unserem Jahrhundert darzustellen. Dabei werden bewusst alle Aspekte (konzertant, Unterhaltung, Marsch) angesprochen. Das Hauptgewicht liegt jedoch bei der konzertanten Blasmusik.

Da es sich meines Wissens um die erste umfassende Arbeit dieser Art handelt, sind Lücken und Unvollständigkeiten sicher unvermeidlich; der Verfasser bittet um Nachsicht, wenn solche entdeckt werden.

Mellingen, 31. Juli 1989

Zwei Thesen zum Einstieg

Zum erstenmal nach einem kriegsbedingten Unterbruch von 13 Jahren fand im Jahre 1948 wieder ein Eidgenössisches Musikfest statt, und zwar in St. Gallen. Mit dieser Grossmanifestation, an der sich 208 Vereine beteiligten, signalisierte die Schweizer Blasmusik den Aufbruch in die 2. Hälfte des 20. Jahrhunderts. Zum erstenmal in der Geschichte des Eidgenössischen Musikverbandes wurden an diesem Fest, gesamthaft gesehen, als Selbstwahlstücke mehr Originalwerke als Transkriptionen gespielt, nämlich 52% Originalkompositionen und 48% Transkriptionen. Allerdings vollzog sich dieser Übergang nicht in allen Leistungsklassen gleichzeitig. Während sich die Vereine der unteren Leistungsstufen überwiegend der Originalliteratur zuwandten, blieben die leistungsfähigeren Korps in der Mehrzahl den Transkriptionen treu. Zwei Gründe mögen dafür in der Hauptsache massgebend gewesen sein: Zum einen gab es vorderhand nur spärlich gute Originalliteratur für die leistungsfähigen Vereine der oberen Klassen, und zum andern waren gerade diese Formationen stolz auf ihre Tradition, sich mit den Meisterwerken der Kunstmusik auseinanderzusetzen und damit ihre Leistungsfähigkeit zu dokumentieren. Sie wollten nicht gerne davon abweichen, weil sie einen Prestigeverlust befürchteten und damit einen Schwund an Zuhörern und Sympathisanten.

Bei der Hinwendung zur Originalliteratur sind interessanterweise auch Unterschiede in den Sprachregionen festzustellen. So fühlen sich die Tessiner bis heute viel stärker der Transkription verpflichtet als die Deutschschweizer, und in der welschen Schweiz erfolgte der Übergang ebenfalls mit leichter Verzögerung gegenüber der Deutschschweiz.

In bezug auf die Bedeutung des 20. Eidgenössischen Musikfestes St. Gallen 1948 lassen sich hinsichtlich der Entwicklung der konzertanten Blasmusikliteratur in der Schweiz zwei Thesen aufstellen, die uns helfen, ihre Geschichte in der Schweiz darzustellen, zu überblicken und zu verstehen:

These 1: Die Entwicklung der konzertanten Blasmusikliteratur geht ab Mitte unseres Jahrhunderts eindeutig in Richtung Originalliteratur, weg von der Transkription.

Begründung: Wir finden in den Programmen der Selbstwahlstücke 1948 zwar immer noch viele Transkriptionen, die Originalkompositionen jedoch sind erstmals in der Überzahl. Diese Entwicklung hat sich kontinuierlich fortgesetzt; am 28. Eidgenössischen Musikfest 1986 in Winterthur wurden 97% Originalwerke und nur 3% Transkriptionen gespielt und diese ausschliesslich von ausgebauten Blasorchestern der oberen Klassen. Die Preisgerichte in St. Gallen 1948 weisen darauf hin, dass die Blasmusik bezüglich Werkwahl eine grosse Verantwortung trägt, dass unsere Blasmusiken sensibilisiert werden müssen für die Zulässigkeit und Verantwortbarkeit von Transkriptionen und dass es wünschenswert wäre, wenn die arteigene Originalblasmusik vermehrt gepflegt würde. In diesem Sinne äusserten sich drei bedeutende Preisrichter und Vorsitzende von Preisrichterkollegien in den Vorberichten zu den Konzertvorträgen, nämlich die Herren Dr. Walter Biber, Bern, Prof. E.-A. Cherbuliez, Zürich, und der Direktor des Konservatoriums

Zürich, Rudolf Wittelsbach. Dr. Walter Biber schrieb im Vorbericht zu den Konzertvorträgen der 3. Klasse: «Zu der Stückwahl möchten wir zunächst folgendes feststellen. Der Ruf nach originaler Blasmusik, den man von früheren Festen her kennt, ist in St. Gallen zu einem schönen Teil in Erfüllung gegangen. Über 40% [es waren sogar 54%, der Verfasser] der zur Aufführung gelangten Kompositionen (der 3. Klasse) sind Originalwerke, während beispielsweise am Eidgenössischen Musikfest in Bern, 1931, nur 26%, in Zug, 1923, sogar nur 16% originale Blasmusik gespielt wurde. Die 3. Klasse allein brachte 58 Originalwerke zur Aufführung, und das ist ein ganz bemerkenswerter Fortschritt, gleichzeitig aber auch ein schöner Beweis dafür, dass der Sinn für eine gattungseigene Musik mehr und mehr zunimmt. Dieses Streben verhilft der Blasmusik zu ihrer verdienten Selbständigkeit.»

These 2: Neben der Pionierblasmusik, der ersten Originalblasmusik in der Schweiz, die grossenteils von ausländischen, in der Schweiz niedergelassenen Blasmusikkomponisten stammt, etablierte sich allmählich eine eigenständige schweizerische Blasmusikliteratur.

Begründung: Etwa ab 1905 entstanden in der Schweiz laiengerechte Originalblasmusikkompositionen.

Ein kräftiger Impuls zur Schaffung von originaler konzertanter Blasmusikliteratur ging von der Einführung der Pflichtstücke an den Eidgenössischen Musikfesten aus. Seit dem 14. Eidgenössischen Musikfest in Freiburg 1906 hatten die teilnehmenden Vereine nebst dem Selbstwahlstück je nach Leistungsklasse auch ein Pflichtstück, das in einer bestimmten Zeit einzuüben war, oder ein Primavistastück, welches vom Blatt gespielt werden musste, vorzutragen. Die massgeblichen Behörden des Eidgenössischen Musikvereins betrachteten es schon damals als selbstverständlich, dass diese Pflichtstücke und auch die Gesamtchorstücke Originalkompositionen für Blasmusik sein mussten, und erteilten für die Schaffung dieser Kompositionen Aufträge, was bis heute so geblieben ist.

Diese Kompositionsaufträge wurden zum grössten Teil eingewanderten pensionierten deutschen Militärmusikern erteilt, welche in den ersten Jahrzehnten unseres Jahrhunderts einen entscheidenden Einfluss auf die Entwicklung der schweizerischen Blasmusik ausübten. Im folgenden Abschnitt werden zehn der bedeutendsten dieser ersten Blasmusikkomponisten in der Schweiz in der Reihenfolge ihrer Wirksamkeit vorgestellt.

Erste Blasmusikkompositionen in der Schweiz
Entwicklung bis ca. 1950 unter dem Einfluss ausländischer, zum grössten Teil eingewanderter Komponisten

LOTHAR KEMPTER   * 5. 2. 1844 in Lauingen/Bayern; † 14. 6. 1918 in Vitznau LU

L. Kempter war ab 1875 in Zürich als Theaterkapellmeister und ab 1886 auch am Konservatorium als Theorielehrer tätig. Er schuf Opern, Orchesterwerke, Festspielmusiken, Chöre, Kammermusik und Lieder. Im Auftrag des Eidgenössischen Musikvereins komponierte er sämtliche Pflichtstücke für die Eidgenössischen Musikfeste in Freiburg (1906) und in Basel (1909). Ihre Titel: *Festouvertüre, Praeludium, Menuett, Volkslied, Fanfaren zum Sempacherlied, Vor der Schlacht* und *Festhymnus*. Mit diesen und anderen frühen Blasmusikkompositionen (auch etlichen Märschen) traf Lothar Kempter den richtigen Ton. Weitgehend volkstümliche, leicht fassliche, aber nie banale Melodik, einfache Harmonik und packende Rhythmik, dramatisch belebter Aufbau, praktische Ausführbarkeit und glänzende Instrumentation verhalfen seinen Blasmusikkompositionen auf Anhieb zu grossem Erfolg. Sie wurden in den folgenden Jahrzehnten viel und gerne gespielt.

PETER FASSBÄNDER   * 28. 1. 1869 in Aachen; † 27. 2. 1920 in Zürich

P. Fassbänder kam 1895 in die Schweiz und war bis 1911 städtischer Musikdirektor in Luzern. Anschliessend war er Dirigent des Männerchors Harmonie in Zürich und Leiter der dortigen Musikakademie. Er komponierte acht Symphonien, vier Opern, symphonische Dichtungen, Chorwerke, Kammer- und Orgelmusik, fand damit aber wenig Beachtung und Anerkennung. Ganz anders im Bereich der Blasmusik: Seine Werke dieser Gattung fanden grosse Anerkennung und wurden in der Schweiz während Jahrzehnten sehr viel gespielt. Der Eidgenössische

Musikverein beauftragte ihn, sämtliche Pflichtstücke für das Eidgenössische Musikfest in Vevey (1912) zu schreiben; für diesen Anlass entstanden die *Rhapsodie, Heroischer Marsch, Präludium, Phantasiestück, Feierlicher Einzug* und die *Passagaglia*, welche 1988 unter dem Titel *Inizio Festivo* in einer Neuinstrumentation von Andreas Frei im ELWE-Verlag wieder zugänglich gemacht worden ist.

KARL SCHELL * 26. 1. 1864 in Freiburg i. Br.; † 11. 4. 1956 in Basel
K. Schell dirigierte ab 1886 die Stadtmusik Basel und war auch Chordirektor und Organist. Sein Verlag in Basel hatte in Blasmusikkreisen einen sehr guten Ruf. K. Schell komponierte viele Chor- und Blasorchesterwerke. Eine seiner bekanntesten Ouvertüren heisst *Sieg*. Aus seiner Feder stammt auch eine Fantasie über Vaterlandslieder: *Mein Schweizerland, wie lieb ich dich!* Für das Eidgenössische Musikfest Basel (1909) komponierte er das Gesamtchorstück *Vorspiel zu einer patriotischen Feier*. Erst für das Eidgenössische Musikfest in La Chaux-de-Fonds (1927) wurde er mit der Schaffung eines Aufgabestückes betraut; damals entstand die Ouvertüre *Im Hochwald*. Vier Jahre später, für das Eidgenössische Musikfest in Bern (1931), komponierte er als Aufgabestück für die Höchstklasse die Ouvertüre *Grotta azzurra* und für die 5. Klasse das *Präludium und Scherzo*.

ALBERT ROSSOW * 21. 3. 1857 in Stettin; † April 1943 in der Schweiz
A. Rossow kam 1908 als ehemaliger deutscher Militärmusiker in die Schweiz und lebte in Luzern. Von 1913–1928 dirigierte er die Stadtmusik Zürich. Er komponierte ein Aufgabestück für das Eidgenössische Musikfest in Zug (1923), *Spanischer Tanz*, und deren zwei für jenes in La Chaux-de-Fonds (1927), *Fackeltanz* op. 123 und *Rhapsodie* op. 126. Bekannt von ihm waren auch die recht anspruchsvolle *Konzert-Ouvertüre* und das feierliche *Gloria, Erinnerung an die Schweiz* und die *Ballettmusik*. In Zug wurde sein Marsch *Mit Leier und Schwert* als Gesamtchor gespielt. Von A. Rossow stammt die heute noch viel gespielte Instrumentation des Triumphmarsches aus *Aida* von Giuseppe Verdi (Ruh).

CARL BERTHOLD ULRICH FRIEDEMANN   * 29. 4. 1862 in Mücheln, Bezirk Merseburg; † 9. 4. 1952 in Bern

Carl Friedemann kam 1912 als ehemaliger deutscher Militärkapellmeister in die Schweiz und übernahm die Leitung der Stadtmusik Bern, die er bis 1933 dirigierte. Er war damals sicher eine der profiliertesten Persönlichkeiten, die ihren Wirkungskreis in die Schweiz verlegt hatten und die Entwicklung des schweizerischen Blasmusikwesens entscheidend beeinflussten und prägten. Seine Erfolge waren sowohl als Dirigent der Stadtmusik Bern wie auch als Komponist ausserordentlich gross.

C. Friedemann hat ca. 340 Werke für Blasmusik komponiert, darunter 40 z.T. sehr bekannte, effektvolle und populäre Militär- und Konzertmärsche (*Bundesrat Minger; Gruss an Bern* [1912]; *Schweizerischer Landesausstellungsmarsch* [1914] usw.). Für das Eidgenössische Musikfest in Zug (1923) schrieb er zwei Aufgabestücke: *Fantasie Caprice* und *Festhymnus*.

In La Chaux-de-Fonds, 1927, stammte das Primavistastück *Menuett* aus seiner Feder. Seine wohl populärste Ouvertüre, *Das Leben ein Kampf*, war am Eidgenössischen Musikfest in Bern (1931) Aufgabestück der 1. Klasse. Am gleichen Fest erklang der festliche Hymnus *Pro Gloria et Patria* von Carl Friedemann als Gesamtchorstück. Zur Jahrhundertfeier der Stadt Bern im Jahre 1916 komponierte er den in der Folge viel gespielten symphonischen Prolog *Hero und Leander*. Sehr populär waren vor allem auch die vielen Ouvertüren für die unteren Leistungsklassen: *Der Geigenmacher von Mittenwald, Der rote Domino, Mirella, Ritter Blaubart* und viele andere. Heute wieder gespielt werden, abgesehen von einzelnen Märschen, welche die Zeit überdauert haben, seine *Slawischen Rhapsodien 1–3* (eine vierte ist Manuskript geblieben). Die erste und die zweite sind bei Molenaar neu verlegt worden, ebenfalls wurden sie von Denis Wright für Brass Band instrumentiert und bei Boosey & Hawkes verlegt. In diesen Kompositionen verlangt Friedemann von den Ausführenden neben ausserordentlicher Virtuosität auch sehr eindrucksvolles Spiel; sie sind heute noch ein Prüfstein für die Vielseitigkeit eines Dirigenten und seines Korps.

HEINRICH STEINBECK   * 2. 5. 1884 in Gödesdorf bei Hannover; † 20. 7. 1967 in Arbon
Im gleichen Jahre (1912) wie Carl Friedemann kam auch Heinrich Steinbeck in die Schweiz und übernahm die Leitung der Stadtmusik Arbon, welche er 45 Jahre lang, bis 1957, dirigierte. Er komponierte vorwiegend Gebrauchsmusik. Neben 36 meist sehr erfolgreichen Märschen schuf er vorwiegend Ouvertüren, Rhapsodien, Intermezzi, Charakterstücke, Tänze usw. H. Steinbeck schrieb, nebst seinen Märschen, leicht verständliche, unproblematische Musik für kleinere Vereine und leistete damit einen ganz wesentlichen Beitrag zur Verbreitung originaler Blasmusik. Am Eidgenössischen Musikfest in La Chaux-de-Fonds (1927) war sein *Albumblatt* Primavistastück. Am Eidgenössischen Musikfest in Bern (1931) war der feierliche und kraftvolle Marsch *Festgruss* Gesamtchor; dieser wie auch die Militärmärsche sind bis heute Bestandteil des Schweizer Blasmusikrepertoires.

1948 schrieb H. Steinbeck die Rhapsodie *Zingaresca*; sie ist sein bedeutendstes und anspruchsvollstes konzertantes Werk, geprägt von schwerblütigen Zigeunerweisen, abwechselnd mit virtuosem Laufwerk und überschäumenden, temperamentvollen Rhythmen. Es wurde sehr viel gespielt und erscheint noch heute auf den Konzertprogrammen.

Andere Konzertstücke sind beispielsweise die Ouvertüren *Der Dorfkönig* (1930); *Die Sonneninsel* (1954) und *Isola Bella* (1953) sowie der *Tscherkessenzug* (1930) und das Tongemälde *Herbstmorgen* (1926) (z. T. nach René Messmer).

FRANZ SPRINGER   * 22. 12. 1881 in Schwendi, Württemberg; † 23. 6. 1950 (1952?) in Stuttgart
F. Springer lebte und wirkte zeitweise in der Schweiz. Für das Eidgenössische Musikfest Bern (1931) schrieb er als Aufgabestück der 4. Klasse die *Frühlingsfantasie* und für das Eidgenössische Musikfest in Luzern (1935) ebenfalls für die 4. Klasse die *Kleine Konzert-Ouvertüre*. Beide Kompositionen wurden, wohl wegen ihrer eingängigen Melodik und sauber empfundenen Volkstümlichkeit, zu wahren Schlagern im Repertoire der Vereine unterer Leistungsklassen. Weitere beliebte Konzertstücke F. Springers sind *St. Hubertus*, Jagd-Ouvertüre; die *Ouverture fantastique* und die Ouvertüren *Medea* und *Rautendelein*.

FRANZ VON BLON   * 16. 7. 1861 in Berlin; † 21. 10. 1945 in Seilershof, Brandenburg

Von Blon war musikalischer Leiter des Philharmonischen Blasorchesters Berlin sowie der Berliner Tonkünstler und später der Warschauer Philharmonie. Er lebte zwar nie in der Schweiz, komponierte aber im Auftrage des Eidgenössischen Musikvereins für das Eidgenössische Musikfest Bern (1931) den Stundenchor der 1. Klasse, die *Dramatische Ouvertüre*, sowie die Primavistastücke *Humoreske, Impromptu* und *Notturno*. Für das Fest in Luzern (1935) komponierte er als Stundenchöre für die Höchstklasse und für die 1. Klasse die *Romantische Konzertouvertüre* und *Fantasie Caprice*.

Die Werke von Blons, vor allem die Ouvertüren und *Fantasie Caprice*, sind in ihrer melodischen Erfindung und in ihrer meisterhaften satztechnischen, oft auch polyphonen Anlage wegweisende Meilensteine in der Entwicklung der Blasmusikkomposition in Richtung symphonischer Blasmusik; sie wurden von leistungsfähigen Korps bis in die jüngste Zeit immer wieder gespielt.

ENRICO DASSETTO   * 15. 7. 1874 in Cueno/Piemont I; † 4. 9. 1971 in Lugano

Der Italiener E. Dassetto kam 1908 zur Übernahme der Leitung der Civica Filarmonica Lugano in die Schweiz und lebte und wirkte fortan im Tessin. Seine Dirigententätigkeit in Lugano dauerte bis 1936. Später dirigierte er auch die Stadtmusik Locarno. E. Dassetto komponierte sehr viel für Blasmusik, konzertante Musik, Unterhaltungsmusik und Märsche. Für das Eidgenössische Musikfest in Bern (1931) schrieb er das Aufgabestück der 3. Klasse, *Symphonisches Praeludium*, und vier Jahre später, für das Eidgenössische Musikfest in Luzern (1935), das Primavistastück der 3. Klasse, den Hymnus *Vaterland*. Vier weitere, viel gespielte Kompositionen E. Dassettos sind die *Feierliche Ouvertüre* (1954), die *Grosse Ouvertüre in Miniatur*, die *Ouvertüre in c-Moll* (1956) und *Symphonisches Praeludium* (1931).

ARTHUR NEY * 28. 11. 1887 in Potsdam; † 13. 12. 1963 in Villars-sur-Ollon
A. Ney kam wahrscheinlich 1914 in die Schweiz; 1920 wurde er Schweizer Staatsbürger. Er leitete viele Vereine. Ab 1935 bis zu seinem Tode widmete er sich ausschliesslich dem Komponieren. Ausserordentliche Erfolge erzielte er mit seinen in jeder Beziehung ausgezeichneten Märschen wie *Die Urschweiz grüsst; Rhythmus* (1934); *Tompeterruf* (1945) u.v.a. Erreichen seine Konzertstücke nicht ganz die überdurchschnittliche Qualität seiner Märsche, so wurden doch die drei gefälligen und melodiösen Ouvertüren *Excelsior, Souvenir de Pleyel* und *Zur Jubelfeier* sehr viel gespielt, ebenso das Schweizerlieder-Potpourri *Im Röseligarte*. Arthur Ney war ein Erfolgskomponist; er hat für seine Zeit und die vielen kleinen und mittleren Blasmusikvereine genau den Ton getroffen, ohne aber dabei je banal zu sein.

Es würde den Rahmen dieser Darlegungen sprengen, sämtliche in der Schweiz tätigen ausländischen Blasmusikkomponisten in der ersten Hälfte unseres Jahrhunderts darzustellen. Der Vollständigkeit halber seien aber in chronologischer Reihenfolge noch fünf Namen erwähnt:
Max Kämpfert (1871 in Berlin bis 1941 in Solothurn);
Pietro Berra (1879 bis 1976, tätig in Mendrisio);
Wilhelm Gustav Damm (1881 in Leipzig bis 1949 in Wetzikon);
Carl Arthur Richter (1883 in Leipzig bis 1957 in Lenzburg);
Umberto Montanaro (1904 in Mottola bei Taranto in Apulien bis 1967 in Lugano).

Erste Schweizer Blasmusikkomponisten der zwanziger bis in die fünfziger Jahre

Neben den vielen Ausländern, die in den ersten Jahrzehnten unseres Jahrhunderts in der Schweiz als Blasmusiker und Komponisten wirkten, gab es vorerst nur sehr wenige eigentliche Schweizer Blasmusikkomponisten, und diese waren vor allem als Marschkomponisten erfolgreich. Ihre Leistungen im konzertanten Bereich waren eher bescheiden (vereinzelte Ausnahmen bestätigen auch hier die Regel).

Vergegenwärtigen wir uns die Situation in den zwanziger/dreissiger Jahren: Leistungsfähige grosse Korps, damals vorwiegend unsere grossen Stadtmusiken, spielten Bearbeitungen und Transkriptionen der grossen symphonischen Werke vor allem aus der Romantik. Und sie waren stolz auf diese Tradition und keineswegs gewillt, davon abzuweichen (siehe oben). Ganz abgesehen davon, gab es zu jener Zeit nur sehr wenig zugängliche Originalliteratur für leistungsfähige Korps.

Ganz anders war die Situation bei den gewöhnlichen Dorfvereinen, und diese waren in grosser Überzahl. Ihr Repertoire richtete sich weitgehend nach den Bedürfnissen in der Dorfgemeinschaft, es umfasste in der Hauptsache Märsche, Tänze, Lieder, Charakterstücke, Paraphrasen, Intermezzi, Idyllen usw. Für den sog. klassischen Teil ihres Jahreskonzertes und für Wettspiele an Musiktagen und Musikfesten wählten auch sie Transkriptionen und Bearbeitungen und spielten ohne Bedenken Ouvertüren von grossen Meistern wie Mozart (z.B. *Der Schauspieldirektor; Titus*), von Rossini (z.B. *Die diebische Elster; Der Barbier von Sevilla*), von Suppé (z.B. *Dichter und Bauer; Leichte Kavallerie*), von Offenbach (z.B. *Orpheus in der Unterwelt*). Das konnte je länger, desto weniger befriedigen. Die Fachwelt kämpfte dagegen an und versuchte den weniger leistungsfähigen Musikgesellschaften an Wettbewerben und bei anderen Gelegenheiten nach und nach klarzumachen, dass sich beispielsweise kleine Blechmusiken nicht mit den grossen Meisterwerken abmühen sollten, weil das Resultat oft nicht verantwortbar war. Man gab ihnen den Rat, sich doch vermehrt der im Entstehen begriffenen Originalliteratur zuzuwenden.

Am Eidgenössischen Musikfest in St. Gallen spielten zwei Vereine als Selbstwahlstücke die Ouvertüre zu *Die Entführung aus dem Serail* von W.A. Mozart. Dem einen, einer Blechmusik, schrieb der Berichterstatter Prof. Dr. A.-E. Cherbuliez im Bericht u.a.: «Das Preisgericht kann nicht umhin, den Standpunkt zu vertreten, dass man mit der Transkription von Mozartschen Orchesterwerken äusserst vorsichtig sein müsste, da diese infolge ihres kristallklaren und ganz besonders auf den gesanglichen Charakter jeder Instrumentengruppe eingestellten Klanges notwendigerweise Wesentliches hierbei verlieren müssen. Das gilt ganz besonders für die Bearbeitung für Blechmusik und für äusserst flüssig dahineilende und im lyrischen Ausdruck besonders delikat gezeichnete

Stücke wie Lustspielouvertüren usw. Das Preisgericht muss daher höchste Bedenken äussern, wenn Stücke wie diese Ouvertüre in Blechmusikfassung vorgetragen werden, und es würde es am liebsten sehen, wenn die Musikkommission des Eidgenössischen Musikvereins solche Bearbeitungen grundsätzlich gar nicht mehr zulassen würde.»

Originalliteratur wurde nun von den oben genannten Komponisten ganz gezielt geschaffen. Die Produktion war (und ist) recht gross, und es darf niemals erwartet werden, dass da nun lauter hohe Qualität geliefert worden wäre. Ein Stück, eine Ouvertüre, die Erfolg haben sollte, musste gefällig sein, melodiös, harmonisch ohne grosse Überraschungen, rhythmisch einfach, kurz: für Liebhaber und Amateure ausführbar, den Zuhörern zumutbar ... In diesem Sinne entstanden die zahllosen Ouvertüren, Rhapsodien, Konzertstücke, Charakterstücke usw., die in ihrem musikalischen Gehalt meist romantisch nachempfunden sind. Es muss aber festgehalten werden, dass auch unter diesen Voraussetzungen gute und gehaltvolle Musik komponiert wurde.

Wer Kompositionen aus der damaligen Zeit mitleidig belächelt, der verkennt die Situation und vor allem die grossen Leistungen und Pioniertaten unserer Vorfahren, welche damit die Grundlagen geschaffen haben für eine Weiterentwicklung, auf die wir heute doch mit gewissem Stolz über das Erreichte zurückblicken können.

Erst in 100 Jahren wird sich erweisen, was Bestand hat und was durch das Sieb der Zeit gefallen ist.

Nach und nach befassten sich nun auch Schweizer mit der Blasmusikkomposition, und auch ihr Anliegen war es, für die vielen Dorfvereine ausführbare und verantwortbare Literatur zu schaffen. Experimente waren nicht gefragt, und Ungewohntes war schwer an den Mann bzw. an den Verein zu bringen.

Die folgenden Persönlichkeiten haben sich als Wegbereiter der Originalblasmusik in der Schweiz grosse Verdienste erworben:

EMIL RUH   * 28. 4. 1884 in Adliswil; † 25. 3. 1946 daselbst
E. Ruh wohnte zeitlebens in Adliswil. Er absolvierte eine Lehre als Schrift- und Musiknotensetzer. Die musikalische Ausbildung holte er

sich am Konservatorium Zürich. 1908 gründete er den bestens bekannten Musikverlag. Er dirigierte den Chor der Methodistenkirche Adliswil, den christlichen Sängerbund Schaffhausen, den Posaunenchor Adliswil und den Stadtposaunenchor Zürich. Er war bewährter Leiter von Dirigentenkursen des Verbandes Schweizerischer Posaunenchöre und des Christlichen Sängerbundes der Schweiz. Seine sehr zahlreichen Blasmusikkompositionen und Bearbeitungen schrieb er vorwiegend für die Posaunenchöre, choralartige, feierliche Gebrauchsmusik: *Der Traum des Pilgers*, die Paraphrasen *Abendgesang, Abendglocken*, die Idylle *Abenddämmerung* u.v.a. Seine einzige Ouvertüre *Hadlaub* wurde von den Vereinen der unteren Leistungsklassen seinerzeit sehr viel gespielt. Grosse Erfolge feierte der Militärspielführer und Trompeter-Wachtmeister Emil Ruh auch mit seinen Strassenmärschen. Sein *Schweizerischer Etappenmarsch* (1915) war während des Ersten Weltkrieges im Repertoire eines jeden Bataillonsspieles und beinahe jeder Musikgesellschaft.

FRITZ SCHORI   * 12. 11. 1887 in Mühleberg; † 18. 12. 1971 in Sumiswald

F. Schori wuchs in Biel auf und lernte Mechaniker. Musiktheoretische Kenntnisse eignete er sich als Autodidakt an. Er dirigierte verschiedene Musikgesellschaften, und 1934 gründete er seinen eigenen Blasmusikverlag in Biel. Auch er komponierte Gebrauchsmusik: Konzertstücke für einfachste Verhältnisse, so die Ouvertüren *Blumenfest; Cornelia; Maientag; Maloja; Ricana* und *Scènes Jurassiennes*. Seine 62 gutklingenden und leicht ausführbaren Märsche veröffentlichte er z.T. unter den Pseudonymen Achilles Duroc, Johann Friedrich, Max H. Forster, Julius Meister und Jean Marquis.

HANS HEUSSER   * 8. 8. 1892 in Zürich; † 27. 10. 1942 in St. Gallen

Nach einer umfassenden musikalischen Ausbildung am Konservatorium Zürich und in Paris leitete H. Heusser vorerst die Musikkorps von Balsthal und Grenchen und ab 1924 die Stadtmusik St. Gallen. Er komponierte lediglich ein grösseres Konzertstück, nämlich die vermutlich Ende der zwanziger Jahre entstandene *Russische Rhapsodie*, in welcher er mit grosser Meisterschaft die Gegensätze der russischen Seele in Musik umsetzte. Diese Rhapsodie wurde sehr viel gespielt und war am 28. Eidgenössischen Musikfest Winterthur im Jahre 1986 in einer Neuinstrumentation von Peter Danzeisen gern gespieltes Aufgabestück der 3. Klasse.

H. Heusser hat sich auch der Volksmusik angenommen, davon zeugt sein Hymnus *Lingua materna* und sein Schweizerlieder-Potpourri *Heimatsang*. Ausserordentlich bekannt und populär aber war Hans Heusser als Marschkomponist. Er schuf zahlreiche Märsche, die in ihrer zündenden melodischen Erfindung und der für die damalige Zeit ungewohnt farbigen Harmonik weit über ihre Zeit hinausweisen. H. Heusser war einer der ersten, die das Schlagzeug sehr differenziert und auch effektvoll solistisch einsetzten. Einige seiner bekanntesten, nach wie vor viel gespielten Märsche seien hier herausgegriffen: *Feurig Blut; Flamme empor* (1934); *Locarno; St. Gallermarsch; Schneidige Wehr; Triumph* usw.

GIAN BATTISTA MANTEGAZZI * 23. 10. 1889 in Riva San Vitale; † 5. 2. 1958 in Zürich

Seine musikalische Ausbildung erhielt der Sohn bäuerlicher Eltern, nachdem er zuerst eine Lehre als Maler absolviert hatte, in Genf und in Bologna. Nach seinem Studienabschluss im Jahre 1919 wirkte er vorerst an der Musikschule *Guiseppe Verdi* in Genua-Nervi. 1922 kam er in die Schweiz zurück und dirigierte von 1927–1957 die Stadtmusik Schaffhausen und von 1928–1957 die Stadtmusik Zürich. Als Dirigent spielte er mit seinen Stadtmusiken vorwiegend Transkriptionen der grossen italienischen Meister und erntete damit grosse Erfolge. Als Blasmusikkomponist schrieb er für die unteren Leistungsklassen die melodiösen Ouvertüren *Am jungen Rhein, Pace e Lavoro, Thetis* und das Potpourri *Im sonnigen Tessin*. Bekannt war auch sein *Poema delle Alpi*. Für die Tessiner Tage an der Schweizerischen Landesausstellung 1939 komponierte er das Liederfestspiel *Sacra Terra del Ticino*. Viele der darin enthaltenen Melodien sind viel gespielt und gesungen worden und wurden zu eigentlichen Volksliedern des Tessins. Neben 11 konzertanten Kompositionen für Blasmusik schrieb Mantegazzi aber auch für Orchester, Mandolinenorchester, Chor, Klavier usw.

Von echt südländischer Prägung sind seine 47 Märsche, zündend in der melodischen Erfindung mit ausgeprägtem Sinn für rhythmische Finessen (nach Dr. W. Biber). Seine Märsche sind es vorwiegend auch, die den Namen Mantegazzi heute noch weiter tragen: *Bellinzona* (1929), *Die Wacht am Simplon, Gandria* (1939), *Munot, Ticino, Turicensis* (1957) usw. Und diese Märsche waren keineswegs *leicht spielbar* wie seine Ouvertüren, sondern sie sind in ihrer ganzen Anlage und Instrumentation nur befriedigend ausführbar mit einem nach südländischem Muster ausgebauten Harmoniemusikkorps bzw. Blasorchester.

Am 13. Eidgenössischen Musikfest in Zürich im Jahre 1957 wirkte Gian Battista Mantegazzi als Kampfrichter in der Höchst- und 1. Klasse. Was er damals im allgemeinen Bericht über die Vorträge dieser Klasse, ein halbes Jahr vor seinem Tod, niedergeschrieben hat, kann als sein Vermächtnis betrachtet werden, es ist aber darüber hinaus ein Zeitdokument, das uns Einblick gewährt in den Widerstreit der Meinungen in der Mitte unseres Jahrhunderts: «An der Schwelle des Lebensabends ist es mein Herzensbedürfnis, die kommende Generation der Dirigenten zu bitten, die Tradition der altbewährten beschwingten, melodiösen Musik zu wahren und der modernen, melodiearmen Komposition den Weg zu verschliessen. Die wirklichen und wahren Freunde der Blasmusik wissen ihnen Dank dafür.

Ich hatte während meiner langen Tätigkeit immer wieder Gelegenheit, feststellen zu können, dass der weit überwiegende Teil unseres Volkes der melodiösen Musik zugeneigt ist. Aus dieser Überzeugung heraus ist es mir innerstes Bedürfnis, meine Kollegen zu warnen, die neue Linie einzuschlagen. Das Schweizervolk findet in dieser sogenannt neuen, modernen Musik keine Wärme, und es wäre falsch, ihm diese nüchterne Musikart aufzuzwingen.»

OTTO ZURMÜHLE   * 2. 7. 1894 in Luzern; † 19. 12. 1974 daselbst
O. Zurmühle war zwar nicht Komponist, und trotzdem hat er die Entwicklung der Blasmusik in der Schweiz ganz allgemein, speziell aber auch im Bereich der Literatur ganz wesentlich beeinflusst. Hauptberuflich war er als Primarlehrer in Luzern tätig, daneben gründete und betreute er die Blasmusikabteilung am Konservatorium dieser Stadt und leitete von 1946–1962 die Stadtmusiken Luzern und Sursee.

Zusammen mit Stephan Jaeggi, Johann Heinrich Müller

(1879–1959) und Gian Battista Mantegazzi war O. Zurmühle einer der bedeutendsten Arrangeure und Bearbeiter in der Schweiz. Er instrumentierte zahlreiche z.T. bisher unbekannte Werke vor allem auch für die unteren Leistungsstufen. Eine Spezialität von O. Zurmühle war das Einrichten amerikanischer Ausgaben für unsere Verhältnisse und unsere Besetzungen.

PHILIPPE-JULES GODARD   * 15. 12. 1899 in Liège; † Oktober 1978 in Prilly

Der gebürtige Belgier absolvierte einen grossen Teil seiner musikalischen Studien in der Schweiz, die ihm schliesslich zur zweiten Heimat wurde. Ab 1938 dirigierte er verschiedene Blasmusikgesellschaften im Welschland und kam damit mit der Blasmusik in nähere Berührung. Von 1943–1969 wirkte er am Konservatorium Freiburg als Lehrer für Blechblasinstrumente, Musiktheorie, Komposition und Dirigieren. Er hat viele Kompositionen für Blasmusik geschrieben. Die bekannteste ist wahrscheinlich die Ouvertüre *Le retour au beau Vallon*, aber auch *Mamaia*, *Hébé, die Göttin der Jugend* (Aufgabestück der 3. Klasse am Eidgenössischen Musikfest Zürich 1957), und *Präludium* (Aufgabestück der 4. Klasse am Eidgenössischen Musikfest Aarau 1966) wurden viel gespielt. Ausser *Mouvement symphonique* hat Godard alle seine Kompositionen für bescheidene Verhältnisse geschrieben. Er komponierte auch einige Märsche, beispielsweise für das Eidgenössische Musikfest Freiburg im Jahre 1953 den offiziellen Festmarsch *Fribourg 1953*.

ERNST LÜTHOLD   * 24. 5. 1904 in Baar; † 27. 8. 1966 in Zürich

E. Lüthold ist einer der grossen Schweizer Marschkomponisten. Er wuchs in Kilchberg auf und leitete dort während 40 Jahren die Musikgesellschaft Harmonie. Er dirigierte auch zahlreiche andere Blasmusikvereine und Chöre. Von 1936–1954 leitete er die durch seine Initiative entstandene Blasmusikabteilung an der Musikakademie Zürich. Nach dem Zweiten Weltkrieg gründete er den Elwe-Blasmusikverlag. Neben zwei getragenen Stücken, *Andante festival* und *Hymne*, komponierte er 23 Märsche, welche hinsichtlich der Harmonik eine ganz besondere Prägung aufweisen. Durch die Chromatisierung der Melodien erzielte E. Lüthold überraschende und im bisherigen Marschrepertoire nicht gekannte Effekte (nach Dr. W. Biber). Bekannt sind die folgenden Märsche von ihm: *Aufwärts* (1927), *Festmarsch 100 Jahre EMV* (1962), *Musketier-Marsch* (1955), *Schwyzer Soldaten* (1961) und *Wehrbereit* (1940).

REMO BOGGIO   * 6. 5. 1910 in Bätterkinden; † 7. 8 1985 daselbst
Nach gründlichen und umfassenden musikalischen Studien in Bern und Basel war R. Boggio ab 1927 als Dirigent verschiedener Musikkorps tätig. In Bätterkinden gründete er einen eigenen Musikverlag. Er komponierte für Blasmusik die *Konzert-Ouvertüre* und *Ouvertüre zu einem Gedenktag* sowie eine *Suite für Blasorchester*, alle für die 3. Klasse (mittelschwere Kompositionen). In ihrer musikalischen Aussage führen diese konzertanten Werke von R. Boggio die klassisch-romantische Tradition der Blasmusik weiter. Zu seinen Werken gehören auch drei Walzer (z. B. *Siesta an der Adria*), diverse Unterhaltungsstücke und vor allem 20 Märsche, die an die grosse Tradition der Schweizer Marschkomposition anknüpfen. Da wären vor allem zu erwähnen *Burgdorf* (1974); *Dem 16. Regiment* (1940), *Gruss dem Seeland* (1950), *Schneidige Trompeter* (1940), *Zur Heldenfeier* (1947) usw.

Ein Höhepunkt: STEPHAN JAEGGI
* 25. 8. 1903 in Fulenbach; † 9. 7. 1957 in Bern

Mit Stephan Jaeggi ist in den zwanziger Jahren unseres Jahrhunderts am Schweizer Blasmusikhimmel ein Stern aufgegangen, dessen Ausstrahlung die gesamte Entwicklung der Blasmusik in der Schweiz beeinflusst, geprägt und bestimmt hat. Ihm haben wir es zu verdanken, dass sich die schweizerische Blasmusik allmählich aus der ursprünglich sehr umfassenden Abhängigkeit vom Ausland löste und sich ein eigenständig schweizerisches Gesicht zu geben wusste.

Weil Stephan Jaeggi von der Pike auf gedient hat, als Klarinettist in der Musikgesellschaft seines Geburtsortes Fulenbach, als Dirigent von Musikvereinen und Chören im Dorf (Hägendorf, Wolfwil u.a.), und weil er die Verbindung zur Basis nie verloren hat (beispielsweise als Leiter der Kadettenmusik Burgdorf und als Blasinstrumentenlehrer an den Schulen dieser Stadt), kannte er unsere schweizerische Mentalität von Grund auf und wusste sehr wohl, dass keine revolutionären Neuerungen nötig oder gar erwünscht waren. Es war Stephan Jaeggi ein inneres Anliegen, auf dem bisher Erreichten aufzubauen, aus voller Überzeugung mit ganzer Kraft und unerbittlichem Durchhaltewillen Neues anzupacken, Entwicklungen einzuleiten, von denen er überzeugt war, dass sie der künstlerischen Qualität der Blasmusik und damit ihrem Ansehen nur förderlich sein konnten.

Dank seiner Abstammung aus einfachen bäuerlichen Verhältnissen kannte er den Stellenwert und die Verwurzelung der Blasmusik in unserem Volk, und gerade aus diesem Umfeld heraus hat er eine instinktive Fähigkeit entwickelt, nie zu provozieren, nie als *Neuerer* aufzutreten, sondern mit seinen Leistungen als Musikerzieher, als Dirigent, als Interpret und als Komponist zu überzeugen und neue Wege aufzuzeigen, die sehr bald Anerkennung fanden und das Fundament legten für die Entwicklung einer eigenständigen Schweizer Blasmusik. Damit stellte er sich «an die vorderste Front bei der Überwindung der herkömmlichen und unter dem starken Einfluss von Deutschland stehenden unterhaltenden Musikdarbietung» (Dr. Walter Biber).

«Stephan Jaeggi war ein Mensch mit aussergewöhnlichen Fähigkeiten. Klarinettist in der Musikgesellschaft Fulenbach seines Geburtsortes Fulenbach und Mechanikerlehrling bei seinem Onkel, überraschte er 1920 die Öffentlichkeit mit einem im Druck erschienenen Festmarsch; 1921 folgten der Marsch *Treu Vaterland* und die dramatische Fantasie *Titanic*. Und das alles bevor es die Umstände erlaubten, das ordentliche Musikstudium zu ergreifen. Nach dem Abschluss seiner Studien 1926 am Konservatorium Basel wandte sich Jaeggi mit einer ungewöhnlichen Intensität der symphonisch konzipierten Musik zu. Man steht vor einem Rätsel, wenn man weiss, dass in etwas mehr als einem Jahr drei Meisterwerke der originalen Blasorchesterliteratur entstanden sind, nämlich *Karnevals Rückzug* (1929); *Menschen von heute* (1930) und *Die geheimnisvolle Maske* (1931).» (Dr. Walter Biber)

1927–1947 dirigierte Stephan Jaeggi die Stadtmusik Solothurn, und 1933 wurde er als erster Schweizer musikalischer Leiter der Stadtmusik Bern. 1947 übernahm er die Leitung der Stadtmusik Burgdorf, wo er auch die Kadettenmusik dirigierte und an den Schulen Instrumentalunterricht erteilte. Von 1938–1947 war Stephan Jaeggi Präsident der Musikkommission des Eidgenössischen Musikvereins, und von 1951–1957 stand er der Musikkommission des Bernischen Kantonalmusikverbandes als Präsident vor.

Mit ungeheurer Schaffenskraft und beinahe unvorstellbarem Einsatz hat sich Stephan Jaeggi neben diesem vollgerüttelten Arbeitspensum mit direkt fanatischem Eifer der Komposition gewidmet. «Stephan Jaeggi beherrschte die Kunst des Komponierens dank seiner natürlichen Begabung mit einer instinktiven Sicherheit und Vollkommenheit; seine Werke zeichnen sich durch originelle, vom Wesen der Blasinstrumente inspirierte Erfindung, ihre aparte Harmonik und ihre klangvolle Instrumentation aus.» (Dr. Walter Biber) Und Komponieren war ihm offensichtlich ein inneres Bedürfnis, war Teil seiner selbst. Wie sonst wäre es möglich, dass er im Laufe von nur gut $3\frac{1}{2}$ Jahrzehnten 148 Kompositionen schuf, die sich alle durch eine vor ihm nie erreichte künstlerische Reife und Eigenständigkeit auszeichnen und die wesentlich dazu beigetragen haben, der Originalblasmusik in der Schweiz bei Ausübenden wie Zuhörern zum Durchbruch zu verhelfen.

Am Eidgenössischen Musikfest St. Gallen im Jahre 1948 wurden folgende Werke von Stephan Jaeggi als Selbstwahlstücke aufgeführt: *Konzertouvertüre* (10 Aufführungen), *Romantische Ouvertüre in B-Dur* (3 Aufführungen); *Im Frühjahr*, symphonische Skizze (2 Aufführungen); *Engiadina, Impromptu* Op. 39; *Serenade in As-Dur* (je 1 Aufführung); Stephan Jaeggi war damit der meistgewählte und -gespielte Komponist in St. Gallen! Kommt dazu, dass sein *Hymnus* Gesamtchorstück war.

Vom Eidgenössischen Musikfest Freiburg im Jahre 1953 bis zu jenem in Aarau im Jahre 1966 war immer eine Komposition von Stephan Jaeggi Aufgabestück, und allesamt sind sie nachher viel gespielt worden. Freiburg, 1953: *Intrada festiva*, 2. Klasse; Zürich, 1957: *Festliche Ouvertüre*, 1. Klasse; Aarau, 1966: *Söldnertanz*, 3. Klasse.

Sehr zahlreich waren die Aufträge von Kantonalverbänden. Stephan Jaeggi komponierte aber viele Werke ohne äusseren Anlass. In der Wettstückliste des Eidgenössischen Musikverbandes finden sich 1989 19 konzertante Kompositionen für alle Leistungsklassen. Ausser den bereits genannten sind es die folgenden: *Bergruf*, Vorspiel (3. Kl.); *Canzonetta* (4. Kl.); *Die Fahnenburg* (3. Kl.); *Jubel-Ouvertüre* (2. Kl.); *Kleine Ouver-*

türe im klassischen Stil (2. Kl.); *Ode an die Musik* (4. Kl.); *Ouvertüre in Es-Dur im klassisch-romantischen Stil* (1. Kl.); *Ouvertüre in F 1956* (Höchstklasse); *Preludio Ticino* (3. Kl.).

St. Jaeggi hat nicht nur konzertante Blasmusik komponiert; Ausserordentliches leistete er auch als Marschkomponist.

«Unter seinen 50 – oft im Auftrag komponierten – Märschen befinden sich wahre Meisterwerke der musikalischen Kleinkunst. Es sei nur an die Titel *Inf Rgt 13 (1941); Gruss an das Worblental* (1952) und an den *General-Guisan-Marsch* erinnert, der Ende 1939 durch das unter Jaeggi stehende Musikkorps des 11. Regiments in Anwesenheit des Generals uraufgeführt wurde.» (Dr. Walter Biber)

Mit nichts anderem kann die Emanzipation der Blasmusik bei St. Jaeggi besser dokumentiert werden als durch die Tatsache, dass er Festspielmusiken mit reiner Blasorchesterbesetzung schrieb.

«Die letzte und höchste Krönung seiner künstlerischen Tätigkeit bildeten die abendfüllenden Tonschöpfungen zu den Texten von vier Eidgenössischen Festspielen. Bei den Aufführungen in Bern wirkte die Stadtmusik als Festspielorchester unter der Leitung von Jaeggi mit. Es sind dies: *Bärgsuntig im Bärnerland* (1947), *Vier Sprachen ein Land* (1948), *Der Herdenreihen Melodie* (1949) und *Hie Bärn! Hie Eidgenossenschaft* (1953).» (Dr. Walter Biber)

Neben seinen 148 ausserordentlich werthaltigen und richtungweisenden Kompositionen für Blasmusik hinterliess Stephan Jaeggi 176 ausgezeichnete Transkriptionen; viele davon hat er für die Aufführung mit der von ihm geleiteten Stadtmusik Bern geschrieben. Darunter finden sich über 50 grosse Orchesterwerke, beinahe alle stammen aus der Romantik. Seine letzte Transkription, den 3. Satz aus *La Mer* von Claude Debussy, wollte er mit der Stadtmusik Bern am Eidgenössischen Musikfest Zürich im Jahre 1957 aufführen. Leider kam es nicht mehr dazu; Stephan Jaeggi wurde am 9. Juli 1957 allzufrüh von dieser Welt abberufen.

(Die Zitate im Abschnitt über Stephan Jaeggi stammen aus dem Begleittext zur Schallplatte «Unsere Märsche» Vol. 1 von Dr. Walter Biber, Verlag Tonstudio Amos, Zullwil.)

Die Entwicklungen um die Mitte unseres Jahrhunderts und in den folgenden Jahrzehnten

Von der Transkription zur originalen und zur sinfonischen Blasmusik

Um die Mitte unseres Jahrhunderts ist bezüglich konzertanter Blasmusikliteratur, wie schon erwähnt, ein deutliches Umdenken festzustellen. Der Ruf, die Blasmusik sollte sich mit arteigener Musik manifestieren, wurde immer stärker. Es entspann sich ein heftiger Widerstreit der Meinungen für und gegen die Transkription, für und gegen die Originalblasmusik. Dass sich die Gemüter an dieser Streitfrage während eines Jahrzehntes sehr erhitzt hatten, bewirkte immerhin eine absolut nötige Sensibilisierung in bezug auf die Zulässigkeit einer Transkription, und es bewirkte weiter, dass die Zeit reif wurde für die Originalblasmusik. Literatur war nun tatsächlich auch vorhanden. Die beinahe explosionsartige Verbreitung von Radio und Schallplatte und die Popularisierung des für jedermann erschwinglichen Tonbandgerätes veränderte die Hörgewohnheiten und den Musikkonsum in unserer Gesellschaft ganz grundlegend. Nun war jede Musik zu jeder Zeit und überall verfügbar geworden. Die Blasmusik konnte sich angesichts dieser Entwicklung nicht mehr auf ihre bisherige pädagogische Funktion berufen, sie verbreite die Werke der grossen Meister, denn von den Meisterwerken der Kunstmusik standen schon bald jedermann gute Aufnahmen in der Originalversion zur Verfügung.

Die Blasmusik musste sich bei der Aufführung von Transkriptionen klassisch-romantischer Orchestermusik fortan einem Vergleich stellen, der nie zu ihren Gunsten ausfallen konnte. Sie hatte die Rolle als *Sinfonieorchester des kleinen Mannes* weitgehend ausgespielt. Wollte sie nicht in eine zunehmende musikalische Bedeutungslosigkeit absinken, dann musste sie jetzt umdenken, eine neue oder zumindest modifizierte Identität suchen, ihr Selbstverständnis gründlich neu überdenken.

Die zentrale Frage war, kurz gesagt, eigentlich die, ob Blasmusik nur eine rein funktionale Musikausübung im Dienste der Öffentlichkeit sei, volksnah, dem Geschmack der breiten Masse verpflichtet, oder ob sie nicht doch auch eine künstlerische Eigenständigkeit anstreben müsste.

Blasmusik als ein spezieller Teil der Gesamtmusik, vollwertig neben jeder anderen Musizierform, dieses Ziel war nur zu erreichen mit rein konzertanter, sinfonischer Blasmusik. «Bei der konzertmässigen Blasmusikausübung geht es darum, die künstlerische Eigenständigkeit einer Musiziergattung unter Beweis zu stellen. Blasmusik wird um der Blasmusik willen dargeboten. Perfekte Ausführung ist oberstes Gebot. Wo dieses nur halbwegs oder gar nicht in Erfüllung geht, unterwirft man sich dem Kult des Mittelmässigen, der heute in Anbetracht der verfügbaren technischen Musikvermittlung unzulässig ist.» (Walter Biber in «Alta Musica» Band I, 1976.)

Neben diesen hohen Ansprüchen aber hat die Blasmusik nach wie vor ihren Dienst an der Gemeinschaft zu erfüllen, vielfältigsten Aufgaben gerecht zu werden. Davon kann und darf sie sich nicht lösen. Wie sind all die an sie gestellten Ansprüche zu befriedigen? Das Suchen eines gangbaren und verantwortbaren Kompromisses war das Gebot der Stunde. Eine Neubesinnung, ein Umdenken in bezug auf die Rolle der Blasmusik in unserer Gesellschaft, war in den fünfziger Jahren unseres Jahrhunderts unumgänglich nötig, und dieser Prozess ist eigentlich bis heute nicht abgeschlossen.

Dass dieses Umdenken nicht ohne heftige Auseinandersetzungen auf allen Ebenen abgehen konnte, scheint uns heute klar. In der Zeit der fünfziger Jahre aber prallten die Meinungen oft sehr hart aufeinander, auf beiden Seiten (Traditionalisten und Neuerer) wurden extreme Standpunkte vertreten, aber rückblickend darf man feststellen, dass gerade durch extreme Meinungen etwas in Bewegung gebracht wurde, was unbedingt nötig war, um das Ansehen der Blasmusik in der weiteren Entwicklung zu festigen und zu stärken.

Das Studienpreisspiel in St. Gallen 1948

Es blieb selbstverständlich nicht aus, dass gerade in dieser Zeit die Bemühungen um die Schaffung von originaler Blasmusik verstärkt wurden. Als Auftakt in dieser Richtung darf das am Eidgenössischen Musikfest in St. Gallen im Jahre 1948 durchgeführte «Studienpreisspiel» gewertet werden. Jeder der in St. Gallen teilnehmenden Vereine konnte sich (freiwillig) an diesem Studienpreisspiel beteiligen, wo neue Originalkompositionen, aber auch Transkriptionen und Bearbeitungen aus der Taufe gehoben wurden. 19 Originalkompositionen und 16 Transkriptionen kamen zur Aufführung. Von den Originalkompositionen hat eigentlich nur die *Ouverture pastorale* des damals 30jährigen Paul Huber die Zeit überdauert und einen wahren Siegeszug angetreten, der sich bis in unsere Tage hinein fortsetzt.

Wenn auch der Erfolg des Studienpreisspieles in St. Gallen nicht durchschlagend und keineswegs überwältigend war, so darf es doch als interessanter Versuch der Literaturbeschaffung durch die damalige Musikkommission des Eidgenössischen Musikvereins unter dem Präsidium von Hans Ritzmann, Luzern, gewertet werden. Der Zürcher Konservatoriumsdirektor Rudolf Wittelsbach, der in St. Gallen in der Jury war, hat sich im allgemeinen Bericht zu den Konzertvorträgen der Höchst- und Erstklassvereine wie folgt geäussert: «Die Bestrebungen nach einer Erweiterung des Blasmusikrepertoires, wie sie bei den Studienpreisspielen zum Ausdruck kamen, sind (...) besonders bedeutungsvoll»; er hat also der Idee des Studienpreisspieles ausdrücklich seine Anerkennung ausgesprochen.

Die Festlichen Musiktage Uster

Im Jahre 1956 fand in Uster eine erste «Arbeitstagung» statt, an welcher interessierte Fachleute über eine sinnvolle Weiterentwicklung der Blasmusik diskutierten. Initiant dieser Tagung war ALBERT HÄBERLING (* 5. 9. 1919), ein engagierter Verfechter der Originalblasmusik, von 1954–1986 Dirigent der Stadtmusik Uster, Gründer der Musikschule Uster und von 1958–1984 Programmgestalter bei Radio DRS, Studio Zürich. 1958 gründete er das Radioblasorchester Zürich, «um mit den besten Voraussetzungen der originalen Blasmusikliteratur zu dienen» (Albert Häberling).

Die von A. Häberling initiierte Arbeitstagung, vorerst ein Forum zur Standortbestimmung der neuzeitlichen konzertanten Blasmusik, fand bald weltweit grosses Echo und wurde alle zwei Jahre durchgeführt. Ab 1960 nannte man die Veranstaltung «Festliche Musiktage Uster». Ab 1960/62 wurden Kompositionsaufträge für Blasorchester vergeben. Schon 1962 wurden auch Chöre einbezogen, um das Laienmusizieren auch vokal-instrumental zu bereichern. Bisher gab es in

Uster gegen 120 Uraufführungen von Blasorchesterkompositionen aus der ganzen westlichen Welt, aus allen europäischen Staaten, aus Amerika und Japan. Von 1968 an wurden die Festlichen Musiktage regelmässig alle drei Jahre durchgeführt, das letztemal 1989.

Folgende Schweizer Blasorchesterwerke wurden im Auftrage von Uster komponiert und auch dort uraufgeführt (alphabetisch nach Komponisten):

Jean Balissat, *Incantation et sacrifice*, essai pour une harmonie bicéphale (1981 Joy)

Albert Benz, *Transformationen* über ein Thema von G. Bizet (1977, Molenaar) und *Symphonischer Samba* (1985 Rhythmus)

Robert Blum, *Sinfonie in d-Moll für Blasorchester und Männerchor* (1961)

Jean Daetwyler, *St. Jakob an der Birs*, Ouvertüre (1966); *Concerto pour quatuor de Saxophones et Percussion avec accompagnement d'Harmonie* (1971)

Paul Huber, *Schöpfung* für Chor und Blasorchester (1981)

Boris Mersson, *Konzert für Alt-Saxophon und Blasorchester* (1966); *Konzert für Klavier und Blasorchester* (1968)

Bernard Schulé, *Gaillarde symphonique* op. 102 (1977)

Die Frage, was *Uster* der schweizerischen Blasmusik gebracht habe, wird immer wieder gestellt. Die Antwort kann nur differenziert erfolgen. Bezüglich des Umdenkens, des Suchens einer neuen Identität und einer neuen Dimension der Blasmusik hat Uster entscheidende Impulse gegeben. Bezüglich der Literatur gibt Albert Häberling im Programmblatt 1974 die Antwort selber: «Es ist Aufgabe des Forums für zeitgenössische Blasmusik, für die vielen Liebhabermusikanten neue Literatur zu beschaffen, die womöglich der heutigen Zeit entspricht. Das bedeutet für den Komponisten, die doch eng gezogenen Voraussetzungen für Liebhaberorchester nicht zu überspannen, aber trotzdem das musikalisch Zumutbare anzuwenden. Die Schwierigkeitsgrade einer Komposition, die beim vereinsmässigen Musizieren immer noch eine bedeutende Rolle spielen, können bei den Festlichen Musiktagen nicht berücksichtigt werden. Hier soll das Werk mit seinem Inhalt im Vordergrund stehen. Freilich wird es das eine oder andere Werk schwer haben ‹anzukommen›, doch nicht alles, was auf Anhieb gefällt, ist gut.

Ob Werke des 9. Forums überleben werden, ist für den heutigen Tag wenig entscheidend.»

Der Musikpreis Grenchen

Das Blasmusikfestival Grenchen geht auf die Initiative von Dr. Walter Ochsenbein zurück, der mit zwei Mitunterzeichnern dem Gemeinderat beantragte, einen «Grossen Musikpreis von Grenchen» zu schaffen, quasi als Ergänzung zu den bisherigen kulturellen Einrichtungen. In der Folge stiftete Adolf Schild-Behnisch als grosser Liebhaber und Förderer der Blasmusik einen Silberpokal, den das am besten eingestufte Musikkorps erhalten sollte. Der Gemeinderat stimmte dem Vorhaben zu und bestellte ein Kuratorium zur Betreuung und Verwaltung dieses einzigartigen Unternehmens. Von der Stadt, vom Staat und von der Industrie in Grenchen sind namhafte finanzielle Mittel bereitgestellt worden zur Schaffung neuer Originalkompositionen, vorerst für Metallharmoniekorps, später dann für Blasorchester der Höchst- und der 1. Klasse. Am 7. Dezember 1958 wurden im Parktheater Grenchen sieben neue Auftragskompositionen uraufgeführt. Seither sind weitere fünf solcher Blasmusikfestivals durchgeführt worden, nämlich in den Jahren 1963, 1969, 1975, 1979 und 1990. Dabei sind insgesamt 35 Kompositionen für Metallharmoniekorps und Blasorchester der Höchst- und 1. Klasse uraufgeführt worden. Erstaunlich viele dieser Kompositionen sind ins Repertoire unserer leistungsfähigen Vereine eingegangen und nicht mehr daraus wegzudenken; es seien nur die folgenden genannt (alphabetisch nach Komponisten):

Albert Benz, *Sinfonischer Satz* (1963 Haag)
Jean Daetwyler, *Capriccio Barbaro* (1963 Molenaar); *Ouvertüre Suworow* (1975); *Tanz ohne Tänzerin* (1969)
Enrico Dassetto, *Ouvertüre in c-Moll* (1958 Haag)
Emil Ermatinger, *Initium und Fuge* (1963 Elwe)
Paul Huber, *Postludium* (1969 Ruh)
Stephan Jaeggi, *Ouvertüre in F 1956* (1956 Haag)
Franz Königshofer, *Das Orakel von Delphi* (1968 Haag); *Des Meeres und der Liebe Wellen* (1969); *Heroische Rhapsodie* (1963 Milgra); *Theseus* (1969 Helbling)

Der «6. Musikpreis Grenchen» wurde am 11. März 1990 durchgeführt. Die Kompositionsaufträge wurden diesmal vorwiegend an Ausländer vergeben. Als einziger Schweizer war EDY KURMANN mit einer *Fantasie für Blasorchester* vertreten.

Es würde den Rahmen dieser Darlegungen sprengen, wollte man sämtliche Aktivitäten erwähnen oder gar darstellen, die darauf ausgerichtet sind und waren, das kompositorische Schaffen für Blasmusik anzuregen. Es sei lediglich erwähnt, dass sowohl Radio DRS wie auch das Fernsehen DRS Kompositionsaufträge für Blasmusikwerke vergeben haben und dass neben dem Eidgenössischen Musikverband sich auch viele Kantonalverbände ihre Aufgabestücke durch die Vergabe von Kompositionsaufträgen beschaffen. Und diese Aufgabestücke gehen zu einem grösseren Teil, als man dies oft wahrhaben möchte, ins Repertoire unserer Vereine ein. Im Jubiläumsbuch des EMV (Luzern 1987) findet sich hierüber ab Seite 157 und Seite 175 eine Zusammenstellung.

Blasmusikkomponisten nach dem Zweiten Weltkrieg

Die Schweizer Blasmusik kann sich glücklich schätzen, dass gerade zu der Zeit der Auseinandersetzungen um die Weiterentwicklung dieser Musizierform (siehe oben) eine Reihe hochqualifizierter Blasmusikkomponisten mit ihren Kompositionen mehr und mehr ins Rampenlicht traten. Mit der Bezeichnung ‹Blasmusikkomponisten› verbindet sich dabei nichts Abschätziges, ganz im Gegenteil: Es sind damit jene Komponisten gemeint, die sich der Amateurblasmusik zuwenden, weil sie sich bewusst sind, welch wichtige Funktion und grosse Bedeutung diese Musizierform gerade heute hat. Musizieren im Verband fordert und fördert Gemeinschaft unter den Menschen. Dieser Aspekt ist vor allem heute, in einer Zeit der zunehmenden Anonymität und Vermassung, besonders wichtig. Wer sich mit Musik befasst, der leistet einen Beitrag an die Erhaltung und Verbesserung der Lebensqualität im weitesten Sinne. Auch unter diesem Aspekt ist die grosse Bedeutung unserer Blasmusikkomponisten zu sehen und zu würdigen. So gesehen, komponieren Blasmusikkomponisten nie ausschliesslich konzertante oder ernste Musik als Selbstzweck, sondern sie schaffen laiengerechtes Musiziergut, Gebrauchsmusik im besten Sinne des Wortes für alle Sparten und in allen Schwierigkeitsgraden. Diese Fähigkeit, sich dem Laien, dem Amateuermusiker, anzupassen, ohne an musikalischer Substanz zu verlieren, ist eine hohe Kunst.

Kommt noch dazu, dass unsere Schweizer Blasmusiken in einer beinahe unüberblickbaren Vielfalt von Besetzungen auftreten, so wie sich eben die instrumentalen Möglichkeiten im Dorf, in der Stadt ergeben, und auch darauf soll der Blasmusikkomponist Rücksicht nehmen. Allerdings etablieren sich seit gut 25 Jahren unter dem englischen Einfluss zunehmend die normierten Besetzungen der Brass Bands, und die Harmoniemusikkorps streben den Ausbau in Richtung des amerikanischen Blasorchesters an. All diese Bemühungen werden aber in den nächsten Jahrzehnten schwerlich dazu führen, dass die typisch schweizerische Besetzungsvielfalt im Bereich der Dorf- und Stadtmusiken der Vergangenheit angehört.

Nachfolgend nun in chronologischer Reihenfolge die bedeutendsten Blasmusikkomponisten, welche das Schweizer Blasmusikwesen nach dem Zweiten Weltkrieg z. T. bis in die achtziger Jahre hinein mit ihren Werken bereichert haben.

ROBERT BLUM   * 27. 11. 1900 in Zürich; lebt in Bellikon
Seine musikalische Ausbildung erhielt Robert Blum in Zürich und an der Preussischen Akademie der Künste in Berlin. Ab 1925 leitete er während 50 Jahren die Orchestergesellschaft Baden und von 1950–1955 auch die Orchestergemeinschaft Zürich. Bei dieser Tätigkeit und auch als Leiter verschiedener Gesangvereine kam er in engen Kontakt mit dem Amateurmusizieren. 1943 folgte er einem Ruf als Professor für Dirigieren, Kontrapunkt und Komposition an die Musikakademie Zürich.

Robert Blum komponierte 5 Symphonien, 3 Partiten, Konzerte, Kammermusik und Chorwerke. Grossen Erfolg hatte er mit seinen zahlreichen Filmmusiken zu bekannten Schweizer Filmen. (*Die missbrauchten Liebesbriefe, Füsilier Wipf, Die letzte Chance* u. a.)

Seine Kompositionen zeichnen sich aus durch klare Formgestaltung und kunstvoll durchgearbeitete Polyphonie, in der sich Elemente der Barockmusik mit herber Volksliedthematik verbinden. Er versteht es auch sehr gut, laiengerechte Blasmusik zu schreiben, die in ihrer künstlerischen Sauberkeit hohen ästhetischen Ansprüchen gerecht wird. Aus seiner Feder stammen folgende konzertante Werke für Blasorchester: *Bellikoner Festouvertüre* (Mythen, 2. Kl.); *Capriccio sinfonico* (Helbling, Höchstklasse); *Cortège solennel* Festlicher Marsch (1964 Ruh); *Musica festiva* (1974 Helbling, 1. Kl.); *Ouvertüre über Schweizer Volkslieder* (Mythen, 1. Kl.); *5. Sinfonie für Blasorchester und Männerchor* (1961); *Sinfonische Evolutionen* (1977 Ruh, Aufgabestück der Höchstklasse Harmonie am Eidgenössischen Musikfest in Lausanne 1981); *Sinfonische Metamorphosen über ein altes Landknechtslied* (1976 Schulz).

Prof. Dr. FRANZ KÖNIGSHOFER * 5. 12. 1901 in Wien; † 20. 6. 1970 in Solothurn

Nach erfolgreicher Dirigententätigkeit an verschiedenen europäischen Opernhäusern und bei renommierten Orchestern folgte der ehemalige inspizierende Kapellmeister des österreichischen Bundesheeres 1947 einem Ruf in die Schweiz. Er übersiedelte nach Solothurn und übernahm die Leitung der Stadtmusiken von Solothurn und Olten und später auch von Sursee.

Am Eidgenössischen Musikfest Freiburg, im Jahre 1953, erregte Franz Königshofer in der Fachwelt gleich mit zwei Aufgabestücken Aufsehen: Für die Höchstklasse hatte er die Symphonische Musik zu Hebbels Tragödie *Gyges und sein Ring* und für die 1. Klasse die Ouvertüre *Perikles, Das goldene Zeitalter*, komponiert. Am gleichen Fest wurde auch seine Ouvertüre *Marco Polo* von mehreren Vereinen als Selbstwahlstück aufgeführt. Alle drei Werke liessen durch ihre Neuartigkeit aufhorchen, eine Neuartigkeit im Sinne einer Weiterentwicklung, wie man sie bisher in der Schweiz nur von Stephan Jaeggi gewohnt war. Man gewann in Freiburg den Eindruck, «dass ein Komponist auf der Bildfläche erschienen war, der in voller künstlerischer Reife stand. (...) In der schweizerischen Blasmusikbewegung wirkte das Erscheinen Königshofers meteorartig.» (Dr. Walter Biber)

Franz Königshofer war eine Persönlichkeit von umfassender humanistischer Bildung und grosser Menschlichkeit, mit einer ausserordentlichen Begabung für das Komponieren. Er war ein Verehrer der Antike, daraus lassen sich seine Werktitel erklären. «Von reicher Erfindungsgabe und Phantasie zeugen seine Themen und Motive, die stets von einer überraschenden Originalität sind. Ausserordentliche kompositorische Kraft verraten die Weiterführungen, Abwandlungen und Durchführungen der musikalischen Gedanken bis zum komplizierten kontrapunktischen Gewebe.» (Dr. Walter Biber)

Als Komponist war er der klassisch-romantischen Epoche verpflichtet, setzte sich aber auch mit der modernen Tonkunst, mit der «Zwölftonmusik», auseinander. In der *Heroischen Rhapsodie* ist ihm eine überzeugende Synthese zwischen alter und neuer Kompositionstechnik, zwischen Gefühls- und Verstandesmusik gelungen, die er in *Theseus* und vor allem in seinem letzten Werk, *Des Meeres und der Liebe Wellen*, weiterentwickelte.

Franz Königshofers Werk weist ein sehr breites Spektrum auf; da sind einerseits seine Schöpfungen sinfonischer Blasmusik in höchster Vollendung, daneben von gleicher künstlerischer Qualität die kleineren Werke (*Die Heimatlosen, Delisches Tanzspiel*), aber auch einfachste Musik *(Musica Helvetica, Zur Feierstunde)*, gut 10 Märsche und sogar ein Potpourri mit Melodien aus seiner Heimat: *Wiener Perlen*.

In der folgenden Zusammenstellung sind die Hauptwerke chronologisch nach Entstehungsjahren aufgelistet: (nach Dr. Walter Biber)
1952 Gyges und sein Ring, Symphonische Musik (Haag)
      Perikles, Das goldene Zeitalter, Ouvertüre (Haag)
      Marco Polo, Die Abenteuer des Venezianers, Ouvertüre (Ruh)
1954 Anna Boleyn, Symphonische Musik (Molenaar)
1956 Die Heimtlosen, Ouvertüre (Elwe)
      Maria Walewska, Ouvertüre (Haag)
1957 Ambassadorenfest, Suite (Scherzando)
      Das Orakel von Delphi, Symphonische Musik (Haag)
1959 Die versunkene Stadt, Ouvertüre (Milgra)
1962 Heroische Rhapsodie (Milgra)
      Sinfonia für Blasmusik, Der Schmied der Götter (Ruh)
1964 Delisches Tanzspiel (Ruh)
      Der Tyrann von Syrakus, Ouvertüre (Ruh)
1965 Relief (Elwe)
      Arethusa, Symphonische Musik (Ruh)
1966 Lorenzo de Medici, Symphonisches Gemälde (Elwe)

1967 Theseus, Symphonische Musik (Helbling)
1968 Festliche Trilogie (Elwe)
Des Meeres und der Liebe Wellen, Symphonische Musik (Manuskript)

Weitere Werke (Auswahl, alphabetisch): *Canzone Jubilate* (Helbling), *Musica Helvetica* (1960 Ruh), *Polyhymnia* (Elwe), *Pro Patria* (Elwe), *Rondo amoroso* (1976 Helbling), *Zur Feierstunde* (Helbling).

(Die Zitate entstammen dem Artikel «Franz Königshofers musikalisches Vermächtnis» von Dr. Walter Biber in der SBZ nach dem Tod des Komponisten.)

JEAN DAETWYLER   * 24. 1. 1907 in Basel; lebt in Sierre

Der gebürtige Basler liess sich nach gründlichem und umfassendem Musikstudium in Paris 1938 in Sitten nieder, wo er Zeit seines Lebens sowohl für das geistliche wie für das weltliche musikalische Leben verantwortlich war. Neben seiner Tätigkeit am Konservatorium Sitten widmete er sich intensiver kompositorischer Tätigkeit: Das Wallis ist seine zweite Heimat geworden und hat ihn dabei immer wieder inspiriert. Sein Œuvre ist ausserordentlich mannigfaltig und umfasst u. a. geistliche und weltliche Musik, Chor- wie Orchesterwerke, Symphonien und Kammermusik. Aus seiner Feder stammen ca. 15 grössere Kompositionen für Blasmusik und einige Märsche, der bekannteste und einer der meistgespielten Schweizer Märsche überhaupt ist sicher sein Erstling *Marignan* (1939).

J. Daetwyler lässt sich von der Natur, von den Bergen, von den Walliser Volksmelodien, aber auch von der Technik inspirieren, darum sind seine Kompositionen so vielfältig und unterschiedlich. Stoff hat ihm auch die Schweizergeschichte geliefert. Er setzt sich in seiner Musik mit dem Leben, mit der Umwelt auseinander, und seine musikalische Sprache ist oft entsprechend herb, impulsiv, voll von Gedankenblitzen, vielfach rhythmisch sehr eigenwillig. Hans Steinbeck formuliert es in einer Biographie, 1974, so: «Beeinflusst vom Gregorianischen, der Folklore und dem Impressionismus, hat Daetwyler eine persönliche Sprache entwickelt, beredt und solid, imstande, den dramatischen Gedanken wie auch die lyrische Eingebung, verursacht durch die Betrachtung der Natur, auszudrücken. In mehreren seiner Werke hat er eine Synthese zwischen dem Empfinden des Volkes und der künstlerischen Kundgebung zu verwirklichen gewusst.»

Für Blasorchester bzw. Blasmusik hat Jean Daetwyler, z. T. im Auftrag, folgende konzertante Werke komponiert: *Barrage, Capriccio Barbaro, Concerto pour Harmonie, Concerto pour quatuor des Saxophones et Percussion avec accompagnement d'Harmonie* (1971), *Danse du Loetschental* (1984 Milgra), *Karl der Kühne*, Symphonische Dichtung (1976 Milgra, Aufgabestück der 2. Klasse am Eidgenössischen Musikfest in Biel 1976); *Konzert-Rhapsodie* (Molenaar), *Major Davel*, Symphonische Dichtung (1981 Milgra, Aufgabestück der 1. Klasse am Eidgenössischen Musikfest in Lausanne 1981); *Poème et Fugue* (1966 Haag, Aufgabestück der 2. Klasse am Eidgenössischen Musikfest in Aarau 1966); *Morgarten 1315*, Ouvertüre (1971 Ruh, Aufgabestück der 3. Klasse am Eidgenössischen Musikfest in Luzern 1971); *St. Jakob an der Birs*, Ouvertüre (1966); *Suworow*, Ouvertüre; *Tanz ohne Tänzerin*.

BERNARD SCHULÉ   * 27. 2. 1909 in Zürich; lebt in Genf
B. Schulé studierte am Konservatorium Zürich und in Paris bei P. Dukas und N. Boulanger. 1934–1960 wirkte er als Organist, Chorleiter und Komponist in Paris. Seit 1961 lebt er als freischaffender Komponist in Genf. Seit 1971 schrieb er die folgenden Kompositionen für Blasorchester: *Bonjour Genève*, Marsch, op. 119, (1981 Difem), *Büsserach*, Indicatif für Brass Band, op. 133, *Campane Turicense*, op. 141; *Capriccio festivo*, op. 136; *Colonnade*, op. 83b, berarb. für Brass Band R. Merment (Höchstklasse); *Concertino für Klavier und Blasorchester*, op. 88, (1971 bearb. O. Zurmühle); *Concerto für Oboe und Blasorchester*, op. 97 (1974 Mythen); *Contraste*, op. 104 (Schulz), *Gaillarde symphonique*, op. 102 (1977); *Hymne de l'UIT* für Fanfare, op. 68; *Le masque dansant*, op. 139; *Mariastein-Diptychon* für Brass Band, op. 128; *Rencontres festives* (1987), *Scènes de Cortège*, op. 107; *Sonne, Wellen, Wolken*, op. 143; *Stern und Lampe* für Männerchor und Blasorchester, op. 173 (1972); *Swiss Sally* für Brass Band, op. 113; *Urbs Salve Regia*, op. 103a, Suite für Brass Band (1980 Mythen, 3. Kl.); *Variationen über ein Urner Tanzlied*, op. 91 (1972).

KURT WEBER   * 17. 11. 1910 in Däniken; lebt in Boll BE
Kurt Weber kam durch die Familie schon sehr bald intensiv in Kontakt mit der Musik. Mit seinem Vater spielte er in jungen Jahren öffentlich auf; die daraus resultierenden Einnahmen waren in den bescheidenen Verhältnissen hochwillkommen. Das Musikstudium absolvierte der begabte Jüngling dann am Konservatorium Basel. Geprägt von seinen Jugenderlebnissen und aus seiner Praxis als Dirigent zahlreicher Blasmusikvereine, kennt er die Bedürfnisse und Ansprüche im Amateurmusizieren sehr genau und kommt ihnen mit seinem kompositorischen Werk entgegen. Aus der Feder von K. Weber stammt Gebrauchsmusik im besten Sinne des Wortes: gehobene Unterhaltungsmusik, Konzertstücke, Suiten und vor allem Märsche. Seine Tonsprache ist leicht verständlich, geschmackvoll, nie billig oder abgewetzt. Er bemüht sich erfolgreich, mit traditionellen Mitteln Neues zu schaffen. Abgesehen von der Ouvertüre *Atlantis* (1956 Haag), komponiert er vorwiegend für die Vereine der unteren und mittleren Leistungsklassen. Sein Werkverzeichnis umfasst folgende Titel: *Alpenhymne* (Boggio), *Ballade* (Elwe), *Berner Suite* (1984 Ruh), *Bündner Suite* (1988 Arcon), *Canzone mattinata* (Haag), *Cortège Festival* (1969 Elwe), *Der alte Turm*, Tongemälde (1945 Elwe), *Hymnische Bläsermusik* (1976 Ruh, Aufgabestück der 3. Klasse am Eidgenössischen Musikfest Biel 1976); *Konzert-Suite* (Greber-Music), *Legende* (Elwe), *Notturno Romantico* (1988); *Stadtlichter* (Elwe), *Träumende Berge*, Konzertwalzer (1946 Haag); *Till Eulenspiegels Morgenritt*, Humoreske (1952 Boggio).

Vor allem bekannt und erfolgreich ist Kurt Weber als Marschkomponist. Er komponierte, vielfach im Auftrag, gegen 50 zum Teil sehr viel gespielte Märsche. Viele wurden an Preisausschreiben und Wettbewerben prämiert. Sein 1954 komponierter Marsch *Eidgenossen* (Milgra) wurde zum Marschhit und knüpft würdig an die grosse Schweizer Marschtradition an.

OSCAR MORET   * 22. 12. 1912 in Botterens; lebt in Bulle
Oscar Moret ist im Greyerzerland aufgewachsen und fühlte sich zeitlebens mit dieser Gegend verbunden. Er war ursprünglich Primarlehrer. Seine musikalische Ausbildung erhielt er am Konservatorium Lausanne. Er dirigierte verschiedene Musikgesellschaften, von 1953–1972 das *Corps de musique la Landwehr de Fribourg*.

Als Komponist konzertanter Blasmusik huldige er vor allem seiner Heimat, dem Freiburgerland. So entstand 1975 *Remous*, Rhapsodie sarienne (Rhythmus) und 1981 als Aufgabestück für die 4. Klasse am Eidgenössischen Musikfest in Lausanne die Suite *Trois Moments Gruériens* (Elwe). Andere konzertante Kompositionen von O. Moret sind weniger bekannt, z.T. auch nicht verlegt, so z.B. die Suite *Hockey* und das vom gregorianischen Choral inspirierte Konzertstück *Lumen*.

HANS HONEGGER * 3. 11. 1913 in Dietikon; lebt in Bern
Seine musikalische Ausbildung erhielt H. Honegger am Konservatorium Zürich. Anschliessend war er bis 1939 Musiker und Kapellmeister in verschiedenen deutschen Städten. Von 1940–1971 wirkte er als Musikinstruktor in Bern. Seiner Initiative ist im Jahre 1960 die Gründung des Schweizer Armeespiels zu verdanken. Von 1941–1988 leitete er die Metallharmonie Bern.

Als Musikinstruktor, aber vor allem als Dirigent der Metallharmonie Bern, hat Hans Honegger sich unermüdlich, vorerst gegen heftigen Widerstand weiter Kreise, für die Erneuerung des Blasmusikrepertoires im Bereich der Unterhaltungsmusik eingesetzt. Ihm und einigen anderen Pionieren (z.B. Hans Moeckel) ist es zu verdanken, dass sich die Blasmusik in den sechziger Jahren mehr und mehr auch der jazzartigen Unterhaltungsmusik und dem Big-Band-Stil zuwandte. Damit hielt bei der Blasmusik eine zeitgemässe Form der Unterhaltungsmusik Einzug, die sich inzwischen bis zum Pop- und Rock-Stil weiterentwickelt hat. Die Auswirkungen davon sind seit einigen Jahren auch in der Konzertmusik unverkennbar.

H. Honegger hat gegen 30 Märsche komponiert, die alle unverwechselbar seinen Stempel tragen. Mit packender Rhythmik und eingängiger, markanter Melodik bringen sie eine Weiterentwicklung des Marschstils von Heinrich Steinbeck. Der *Marsch der Grenadiere* (Ruh) ist 1943 im Marschwettbewerb des Schweizer Rundspruchs preisgekrönt worden und hat auf Anhieb den Ruf von Hans Honegger als grossem Schweizer Marschkomponisten begründet. Der *Marsch der Grenadiere* gehört noch heute zu den meistgespielten Märschen in der Schweiz.

Prof. Dr. h.c. PAUL HUBER * 17. 2. 1918 in Kirchberg SG; lebt in St. Gallen

Neben Stephan Jaeggi, Albert Benz und Franz Königshofer ist Paul Huber eine der herausragendsten Schweizer Komponistenpersönlichkeiten, die sich mit voller Überzeugung und persönlichem Engagement der Blasmusikkomposition gewidmet haben.

Paul Huber kam schon früh mit Musik und Blasmusik in Berührung. Bei der Blechharmonie Kirchberg spielte er den Bariton und wirkte später auch in der Studentenmusik am Kollegium in St-Maurice mit. Nach der Maturität am Kollegium in Stans widmete sich Paul Huber einem umfassenden Musikstudium am Konservatorium Zürich. Weiteren Studien widmete er sich später in Paris. 1943 wurde Paul Huber Organist, ab 1949 städtischer Musikdirektor in Wil SG. Von 1951–1983 war er als Lehrer für Gesang und Klavier an der Kantonsschule St. Gallen tätig. Während 25 Jahren leitete er den Männerchor St. Gallen Ost.

Das Werk Paul Hubers umfasst mehr als 400 Kompositionen und ist von einer seltenen Vielfalt. Da finden wir geistliche und profane Musik, Messen, Kantaten und Motetten, ein Oratorium, ein Magnificat, ein Te Deum sowohl als auch ein Festspiel, ein Singspiel, eine Kammeroper, zwei Violinkonzerte, eine Symphonie, Kammermusik für die verschiedensten Besetzungen, Werke für Orgel und andere Soloinstrumente.

Dass Paul Huber auch für Blasmusik komponiert hat, ist sicher nicht Zufall; über 70 Kompositionen für diese Musizierform können nicht Gelegenheitsprodukte sein. Betrachtet man die lange Reihe seiner Werke für Blasmusik, dann kann man nur staunen und sich freuen, mit welcher künstlerischen Meisterschaft er das Repertoire unserer Blech- und Harmoniemusiken und unserer Brass Bands mit arteigener, absolut vom Bläserklang her empfundener Musik bereichert hat.

«Einen wichtigen Auftrag bekam Paul Huber für das Eidgenössische Musikfest 1948 in St. Gallen. Vom dortigen Organisationskomitee wurde er mit der Komposition des Festspiels *Frau Musika* betraut. Durch diesen Auftrag und durch die erfolgreiche Uraufführung wurde er auf einen Schlag in der ganzen Schweiz bekannt.» (Programmheft eines Konzertes in der Tonhalle Zürich am 19. Februar 1989.) Am Studienpreisspiel desselben Festes wurde seine *Ouvertüre pastorale* (Milgra), die er der Blechharmonie Kirchberg gewidmet hatte, preisgekrönt. Und diese Ouvertüre hat in der Schweizer Blasmusikszene einen wahren Siegeszug angetreten, sie wird seither immer und immer wieder gespielt.

Paul Huber hat sehr viel aus eigenem Antrieb komponiert, er erhielt aber je länger, je mehr Aufträge zur Schaffung von Aufgabestücken für kantonale und eidgenössische Musikfeste. Für das Eidgenössische Musikfest 1971 in Luzern komponierte er *Aufruf* (Elwe) für die 4. Klasse und als Gesamtchorstück; in Biel, 1976, spielten die Harmoniemusiken der Höchstklasse das *Postludium* (Ruh), und in Winterthur 1986 spielten ebenfalls die Harmoniemusiken der Höchstklasse *Evocazioni* (Molenaar).

«Ein Charakteristikum, welches Paul Hubers Musik aus einem Grossteil seiner zeitgenössischen Umgebung heraushebt, ist die Verständlichkeit seiner Sprache. Für Paul Huber ist Kunst nicht elitäre Exklusivität, sondern nach seinen eigenen Worten ‹Dienst am Mitmenschen›. Hierin gründet auch die Breite seines Œuvres, welches die einfache, massgeschneiderte Komposition für Chöre und Blasorchester nicht ausklammert. (...) Paul Huber ist eine wichtige und ungemein profilierte künstlerische Persönlichkeit innerhalb der schweizerischen Komponistenszene; sein Werk wird wegen der handwerklich-kompositorischen Qualität, wegen der inneren Notwendigkeit und schöpferischen Ehrlichkeit, ganz besonders aber auch wegen der in seiner Musik enthaltenen Confessio, dem Bekenntnis zu Gott und den Menschen, die Mode und den Tag überdauern.» (Nach Alois Koch in «Paul Huber zum 60. Geburtstag», herausgegeben von Dino Larese, Amriswil 1978.) «Paul Huber schreibt einen Stil, der ganz auf der Tonalität aufbaut. Ausgangspunkt für ihn ist die Spätromantik, wo ihn besonders die monumentale Symphonik Bruckners faszinierte.» (Programmheft 1989, siehe oben.)

In der Wettstückliste des Eidgenössischen Musikverbandes finden sich gegen 50 konzertante Werke von Paul Huber:

Höchstklasse: *Bergruf* (Ms); *Caprice für Brass Band* (1977 Smith); *Der Dämon*, Symphonische Studie (1966 Ruh); *Evocazioni* (1986 Molenaar); *Pilatus*, Symphonische Studie (1968 Milgra); *Symphonic Music* (1979

Smith); *Victimae pascali laudes*, Hymnus (1976 Ms); *Vision*, Symphonische Musik (1984 Ruh).

1. Klasse: *Burlesca* (1984 Ruh), *Burtolf*, Symphonische Musik (1972 Boggio); *Fantasie in C* (1970 Elwe); *Fantasie über eine Appenzeller Volksweise* (1978 Ruh); *Helveticus*, Patriotische Ouvertüre (1948 Milgra); *Jubelhymnus* (1970 Ruh); *Postludium* (1969 Ruh); *Romantische Konzertouvertüre* (1948 Milgra); *Symphonisches Adagio* (1959 Milgra).

2. Klasse: *Arlecchino*, Capriccio (1970 Milgra); *Capriccio* (1955 Milgra), *Der fröhliche Musikant*, Suite (1969 Rhythmus); *Fantasia eroica* (1973 Ruh); *Impromptu* (Elwe); *Kirmes*, Kleine Festouvertüre (1969 Rhythmus); *Kleine Festmusik* (1982 Milgra); *Legende* (1959 Milgra); *Meditation* (1963 Ruh); *Prolog* (1960 Grosch); *Rondo* (1960 Milgra); *Scherzo Capriccioso* (1974 Ruh); *Suite in Es* (1956 Milgra).

3. Klasse: *Ballade* (1968 Milgra); *Choral, Variationen und Fuge* (1978 Ruh); *Festlicher Bläserchor* (1974 Ruh); *Interludium* (1987 Elwe); *Intrade und Fuge* (1959 Ruh); *Notturno* (1960 Milgra); *Ouvertüre pastorale* (1948 Milgra); *Praeludium in modo classico* (1956 Milgra); *Serenade in vier Sätzen* (1957 Milgra).

4. Klasse: *Aufruf* (1971 Elwe); *Bläsermusik Nr. 1* (1942 Grosch); *Bläsermusik Nr. 2* (1964 Grosch); *Canto solenne* (1982 Ruh); *Feiertag* (1967 Boggio); *Festchoral* (1967 Helbling); *Festliche Intonation* (1973 Ruh); *Hymne* (1960 Milgra); *Psalm* (1963 Ruh); *Sarabande* (1960 Milgra).

Neben diesen Werken gibt es von Paul Huber viele weitere, ausschliesslich konzertante Kompositionen aller Schwierigkeitsgrade für Blasmusik bzw. Blasorchester, es sei nur noch das 1987 entstandene grosse Werk *Trifono* erwähnt.

Paul Huber war Spielführer der Schweizer Armee, und er hat auch Märsche komponiert wie z.B. *Marsch des Rgt 33* (1952 Milgra); *Der Magistrat*, Bundesrat Furgler gewidmet (1971 Milgra); *Steigacker-Marsch*, Josef Strässle gewidmet (1976 Milgra) u.v.a.

ALBERT HÄBERLING * 5. 9. 1919 in Affoltern am Albis; lebt in Uster (siehe auch «Die Festlichen Musiktage Uster» Seite 448)

A. Häberling hat sich immer, sowohl als Redaktor bei Radio DRS, Studio Zürich, wie auch als Leiter des Zürcher Blasorchesters und der Stadtmusik Uster, verantwortlich gefühlt für die Geschmacksbildung bei Blasmusikern und Liebhabern, er wollte die Möglichkeiten einer seriösen Blasmusikausübung als Bestandteil des allgemeinen Musiklebens in Fachkreisen bewusst werden lassen. Dieses Ziel verfolgte er kompromisslos und mit viel persönlichem Engagement. Es konnte nicht ausbleiben, dass er deswegen auch angefeindet wurde. Die Entwicklungen haben ihm aber, soweit sich das heute überblicken lässt, auf weiten Strecken recht gegeben.

Albert Häberling setzte sich auch aktiv als Komponist für die Erneuerung des konzertanten Blasmusikrepertoires ein und schuf Werke für Blasorchester, wobei er in seinem Schaffen dem Neoklassizismus nahesteht (nach W. Suppan). In der Wettstückliste des Eidgenössischen Musikverbandes finden sich folgende Kompositionen von Albert Häberling:

Höchstklasse: Musik zu einer Pantomime (1976 Mythen).

1. Klasse: Movimenti (1974 Mythen), *Sinfonietta for Band* (1974 Molenaar); *Spielarten* (1978 Ms); *Uster-Suite* (1962 Molenaar).

2. Klasse: Burleske (1953 Elwe), *Capriola, Fantasia* (1987 Helbling); *Divertimento popolare* (1984 Elwe).

4. Klasse: Preludio in B (Grosch).

A. Häberling bezieht auch die unverfälschte Volksmusik in sein Schaffen ein, so entstanden *Engadiner Mazurka* (Thomi-Berg); *Ländliche Tänze* (1985 Molenaar); *Oberländer Schottisch* (1967 Ruh); *Tänze aus Graubünden* (1960 Molenaar); *Volkstanz-Parodien* (Mythen).

Eine seiner jüngsten Schöpfungen ist die symphonische Musik *Affetto* (1988 Elwe).

In der Komposition *Reflexionen*, Musik nach Sprichwörtern für gemischten Chor und Blasorchester (1984 Molenaar) verbindet er Wort und Blasorchester, wie das sein Lehrer Robert Blum in der 5. *Sinfonie für Männerchor und Blasorchester* gemacht hat.

A. Häberling hat auch mehrere Märsche komponiert, die aber meist Manuskript geblieben sind.

BORIS MERSSON   * 6. 10. 1921 in Berlin; lebt in Zürich
Den ersten Musikunterricht erhielt B. Mersson bei seinem Vater, dem Konzertmeister des Philharmonischen Orchesters Berlin. Das Musikstudium absolvierte er in Genf, Lausanne und Zürich, wo er seit 1951 als Komponist und Kammermusiker lebt. Seine 5 Blasorchesterwerke verbinden in sehr persönlich geprägter Art hochstehende Unterhaltungsmusik mit symphonischen Elementen. Das *Konzert für Alt-Saxophon und Blasorchester* und das *Konzert für Klavier und Blasorchester* schrieb er für die Festlichen Musiktage Uster 1966 und 1968. Seine weiteren Werke für Blasorchester sind *Limmat Sketches*, op. 35 (1968 Schulz); *Der silberne Hammer*, op. 35 (1980 Schulz); *Windspiele*, Ouvertüre (1985 Ruh, Höchstklasse).

GUIDO ANKLIN   * 22. 8. 1922 in Zwingen; lebt in Ollon
Seine musikalische Ausbildung erhielt G. Anklin am Konservatorium Basel. Von 1937–1977 war er Musikinstruktor auf den Waffenplätzen Lausanne, Colombier und Savatan.

Er hat mehr als 20 Märsche komponiert und kann in dieser Sparte als eigentlicher Erfolgskomponist angesprochen werden. In seinen Märschen hat er eine sehr persönlich geprägte Synthese zustande gebracht, sie vereint zündende traditionelle Rhythmik mit weicher, eingängiger, von welschem Charme geprägter Melodik. Besonderer Beliebtheit erfreuen sich: *Flic-Flac* (1951 Foetisch); *Arc-en-ciel* (1952 Foetisch); *Rgt Inf 41* (1955 Foetisch); *Olonum* (1972 Ruh); *Lausanne 81* (1981 Joy); *Brislach* (1982 Ruh); *Jubiläumsmarsch 125 Jahre Eidgenössischer Musikverband* (1987 Ruh). Aus der Feder von G. Anklin stammt auch das gefällige Solo für 3 Posaunen und Blasmusik *Glissandos* (Foetisch).

HANS MOECKEL * 17. 1. 1923 in St. Gallen; † 6. 10. 1983 in Jona
Hans Moeckel wuchs in St. Gallen auf. Anschliessend an die Matura widmete er sich am Konservatorium Zürich dem Musikstudium. Nach Abschluss seiner Studien wurde er 2. Kapellmeister am Stadttheater St. Gallen. 1947 trat er als Pianist, Komponist und Arrangeur ins damalige Unterhaltungsorchester von Radio Beromünster ein. Am 1. April 1970 wechselte das Unterhaltungsorchester von Basel nach Zürich, und Hans Moeckel wurde Leiter des nun neu benannten Unterhaltungsorchesters von Radio DRS.

H. Moeckel schrieb mehrere Bühnenmusiken und Ballette sowie Filmmusiken und Musicals. Schon in seiner Jugend hat er sich auch mit Blasmusik beschäftigt. Als Dirigent leitete er die Polizeimusik Basel, die Stadtmusik Zug, die Feldmusik Jona, die Stadtmusik Zürich und vor allem das von ihm gegründete Radio-Blasorchester. So konnte nicht ausbleiben, dass er seine ausserordentliche kompositorische Begabung auch in den Dienst der Blasmusik stellte. «Seine Kompositionen für Blasmusik brachten eine neue Note ins Schweizer Repertoire. Moekkels Musik ist frei von tierischem Ernst und von düsterem Pathos. Nobler Optimismus, Heiterkeit und souveränes Handwerk zeichnen seine Stücke aus.» (Albert Benz)

In der Wettstückliste des Eidgenössischen Musikverbandes sind folgende Kompositionen von Hans Moeckel verzeichnet:

2. Klasse: *Jurahöhen*, Ouvertüre (1973 Ruh); *Landschaften-Suite* (1968 Ruh); *Sommerwanderung* (1971 Rhythmus).

3. Klasse: *Danza paesana*, Ländlicher Tanz (1984 Milgra); *Die Reiter von Saignelégier*, Ouvertüre (1968 Ruh); *Herbstruf* (1968 Milgra).

4. Klasse: *Fanfaren-Intrade* (1968 Ruh); *Frühlingsgruss* (1963 Ruh).

Die Sätze *Fanfaren-Intrade, Frühlingsgruss, Sommerwanderung, Herbstruf* und *Winterfreuden* bildeten ursprünglich die Suite *Die fröhlichen Jahreszeiten* für Chor und Blasorchester nach einem Text von Max Rueger. H. Moeckel hat gerne mit ungewohnten Rhythmen experimentiert, davon zeugen die beiden leider Manuskript gebliebenen Suiten *Bilder aus Asymetrien* und *Rhytmicals* (1977).

Zwei beliebte Solostücke für 3 Posaunen und Blasmusik (*Schnelle Züge, Zug um Zug* [Ruh]) und 6 Märsche (*Geburtstagsmarsch* [1972 Ruh], *Schwarze Patten* [1970 Ruh] u.a.) runden das kompositorische Werk dieses unkonventionellen (Blasmusik-)Komponisten ab.

MARIO CAIROLI   * 30. 3. 1923 in Mendrisio; lebt daselbst
Mario Cairoli wirkt als Musikdirektor und Musiklehrer in Mendrisio. Als Schüler von Pietro Berra und Enrico Dassetto setzt er die grosse Tradition der deutlich von Italien inspirierten Blasmusik im Tessin fort. Aus seiner Feder stammen unzählige Arrangements der grossen italienischen Opernkomponisten. Gesamtschweizerisch bekannt geworden ist Mario Cairoli aber als Marschkomponist; er hat über 70 Märsche komponiert, von denen vor allem *Mendrisio* (1976 Ruh) südländisches Ambiente vermittelt und zu einem grossen Erfolg wurde.

SALES KLEEB   * 23. 2. 1930 in Richenthal; lebt in Zug
Sales Kleeb war Primarlehrer in Richenthal, sein Musikstudium absolvierte er bei Heinrich Menet an der Musikakademie Zürich. Entscheidend geprägt wurde er während seiner Ausbildung zum Trompeter-Feldweibel durch Prof. Dr. A.-E. Cherbuliez. Eine ausserordentlich fruchtbare Tätigkeit entfaltet Sales Kleeb seit Ende der sechziger Jahre als Leiter der Musikschule der Stadt Zug und von 1962–1987 als Leiter der dieser Schule angegliederten Kadettenmusik der Stadt Zug. In seinem kompositorischen Schaffen hat er sich bewusst auf einfache Verhältnisse ausgerichtet. *Festlicher Aufmarsch* (1969 Rhythmus) und die beiden volkstümlichen Arrangements *Buretanz* für 4 Solotrompeten und Blasmusik (1970 Ruh) und *Die Ländler-Solisten* (1972 Ruh) sind geschmackvoll und ansprechend erdachte Gebrauchsmusik im besten Sinne des Wortes. Seine zahlreichen Märsche zeichnen sich durch aparte Harmonik aus und bewegen sich melodisch nie in ausgetretenen Pfaden; viele davon sind zum festen Repertoire der Blasmusik geworden: *Lilienbanner* (1958 Ruh); *Altdorfer Tellenmarsch* (1963 Ruh); *Richenthaler-Marsch* (1968 Ruh); *TU-JU-Dixie-Marsch* (1971 Ruh); *Kadettenmarsch* (1965 Rhythmus), *Rudenzer* (1975 Ruh); *Transeurope* (1973 Ruh); *Johanniter-Marsch* (1982 Ruh); *Das Alpenkorps* (1979 Ruh) u.v.a.

EMIL ERMATINGER   * 7. 12. 1931 in Arnhem NL; lebt in Rudolfstetten
E. Ermatinger ist in Zürich aufgewachsen. Die musikalische Grundausbildung erhielt er bei seinem Vater Erhart Ermatinger, hernach studierte er am Konservatorium und an der Musikakademie Zürich. Er ist Inhaber des Elwe-Musikverlages und dirigierte verschiedene Blasmusiken, heute noch die Stadtharmonie Eintracht Winterthur-Töss.

Emil Ermatinger komponierte bisher über 15 konzertante Werke und 11 Märsche für Blasmusik. Er ist nie dem Publikumsgeschmack nachgejagt, kompromisslos hat er seine eigene Tonsprache entwickelt. In der Nachromantik wurzelnd, mit zeitgemässen Effekten und harmonisch oft ungewohnten Wendungen, sind Werke von tiefem musikalischem Gehalt entstanden, die nur zu voller Wirkung kommen, wenn sie seriös erarbeitet werden.

In der Wettstückliste des Eidgenössischen Musikverbandes sind folgende Kompositionen von E. Ermatinger aufgeführt: (alle im Elwe-Verlag)

Höchstklasse: Initium und Fuge (1961); *Toissa* episodische Tondichtung (1979).

1. Klasse: Imbriacus-Suite (1975); *Memorabilien; Metamorphosen über ein Thema von Grieg* (1965).

3. Klasse: Aria (1972); *Pegasos*, Ouvertüre (1956); *Toccata*.

4. Klasse: Jubelruf, Hymne; *Lichtung*, Andante (1963).

RUDOLF WYSS   * 24. 5. 1932 in Günsberg; lebt daselbst
Seine musikalische Ausbildung erhielt R. Wyss bei Prof. Dr. Franz Königshofer. Er leitete während Jahrzehnten verschiedene Musikvereine und hat sich immer mit grossem Engagement blasmusikalischen Ausbildungsfragen angenommen. Er hat dafür auch verschiedene Lehrmittel geschaffen. In Günsberg gründete er den Rudo-Musikverlag, in dem er vorwiegend seine eigenen Werke herausgibt. Als Komponist machte er sich vorerst mit einfachen, aber effektvollen Märschen einen Namen: *Bergfanfaren* (1960); *Schauenburg* (1962); *Wengi-Stadt* (1963); *Bundesrat-Ritschard-Marsch* (1973); *Römerhof* (1985); *Bundesrat Kaspar Villiger* (1989) u.v.a.

Aus seiner Feder stammen auch einige konventionelle Konzertstücke für den Gebrauch in einfachsten Verhältnissen: *Belsazar*, Ballade (1959, EMV 3. Kl.); *Frühlingsstimmung*, Fantasie (1980); *Hofszenen*, Suite (1989, EMV 3. Kl.); *Kleine Partita* (1982); *Rhapsodie d'amour* (1961).

GIUSEP SIALM   * 7. 3. 1934 in Segnas/Mustér; † 19. 9. 1985 in Therwil
Der im Bündner Oberland geborene Giusep Sialm wurde Primar- und Sekundarlehrer. Anschliessend studierte er in Freiburg, Zürich, Salzburg und Wien Musikwissenschaft, Schulgesang, Blasmusikdirektion und Komposition. Seine berufliche Tätigkeit führte ihn über verschiedene Stationen nach Birsfelden, wo er als Musiklehrer am Progymnasium und als Leiter der Musikschule tätig war. Er dirigierte verschiedene Musikgesellschaften, zuletzt das Musikkorps Birsfelden.

Neben seiner umfangreichen beruflichen Arbeit schrieb Giusep Sialm zahlreiche Werke für Männerchöre und gemischte Chöre, Kompositionen für Schülerchöre, für Klavier und für Blasmusik. Er vertonte viele romanische Texte, das war sein Beitrag zur Erhaltung der rätoromanischen Sprache und Kultur. Seine Tondichtung *Quo Vadis* (1981 Mythen, EMV 1. Kl.) mit dem Grundmotiv *Dies irae* beschäftigt sich mit dem Kampf der Rätoromanen um die Erhaltung ihrer Sprache. Die Ouvertüre *Pictura* (1984 Mythen, EMV 2. Kl.) ist eine innere Landschaft, die Aufzeichnung eines Bildes: Materie aus Graubünden, vermischt mit Traum, Phantasie und Deutung (nach G. Sialm). Sein letztes grosses Werk, *Retsina 2000* (1984 Greber-Music, EMV 2. Kl.), mit Themen der populärsten Volkslieder und -weisen der Rätoromanen wurde zu einem Vermächtnis an seine Heimat und an seine Sprache. Die Suite *Festa* (1985 Rhythmus) war Aufgabestück der 4. Klasse am Eidgenössischen Musikfest 1986 in Winterthur. Leider hat der Heimwehbündner die vielen sehr guten Aufführungen dort nicht mehr erleben können, am 19. September 1985 ist er nach kurzer, schwerer Krankheit allzufrüh verstorben.
(Z. T. nach Dr. Arnold Spescha)

JEAN BALISSAT   * 15. 5. 1936 in Lausanne; lebt in Corcelles-le-Jorat
Jean Balissat widmet sich neben seiner Lehrtätigkeit an den Konservatorien Lausanne und Genf (Komposition, Orchestration und Harmonie-

lehre) vor allem der Komposition. Er leitete verschiedene Blasmusiken, von 1972–1983 das *Corps de Musique La Landwehr de Fribourg*.

Das kompositorische Werk von Jean Balissat ist sehr vielfältig, es umfasst Werke für Orchester, Kammermusik usw. Für das Winzerfestspiel 1977 in Vevey hat er die Musik geschrieben, wovon einige Nummern für Blasmusik im Verlag R. Biollay, Lausanne, veröffentlicht worden sind. Daneben schuf J. Balissat um die 20 Kompositionen für Blasorchester. Seine musikalische Sprache ist nüchtern: Nicht die Melodie ist das tragende Element, sondern rhythmisch geprägte Motive, die in vielfältiger Abwandlung chromatisch verarbeitet werden. Daraus resultiert ein oft ungewohntes harmonisches Bild mit vielfach überraschenden Wendungen und Weiterführungen, welches stark der Nachromantik verpflichtet ist.

In der Wettstückliste des Eidgenössischen Musikverbandes sind folgende Kompositionen von Jean Balissat enthalten:

Höchstklasse: *Les Gursks*, Poème symphonique (1973 Biollay); *2nd Sinfonietta für Brass Band* (1984 Inter Music); *Songes d'Automne*, Sinfonietta (1982 Joy).

3. Klasse: *Petite Ouverture romantique* (1979 Rhythmus); *Preludio Alfetto*, Aufgabestück der 3. Klasse am Eidgenössischen Musikfest 1981 in Lausanne (1981 Joy).

Andere Werke für Blasorchester von J. Balissat sind die Suite symphonique *AGE* (1978); *Incantation et sacrifice*, essai pour une harmonie bicéphale (1981 Joy), *Le premier Jour* (1985) und die Ouvertüre *Pour une Fête* (1981).

WALTER JOSEPH   * 29. 4. 1936 in Laufen; lebt in Buckten
W. Joseph erhielt seine musikalische Ausbildung bei Prof. Dr. Franz Königshofer und Pius Kissling. Er ist Musiklehrer an verschiedenen Musikschulen im Baselland, dirigierte verschiedene Musikvereine und ist Inhaber des Musikverlages Datac in Buckten.

W. Joseph ist ein ausserordentlich produktiver und erfolgreicher Marschkomponist. Mehr als 40 Märsche hat er von 1961 bis heute geschrieben, und beinahe alle verzeichnen hohe Aufführungsziffern. Weniger bekannt, aber nicht minder erfolgträchtig, sind seine Konzertstücke (alle im Datac-Verlag): *Baselbieter-Rhapsodie* (1989, EMV 2. Kl.), *Capriccio* (1983, EMV 3. Kl.), *Festliches Präludium* (1979), *Intermezzo arioso* (1978), *Homage* (1973), *Old Style*, Solo für Es-Horn und Blasorchester (1984).

FRITZ VOEGELIN   * 19. 9. 1943 in Zürich

Aufgewachsen in Zürich, studierte F. Voegelin nach der Ausbildung zum Primarlehrer am Konservatorium Bern (Violine) und an der Musikakademie Basel (Kapellmeister, Komposition) sowie in Wien. Er leitete das Orchestre de la ville et de l'Université de Fribourg und die Stadtmusik Bern sowie zwei renommierte Brass Bands. In der Armee war er als Trompeter-Feldweibel Regimentsspielführer.

Seine Kompositionen wurden in Europa und Südamerika mit bisher vier ersten Preisen ausgezeichnet. 1985 wurde er an das Conservatorio del Tolima in Ibagué nach Kolumbien berufen. Neben Orchesterwerken und Solokonzerten schuf Fritz Voegelin auch konzertante Werke für Brass Bands sowie drei Märsche für Blasmusik.

Seine konzertanten Werke sind vor allem im rhythmisch-metrischen und im harmonischen Bereich äusserst anspruchsvoll und bewegen sich oft an der Grenze des im Amateurmusizieren noch Machbaren.

Am Schweizerischen Brass-Band-Wettbewerb 1979 trat Fritz Voegelin mit dem Höchstklass-Aufgabestück *Changing Cells* erstmals als Komponist in Erscheinung. 1983 schrieb er für die Nationale Jugend-Brass-Band der Schweiz die Komposition *Ghostly Hour*. 1985 verarbeitete er im *Paseo Burlesco* (Milgra, EMV 1. Kl.) die Eindrücke von einer Südamerikareise. Das Stück vermittelt den Eindruck eines in sich zusammenhängenden Tanzes. Eine nie abreissende Tanzgebärde, ein innerer Schwung, durchzieht das Stück; eine wohldurchdachte Dynamik und Artikulation stehen im Dienst einer auf Spannung und Entspannung angelegten Melodik und Harmonik (nach F. Voegelin).

Für das Eidgenössische Musikfest Lausanne im Jahre 1986 komponierte er das Aufgabestück für die Brass Bands der Höchstklasse *L'Enlèvement*, Entführung (Milgra). Diese Komposition ist als eigentliche Programmmusik zu verstehen. In einer Traumvision schildert der Komponist auf eindrückliche Weise den Schmerz über den Weggang eines Freundes, der ihm genommen worden ist.

Weitere Schweizer Komponisten

welche die Blasmusik nach dem Zweiten Weltkrieg z.T. bis in die achtziger Jahre hinein mit ihren Werken bereichert haben:

Volkmar Andreae	1879 bis 1962 Zürich
Johann Baptist Hilber	1891 bis 1973 Luzern
Robert Barmettler	1901 bis 1974 Alpnach
Georges Aeby	1902 bis 1953 Fribourg
Paul Montavon	1904 bis 1975 Moutier
Josef Pfenniger	*1904 Meggen
Theodor Diener	1908 bis 1983 Balsthal
Hans Flury	1911 bis 1964 Zug
Otto Voigt	*1911 Wil SG
Ernst Hess	1912 bis 1968 Egg ZH
Oscar Tschuor	1912 bis 1987 Chur
Albert Jenny	*1912 Luzern
Guido Fässler	*1913 Luzern
August Wirz	1915 bis 1984 Sarnen
Bernard Chenaux	*1915 Romont
Max Lang	1917 bis 1987 St. Gallen
Fritz Siegfried	*1917 Bolligen BE
Hans Frey	*1919 Schaffhausen
Marcel Wahlich	*1919 Horgen
Caspar Diethelm	*1926 Sarnen
Walter Häfeli	*1927 Basel
Hugo Käch	*1927 Schaffhausen
Peter Benary	*1931 Luzern
Pietro Damiani	*1933 Lugano
Claudio Cavadini	*1935 Chiasso
Hans Zihlmann	*1936 Hitzkirch
Silvano Fasolis	*1942 Saint-Imier
René Twerenbold	*1945 Zug
André Besançon	*1946 Lausanne
Francesco Raselli	1948 bis 1983 Sarnen
Pius Haefliger	*1961 Luzern

Eine herausragende Erscheinung
ALBERT BENZ
* 10. 9. 1927 in Marbach; † 22. 3. 1988 in Luzern

Seit dem Tod von Stephan Jaeggi hat wohl keine Hiobsbotschaft die ganze schweizerische Blasmusikszene derart erschüttert wie die Nachricht vom plötzlichen, völlig unerwarteten Tod von Albert Benz in der Morgenfrühe des 22. März 1988.

Erst relativ spät, im Alter von 31 Jahren, zur Komposition hingezogen, hat Albert Benz innert weniger Jahre als Komponist einen wahrhaft ungewöhnlichen Aufstieg erlebt. 1958 erschien seine erste konzertante Komposition *Preludio alla Scherzo*. Diese Komposition ging als Preisträgerstück aus einem Wettbewerb des Berner Kantonal-Musikverbandes hervor und wurde auf Anhieb eines der meistgespielten Repertoirestücke in der Schweiz und machte den Namen Albert Benz als neuen Blasmusikkomponisten bekannt. Gespannt wartete man auf weitere Kompositionen dieses Mannes. Und sie liessen nicht lange auf sich warten. 1959 erschien das *Larghetto pastorale*, 1961 die Ouvertüre *Zitadelle*, 1962 gar 4 konzertante Kompositionen, die Suite *Fest im Dorfe*, die *Festfanfare*, die *Heitere Ouvertüre* und *Sinfonischer Satz*, 1964 dann *Simelibärg, Einzug der Urschweizer* und die Ouvertüre *Klingende Fahrt*, 1965 die Ouvertüre *Parsenn, Burleske* und *Morgenlied*. Alle diese Kompositionen fanden Eingang ins Repertoire unserer Vereine. Die folgende Untersuchung über den Anteil von Selbstwahlstücken aus der Feder von Albert Benz an den Eidgenössischen Musikfesten in Aarau (1966) und Luzern (1971) belegen dies und verdeutlichen die für die Geschichte der Blasmusikliteratur in der Schweiz einmalige Tatsache, dass ein Komponist innert weniger Jahre einen unwahrscheinlichen und dauerhaften Durchbruch geschafft hat.

Selbstwahlstücke von Albert Benz an den Eidgenössischen Musikfesten Aarau (1966) und Luzern (1971)

	Aarau 1966	Luzern 1971
Höchstklasse	1 von 21 = 4,76%	0 von 15 = 0,00%
1. Klasse	2 von 54 = 3,70%	1 von 39 = 2,56%
2. Klasse	14 von 91 = 15,38%	11 von 79 = 13,92%
3. Klasse	26 von 126 = 20,63%	18 von 101 = 17,82%
4. Klasse	7 von 80 = 8,75%	10 von 39 = 25,64%
Total	50 von 372 = 13,44%	40 von 273 = 14,65%

In Aarau war zudem die *Intrade* von Albert Benz Gesamtchorstück der Höchst-, 1. und 2. Klasse, und in Luzern war seine Ouvertüre *Marionettenspiel* Achtwochen-Aufgabestück der 2. Klasse.

Schon sehr bald wurde Albert Benz mit Kompositionsaufträgen für Aufgabestücke überhäuft; und das ist bis zu seinem Lebensende so geblieben. Sein unerwarteter Tod hat es ihm verunmöglicht, den letzten Auftrag für den Bernischen Kantonal-Musikverband zu erledigen.

Als profunder Kenner der schweizerischen Blasmusikszene hat Albert Benz unzählige Aufgabestücke geschaffen, die ihren Zweck, einer bestimmten Stärkeklasse die ihr adäquate normierte Aufgabe zu stellen, auf hervorragendste Weise erfüllten. Er wusste ganz genau, was zumutbar war und was nicht, und er hat es wie kein zweiter verstanden, seine Aufgabestücke für die vielfältigsten Besetzungstypen zu konzipieren, ohne dass sie im einen oder anderen Gewand an Aussagekraft verloren hätten, denken wir nur an *Fantasia ticinese* (1975), *Die schwarze Spinne* (1978), an sein letztes Werk *Nidwalden* (1987) u.v.a.

Auch wenn er mit Freude und Engagement für Mehrfachbesetzungen komponiert und instrumentiert und damit der schweizerischen Besetzungsvielfalt seine Reverenz erwiesen hat, so ergriff er auch gerne jede Gelegenheit, Werke für feststehende Besetzung zu schreiben. So entstanden als Aufgabestücke u.a. *Rondo für Brass Band* (1973, Festival Suisse de Musique de Cuivre, Crissier) und *Symphonischer Samba* für Blasorchester (1985, Festliche Musiktage Uster 1985 und Eidg. Musikfest Winterthur 1986).

Mit seinen Aufgabestücken für eidgenössische und kantonale Feste hat Albert Benz die immer wiederkehrende Behauptung widerlegt, Aufgabestücke wären zum vorneherein unbeliebt und würden nach dem Wettbewerb nicht mehr gespielt. Schon seine ersten Aufgabestücke, das oben genannte *Preludio alla Scherzo* (1958), dann die Ouvertüre *Zitadelle* (1961, Aarg. Musikverein) oder die Ouvertüre *Parsenn* (1971, Luzerner Kantonal-Musikverband), vor allem aber *Die schwarze Spinne* (1978, Bernischer Kantonal-Musikverband) u. v. a. werden immer und immer wieder auch als Selbstwahlstücke gespielt.

Zeitweise war Albert Benz voll ausgelastet mit der Schaffung von Aufgabestücken oder anderen Auftragskompositionen. Der grösste Teil seiner konzertanten Werke hat seine Entstehung dieser Tatsache zu verdanken. Immer aber hat er auch Zeit gefunden, ohne äussern Anlass zu komponieren. In diesem Zusammenhang sind seine Kompositionen für verschiedene Soloinstrumente zu erwähnen. In diesen Werken hat er sich bemüht, ein Gegengewicht zu schaffen zu den hinlänglich bekannten, abgegriffenen Virtuosenstücken. Neben *Drei Clowns* für 2 Trompeten, Posaune und Blasorchester (1963), *Konzert für Klarinette und Blasorchester* (1968), *Trompeters Morgenritt*, Variationen für Trompete und Blasmusik (1973), und *Vier Miniaturen für Alphorn und Blasorchester* (1974) verdient in diesem Zusammenhang eine seiner letzten Kompositionen, das *Concertino für Euphonium und Blasorchester*, besondere Erwähnung. In diesem einsätzigen Werk hat er in unterhaltenden Varianten das altniederländische Lied «Freiheit fürwahr» von Bischof Thomas aus dem Jahre 1443 verarbeitet. Die Melodie stammt aus der Sammlung Adrien Valerius (1574–1625), darum der Untertitel *Va(le)-rianten*. In diesem Concertino beweist er nochmals, mit welcher Meisterschaft und ausserordentlichen Kreativität er gegebene Melodien zu verwenden weiss. Schon 1964 hat er mit *Simelibärg* ein kleines Meisterwerk dieser Art geschaffen. In seinem letzten Werk *Nidwalden 1798* hat er mit dem *Dies-irae-Motiv* und dem Lied *O userwelte Eidgnoschaft* seine absolute Meisterschaft in der Lied- und Motivverarbeitung ein letztesmal unter Beweis gestellt.

Ausser konzertanter Blasmusik schrieb Albert Benz auch 27 Märsche; der bekannteste ist wohl der *Bundesrat-Gnägi-Marsch* (1968), welcher wie andere seiner Märsche würdig und eigenständig die stolze

Schweizer Marschtradition (Hans Heusser, Gian Battista Mantegazzi, Stephan Jaeggi, Ernst Lüthold u. a.) weiterführt.

Ein besonderes Anliegen war Albert Benz die Belebung der Volksmusik; aus seiner Feder stammen viele Kompositionen und Bearbeitungen in dieser Richtung, z. B. der Ländler *Us em Eigetal* (1961), *Schweizerlieder-Fantasie* (1967), *Aentlibuecher Chuereihe* (1978) u. a.

Genau 30 Jahre lang hat Albert Benz die Blasmusik mit über 90 Kompositionen für alle Leistungsklassen und alle Besetzungstypen beschenkt. Sein Werk ist vielfältig wie bei keinem anderen Schweizer Blasmusikkomponisten und erfreut sich im In- und Ausland grosser Beliebtheit.

Es wäre vermessen, und sicher ist die Zeit dafür noch nicht reif, die Frage ergründen zu wollen, worauf diese Beliebtheit gründet. Die nachfolgenden Feststellungen können einen Beitrag dazu leisten, «die herausragende Erscheinung Albert Benz» als Schweizer Blasmusikkomponist zu überdenken und zu würdigen – die abschliessende Würdigung überlassen wir unseren Nachkommen. Das Werk von Albert Benz ist im besten Sinne des Wortes laiengerecht. Auf Grund seiner Herkunft wusste er genau Bescheid über die Aufgaben und Bedürfnisse, aber auch über die Möglichkeiten und Grenzen des Amateurmusizierens, und er hat diese z. T. eingeschränkten Möglichkeiten nie als etwas Minderwertiges, Beklagenswertes eingestuft. Er hat sie ernst genommen, denn er war sich bewusst, welche Werte diesem Amateurmusizieren innewohnen. Aus dieser Grundhaltung heraus hat er mit voller Überzeugung sog. Gebrauchsmusik geschrieben, aber geschmackvoll und echt musste sie sein; ihm war die Geschmacksbildung im Amateurmusizieren immer ein grosses Anliegen, für das er sich bei jeder Gelegenheit vehement einsetzte. Jede seiner Kompositionen legt Zeugnis ab vom ehrlichen Bemühen um gute, zeitgemässe und geschmackvolle Spielliteratur für unsere Blasmusiken. Er hat als Komponist aus seiner inneren Haltung heraus im wahrsten Sinne des Wortes den richtigen Ton getroffen. Seine Kompositionen sprechen an, ohne aber je «billig» zu sein. Sie sind melodiös, apart harmonisiert, formal durchkonzipiert, aber nie konstruiert. Die Instrumentationen sind meisterhaft laiengerecht und verraten den Multiinstrumentalisten. Aber trotz alledem: Die Tonsprache von Albert Benz ist nicht einfach, man muss sich mit seinen Kompositionen auseinandersetzen, der Zugang zum inneren Gehalt seiner Werke liegt nicht oberflächlich auf der Hand; denn jede äussere Effekthascherei war ihm ein Greuel, und sein Urteil konnte recht hart sein, wenn er in einer Komposition eines Kollegen eben dieses Buhlen um die Gunst des Publikums witterte. Für Albert Benz war Musik etwas Schönes, etwas Erhabenes, Klang gewordene Ästhetik; Musik sollte die Menschen erfreuen und sie positiv beeinflussen. Seinen Schülern hat er immer wieder Johann Sebastian Bach zitiert, der einmal gesagt hat, Musik sei «anders nicht, als nur zu Gottes Ehre und Recreation des Gemüths» gedacht.

Aus dieser Grundhaltung heraus hat er seine musikalischen Werke geschaffen, die die Schweizer Blasmusik in jeder Beziehung positiv beeinflusst und bereichert haben.

Die junge Generation

OTTO HAAS   * 15. 2. 1939 in Marbach; lebt in Luzern
Hauptberuflich arbeitet Otto Haas als Primarlehrer in Luzern, daneben als Lehrer für Blasinstrumente in Ebikon, wo er auch die Feldmusik und die Jugendmusik leitet. Er ist Mitglied der Musikkommission des Luzerner Kantonal-Musikverbandes und der Musikkommission des Eidgenössischen Musikverbandes, Leiter von Dirigentenkursen und Experte an Musiktagen und Musikfesten. Als Komponist widmet er sich ganz bewusst den unteren Leistungsklassen. Neben 9 Märschen (alle im Selbstverlag) hat er bisher als Aufgabestücke für kantonale Feste folgende Werke komponiert: *Emmentaler Morgen*, ländliche Idylle (1989 Rhythmus, 4. Kl.); *Festliche Miniaturen*, Suite (1980 Rhythmus, 4. Kl.); *Konzertante Szene* (1984 SV, 4. Kl.).

EDY KURMANN   * 15. 6. 1942 in Ufhusen; lebt in Sursee
E. Kurmann ist Lehrer an der Musikschule und an der Kantonsschule Sursee. Daneben ist er Blasmusikdirigent und Experte an Musiktagen und Musikfesten. Er hat 5 Märsche und folgende konzertante Werke komponiert: *Bergwanderung*, symphonische Skizze (1987 Ms); *Concertino für Waldhorn und Blasorchester* (1988 Ms); *Divertimento für 4 Saxo-*

phone (1979 Ms); *Fantasie für Blasorchester* (1989 Ms); *Fantasie in B* (1980 Ms); *Festliche Musik für Bläser* (1988 Rhythmus); *Hymne für gemischten Chor und Blasorchester* (1989 Ms); *Jahreslauf der Natur*, für Jodelchor und Blasorchester (1985 Mythen); *Konzert für Tuba und Blasorchester* (1981 Mythen); *Lieder zur Messfeier* aus KGB für Blasorchester (1986 Ms); *Lied und Tanz* (1981 Ms); *Medley* (1980 Ms); *Mérette* (1984 Mythen, EMV); *Pasticcio for Brass Band* (1983 Milgra, 1. Kl.); *Sempach 1386* (1985 Ms); *Skizzen der Natur* (1979 Ms).

PASCAL FAVRE * 19. 6. 1949 in Billens; lebt in Montagny-les-Monts
P. Favre ist ein Schüler von Jean Balissat. Er wirkt als Lehrer für Dirigieren an der Berufs- und an der Allgemeinen Abteilung des Konservatoriums Lausanne. Er dirigiert die Fanfare de Crissier und die Union instrumentale de Payerne. An den Musikschulen dieser beiden Orte ist er auch als Lehrer für Blechblasinstrumente tätig. P. Favre ist Präsident der Musikkommission der Société cantonale des Musiques vaudoises und Mitglied der Musikkommission des Eidgenössischen Musikverbandes.

Pascal Favre hat bisher folgende konzertante Werke für Blasmusik komponiert: *Capriccio* (1989 Ruh, 3. Kl.); *Deux Portraits*, Reflexion et Décision (1987 Difem, 3. Kl.); *Déluge 2* für Blasorchester, Chor, Ballett und Schauspieler (1988 Ms); *Dies aeterna* (1988 Ruh, 2. Kl.); *Dipthema*, (1986 Joy, 2. Kl.); *Jeux de Quartes* (1983 Joy, 2. Kl.); *Rondo romand et Dernière bataille* (1984 Ms). Von ihm stammen ebenfalls zwei Märsche.

KURT BROGLI * 9. 5. 1951 in Aarau; lebt in Kölliken
Kurt Brogli ist seit 1983 Mitarbeiter bei Radio DRS, vorerst im Studio Bern, dann auch im Studio Zürich im Ressort Volks- und Laienmusik. Als Blasmusikfachmann ist er Programmgestalter, Aufnahmeleiter und Moderator sowie Mitarbeiter beim Fernsehen. Seit dem 1. Januar 1987 ist er Redaktionsleiter der Sendung *Schweizer musizieren* bei Radio DRS. Ab 1977 war er einige Jahre Dirigent der Feldmusik Luzern, und von 1981–1987 leitete er die Stadtmusik Baden. Seit 1978 dirigiert Kurt Brogli die Swissair-Musik Zürich und seit 1983 die Stadtmusik Zürich.

Kurt Brogli arbeitet als Komponist und Arrangeur im Sinne von Hans Moeckel im Bereich der modernen Unterhaltungsmusik.

Neben ca. 20 Märschen, meist im Swing-Stil, stammen aus seiner Feder viele Arrangements moderner Unterhaltungsmusik. 1986 ist der *Zürcher Melodien-Cocktail*, 1990 das Schweizer Volkslieder-Medley mit amerikanischen Rhythmen *An American in Switzerland* im Verlag Ruh erschienen.

HANS-PETER BLASER   * 1. 6. 1952 in Scherli-Au; lebt in Goldiwil

H.-P. Blaser ist Dirigent der Stadtmusik Thun und Leiter des Blasmusikdirigentenseminars der Musikakademie Zürich sowie Hauptfachlehrer der Blasmusikdirigentenklasse an den Konservatorien Bern und Biel. Er ist zudem Mitglied der Musikkommission des Bernischen Kantonal-Musikverbandes. Neben zwei Märschen schrieb er folgende konzertante Werke für Blasorchester: *Intermezzo gioccoso* (1985 Ms); *Noi siamo tre sorelle*, Variationen (1983 Ruh); *Sonata serena* (1988 Rhythmus); *Toccata, Air and Dance* (1989 Rhythmus, 1. Kl.).

PETER LÜSSI   * 24. 1. 1954 in Uster; lebt in Goldau

P. Lüssi ist Fachlehrer für Blasmusik am Lehrerseminar Rickenbach SZ und leitet seit 1983 die Musikgesellschaft Goldau und die Feldmusik Baar. 1981 gründete er den Da-Capo-Blasmusikverlag. 1985 erschien die 1., bald darauf die 2. und 1988 die 3. Auflage seines *Schweizerischen Blasmusikliteratur-Führers*. Peter Lüssi komponiert konzertante, volkstümliche und unterhaltende Blasmusik sowie Märsche. Er hat bisher über 30 Kompositionen geschrieben, worunter die beiden Konzertstücke *Capricieux*, launische Skizze (1985 Da Capo, 4. Kl.) und *Feierliches Bläserstück*, Andante (1982 Da Capo, 4. Kl.).

FRANCO CESARINI   * 18. 4. 1961 in Bellinzona; lebt daselbst

F. Cesarini ist Flötist, Lehrer am Blasmusikdirigentenseminar der Musikakademie Zürich und Dirigent verschiedener Musikvereine im Tessin. Seit 1988 leitet er die Stadtjugendmusik Zürich. Er komponierte bisher neben 3 Märschen folgende konzertante Werke: *A Festival Anthem* (1986 De Haske); *A Festival Interlude* (1987 De Haske); *Festival Fanfare* (1989 Mitropa); *Divertimento* für Bläseroktett (1982/83 Ms); *Kriegslieder* für Tenor, 2 Trp, 2 Hrns, 2 Pos und Gitarre (1984/85 Ms); *Mexican Pictures* (1988/89 Ms); *Suite Ancienne* (1988 Difem, 3. Kl.).

MASSIMO GAJA * 4. 8. 1961 in Giubiasco; lebt daselbst
M. Gaja ist Klarinettist und unterrichtet an verschiedenen Musikschulen im Tessin. Er dirigiert seit 1979 die Società Filarmonica Gorduno, seit 1985 die Civica Filarmonica Giubiasco und seit 1987 die Civica Filarmonica Bellinzona.

Er hat 3 Märsche sowie folgende Werke symphonischen Charakters komponiert: *Gloria in excelsis*, Poema Sinfonico (1982 Ms); *Significants Moments*, Brano da Concerto (1988 Ms); *Variazioni Slave su un tema Yugoslavo* (1985/86 Ms).

Zukunftsperspektiven

Schweizer Blasmusik, der ewige Kompromiss?
Oder: Wunschtraum und Wirklichkeit der Schweizer Blasmusik

Im Jahre 1987 feierte der Eidgenössische Musikverband sein 125jähriges Bestehen. Dieses Jubiläum ist würdig gefeiert worden, das darf man mit Überzeugung feststellen. Glücklicherweise hat man bewusst euphorische Selbstbeweihräucherung vermieden und statt dessen versucht, die Entwicklungen aufzuzeigen, die zu dem geführt haben, was wir heute auch im internationalen Vergleich nicht ohne Stolz vorweisen können.

Im Jubiläumsbuch «125 Jahre Eidgenössischer Musikverband, Unsere Blasmusik in Geschichte und Gegenwart 1862–1987», verfasst von Josef Meier, Herbert Frei und Albert Benz (Verlag EMV, Luzern), werden die geschichtlichen und musikalischen Entwicklungen dargestellt. Die Absicht war, eine Standortbestimmung vorzunehmen.

Dasselbe Ziel verfolgt die parallel zum Jubiläumsbuch produzierte Dreier-LP/Doppel-MC «Unsere Blasmusik in alten und neuen Aufnahmen» von Kurt Brogli, Herbert Frei und Theo Fuog, mit einem Begleitheft (Amos, Zullwil). Beide Produktionen sollen Beweis sein für die Bemühungen unserer Vorfahren um die Entwicklung der Blasmusik in unserem Lande. Sie belegen die Tatsache, dass die Bestrebungen um gute Blasmusik so alt sind wie unsere Blasmusik selbst.

Die Arbeiten im Zusammenhang mit der Historie anlässlich des Jubiläums des EMV wie auch die hier dargestellte Entwicklung der schweizerischen Blasmusikliteratur in unserem Jahrhundert haben eindeutig gezeigt, dass wir mitten in Entwicklungen stehen, die weitergehen müssen. Uns allen, die sich mit Blasmusik befassen, ist die grosse Verantwortung übertragen, diese Entwicklungsprozesse weiterzuführen, die Zeichen der Zeit zu erkennen, uns mit allen Strömungen unserer Zeit auseinanderzusetzen, sie nach bestem Wissen und Gewissen aufzunehmen, einzuordnen und einen Weg in die Zukunft zu suchen.Es sind wahrlich viele Fragen und Probleme, mit denen unsere Blasmusik heute konfrontiert wird.

Keine Musizierform hat so viele unterschiedliche Gesichter wie das volksmässige Blasmusizieren. Da ist einerseits der Öffentlichkeitsauftrag, dessen Erfüllung mit Recht von uns erwartet wird, der uns aber andererseits oft im Wege steht, wenn wir hochgesteckte musikalische Ziele anvisieren. Viele möchten eine intellektuellere, nur konzertante Blasmusik, stolpern dabei aber über die reellen Gegebenheiten der Dorf- und Stadtmusik und ärgern sich darüber, dass Wunschtraum und Wirklichkeit nur schwer in Einklang zu bringen sind. Viele hoffnungsvolle Dirigenten und Musikanten können es nicht verkraften, dass sie ihre idealistischen Ziele nicht verwirklichen können, sondern ständig Kompromisse schliessen müssen. Manche wenden sich schliesslich frustriert von der Blasmusik ab.

Die folgende Aufzählung einiger sich gegenüberstehender, scheinbar nicht in Einklang zu bringender Polarisierungen soll aufzeigen, wo die Probleme der Blasmusik heute beispielsweise liegen:

Wunschtraum:	Wirklichkeit:
Blasmusik soll etwas für Kenner sein, eine elitäre, intellektuelle Musizierform.	Blasmusik ist für alle da.
Das Publikum soll zu dieser Art Blasmusik erzogen werden.	Der Durchschnittshörer darf nicht überfordert werden (nach Elgar Howarth in Brass Band Nr. 4, April 89).
Die Blasmusik soll sich modernen Strömungen aufgeschlossener zeigen.	Die Blasmusik bewahrt die Tradition, ist aber gleichzeitig offen für neue Entwicklungen, die sie vorerst kritisch hinterfragt.

Die Vereinheitlichung der Besetzungstypen a) Blasorchester nach amerikanischer Art und b) Brass Band nach englischer Art ist unbedingt anzustreben.	Die schweizerische Besetzungsvielfalt wird akzeptiert, auch wenn man die eine oder andere Besetzungsart ganz bewusst anstrebt. Traditionelle Besetzungstypen (Blech, Fanfare mixte) werden bewusst erhalten und haben ihre Berechtigung. Mischformen sind nicht zu vermeiden.
Die Blasmusik soll nur noch konzertant in Erscheinung treten.	Zur blasmusikalischen Praxis gehört neben der konzertanten Musik auch die Marschmusik und die Unterhaltungsmusik. Die Blasmusik hat neben der konzertanten eine stark funktionale Aufgabe zu erfüllen.
Die Blasmusik soll nur original für sie komponierte Musik spielen.	Die Blasmusik spielt vorwiegend Originalliteratur, verschliesst sich jedoch keineswegs der Transkription; sie nimmt sich dieser aber mit ganz besonderem Verantwortungsbewusstsein an.
Blasmusik soll nur noch im Konzertsaal oder in der Kirche erklingen, weg von der Strasse.	Die Blasmusik erklingt überall, sowohl auf der Strasse, im Freien, im Festzelt wie im Konzertsaal und in der Kirche.
Überdurchschnittliche Leistung kann nur von jungen, guten Musikantinnen und Musikanten erbracht werden; nur die besten sind gut genug, darum Selektion.	Wer ein Blas- oder Schlaginstrument gelernt hat und musizieren möchte, kann mitmachen. Im Amateur- und Liebhabermusizieren kann jeder mittun, bessere und schlechtere, jüngere und ältere.

Aus diesen Gegenüberstellungen ergeben sich folgende Fragen:
Gibt es eine echt schweizerische, erhaltenswürdige Blasmusik?
Haben wir die Verpflichtung, unsere Eigenheiten zu bewahren, oder sollen wir uns mehr und mehr ausländischen Einflüssen angleichen, die eigene Tradition über Bord werfen?
Wer hat den Mut, zur schweizerischen Blasmusiktradition zu stehen, sie in der Praxis zu verteidigen?
Und wer hat den Mut, für das ‹Sowohl-Als auch›, den gut eidgenössischen Kompromiss traditioneller Prägung, einzustehen, damit aber in Kauf zu nehmen, von den einen gelobt, von den andern kritisiert oder gar mitleidig belächelt zu werden?
Nun gibt es in unserem Lande seit Jahren Eliteformationen, Brass Bands und Blasorchester, die sich in ihrer Zielsetzung ganz bewusst von der Masse abheben. Es wäre töricht, ihre Existenzberechtigung in Frage zu stellen. Es wäre aber ebenso töricht, sie als das Nonplusultra, das Endziel schweizerischer Blasmusikpraxis hinzustellen. Sie setzen mit ihren Leistungen Massstäbe im konzertanten Bereich, können aber nicht die Lösung der oben gestellten Fragen anbieten, weil sie sich nicht den Herausforderungen des blasmusikalischen Alltags stellen.
Albert Benz hat sich ganz intensiv mit den anstehenden Problemen, Fragen und jüngsten Entwicklungen in der schweizerischen Blasmusikszene auseinandergesetzt und um Lösungen gerungen. Die grosse Palette seiner Kompositionen, seine Vorträge, seine Publikationen, vor allem das Buch «Blasmusikkunde – Probenmethodik» (1987 Rhythmus) und seine Tätigkeit als Lehrer und als Dirigent legen davon Zeugnis ab.
Der Verfasser dieser Zeilen hatte das Glück, dieses ehrliche Ringen während mehr als zehn Jahren aus nächster Nähe mitzuverfolgen.
Bei dieser intensiven Auseinandersetzung wurden weder Lösungen noch Rezepte gefunden, wohl aber wurden Wege aufgezeigt, die für die Weiterentwicklung eine Diskussionsbasis sein können. Vor allem wurde in den vergangenen Jahren eine Sensibilisierung erreicht und ein Bewusstwerdungsprozess in Gang gebracht. Man kann heute getrost davon ausgehen, dass keine revolutionär überbordenden Entwicklungen und Veränderungen dem Ganzen schaden werden.
Solange wir über die anstehenden Probleme und Fragen sachlich

diskutieren können und einsehen, dass in unserem Schweizerlande alles seinen Platz hat, und solange wir nichts erzwingen wollen, was sich nicht erzwingen lässt, liegt in der Beschäftigung mit diesen Fragen eine echte Chance der Weiterentwicklung, die jene Veränderungen bewirkt, die veranwortet werden können. Vergessen wir nie: Es entspricht echt schweizerischer Tradition, dass Veränderungen nicht mit Revolutionen, sondern mit Evolutionen erreicht werden. Das geht zwar länger, hat aber den Vorteil, dass unsere gewachsenen Grundlagen erhalten bleiben und dass nichts Bestehendes, Bewährtes willkürlich aufs Spiel gesetzt wird.

In diesem Sinne ist allen, die sich mit Blasmusik befassen, denen diese Musizierform ans Herz gewachsen ist, zu wünschen, dass sie eine sachliche Basis der Diskussion finden, die getragen wird von gegenseitiger Achtung. Damit erweisen wir der Entwicklung der Schweizer Blasmusik über die Schwelle des zweiten Jahrtausends den besten Dienst.

HERMANN BIERI

Musikleben im Entlebuch – früher und heute

Über die Frühformen musikalischer Betätigung im Entlebuch kann man nicht viel Gesichertes sagen. Die voralpine Region lag abseits der grossen Verkehrswege, und trotz der Anwesenheit von Eremiten im Entlebuch (Alp Brüdern und Wittenbach – Heilig Kreuz) entstand doch kein frühes Kloster, in dem Schule und Musik möglich gewesen wären. Ein kleiner, bescheidener Lichtblick einer frühen Musiktradition gibt uns die Entdeckung, dass es eine Entlebucher Fassung des «Tannhuser»-Liedes gibt, ja dass sie die älteste Schweizer Textquelle des berühmten Sagenstoffes ist.[1] Die von Pfarrer F.J. Stalder notierte Melodie ist allerdings bedeutend jünger als die Textquelle.

Wir dürfen immerhin davon ausgehen, dass das tanz- und sangesfreudige Völklein der Entlebucher schon früh bei Familien- und Volksfesten gesungen und in bescheidener Weise musiziert hat. Wie früh eigentliche Kirchenmusik möglich war, wäre noch näher zu ergründen. Für Escholzmatt soll um 1500 eine Orgel nachweisbar sein, Sänger und Musiker zum Gottesdienst um 1754, und in Marbach gab es eine Orgel mit 6 Registern um 1767. Musik zum Fest ist eindeutig vorhanden in den an verschiedenen Orten des Entlebuchs (auch in Marbach) nachgewiesenen Tanzlauben, in denen nach den Sonntagsgottesdiensten bis tief in den Nachmittag hinein musiziert, getanzt und gesungen wurde. Dies mag belegen, welchen Stellenwert Musik, Tanz und Gesang im Volksleben gehabt haben.

---

1 vgl. H.P. Renggli, Das Entlebucher «Tannhuser»-Lied, in: Entlebucher Brattig 1985, p. 80ff.

Und die Schule? Als älteste Schule gilt jene von Marbach (gegründet um 1778). Es scheint aber schon viel früher gelegentlichen Unterricht gegeben zu haben. Für Escholzmatt sind Belege aus dem 16. Jahrhundert vorhanden. Aber auch eine Schule des 19. Jahrhunderts wird sich noch hauptsächlich mit den Elementarfächern abgemüht haben. Das erste Musikfach war schliesslich «Singen». Jetzt konnte das Volkslied gepflegt werden.

Zu einer Epoche starker öffentlicher Musikpflege ist das 19. Jahrhundert geworden. Überall entstanden Chöre und Gesangsgruppen, Blasmusiken und Theatergesellschaften. Schüpfheim und Entlebuch gründeten je 1834 eine Theatergesellschaft, die bald schon «musikalisches» Theater auf die Bretter brachten. Nach ersten Schauspielen mit Gesang folgten eigentliche Singspiele und musikalische Schwänke, wobei allerdings die aufgeführten Werke seit 1849 mit einer zeitlichen Verzögerung von 40–50 Jahren aus den deutschen Städten ins Entlebuch kamen. Am Ende des 19. Jahrhunderts machte auch die Escholzmatter Theatergesellschaft (nebst Schüpfheim und Entlebuch) im Operetten-«Wettstreit» mit, aber nur bis zum 1. Weltkrieg. Die Schüpfheimer Tradition dauerte bis nach dem 2. Weltkrieg, das Dorf Entlebuch hat bis heute mit seinen Aufführungen durchgehalten. Die Kompositionen von Künneke, Jarno, Zeller, Jessel, Haug, Nebdal, Millöcker, Ascher und des einheimischen Musikers Robert Duss usw. ziehen noch immer Tausende von Liebhabern dieses Genres an.[2] Die für diese Aufführungen erforderlichen Streichergruppen oder Orchester konnten nach ihrem Entstehen auch in weitern öffentlichen Veranstaltungen eingesetzt werden. Seit dem frühen 20. Jahrhundert gibt es auch in den Kirchen sog. Orchestermessen, insbesondere in Schüpfheim und Entlebuch. Für Chöre und Orchester musste man entsprechende Leiter haben. Das waren durchwegs einheimische Kräfte, die nebst ihrem Beruf so etwas wie musikalische Generalisten waren. Einer der vitalsten dieser Art war Lehrer Josef Teuffer in Schüpfheim, zugleich Chor- und Orchesterdirigent und Organist. Eine vielseitige Tätigkeit übte in

---

2 vgl. H.P. Renggli, Das Entlebucher «Musiktheater» – Beobachtungen zu einer «Gattungsgeschichte» auf dem Lande, in: Entlebucher Brattig 1984, p. 84ff.

Schüpfheim auch Josef Zemp (1898–1978) aus, der zudem 1954–1963 den Luzerner Kantonal-Musikverband präsidierte.

Die Wende vom 19. zum 20. Jahrhundert war eine Blütezeit der Volksmusik und der Volksmusiker. Es gab eine Reihe von Männern, die kleine Kompositionen für Bläser und Musikkapellen schrieben, selber aktiv musizierten und dirigierten, weitherum zur Gründung und ersten Instruktion von Blech- und Harmoniemusiken zugezogen wurden und in einem grossen Umkreis mit eigenen Auftritten Entlebucher Musikalität bewiesen. Zu ihnen sind Anton Scheidegger, Robert Wicki und Sebastian Kaufmann aus Escholzmatt zu zählen. Der bedeutendste aber war Ferdinand Lötscher (1842–1904) von Schüpfheim. Dr. Peter Benary schrieb nach einer von Hans Zihlmann im Lichthof des Regierungsgebäudes von Luzern 1986 arrangierten Aufführung von «Ländlichen Tänzen»: «... eine Musik, die es in hohem Masse verdient, bekannt gemacht zu werden. Lötscher beweist hohes instrumentatorisches Geschick, Geschmack und Originalität; denn er verbindet Elemente der Tanz- und Volksmusik, des biedermeierlichen Serenadentons, Humor und niemals flache Unterhaltsamkeit in einer ergötzlichen Weise. Ich kenne nichts, was diesen Tänzen im 19. Jahrhundert an die Seite gestellt werden könnte.»[3] Einige der Kompositionen Lötschers sind heute zugänglich gemacht durch eine Schallplatte der Lauwiser Dorfmusik.

Die ältesten Blasmusiken wurden bei uns vor ca. 140 Jahren gegründet. Ihnen waren kleinere Formationen vorangegangen, die für gelegentliche Auftritte zusammengestellt wurden und gemeinsam musizierten. Heute verzeichnen wir im Entlebuch über ein Dutzend Blasmusiken, worunter mehrere Erstklassvereine, und mehrere Korps haben auch eine Jungmusik. Das Spielrepertoire dieser Vereine hat im Verlaufe der Zeit die aktuellen Gepflogenheiten und Trends mitgemacht. Während noch vor 40 und 30 Jahren viele arrangierte Kompositionen gespielt wurden, haben heute alle Vereine weitgehend auf Originalkompositionen und auf moderne Literatur umgestellt. Die Werke von Albert Benz gehören selbstverständlich dazu.

Insgesamt verfügt heute das Entlebuch über eine bemerkenswerte

---

3 vgl. Entlebucher Brattig 1987, p. 105f.

Palette musikalischer Aktivitäten: Nebst den Blasmusiken bestehen nach wie vor die Orchester von Entlebuch und Schüpfheim, ferner für jede Pfarrkirche ein Kirchenchor (selbst im bloss 140 Seelen zählenden Bramboden), und daneben gibt es noch einige sog. profane Chöre, ferner besitzt fast jede Gemeinde eine blühende Musikschule, und als neustes und stolzestes Kind unserer Musikkultur rühmen wir uns der von Markus Zemp gegründeten «Entlebucher Kantorei», die mit den Aufführungen des Weihnachtsoratoriums von J.S. Bach und der «Schöpfung» von Joseph Haydn brillierte. Es treten bei uns auch immer häufiger auswärtige Formationen auf, die Kammermusik bieten oder grössere Werke für Chor und Orchester aufführen. Erfreulich ist, dass heute für gewisse Sparten einheimische Gesangssolistinnen zur Verfügung stehen, z. B. Mariann Graf, Martha Khakzad-Zemp und Brigitte Schmid, alle aus Schüpfheim. Ein Phänomen besonderer Art ist wohl die Soloposaunistin Pia Bucher aus Wiggen, die im Berner Symphonieorchester als Soloposaunistin tätig ist. Als Mitglied des Slokar-Quartettes verfügt sie bereits über internationale Konzerterfahrung. Jungbläser haben verschiedentlich an nationalen Wettbewerben gute bis erste Ränge geholt. Seit einigen Jahren gibt es den Prix Rotary, einen musikalischen Wettbewerb für Jungtalente, an dem Jahr für Jahr 70–80 junge Musikantinnen und Musikanten eine Förderung erfahren.

Albert Benz ist vielen Musikbegabten zum Vorbild und Ansporn geworden. Weitere Entlebucher haben es gewagt, eine Musikerlaufbahn einzuschlagen. So liessen sich Joseph Röösli (Schüpfheim) und Hans Zihlmann (Marbach) zu Musiklehrern ausbilden und haben seit Beginn ihrer Berufsarbeit am Lehrerseminar Hitzkirch, am Konservatorium Luzern und an der Akademie für Schul- und Kirchenmusik Luzern über die Kantonsgrenzen hinaus eine grosse musikpädagogische Ausstrahlung erreicht und zudem eine breite Konzerttätigkeit entfaltet. Hans Zihlmann komponiert auch. Walter Schnyder (Escholzmatt) unterrichtet als Musiklehrer für Bläser am Lehrerseminar Hitzkirch.

Markus Zemp (Schüpfheim) ist nach ersten Berufsschritten in der «Fremde» wieder ins Entlebuch zurückgekehrt. Seine Haupttätigkeit ist jene eines Musikredaktors am Radio. Daneben ist er Stiftskapellmeister an der Hofkirche in Luzern und bei uns Leiter der Entlebucher Kantorei. Auch er hat schon viele Chor- und Orchesterkonzerte dirigiert.

Ferner hat der bekannte Dirigent, Musikwissenschafter und derzeitige Direktor der Akademie für Schul- und Kirchenmusik Luzern, Dr. Alois Koch, seine Ahnen im Entlebuch. Nebst diesen professionellen Musikern verfügen unsere Korps und Chöre über ausgezeichnete Dirigenten aus «eigenem Holz», und etliche Blasmusiken und Chöre im weitern Kantonsgebiet werden von Entlebuchern dirigiert.

Noch ein Wort zur Volksmusik unserer Tage. Seit 1950 hat die Volksmusik eine eigentliche Breitenentwicklung durchgemacht. In praktisch allen Gemeinden wurden Jodelklubs gegründet (Escholzmatt hat z. B. deren vier), die sog. Tanzmusiken und Bands neuerer Prägung sind nur so aus dem Boden geschossen, und die frühere Hausmusik wird mit Familienkapellen weitergepflegt. Viele Volksmusikgruppen und -solisten sind mutig zu Schallplatten- und Kassettenproduktionen geschritten. Einige Kompositionen figurieren in den Radiohitparaden. Schade ist, dass die originale Volkslied- und Volksmusiktradition unseres Ländchens nicht bewusster gepflegt wird.

Josef Suter (1843–1923), der längere Zeit als Lehrer in Marbach tätig war, schreibt in seiner Heimatkunde von Marbach: «Der Marbacher ist heitern und aufgeweckten Geistes und scherzhafter Laune und fast wie die Appenzeller ein Liebhaber von Musik und Gesang.» In diesem Umfeld ist Albert Benz aufgewachsen. Musikalische Familientradition und dörfliche Musikkultur haben ihn wohl begeistert. So ist er später ein bedeutender Inspirator unserer Musikkultur geworden. Dafür sind wir ihm herzlich dankbar.

Biographische Daten

10. 9. 1927	geboren in Marbach LU als ältestes Kind der Familie Robert und Marie Benz-Stadelmann Vater: Dorfschmied und Dirigent der Feldmusik Marbach Geschwister: Wilhelm (geb. 1929), Trudi (geb. 1931) Primar- und Sekundarschule in Marbach frühe Versuche auf verschiedenen Blasinstrumenten und Mitspiel in der Feldmusik Marbach
1943–1948	Kantonales Lehrerseminar in Hitzkirch LU
1948	Lehrpatent als Primarlehrer des Kantons Luzern
1948–1965	Primarlehrer in Neudorf LU Dirigent der Musikgesellschaft Neudorf (1948–1954), der Musikgesellschaft Harmonie Beromünster (1948–1952) und des Männerchors Beromünster (1949–1952)
1948	Rekrutenschule als Militärtrompeter (Bariton) bei Musikinstruktor Fritz Siegfried
1948	Unteroffiziersschule und Abverdienen bei Musikinstruktor Fritz Siegfried
1950	Aktivmitglied der Stadtmusik Luzern (Klarinette, Waldhorn)

BIOGRAPHISCHE DATEN

	Privatunterricht bei Albert Jenny (Harmonielehre) und Otto Zurmühle (Instrumentation)
1953	Regimentsspielführer (Regimentsspiel 20, später Regimentsspiel 78)
1954–1977	Primarlehrer in Luzern, meistens 5./6. Primarklasse
1954	Beginn des Berufsstudiums am Konservatorium Luzern im Hauptfach Theorie; wichtigste Lehrer: Albert Jenny, Dr. Gustav Güldenstein, Max Sturzenegger
1955–1960	Dirigent der Musikgesellschaft Seon AG
1957	Heirat mit Claire Scherer von Rain LU
1957–1974	Dirigent der Musikgesellschaft Entlebuch
1958	Diplom als Theorielehrer erste gedruckte Komposition: Preludio alla Scherzo (Emil Ruh, Adliswil)
1958	Geburt der Tochter Heidi; heute diplomierte Musikerin (Querflöte) in Basel
1960–1963	Dirigent der Orchestergesellschaft Luzern (damals Orchester des kaufmännischen Vereins Luzern)
1960–1974	Redaktor des Taschenkalenders des Eidgenössischen Musikverbandes EMV
ab 1960	Lehrer in Dirigentenkursen des Luzerner Kantonal-Musikverbandes
1960	Geburt der Tochter Susanne; heute Primarlehrerin und diplomierte Musikerin (Klavier)
1960–1988	Mitglied der Gesellschaft Eintracht, Luzern
1961	Nachfolger von Otto Zurmühle als Lehrer für Instrumentenkunde am Konservatorium Luzern
1961–1962	Dirigent der Harmoniemusik Luzern (damals Verkehrspersonalmusik)

Die Töchter Heidi, Susanne und Daniela

Albert und Claire Benz auf Mackinac-Island, USA, Sommer 1987

Albert und Claire Benz-Scherer mit den Töchtern Heidi, Susanne und Daniela

Grabdenkmal für Albert Benz von Franco Annoni (Friedhof Friedental Luzern, Friedhof West, vom Hauptportal Richtung Hauptweg, dann zweiter Seitenweg links, zweites Grab rechts im Feld A4)

BIOGRAPHISCHE DATEN

1962–1988	Dirigent der Stadtmusik Luzern als Nachfolger von Otto Zurmühle
1963	Geburt der Tochter Daniela; heute dipl. Physiotherapeutin und Amateurmusikerin (Waldhorn, Saxophon)
1966	Leitung des ersten Dirigentenkurses für Blasmusiker am Konservatorium Luzern allmählicher Aufbau der Klasse für Blasmusikdirektion am Konservatorium Luzern
1967–1976	Mitglied der Musikkommission des Luzerner Kantonal-Musikverbandes
1969–1988	Leitung der Klasse für Blasmusikdirektion am Konservatorium Luzern
1971–1988	Mitglied der Musikkommission des Eigenössischen Musikverbandes EMV
1971	Stephan-Jaeggi-Preis, zusammen mit Otto Zurmühle
1973	Kompositionspreis Crissier
1977–1988	Inspektor der schweizerischen Militärspiele Dirigent des Schweizer Armeespiels
1981–1985	Gründungs- und Vorstandsmitglied der WASBE (World Association for Symphonic Bands and Ensembles) Neben seinen Haupttätigkeiten als Lehrer, Dirigent und Komponist immer wieder beschäftigt als Juror an Musikfesten, Referent an Fachtagungen und Verfasser von Fachartikeln und Fachliteratur
22. 3. 1988	unerwarteter Tod durch Herzinfarkt

KURT BROGLI

Verzeichnis der Tonträger

1. Kompositionen

Titel	Formation	Tonträger
100 Jahre Füs Bat 60 Marsch	Schweizer Armeespiel (Ltg. Albert Benz)	LP CBS 84 860
	Spiel Füsilier Bat 60 (Ltg. Rudolf Haller)	LP EV 30-876
	Japan Ground Self Defence Force Central Band (Ltg. Col. Tomiie & Major Katayama)	Privatband
800 Jahre Luzern Marsch	Stadtmusik Luzern (Ltg. Albert Benz)	LP Ex Libris EL 12 281
Aarauer Stadtschützen Marsch	Stadtmusik Aarau (Ltg. Paul Steinmann)	LP/MC amos 5541
Äntlibuecher Chuereihe	Feldmusik Escholzmatt (Ltg. Otto Zihlmann)	Band Radio DRS Studio Bern
Äntlibuecher Polka	Schweizer Armeespiel (Ltg. Albert Benz)	Band Radio RSR Studio Lausanne
	MG Konolfingen (Ltg. Rudolf Siegfried)	LP Sonor Disc SO 30-066
	Spiel Geb S Bat 12 (Ltg. Thomas Dietziker)	LP/MC Magnon PN 1058

◁ Beim Überprüfen einer Tonaufnahme

Titel	Formation	Tonträger
Äntlibuecher Polka	Spiel Geb S Bat 3 (Ltg. Paul Gygli)	LP EV 30-872
	Spiel Inf Rgt 19 (Ltg. Josef Keist)	LP TST 30-2319
Bergfahrt, Suite	Kadettenmusik der Stadt Zug (Ltg. Sales Kleeb)	Band Radio DRS Studio Zürich
	Zürcher Blasorchester (Ltg. A. Häberling)	Band Radio DRS Studio Zürich
	Feldmusik Marbach (Ltg. Josef Koch)	LP Pan 132 052
Bundesrat-Gnägi-Marsch	Schweizer Armeespiel (Ltg. Hans Honegger)	LP Polydor 2377 008
	Spiel Geb Inf Rgt 37 (Ltg. Heinz Felix)	LP Pick 100-164
	Spiel Inf RS 205/85 (Ltg. Robert Grob)	LP/MC amos 5526 und CD amos 5582
	Spiel Inf Rgt 3 (Ltg. Georg von Arx)	CD/MC amos 5613
	Spiel der Felddivision 8 (Ltg. Walter Spieler)	LP EV 508
	Spiel Inf RS 203/79 Bern (Ltg. Hans Jörg Spieler)	LP SO 30-040
	Die grosse Schweizer Marschmusikparade Schweizer Armeespiel (Ltg. Hans Honegger)	LP L 001 Gold Records
	Spiel Inf RS 5/83 Aarau (Ltg. Robert Grob)	LP EV 30-926
	TokyoPoliceBoardBand (Ltg. Takanobu Saitoh)	Privatband

Titel	Formation	Tonträger
Buremuusig Rickebach hed Durscht	Musikanten-Party mit der Buuremusig Rickenbach (Luzern)	LP EV 30-731
Burleske	Fanfare de Gland (Ltg. Léon Durot)	Radio RSR Studio Lausanne
	Feldmusik Sarnen (Ltg. Josef Gnos)	Band Radio DRS Studio Bern
	Footsgray Yaroville City Band (Australien)	LP CP 12 91 Crest International
C.-E.-Scherrer-Marsch	Spiel Inf Rgt 20 (Ltg. Richard Gebistorf)	LP 12-4178 CH-Records
De silbrig Kadett Marsch	Schweizer Armeespiel (Ltg. Josef Gnos)	Band Radio DRS Studio Bern
	Kadettenmusik der Stadt Zug (Ltg. Willi Röthenmund)	Band Radio DRS Studio Zürich
Der Landvogt von Greifensee	Königlich-Holländische Marine-Kapelle (Ltg. Jaap Koops)	LP Miragram SP 400399
Die schwarze Spinne	Fanfare militaire de Suisse romande (Ltg. Pierre-Marie Solioz)	Band Radio RSR Studio Lausanne
	Stadtmusik Zürich (Ltg. Hans Moeckel)	Band Radio DRS Studio Zürich
	Brass Band Graubünden (Ltg. Martin Casentieri)	Band Radio DRS Studio Zürich
	Jugendmusik Schwyz (Ltg. Heini Iten)	CD amos 5621
Du Nord, Marsch	Feldmusik Marbach (Ltg. Albert Benz)	Band Radio DRS Studio Bern
Einzug der Urschweizer	Feldmusik Marbach (Ltg. Albert Benz)	Band Radio DRS Studio Bern
	Bürgermusik Wildhaus	MC amos 324

Titel	Formation	Tonträger
Einzug der Urschweizer	Musikgesellschaft Dicken	MC amos 337
Fantasia Ticinese	Black Dyke Mills Band (England)	Privatband (Albert Benz)
	Musikgesellschaft Sevelen	MC amos 209
Festfanfare (zum 100-Jahr-Jubiläum des Eidg. Musikvereins, 1962. Komp.-Auftrag des Radiostudios Bern)	Stadtmusik Bern (Ltg. Bruno Goetze)	Band Radio DRS Studio Bern
	Stadtmusik Murten (Ltg. Bruno Hofmann)	Band Radio DRS Studio Bern
Fest im Dorfe, Suite, nur den Satz «La Fanfare s'approche», Marche	Fanfare Edelweiss de Semsales (Ltg. Roger Favez)	Band Radio RSR Studio Lausanne
Finnland-Reise (Ein finnisches Volkslieder-Potpourri)	Kadettenmusik der Stadt Zug (Ltg. Willi Röthenmund)	Band Radio DRS Studio Zürich
Gilden-Marsch	Musikgesellschaft Madiswil (Ltg. Hans Leuenberger)	Band Radio DRS Studio Bern
Gruss an Menzberg Marsch	Feldmusik Escholzmatt (Ltg. Otto Zihlmann)	Band Radio DRS Studio Bern
	Kadettenmusik der Stadt Zug (Ltg. Sales Kleeb)	LP EV 30-679
Heimkehr, elegischer Marsch	Spiel Inf RS 5/88 (Ltg. Robert Grob)	LP/MC amos 5593
	Musikgesellschaft Kirchenmusik Wiggen	MC amos 241
Heitere Ouverture	Blasorchester Bodensee (Ltg. Hans Füllemann)	Band Radio DRS Studio Bern
	Musikgesellschaft Belalp, Naters (Ltg. Robert Gertschen)	Band Radio DRS Studio Bern

Titel	Formation	Tonträger
Inf Rgt 32, Marsch	Spiel Inf Rgt 32 (Ltg. Werner Signer)	LP CH Special SPL 10073 und LP CH-Records 12-4166
Intrada Solenne	Fanf. L'Echo de Corjon, Rosinnière (Ltg. Alfred Berdoz)	Band Radio RSR Studio Lausanne
	Musikgesellschaft Biglen (Ltg. Fritz Zimmermann)	Band Radio DRS Studio Bern
Jubiläumsmusik	Band of the Belgian Air Force (Ltg. Alain Crepin)	Mitropa M-Disc 90.001 CD/MC
Kamblys Brätzeli Marsch	Feldmusik Marbach (Ltg. Josef Koch)	LP Pan 132 052
Klingende Fahrt	Musikgesellschaft Andelfingen	MC amos 154
	Musikgesellschaft Vättis	MC amos 343
Ländler für Brass Band	Brassband Bürgermusik Luzern (Ltg. Yves Illi)	LP Gold Records SRG 11250
	Brassband Musikgesellschaft Rickenbach (Ltg. Valentin Kogoj)	CD/MC amos 5616
Larghetto pastorale	Musikgesellschaft Rütschelen (Ltg. Hans Leuenberger)	Band Radio DRS Studio Bern
Lob und Dank	Blasorchester des Gymnasiums Freudenberg, Zürich (Ltg. Ernst Wasser)	Band Radio DRS Studio Zürich
	Musikgesellschaft Haslen (Ltg. Jakob Rechsteiner)	Band Radio DRS Studio Zürich
	Musikgesellschaft Lengnau (Ltg. Walter Mathys)	Band Radio DRS Studio Bern

Titel	Formation	Tonträger
Luzerner Jubiläumsmarsch	Schweizer Armeespiel (Ltg. Albert Benz)	LP CBS 84 860
Luzerner Musikanten Marsch	Feldmusik Marbach (Ltg. Albert Benz)	Band Radio DRS Studio Bern
	Spiel Inf Rgt 27 (Ltg. Hanspeter Flury/ André Fischer)	CD/LP/MC amos 5606
Marcia Festiva	Jugendmusik Spiez (Ltg. Jakob Wolf)	LP WEBA 8820
Martinifäscht, Marsch	Feldmusik Marbach (Ltg. Albert Benz)	Band Radio DRS Studio Bern
Morgenlied	Musikgesellschaft Entlebuch (Ltg. Albert Benz)	Band Radio DRS Studio Bern
	Arbeitermusik Langenthal (Ltg. Fritz Neukomm)	Band Radio DRS Studio Bern
Nidwalden 1798	Schweizer Armeespiel (Ltg. Josef Gnos)	Band Radio DRS Studio Bern
Nostalgische Ouverture	Harmonie Lausanne (Ltg. Raymond Castellon)	Band Radio RSR Studio Lausanne
Oberstdivisionär Wick Marsch	Schweizer Armeespiel (Ltg. Albert Benz)	Band Radio DRS Studio Bern
	Spiel Inf RS 305/77 Aarau (Ltg. Robert Grob)	LP EV 30-848
	Japan Ground Self Defence Force Central Band (Ltg. Col. Tomiie & Major Katayama	Privatband
Preludio alla Scherzo	La Persévérance, Estavayer-le-Lac (Ltg. Roger Renevey)	Band Radio RSR Studio Lausanne
	Fanfare du Noirmont (Ltg. René Bilat)	Band Radio RSR Studio Lausanne

Titel	Formation	Tonträger
Preludio alla Scherzo	Musikgesellschaft Lengnau (Ltg. Walter Mathys)	Band Radio DRS Studio Bern
Red River	Kadettenmusik der Stadt Zug (Ltg. Willi Röthenmund)	Band Radio DRS Studio Bern
	Musikgesellschaft Helvetia Eschenbach	MC amos 359
Romooser Sonntag	Musikverein Niederdorf	MC amos 153
	Musikverein Eintracht Kaltbrunn	MC amos 360
Rondo für Brass Band	Posaunenchor Eschlikon (Ltg. Ernst Egger)	Band Radio RSR Studio Lausanne
	La Riviera Vaudoise (Ltg. Jean-Louis Schmidt)	Band Radio RSR Studio Lausanne
	Evangelische Allianzmusik, Basel (Ltg. Daniel Aegerter)	Band Radio RSR Studio Lausanne
Schweizerlieder-Fantasie	Musikgesellschaft Giffers FR (Ltg. Erwin Neuhaus)	LP ML 527
	Spiel Inf RS 5/84 (Ltg. Robert Grob)	LP/MC amos 5503
	Brass Band Mühledorf (Ltg. Ernst Balli)	LP/MC amos 5502
	Jugendmusik Bern-Bümpliz (Ltg. Hans Knoll, Heinz Brunner)	LP SO 30-034
Simelibärg (Fantasie über das alte und neue Guggisberglied)	Feldmusik Marbach (Ltg. Albert Benz)	Band Radio DRS Studio Bern
	Spiel Inf Rgt 37 (Ltg. Jürg Leuthold)	LP/MC CH-Records 12/14-4179

Titel	Formation	Tonträger
Simelibärg (Fantasie über das alte und neue Guggisberglied)	Musikgesellschaft Pfäfers SG	MC amos 89
Sonata breve	Stadtmusik Unterseen (Ltg. Jörg Ringgenberg)	Band Radio DRS Studio Bern
	Bläserensemble des Konservatoriums Luzern (Ltg. Josef Gnos)	LP Konservatoriumsverein Luzern K 81/1
	Kadettenmusik der Stadt Zug (Ltg. Willi Röthenmund)	Band Radio DRS Studio Zürich
Strada del Sol, Bolero	Feldmusik Marbach (Ltg. Albert Benz)	Band Radio DRS Studio Bern
Suite Vaudoise	Harmonie Kerns	MC amos 126
	Metallharmonie Dussnang	MC amos 193
	Musikgesellschaft Zurzach	MC amos 239
	Musikgesellschaft Birchwil-Oberuzwil	MC amos 372
Symphonischer Samba (urspr. Samba für Uster)	Stadtmusik Aarau (Ltg. Paul Steinmann)	LP/MC amos 5562
	Schweizer Armeespiel (Ltg. Albert Benz)	Band Radio DRS Studio Zürich
	Spiel Inf Rgt 20 (Ltg. Richard Gebistorf)	LP 12-4178 CH-Records
The Master – Der Meister Swing-Marsch	Feldmusik Marbach (Ltg. Josef Koch)	Band Radio DRS Studio Bern
	Kadettenmusik der Stadt Zug (Ltg. Sales Kleeb)	Band Radio DRS Studio Zürich
	Stadtmusik Luzern (Ltg. Albert Benz)	LP Ex Libris EL 12173

Titel	Formation	Tonträger
The Master – Der Meister Swing-Marsch	Militär-Konzert Felddivision 6 (Ltg. Arthur Bopp)	LP 50005 Gold Top Disc
	Stadtmusik Luzern (Ltg. Albert Benz)	LP Pick 93-108
	Die grosse Schweizer Marschmusik-Parade Stadtmusik Luzern (Ltg. Albert Benz)	LP L 001 Gold Records
Transformationen	Stadtmusik Luzern (Ltg. Albert Benz)	LP/MC amos 5571
	California State University Band/USA	Privat-LP (Albert Benz)
Trompeters Morgenritt Fantasie für Solotrompete und Blasmusik	Schweizer Armeespiel (Ltg. Albert Benz) Solist: Edgar Bridevaux	Band Radio DRS Studio Bern
	Jungmusik Entlebuch (Ltg. Otto Zihlmann) Solist: Geri Unternährer	Band Radio DRS Studio Bern
Usem Eigetal, Ländler	Musikgesellschaft Entlebuch (Ltg. Albert Benz)	LP/MC amos 5571
	Blasorchester Alpina (Ltg. Otto Aebi)	LP Tell TLP 8205 und TLP 5611
	Stadtmusik Illnau-Effretikon (Ltg. Jakob Benz)	LP Eugster CHL 4124
	Feldmusik Marbach (Ltg. Josef Koch)	LP Pan 132 052
Variationen über ein altes Schweizerlied	Brass Band 13 Etoiles und Brass Band Berner Oberland (Ltg. Roy Newsome)	LP/MC amos 5622

Titel	Formation	Tonträger
Veteranengruss, Marsch	Stadtmusik Luzern (Ltg. Albert Benz)	Privat-LP HM 195/196
	Musikgesellschaft Entlebuch (Ltg. Albert Benz)	Band Radio DRS Studio Bern
	Spiel Inf Rgt 24 (Ltg. Erich Schweizer)	LP Ex Libris EL 12 352
	Urner Batallionsspiel 87 (Ltg. Hans Dillier)	LP S 7601 SIR
VGB-Marsch (mit neuem Anfang, auch «Oberdorf»)	Stadtmusik Luzern (Ltg. Albert Benz)	Privat-LP HM 195/196
	Musikgesellschaft Oberdorf (Ltg. Roman Höhener)	Band Radio DRS Studio Bern
Vier Miniaturen für Alphorn und Blasorchester	Schweizer Armeespiel (Ltg. Albert Benz) Solist: Donat Eymann	Band Radio DRS Studio Bern
	Kadettenmusik der Stadt Zug (Ltg. Willi Röthenmund) Solist: Roman Bolinger	Band Radio DRS Studio Zürich
Vorspiel und Fuge im Barockspiel	Schweizer Armeespiel (Ltg. Josef Gnos)	Band Radio DRS Studio Bern
Zitadelle, Ouvertüre	Musikgesellschaft Felsberg	MC amos 264
	Musikgesellschaft Gals BE	MC amos 24
	Musikgesellschaft Seewen SO	MC amos 121
	Musikgesellschaft Bichwil	MC amos 276
	Musikgesellschaft Altenrhein-Staad	MC amos 378

2. Bearbeitungen

Titel	Komponist	Formation	Tonträger
Bauern-Walzer	Günter Fuhlisch	Buuremusik Marbach (Ltg. Josef Koch)	Band Radio DRS Studio Bern
Capriccio für Oboe und Klavier	Amilcare Ponchielli	Schweizer Armeespiel (Ltg. Josef Gnos) Solist: Simon Fuchs, Oboe	Band Radio DRS Studio Bern
Cocktail-Party	Ernst Brunner	Stadtmusik Luzern (Ltg. Albert Benz)	LP HM 195/196
Der alte Berner Marsch	trad.	Stadtmusik Luzern (Ltg. Albert Benz)	LP Ex Libris EL 12 281 und LP Tudor 77 007
Die Sonne von St. Moritz, Marsch	Max Ringeisen	Spiel Inf RS 206/85 (Ltg. Werner Strassmann)	CD/LP/MC amos 5530
Die Wacht am St. Gotthardt, Marsch	Max Ringeisen	Stadtmusik Luzern (Ltg. Albert Benz)	LP Ex Libris 12 281 und LP Tudor 77 007
Fulenbacher Marsch	trad.	Stadtmusik Luzern (Albert Benz)	LP Ex Libris 12 281 und LP Tudor 77 007
Heirassa-Polka	Alois Schilliger	Musikgesellschaft Belp	LP Tell TLP 5321
		Spiel Inf RS 5/81 Aarau (Ltg. Robert Grob)	EV 30-903
		Spiel der Felddivision 8 (Ltg. Walter Schnyder)	EL 12393

Titel	Komponist	Formation	Tonträger
Hymne neuchâtelois	Ch. North	Schweizer Armeespiel (Ltg. Albert Benz)	Band Radio DRS Studio Bern
La Mastralia (Bündner Landsgemeinde-Marsch)	trad.	Spiel Inf Rgt 3 (Ltg. René Lambelet)	Band Radio RSR Studio Lausanne
Marche des armourins	trad.	Schweizer Armeespiel (Ltg. Albert Benz)	Band Radio DRS Studio Bern
Marche du régiment de Courten	trad.	Blasorchester Alpina (Ltg. Otto Aebi)	CD TELL 5627
Marche du régiment de Diesbach	trad.	Stadtmusik Luzern (Ltg. Albert Benz)	LP Ex Libris 12 281 und LP Tudor 77 007
		Blasorchester Alpina (Ltg. Otto Aebi)	CD Tell 5627
Zofinger Marsch (urspr. «Gruss an Kiel»)	Friedrich Spohr	Stadtmusik Luzern (Ltg. Albert Benz)	LP Ex Libris 12 281 und LP Tudor 77 007
Zürcher Sechseläuten-Marsch	trad.	Stadtmusik Zürich (Ltg. Kurt Brogli)	LP CH-Records 12-4170
		Stadtmusik Luzern (Ltg. Albert Benz)	LP Ex Libris 12 281 und LP Tudor 77 007
Zwee schnälli Bärner, Schnellpolka	Edi Baer	Spiel Inf Rgt 17 (Ltg. Markus Graf)	LP CH-Records 12-4167
		Spiel Inf RS 205/86 (Ltg. Robert Grob)	LP/MC amos 5556

Stand 1. Januar 1990 (ohne Anspruch auf Vollständigkeit)

Kurzbiographien der Autoren

Zusammengestellt von Sales Kleeb

Dr. WALTER BIBER. Musikalische Ausbildung auf den Hauptinstrumenten Violine (Charles Jenny), Trompete (Knabenmusik Zürich und Carlo Poggi in Bern); abgeschlossenes Studium in Musikwissenschaft, Literatur- und Kunstgeschichte an der Universität Bern. Trompeterrekrutenschule in Zürich; Spielführer im Füs Bat 106 und Rgt 80; Leiter von mehreren Musikgesellschaften. Begründer der Blasmusikschule des BKMV (1957) und der Jungbläserferienwochen in Münchenwiler (1963); Chefredakteur der Schweizerischen Blasmusikzeitung (1957 bis 1981); Zivilinspektor der Militärmusik (1969–1977).

Dr. HERMANN BIERI, geb. 5. März 1931 in Escholzmatt LU; Volksschulen in Escholzmatt; 1 Jahr Kantonales Lehrerseminar Hitzkirch, Gymnasium in Einsiedeln, Studium der Theologie in Luzern, Freiburg i. Br. und Fribourg, Staatsexamen. Phil.-I-Studium in Lausanne und Zürich, Doktorat in Geschichte. Seit 1962 Kantonsschullehrer in Schüpfheim für Latein und Geschichte. Präsident des Kunstvereins Amt Entlebuch seit 1975.

JÜRG BLASER, geb. 7. Juni 1951 in Bern, wohnhaft in Uettligen BE. Nach Abschluss kaufmännischer Lehre musikalische und berufliche Weiterbildung. 1978 Besuch Spielführerkurs II unter Albert Benz, seit 1982 Leiter Büro Militärmusik beim Bundesamt für Infanterie. Spielführer Spiel Infanterie-Regiment 46, Dirigent Jugendmusik und Musikgesellschaft Lützelflüh-Goldbach, Leiter Musikwochen und Jugendblasorchester Verband Bernischer Jugendmusiken, Mitglied Musikkommission Eidg. Jugendmusikverband, Vizepräsident Schweiz. Spielführerverband.

KURT BROGLI, geb. 9. Mai 1951 in Aarau. Besuch sämtl. Schulen inkl. Lehrerseminar in Aarau. 1971–1974 Primarlehrer in Unterentfelden AG. 1972–1977 Musikstudium an Musikakademie und Konservatorium Zürich (Klavier/Trompete/Schulgesang/Dirigieren und Komponieren). 1977–1984 Musiklehrer an versch. Schulen, wie z.B. Bezirksschule Reinach AG, Kantonsschule Aarau etc. 1977–1984 Dirigent der Feldmusik Luzern, 1981–1986 Dirigent der Stadtmusik Baden, seit 1978 Dirigent der Swissair-Musik und seit 1984 Dirigent der Stadtmusik Zürich. Seit 1. April 1983 bei Radio DRS tätig als Blasmusikredaktor, Produzent, Programmgestalter, Moderator und Redaktionsleiter der Sendung Schweizer Musizieren. 1. Preis (goldener Dirigentenstab) beim Dirigenten-Wettbewerb am Welt-Blasmusik-Concours 1981 in Kerkrade (Holland).

MAX BUCHER, geb. 16. Juni 1930 in Marbach LU. 1937–1945 Primar- und Sekundarschulen in Marbach; 1946–1949 Berufslehre als Schuhmacher, Besuch der Berufsschulen Willisau; bis 1956 Ausbildung zum Schuhkaufmann. 1963 Gründung der Bumax AG, Fabrikation von Schäften in Marbach und Plaffeien; 1969 Eröffnung Filialgeschäft in Escholzmatt; 1974 Eröffnung Filialgeschäft in Entlebuch. Musikalische Tätigkeit: erster Musikunterricht bei Robert Benz, dem Vater von Albert Benz, langjähriges Mitglied und heute Ehrenmitglied der Feldmusik Marbach.

HERBERT FREI, geb. 16. Februar 1932 in Endingen, lebt in Mellingen. Reallehrer, Trompeter, Musikpädagoge, Blasmusikfachmann, Gastdozent an der deutschen Bundesakademie und an der Musikhochschule Trossingen. Seit 1977 Präsident der Musikkommission des Eidg. Musikverbandes. Verfasser und Herausgeber versch. Publikationen über blasmusikalische und methodisch-didaktische Themen, u.a.: «Gedanken zur Blasmusik und zur Tätigkeit des Blasmusikdirigenten» (2. Aufl. 1984); «Instrumentalspiel, lehren-lernen» (2. Aufl. 1987); «Schweizer

Märsche, Schweizer Marschkomponisten, ein Lexikon» (1988); «Unsere Blasmusik» (1989).

JOSEF GNOS, geb. 20. Januar 1945 in Stans NW. Aufgewachsen und Schulbesuch in Hergiswil. Lehre als Tiefbauzeichner und Tätigkeit im Baufach bis 1974. Klarinettenunterricht bei Walter Blättler in Hergiswil und Giuseppe Mercenati am Konservatorium Luzern. Lehrdiplom für Klarinette 1972. Abschluss Blasmusikdirektion bei Albert Benz 1968. Seit 1968 Leiter der Feldmusik Sarnen, vorübergehend auch der Orchestergesellschaft Luzern und seit 1980 des Orchestervereins Sarnen. Tätigkeit als Klarinettenlehrer und Musikschulleiter in Sarnen sowie Lehrauftrag für Blasmusikdirektion am Konservatorium Luzern seit 1973. Nach dem Tod von Albert Benz 1988 übernahm Josef Gnos die Leitung dieser Abteilung wie auch die Leitung des Schweizer Armeespiels.

ROMAN HAURI, geb. 20. April 1941 in Rothenburg. Handwerkliche Lehre und kaufmännische Schulung. Musikalische Ausbildung bei Otto Zurmühle und Albert Benz. 1966–1968 Dirigent der Musikgesellschaft Ennetbürgen. 1969–1979 Dirigent der Feldmusik Rothenburg. Posaunist bei der Stadtmusik Luzern. Seit 1967 nebenberuflich Leiter des Rhythmus-Verlags, Rothenburg. Herausgeber von Blasmusikwerken schweizerischer Komponisten.

WILLY HOFMANN, geb. 17. April 1928 in Kriens. Besuch der Volksschulen in Kriens. Eintritt ins kantonale Lehrerseminar Hitzkirch im Kriegsjahr 1943. 1948 Abschluss der Seminarzeit und Wahl zum Primarlehrer in der Wohngemeinde Kriens. Berufsbegleitende musikalische Ausbildung am Konservatorium in Luzern bei Dr. J.B. Hilber (Direktion) und später bei Walter Prystawsky (Violine). 1959 Gründung der Krienser Musikschule. 1972–75 Betreuer der Basellandschaftlichen Musikschulen. Ab 1975 Rückkehr nach Kriens und seither vollamtlicher Musikschulleiter.

BENNY HUTTER, geb. 4. Juni 1934, Schulen in Diepoldsau, Disentis, Rorschach und Luzern, Blasmusikinstrumentenbauer, Polizeibeamter mit kaufmännischer Bereichsleiterfunktion, in der Stadtmusik Luzern

Aktivmitglied 1959-1987, Vizepräsident 1973-1979, Präsident der Musikkommission 1977-1979, Ehrenmitglied seit 1979.

Prof. Dr. GUSTAV INEICHEN, geb. 6. Juni 1929 in Luzern. 1945-1950 Kantonales Lehrerseminar in Hitzkirch. Promotion 1957 an der Universität Freiburg i. Ü. Mitarbeiter der Fondazione Giorgio Cini in Venedig. 1963/64 Privatdozent an der Universität Zürich, 1965-1970 Professor an der Universität Göttingen. 1970-1975 Direktor des Schweizerischen Instituts in Rom. Seit 1975 wieder Professor für Sprachwissenschaft in Göttingen. Gastprofessuren in Italien (Rom, Perugia) und in China (Nanking). Ineichen befasst sich mit Problemen der historischen Sprachbeschreibung, des Sprachvergleichs und der Typologie; ist auch als Herausgeber tätig (Romanische Bibliographie).

TRUDY INEICHEN-BENZ, geb. 4. Oktober 1931 in der Schmiede in Marbach als Schwester von Albert Benz. 1954 Heirat mit Dominik Ineichen. Seit 1956 wohnhaft in Beromünster, Mutter von vier Söhnen.

SALES KLEEB, geb. 23. Februar 1930 in Richenthal LU, 1945-1950 Besuch des kantonalen Lehrerseminars in Hitzkirch, 1950-1961 Primarlehrer in Richenthal und Dirigent mehrerer Musikgesellschaften, Rekrutenschule als Trompeter, Absolvent der Spielführerkurse, dann Leiter der Regimentsspiele 29 und 83, 1959-1962 Studium an der Musikakademie Zürich (Heinrich Menet) mit Diplomabschluss. Ab 1961 Primar- und Übungslehrer in Zug, 1962-1987 Leiter der Kadettenmusik der Stadt Zug, ab 1967 nebenamtlicher und ab 1969 hauptamtlicher Leiter der Musikschule der Stadt Zug, Komponist verschiedener Märsche für Blasmusik.

BRUNO LEUTHOLD, geb. 2. Oktober 1923 in Stans, Volksschule und Gymnasium St. Fidelis in Stans, Berufslehre als Bauschlosser und Schmied, Diplome als Metallbautechniker und Schlossermeister, Weiterausbildung an der Kunstgewerbeschule Luzern, später Lehrer an dieser Schule, Mitinhaber der Gebr. Leuthold, Metallbau AG. Politische Laufbahn: ab 1955 Gemeinderat, später Gemeindepräsident, 1962-1970 Landrat, 1970-1990 Regierungsrat, zuerst als Justiz-, später als Bau- und Verkehrsdirektor, 1986 und 1988 Landammann des Kantons Nidwalden, daneben intensive Mitwirkung bei verschiedenen kulturellen, wirtschaftlichen, gesellschaftlichen und sportlichen Organisationen, z.B. als Präsident der Baukommission zur Renovation der Stanser Pfarrkirche. Leidenschaftlicher und aktiver Musikliebhaber (Sänger, verschiedene Instrumente), 1963–1973 Präsident des Unterwaldner Musikverbandes.

WERNER PROBST, geboren 10. November 1938 in Schweinfurt (Bayern). 1955 und 1959 Dolmetscherstudium in München mit Abschluss als öffentlich geprüfter und diplomierter Dolmetscher. 1959 Eintritt in die Deutsche Luftwaffe. Einsatz in nationalen und internationalen Stabsverwendungen einschliesslich des Bundesministeriums der Verteidigung in Bonn. Heutiger Dienstgrad: Oberstleutnant. – Frühzeitig intensive Beschäftigung mit deutscher und ausländischer (Militär-) Blasmusik. Zahlreiche Veröffentlichungen in deutschen und internationalen Fachzeitschriften. Zusammen mit George Foeller Verfasser des Buches «Bands of the Austro-Hungarian Empire» (1987). Freier Mitarbeiter des WDR, Köln, für Blasmusik seit 1985.

Dr. ARNOLD SPESCHA, geb. 13. Juni 1941 in Pigniu/Panix GR. Bündner Lehrerseminar in Chur. Primarlehrer in Sevgein und Arosa. Studium der Romanistik in Zürich, Aix-en-Provence und Perugia, Dr. phil. I. Studium an der Musikakademie Zürich (Blasmusik). Seit 1969 Lehrer für Französisch, Italienisch und Rätoromanisch an der Bündner Kantonsschule in Chur. Lehraufträge an den Universitäten Freiburg und Zürich. Spielführer. Von 1970–1982 Dirigent der Stadtmusik Chur. Präs. der Musikkommission des Graub. Kant. Musikverbandes und Mitglied der Musikkommission des Eidg. Musikverbandes. Experte an Musikfesten. Verfasser einer romanischen Grammatik und verschiedener Arbeiten im Bereich von Sprache, Literatur und Musik.

Dr. WOLFGANG SUPPAN, geb. 5. August 1933 in Irdning (Steiermark); österreichischer Musikforscher, studierte 1954–1959 an der Universität in Graz, an der er 1959 mit der Dissertation *H.E. J. v. Lannoy (1787 bis 1853), Leben und Werke* promovierte. 1963 wurde er Referent, später

Oberkonservator am Deutschen Volksliedarchiv in Freiburg i. Br. 1971 habilitierte er sich an der Universität Mainz mit der Schrift *Die Schichtung des deutschen Liedgutes in der zweiten Hälfte des 16. Jh.* Seit 1974 Professor und Vorstand des Instituts für Musikethnologie an der Hochschule für Musik und darstellende Kunst in Graz. Daneben seit 1967 zusammen mit Rajeczky Vorsitzender der Kommission zur Erforschung und Edition historischer Volksmusikquellen im International Folk Music Council der UNESCO. Suppan ist Autor verschiedener musikwissenschaftlicher, vor allem musikethnologischer Bücher und Fachartikel. Er ist seit seiner Jugend der Blasmusik verbunden, z. B. als Verfasser des «Lexikons des Blasmusikwesens» (Schulz-Verlag, Freiburg i. Br.) und zahlreicher Aufsätze zum Thema Blasmusik, 1974 wurde er zum Präsidenten der «Internationalen Gesellschaft zur Erforschung und Förderung der Blasmusik» (IGEB) gewählt.

Dr. DAVID WHITWELL. Musikstudien an den Universitäten von Michigan und Washington («The Catholic University of America») und Dirigierkurse bei Eugene Ormandy und an der Akademie für Musik in Wien. Direktor der Abteilung für Blasmusik und Schlagzeug an der California State University Northridge in Los Angeles. Mit seinem CSUN Wind Esemble Konzerttourneen auch in Europa und Japan. Gastdozent an etwa 70 Universitäten und Konservatorien der USA und in sieben andern Ländern. Auch Gastdirigent bei Symphonie- und Blasorchestern in den USA, Europa, Japan und Südamerika. Präsident und Gründungsmitglied verschiedener internationaler Gesellschaften für Blasmusik, darunter der «Internationalen Gesellschaft zur Erforschung und Förderung der Blasmusik» (IGEB) und der «World Association of Symphonic Bands and Ensembles» (WASBE), denen auch Albert Benz angehörte. Whitwell ist Autor von Büchern und Verfasser von über hundert Artikeln über Blasmusik in Zeitschriften und Fachbüchern.

HANS ZIHLMANN, geb. 12. August 1936 in Marbach LU. Nach Abschluss der Ausbildung am Lehrerseminar Hitzkirch (1951–1956) Primarlehrer, Chorleiter und Organist in Marbach, später in Kriens. Musikalische Studien an der Kirchenmusikschule in Luzern (Chorleitung,

Orgel), am Konservatorium Luzern (Klavier, Theorie) und an der Musikakademie Zürich (Schulmusik). Seit 1965 Musiklehrer am Seminar Hitzkirch. 1971–73 Studienaufenthalt in München mit Abschlüssen als Rhythmiklehrer (Rhythmikon) und Kapellmeister (Hochschule für Musik). Seither unterrichtet er auch am Konservatorium (rhythmische Erziehung) und an der Akademie für Schul- und Kirchenmusik in Luzern (Chorleitung). Konzerttätigkeit mit Chören und Orchestern.

Namenregister

Achermann, Emil 21, 27, 35, 55 ff., 61 ff., 71 f., 78 f.
Ackermann 290
Aebi, Otto 371, 503, 506
Aeby, Georges 470
Aegerter, Daniel 501
Agustoni 319
Amiel, H.F. 150
Andreae, Volkmar 470
Anklin, Guido 176, 463
Annoni, Franco 492
Aregger 318
Arutjunjan, Alexander 132
Arx, Georg von 496
Ascher 484

Bach, Johann Sebastian 324, 331, 357 f., 389, 475, 486
Bach, Markus S. 175, 177, 264
Bachmann, Armin 305
Baer, Edi 506
Bagnato, Giovanni 55
Balay 347
Balissat, Jean 179, 449, 467 f.
Balli, Ernst 501
Banchieri, Adriano 318
Bär, Edy 177, 320
Barber, Samuel 132, 375
Barblan, O. 150
Barker, Warren 177, 178, 179
Barmettler, Robert 470
Battisti, Frank 386
Baumgartner, Rudolf 31, 87, 89
Baumgartner, W. 150
Bazzani, Libero 183, 344
Beethoven, Ludwig van 77

Benary, Peter 316, 470, 485
Benson, Warren 132
Benz, Albert (Grossvater) 39 f.
Benz-Scherer, Claire (Gattin) 9, 22, 28, 37, 97, 99, 191, 321, 489, 490, 491
Benz, Daniela (Tochter) 491, 493
Benz, Heidi (Tochter) 489, 491
Benz, Jakob 236, 503
Benz, Julia (Grossmutter) 40
Benz-Stadelmann, Marie (Mutter) 40, 42, 51, 488
Benz, Marie (Tante) 45
Benz, Robert (Vater) 39 f., 42, 46, 76, 193, 488, 508
Benz, Susanne (Tochter) 489, 491
Benz, Wilhelm (Bruder) 9, 40, 44 ff., 48 ff., 68, 217, 488
Benz, Wilhelm (Onkel) 26, 45, 76
Berdoz, Alfred 499
Berger, Fritz 146, 177
Berlioz, Hector 131 f., 325, 345 f., 374 f.
Berra, Pietro 435, 465
Besançon, André 470
Biber, Walter 151 ff., 168, 322, 388, 428 f., 440, 441, 442 ff., 447, 453 ff., 507
Bieri, Hermann 483, 507
Bilat, René 500
Biollay, R. 468
Birrer, Josef 99, 186, 321
Bischof 137
Bizet, Georges 225, 449
Blacher, Boris 132, 326, 347
Blaser, Hans-Peter 477
Blaser, Jürg 133, 169, 507
Blättler, Walter 509
Bliss 347

NAMENREGISTER

Blon, Franz von 347, 434
Blum, Robert 449, 452, 463
Bodmer, Daniel 10
Boggio, Remo 442, 457, 461
Bögli, Alfred 54, 71, 73 f.
Boleyn, Anna 454
Bolinger, Roman 504
Bonaparte, Napoleon 209, 393
Bopp, Arthur 503
Borodin, Alexander 359
Boulanger, N. 456
Boutry, Roger 359 f.
Brahms, Johannes 132, 326, 346, 374 f.
Bräm, Thüring 90
Brand, Geoffrey 386
Breuer, Harry 179
Bridevaux, Edgar 503
Brogli, Kurt 476, 495, 506, 508
Bruckner, Anton 318, 345, 375
Bruder Klaus 54, 77
Brunner, Albert 355 ff.
Brunner, Ernst 505
Brunner, Heinz 501
Bucher, Max 39, 40, 48, 508
Bucher, Peter 149 f.
Bucher, Pia 486
Bühler, Robert 16
Bühlmann, Kurt 130
Bühlmann, Werner 307
Buonamente 318
Burger, Albert 61
Byrd, William 131

Cairoli, Mario 176, 465
Cantieni, R. 150
Casentieri, Martin 497
Castellon, Raymond 500
Catel, Charles Simon 131, 325, 345
Cavadini, Claudio 178, 470
Cesarini, Franco 477
Chance, John Barnes 132
Chaplin, Charlie 71
Charpentier, Marc Antoine 275
Chávez 380
Chenaux, Bernard 470
Cherbuliez, Antoine-Elisée 29, 428, 436, 465
Cherubini 392
Christen, Hans 218
Cini, Giorgio 510
Clavadetscher, Urs 312

Codille 347
Copland, Aaron 132, 375
Courten, de 389, 506
Crepin, Alain 499
Cuoni, Erwin 114, 130

Daetwyler, Jean 176, 203, 449 f., 455 f.
Damiani, Pietro 470
Damm, Wilhelm Gustav 435
Dassetto, Enrico 434, 450, 465
Delamuraz, Jean-Pascal 176
Delle Cese 177
Delley, Claude 187
Dello Joio, Norman 131 f.
Devienne 345, 392
Diener, Theodor 470
Diesbach, de 389, 506
Diethelm, Caspar 470
Dietziker, Thomas 495
Dillier, Hans 504
Donizetti, Gaetano 325, 345
Dormann, Leo 56, 60 f.
Dukas, P. 456
Dürig, Kurt 175, 317
Duroc, Achilles 438
Durot, Léon 497
Duss, Robert 484
Dvořák, Antonín 132

Edison, T. A. 347
Egger, Ernst 501
Egli, Johann Heinrich 389
Elgar, Edward 326, 347
Elias, Joseph 58
Erickson, Frank 132
Ermatinger, Emil 450, 466
Escher, A. von 397
Eymann, Donat 504

Faessler, Walter 130
Fasolis, Silvano 470
Fassbänder, Peter 347
Fässler, Guido 19, 318 f., 470
Favez, Roger 498
Favre, Pascal 187, 476
Felder, Wilhelm 45
Feldmann, Peter 130
Feldmann, Walter 267, 274
Felix, Heinz 496
Fibich 318
Fischer 319

Fischer, Alfred 191
Fischer, André 500
Fischer, Josef 74, 79
Flury, Hans 470
Flury, Hanspeter 500
Foeller, George 511
Ford, Trevor 386
Forster, Max H. 438
Frank, Hugo 344
Frankhauser, Walter 179
Frei, Andreas 186, 321, 431
Frei, Herbert 154, 185, 187, 190, 427, 478, 508
Frey, Hans 185, 187, 470
Friedemann, Carl 177, 347, 432f.
Friedrich, Johann 438
Fries, Philipp 403
Fuchs, Simon 179, 505
Fuhlisch, Günter 318, 505
Füllemann, Hans 498
Fuog, Theo 478
Furgler, Kurt 461
Furrer, Willi 54

Gabrieli, Giovanni 318
Gacond, Emil 295
Gafner, Otto 294
Gaja, Massimo 478
Ganne, Louis 177
Gebauer 392
Gebistorf, Richard 497, 502
George, Stefan 181
Gerber, Ernst 291
Gerber, Vreni 291
Gershwin, George 179
Gertschen, Robert 498
Gihon, Israël 386
Glasunow 360
Glinka 132
Gluck, Christoph Willibald 389
Glutz-Blotzheim, Victor 297
Gnägi, Rudolf 195, 268, 473
Gnos, Josef 82, 84, 186, 321, 497, 500, 502, 504f., 509
Godard, Benjamin 318
Godard, Philippe-Jules 441
Goetze, Bruno 498
Gossec, François J. 131, 325, 345, 374, 392
Gotthelf, Jeremias 216
Graf, Ernst 311

Graf, Markus 506
Graf, Mariann 486
Grainger, Percy Aldridge 131f.
Granados, Enrique 326
Greith, J. 150
Grieg, Edvard 345, 466
Grob, Robert 138, 168, 496, 498, 501, 505f.
Grosch 461f.
Guisan, Henri 445
Güldenstein, Gustav 489
Gygli, Paul 177, 496

Haag 450, 454, 456f.
Haas, Otto 184, 475
Häberling, Albert 355ff., 448f., 462f., 496
Haefeli, Alex 149f., 153, 168, 179
Haefliger, Pius 470
Häfeli, Walter 470
Halle, Adam de la 152
Haller, Ruedi 96, 495
Haller, Walter 97
Händel, Georg Friedrich 131, 332, 350, 389
Handloser, Konstantin 414
Hanslik 375
Hasse, Johann Adolf 131
Hauer, J. M. 347
Haug 484
Hauri, Roman 213, 509
Haydn, Joseph 152, 374, 389, 486
Hebbel, Friedrich 453
Heidegger, Martin 181
Heim, J. 150
Helbling 450, 453, 455, 461f.
Hermann, Emil 186, 321
Hess, Ernst 470
Heusser, Hans 177, 438f., 474
Hilber, Johann Baptist 19, 470, 509
Hindemith, Paul 25, 193, 326, 347, 375
Hirsbrunner 399
Hoffmann, E. T. A. 23
Hofmannsthal, Hugo von 16, 72
Hofmann, Bruno 498
Hofmann, Willy 64f., 509
Höhener, Roman 504
Holst, Gustav 131, 326, 347
Holthausen, H. E. 334
Honegger, Arthur 153, 177, 193, 326
Honegger, Hans 169, 176, 424f., 458, 496

Hostettler, Tony 317
Howard, Elgar 131, 479
Huber, Ferdinand Fürchtegott 399
Huber, Paul 20, 34, 177, 179, 203, 449f., 459ff.
Huber, Robert 183f.
Hummel, Johann Nepomuk 325
Hurni, Franz 65, 79
Hutter, Benny 110, 130, 509

Iles, John Henry 347
Illi, Ives 300, 499
Ineichen, Alfred 65
Ineichen, Dominik 510
Ineichen, Gustav 10, 53, 510
Ineichen, Rudolf 130
Ineichen-Benz, Trudi (Schwester) 39, 50, 488, 510
Ireland 347
Iten, Heini 497
Ives, Charles 326

Jacob, Gordon 131
Jadin 325, 345, 374, 392
Jaeggi, Stephan 19f., 32, 34, 119, 153, 176, 348, 371f., 440, 442ff., 450, 453, 459, 474, 493
Jager, Robert E. 132
Jaques-Dalcroze, E. 150
Jarnach, Philipp 193
Jarno 484
Jenny, Albert 19, 29, 132, 193, 316, 318f., 470, 489
Jenny, Charles 507
Jessel 484
Joplin, Scott 179
Joseph, Walter 468

Käch, Hugo 470
Kaelin, Pierre 176
Kämpfert, Max 435
Karajan, Herbert von 363
Katayama 495, 500
Kaufmann, Sebastian 485
Keaton, Buster 71
Keist, Josef 496
Keller, Emil 403
Keller, Gottfried 242, 325
Keller, Hch. 409
Keller, von 389

Kempter, Lothar 347
Khakzad-Zemp, Martha 486
Kissling, Pius 468
Kleber, Leonhard 152
Kleeb, Sales 10, 14, 84, 97, 137, 176, 254, 272, 342, 355, 465, 496, 498, 502, 507, 510
Kling 347
Kneubühler, Hans 130, 289, 316
Knoch, Friedrich 403
Knoll, Hans 309, 501
Knüsel, Peter 344
Koch, Alois 460, 487
Koch, Josef 496, 499, 502f., 505
Koch, Julia 39
Kodály, Zoltán 193
Kogoj, Valentin 499
Komzah, Karl 177
Königshofer, Franz 450, 453ff., 459, 466, 468
Koops, Jaap 497
Krauer, Johann Georg 65
Krenger, Rudolf 280
Krummenacher, Josef 91
Kummer, Hans 176
Künneke 484
Kurmann, Edy 451, 475
Kushida 380
Küssel 319

Lambelet, René 506
Lampart, Gregor 130
Lang, Kaspar 34
Lang, Max 470
Langer 319
Lannoy, H.E.J. von 511
Leber, Walther 294
Leemans, Pierre 179
Leidzen, Eric 366, 368
Lemacher, Heinrich 193
Leuenberger, Hans 498f.
Leuthold, Bruno 11, 510
Leuthold, Jürg 501
Lichtsteiner, Gustav 316
Liszt, Franz 132, 326, 339, 346, 349, 375
Lötscher, Ferdinand 485
Lully, Jean-Baptiste 152, 324
Lüssi, Peter 477
Lüthold, Ernst 177, 441, 474

Mantegazzi, Gian Battista 178, 422, 424, 439 ff., 474
Markwalder 396
Marquis, Jean 438
Martin, Frank 179, 193, 326
Mast, Emil 413, 415 f.
Mathys, Walter 187, 499 f.
Maurer, Jakob 259
Medici, Lorenzo de 454
Méhul, Etienne-Henri 131, 325, 345, 374, 392
Meier, Josef 478
Meister, Julius 438
Mendelssohn, Felix 131, 178, 325, 345, 375
Menet, Heinrich 465, 510
Menuhin, Yehudi 126
Mercenati, Giuseppe 509
Merment, R. 456
Mersson, Boris 449, 463
Messmer, René 433
Meyer, Anton 61
Meyer, Franz Joseph von Schauensee 389
Meyer, Hans-Rudolf 138, 268, 278
Meyerbeer, Giacomo 325, 346
Milhaud, Darius 132, 326, 347, 375
Miller, Vondis 386
Millöcker 484
Minger, Rudolf 432
Moeckel, Hans 176, 458, 464, 476, 497
Molenaar, Jan 386, 449 f., 454, 456, 460, 462
Moniuszko, Stanislaw 131
Montanaro, Umberto 435
Montavon, Paul 470
Moos, Xaver von 27, 34, 55, 57 f., 63, 72
Moret, Oscar 457 f.
Moritz, J. G. 401
Moser, H. J. 334
Mozart, Wolfgang Amadeus 389, 436
Müller, Erich 58, 63
Müller, Franz 68, 73, 80 f.
Müller, J. J. 150
Müller, Johann Heinrich 440
Mussorgsky, Modest 369

Nardis, Camille de 179, 345
Nebdal 484
Neuhaus, Erwin 501
Neukomm 500

Newsome, Roy 503
Ney, Arthur 153, 435
Nono, Luigi 347
North, Ch. 150, 506

Obrecht, Ernst 215
Ochsenbein, Walter 450
Offenbach, Jacques 346, 436
Orff, Carl 22
Ormandy, Eugene 512
Osterling, Eric 179
Ottiger, Walter 282

Parès 347
Penderecki, Krzysztof 347, 375 f.
Perikles 453 f.
Peroni 347
Persichetti 122
Pestalozzi, Heinrich 56, 60
Pezel 319
Pfenniger, Josef 16, 27, 58 f., 75, 80, 470
Pieters, Francis 386
Podstransky, Hubert 316
Poggi, Carlo 507
Polo, Marco 453 f.
Ponchielli, Amilcare 131, 179, 318, 345, 505
Pope, Stuart 386
Probst, Werner 380, 382, 511
Prokofieff, Sergej 326
Prystawsky, Walter 509

Rajeczky 512
Raselli, Francesco 470
Ravel, Maurice 346
Rechsteiner, Jakob 499
Redel 173
Reed, Alfred 131 f., 177 f.
Reicha 325
Renevey, Roger 500
Renggli, H. P. 483 f.
Renggli, Rudolf 311
Renis 319
Respighi, Ottorino 131, 326, 347, 375
Richter, Carl Arthur 435
Rimskij-Korssakow, Nikolai 132, 178, 319, 326, 345, 360
Ringeisen, Max 505
Ringgenberg, Jörg 175, 177, 502
Ritschard, Willi 466
Ritzmann, Hans 253, 448

NAMENREGISTER 519

Robatel, Patrick 168
Roger, Roger 178
Rogger, Lorenz 54ff., 58ff.
Röösli, Joseph 486
Rossini, Gioacchino 131, 178, 325, 339f., 345f., 366f., 369, 436
Rossow, Albert 347, 431
Rothen, Heidi 267
Röthenmund, Willi 497, 500, 502, 504
Roussel, Albert 131, 326, 347
Rueger, Max 464
Rüegg, Werner 266
Ruh, Emil 431, 437f., 453, 455ff., 460f., 463ff., 476f., 489
Rybicki, Feliks 131
Rymann, Johann 421

Saint-Saëns, Camille 131
Saitoh, Takanobu 496
Salis, de 389
Salamin, Louis 149, 168
Schade, Johannes 380
Schaer, Michael 355ff.
Schaffner, Franz 130
Schaffner, Hans 269
Schärf, Adolf 114
Scheidegger, Anton 485
Schell, Karl 431
Scherer, Albert 130
Scherer, Josef 305
Scherrer, Carl E. 271
Schild-Behnisch, Adolf 450
Schilliger, Alois 318, 505
Schmid, Brigitte 486
Schmid, Hans 81
Schmidt, Jean-Louis 501
Schnürer, Gustav 56
Schnyder, Walter 486, 505
Schnyder von Wartensee 346
Schoeck, Othmar 132
Schönberg, Arnold 326, 347, 375
Schori, Fritz 438
Schostakowitsch, Dimitri 132, 178
Schraner, Hans 130
Schubert, Franz 373
Schulé, Bernard 449, 456
Schulz 453, 456, 463
Schumann, Robert 332
Schumann, William 131
Schweizer, Erich 504

Sekles, Bernhard 193
Senn 424
Sialm, Giusep 467
Sibelius, Jean 326, 346, 368
Siegerist, Jakob 153
Siegfried, Fritz 29, 166, 176, 470, 488
Siegfried, Rudolf 495
Siegrist, Gottfried 415
Signer, Werner 498
Sisini, Giambattista 89
Slokar 486
Smetana, Bedrich 132, 319
Smith 460f.
Solioz, Pierre-Marie 168, 497
Sonninen 319
Sousa, John Philip 375f.
Spahn, Fred 187
Spark, Philip 364
Speer, Daniel 152
Spescha, Arnold 180, 187, 467, 511
Spieler, Hans Jörg 91, 149f., 161, 168, 321, 425, 496
Spieler, Walter 420, 496
Spohr, Friedrich 506
Spohr, L. 325, 345f.
Spontini, Gaspare 346
Springer, Franz 433
Stähelin, Albert 270
Stalder, F.J. 483
Steinbeck, Hans 455
Steinbeck, Heinrich 153, 433, 458
Steinmann, Paul 495, 502
Strässle, Josef 461
Strassmann, Werner 168
Strauss, Johann 331
Strauss, Richard 326, 346
Strawinsky, Igor 326, 346f., 375
Stuppa 389
Sturzenegger, Max 29, 489
Stutz, Joseph 130
Suppan, Wolfgang 380, 384, 462, 511
Suppé, Franz von 436
Suter 319
Suter, Hermann 150, 179
Suter, Josef 487

Teuffer, Josef 484
Thöni, Maurice 154
Tobler, H.J. 150
Tomiie 495, 500
Toselli 319

Tschaikowsky, Peter 318, 326, 349, 362, 364
Tscherepnin, Alexander 131, 326
Tschopp, Max 130
Tschuor, Oscar 470
Tull, Fisher 131
Twerenbold, René 470

Unternährer, Geri 503

Valerius, Adrien 313, 473
Varga, Balint 386
Verdi, Giuseppe 319, 325, 339, 345, 349, 369, 431, 439
Viadana, Grossi da 319
Villiger, Kaspar 466
Vogt, J. 150
Voegelin, Fritz 176, 469
Voigt, Otto 470

Wagner, Richard 132, 339, 345f., 349, 369
Wahlich, Marcel 470
Walewska, Maria 454
Walter, Otto 60
Wasser, Ernst 499
Wattenwil, von 391
Weber, Carl Maria von 132, 325, 345f., 371, 373
Weber, Isabelle 98
Weber, Kurt 176, 177, 457
Wehrli, J. V. 150
Weill, Kurt 326
Whitwell, David 124f., 380, 385, 387, 512

Wick 292, 500
Wicki, Robert 485
Wieprecht, Wilhelm Friedrich 375, 401
Wild, Walter 76
Williams, Ralph Vaughan 131, 369f.
Winkler, André 217
Wirz, August 470
Wirz, Johann Heinrich 390
Wittelsbach, Rudolf 429, 448
Wolf, F. O. 150
Wolf, Jakob 500
Wright, Denis 432
Wunderlin, Fritz 247
Würsch, Armin 313
Wymann, Anton 149f., 168
Wyss, Rudolf 466

Yoder, Paul 177

Zeller 484
Zemp, Josef 485
Zemp, Markus 486
Zihlmann, Hans 193, 203, 470, 485f., 512
Zihlmann, Otto 495, 498, 503
Zimmermann, Albert 130
Zimmermann, Christian Emanuel 389
Zimmermann, Fritz 499
Zimmermann, Kaspar 130
Zingg, Eugen 183
Zurlauben, von 389
Zurmühle, Eduard 130
Zurmühle, Otto 19, 29f., 85, 130, 203, 368, 440f., 456, 489, 493, 509
Zurwerra, Eduard 187

Bildnachweis

Seite 55, oben: Foto Claudia Tophinke; Seite 318, unten: Foto Andreas Vogel; Seite 492: Hansjörg Kissling. Die übrigen Abbildungen, mit Ausnahme derjenigen im Kapitel von Walter Biber über die Geschichte der Militärmusikkorps, stammen aus dem Bildarchiv der Familie Benz.